사회과교육의 고전 읽기

김영석 · 이광성 역

강현출판사

역자 서문

이 책에 소개한 글들은 사회과의 탄생에서부터 오늘에 이르기까지 사회과교육의 가장 대표적인 이론이나 지적 작업을 담은 것들이다. 그 자체가 사회과교육의 역사를 대표하는 것들이라 할 수 있다. 또 대부분의 내용이나 저자들이 이미 각종 사회과교육론 교재들을 통해 우리나라에도 널리 소개된 것들이며 교원임용시험에도 출제되는 것들이다. 그러나 문제는 이러한 중요한 지적 작업의 결과들이 단 몇 줄로 요약되어 전달된다는데 있다. 어떤 맥락에서 그러한 주장이나 이론, 수업 모형, 역사적 사건 등이 등장하였고, 어떠한 생각의 과정을 거쳐서 만들어졌는지는 원문을 읽지 않고서는 제대로 이해하기가 어렵다.

이 책의 글들은 필자가 이미 학부 또는 대학원 강의를 통해서 학생들에게 수년 동안 읽혀 본 것들이다. 고전을 읽다 보면 지식 습득뿐만이 아니라 읽기 능력을 향상시키는데도 도움이 된다고 판단했다. 단순히 문장을 이해하는 수준을 넘어 대표 학자의 사고 과정을 구체적으로 경험할 수가 있게 된다. 특히 사회과의 모형들이 대부분 고차적인 사고능력을 기르기 위한 것이라는 점에서 각각의 모형을 개발한 사람들이 어떤 사고의 과정을 전개하는지 한 걸음 한 걸음 따라가 볼 필요가 있다. 물론 학부 학생들의 경우 혼자서 읽기에는 어려움이 있었지만, 선생과 함께 읽으면 대부분의 학생들이 본문 내용을 충분히 이해할 수 있음을 확인했다. 또 학생들이 쉽게 읽어갈 있도록 최대한 쉬운 언어로 번역하려고 노력했다.

각 장별로 소개된 글들은 대체로 시대 순으로 배열되었지만 일부 시간 순서가 바뀐 경우도 있다. 모형들 간의 논리적 순서를 고려했기 때문이다. 대부분이 이론이나 모형, 수업 방법에 관련된 것들이지만, 2장과 12장은 사회과의 역사에 관한 것이다. 2장은 사회과의 탄생배경과 초기 정착 과정을 설명한 글이고, 12장은 신보수주의 교육 개혁의 격랑을 헤쳐 가는 사회과의 최근 모습을 소개한 글이다. 제 1장은 듀이의 "민주주의와 교육," 제 7장의 내용으로 이미 이홍우 교수가 번역한 책이 나와 있지만, 학생들이 읽는데 어려움을 호소하여 필자가 원문을 새로 번역하였다. 민주시민교육을 담당하는 사회과의 의미를 이해하려면 민주주의가 왜 교육을 필요로 하고, 또 교육에 있어서 민주주의가 어떤 의미를 갖는지를 먼저 이해할 필요가 있다는 점에서 꼭 읽었으면 하는 글이다. 제 8장 콜버그의 글은 도덕과와 관련이 있는 것 아닌가 하는 의구심을 가질 수도 있겠지만, 여기에서 소개하는 대부분의 사례들은 에드윈 펜튼 등 사회과교육학자들과의 공동 작업의 결과이며, 콜버그 자신도 도덕교육이 시민교육 혹은 정치교육의 형태로 이루어져야 함을 역설하고 있다. 또 듀이의 글과 마찬가지로 민주주의와 교육의 관계를 생각해 보는데 있어서 많은 시사점을 주고 있다.

필자가 이 책의 글들을 선정한 기준은 각각의 시대별 대표작을 뽑는다는 것도 있었지만, 교원임용시험에 등장하는 주요 이론과 최대한 관련시키고자 했던 점도 있다. 학생들이 고전을 읽는 가운데 사회과 교육의 이론에 대한 이해를 깊이 할 수 있는 동시에 자연스럽게 임용시험 대비도 되도록 하기 위해서였다. 마지막 장은 필자 개인적으로도 강의법과 관련하여 도움이 되었고 또 예비교사들이 교직에 임하는 자세와 관련해서도 시사점이 많은 내용이라 편안한 마음으로 읽어보기를 추천한다.

필자에게는 대부분의 글들이 강의와 번역을 통해 여러 번 반복하여 읽은 것들이지만 읽을 때마다 새롭다. 사회과가 어떤 교과인지, 사회과를 꿈꾸고 지켜왔던 사람들이 어떤 생각과 믿음을 가졌는지 그 뚜렷한 색깔을 보여 준다. 또 민주주의의 발전, 그리고 사려 깊은 시민의 품성과 관련하여 사회과가 정말 소중한 교과라는 것을 새록새록 느끼게 해주는 글들이다.

목 차

제1장

교육에 있어서 민주주의의 의미

Democratic Conception in Education

존 듀이

John Dewey

1916

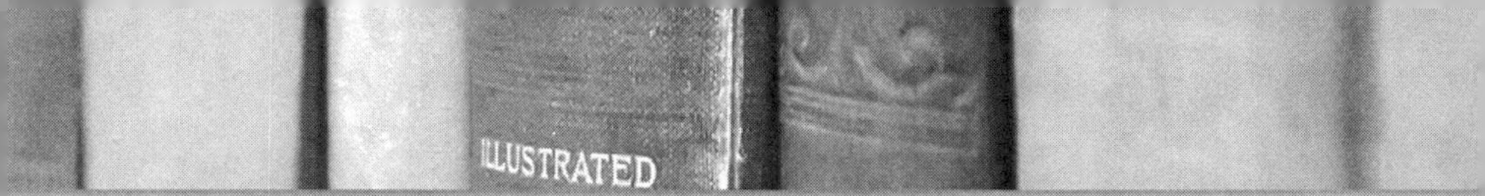

제1장

교육에 있어서 민주주의의 의미

Democratic Conception in Education[1]

존 듀이
John Dewey
1916

어떤 사회집단이든 교육을 한다. 그렇다면 사회집단마다 교육의 목표나 방식은 어떻게 다를까? 교육이 미성숙한 사회구성원들을 집단생활에 참여시킴으로써 이들을 지도하고 발달시키는 사회적 기능을 수행한다고 할 때 각각의 집단이 가진 삶의 질적 수준에 따라 교육 역시 다양할 수 있다. 특히 전통과 인습을 고수하는데 머무르지 않고 발전적 변화를 꾀하는 사회라면 교육에 있어서도 끊임없이 새로운 기준과 방법을 모색할 것이다. 결국 현재 우리가 행하고 있는 교육의 특징을 알아보기 위해서는 우리 사회가 가진 삶의 수준과 특징에 대해 면밀히 살펴볼 필요가 있다.

1. 인간 모임의 여러 가지 의미

사회는 말로는 하나지만 실제로는 여러 가지이다. 사람이 공동생활을 하는 방식에는 여러 가지가 있으며 그 목적 또한 여러 가지이기 때문이다.

---

1) 출처: Democracy and Education, 제 7장, pp.71-84, Lu Vision Publishing Company, 2009, (원판 1916).

한명의 개인도 어느 하나의 집단에만 속하는 것이 아니라 여러 개의 다양한 집단에 속하며 그 집단들의 특징도 다양하다. 서로 모임을 만들었다는 것 빼놓고는 공통점을 찾기가 어려울 정도이다. 규모가 큰 사회집단 속에는 정치적인 집단 뿐 아니라 산업, 과학, 종교단체들이 있다. 서로 다른 정당들, 사회단체, 파벌, 회사, 조합, 혈연 집단 등 수없이 다양한 집단들이 있다. 한 국가 내에도 언어, 종교, 도덕기준, 전통을 달리하는 다양한 인구집단이 존재한다. 이런 점에서 우리가 살고 있는 도시는 여러 사회집단이 느슨하게 결합되어 있는 하나의 집합체라 할 수 있다.

사회, 또는 공동체라는 용어의 뜻도 모호하다. 규정하려는 목적에 따라 뜻이 달라질 수밖에 없기 때문이다. 결국 사회의 의미는 그 특징에 따라 규정될 수밖에 없다. 보통 사회라 하면 긍정적인 의미에서 복지, 공익 추구, 상호 이해 등의 특징들을 강조한다. 그러나 사회가 추구하는 바가 아닌 실상들을 살펴보면 좋은 사회, 나쁜 사회 등 여러 종류의 사회를 보게 된다. 사람들이 떼를 지어 범죄 음모를 꾸미고, 기업체들이 결탁하여 그 봉사 대상인 대중으로부터 부당 이익을 취하고, 정치 집단들끼리 야합하여 부패를 일삼는 등 별짓을 다하지만 이것들이 모두 말로는 사회이다. 물론 이런 사회도 사회냐고 반문할 수 있지만 그 나름으로는 사회라고 불러줄 만한 특징을 가지고 있으며 그 특징들을 통해 서로가 결속되어 있다. 도둑 사이에도 명예가 있으며, 강도 집단에도 서로가 존중하는 공동의 관심사가 있다. 조폭들끼리도 의리가 있고 반드시 지켜야 하는 규칙이 있다. 가족들 사이에는 다른 가족 집단에 대한 배타심, 질투심이 작용하지만, 내적으로는 우애와 서로 도울 것을 강조한다. 어느 집단에서든 그 내에서 이루어지는 교육을 통해 그 집단 구성원들을 사회화하지만, 그 사회화의 질과 가치는 그 집단의 습성과 목적에 따라 다르다.

따라서 여러 가지 사회적 삶의 가치에 대해서 평가해 볼 필요가 있다. 평가의 기준을 세우는데 있어서 두 가지 극단은 피해야 한다. 먼저 일종의 이상 사회를 설정해서는 안된다. 우리가 추구하는 이상이 현실화되기 위해서는 실제 존재하는 사회에서 발견되는 삶의 방식에 근거해서 기준을 세워야 한다. 그렇다고 해서 기존의 사회에서 행하고 있는 삶의 특징들 중 아무거나 기준으로 쓸 수는 없다. 기존에 행해지도 있는 삶의 특징들 중에 바람직하다고 여겨지는 것들을 골라 이를 바람직하지 못한 특징들을 비판하고 개선하는데 활용할 수 있어야 한다. 우선 어떤 사회집단에서이든지, 심지어 도둑의 무리에서도 서로 모종의 관심사가 공유되고 있으며, 다른 집단과의 상호작용과 협동적 교섭이 어느 정도는 이루어지고 있다는 점에 주목할 필요가 있다. 이 두 가지 특성으로부터 사회의 질과 가치를 평가해 볼 수 있는 기준을 뽑아낼 수 있다. 즉 의식적으로 공유되는 관심사의 수가 얼마나 많으며, 그 종류가 얼마나 다양한가? 그리고 다른 집단과의 교섭이 얼마나 충만하고 자유로운가이다. 이 두 가지 기준을 통해 예컨대 범죄집단을 평가해 보면, 첫째로 그 성원들을 결속시켜주는 공동의 관심사는 겨우 남의 물건을 훔치거나 빼앗는 것에 지나지 않으며, 둘째로 그 집단은 성격상 다른 집단과는 유리되어 있어서 서로 삶의 가치를 주고받을 기회가 거의 없다. 이 집단 내에서 이루어지는 교육 역시 왜곡될 수밖에 없다. 반면 바람직한 가정생활을 예로 들어보자. 첫째, 그 가정에는 모든 가족이 물질적, 지적, 미적인 관심사를 공유하고 있어서 한 사람이 뭘 배우면 이는 쉽게 다른 사람에게 전달될 수 있다. 둘째, 이러한 가족은 고립되어 있지 않고, 회사, 학교, 문화 기관 등 가족 구성원들이 참여하고 있는 조직들과 긴밀한 관련을 맺고 있으며, 정치적 조직과 관련해서도 응분의 역할을 수행하고 또 지원을 받는다. 즉 이러한 사회집단 속에서는 구성원들끼리 많은 수의 관심사가 서로 공유되고 전달되며, 다른 형태의 각종 모임들과도 자유로운 상호 교섭을 하고 있다.

Ⅰ. 앞의 기준 가운데 첫 번째를 전제국가에 적용해 보자. 전제국가라고 해서 통치자와 피통치자 사이에 공통되는 관심사가 전혀 없다고 말할 수는 없다. 또 전제국가라고 하더라도 백성에게 권력을 제대로 쓰려면 그들을 명령에 따르게 할 만한 뭔가가 있어야 한다. 혹자는 전제국가에서 백성

들에게 통할 수 있는 방법은 겨우 총칼로 공포를 느끼게 하는 정도라고 말하기도 한다. 물론 공포라는 게 살아가는데 있어 늘 부정적인 역할만을 하는 것은 아니다. 공포가 비겁함과 치사한 복종을 유발시키기도 하지만 조심히 살핀다든지 신중하게 행동하게 한다든지 해로운 결과를 피하기 위해 장차 일어날 일을 예측하려 한다든지 하는 바람직한 특성을 유발하기도 한다. 그러나 진짜문제는 공포를 자극한다고 해서 다른 능력이 연관되어 발달하는 것은 아니라는 점이다. 공포를 느끼면 쉽고 안전한 삶을 추구하려는 성향은 강화되는 반면 다른 능력의 개발은 이루어지지 않으며, 설사 개발된다고 하더라도 그 자체가 의미가 있는 능력이 아니라 고통을 피해 쾌락을 얻는 수단적 능력들이라고 밖에 할 수 없는 것들이다.

즉 전제국가에서는 공통의 관심사가 별로 많지 않으며, 사회집단 구성원들 사이에 자유롭게 주고받을 만한 게 없다고 할 수 있다. 그리고 주고받는 자극과 반응이 극히 일방적이다. 한 사회의 성원들이 서로 많은 점에서 가치를 공유하려면 서로가 영향을 주고받는 기회를 균등하게 해야 한다. 그리고 아주 다양한 활동과 경험에 공동으로 참여해야 한다. 그렇지 않을 경우 그러한 경험이 주는 교육적 효과가 각각의 계층 내부에 한정되어 버리며 계층 간에 다양한 삶의 방식을 공유할 기회가 없어진다. 언뜻 상류계층은 별다른 피해를 입지 않는 것처럼 보이지만 실제는 그렇지 않다. 상류층의 문화라는 것이 사실 특별한 의미 없이 그들 내부에서만 통용되는 것들이다. 예술이라는 것도 가식적이며 사치스럽고, 그들이 가진 지식도 지나치게 전문화되어 있다. 예법 역시 인간적이지 못하고 형식적이면서도 까다롭다.

다양한 관심을 공유하면서 서로 자유롭고 평등하게 상호 교섭하지 못하면 지적 자극을 제대로 받기가 어렵다. 다양한 지적 자극을 받는다는 것은 새로운 것을 경험한다는 것을 말하며 새로운 것은 자신이 가진 기존의 생각에 신선한 충격을 주는 것들이다. 계층 간에 엄격한 선이 그어져서 서로 경험을 주고받을 기회가 제한된다면 각 계층의 활동 역시 한쪽으로만 치우치게 되어 가난한 계층은 단순한 일만 반복하게 되고 부유한 계층은 기분 내키는 대로 목적 없이 때론 과격한 행동이나 일삼게 되는 경향이 있다. 플라톤은 노예를 정의하기를 다른 사람이 조종하는 대로 하는 사람이고 하였다. 이러한 노예의 상태는 법적으로 노예제가 없는 경우에도 나타날 수 있다. 사람이 사회적으로 유용한 일을 하면서도 그 일이 어떤 일인지, 자신과 어떤 관련이 있는지 깨닫지 못한다면 그는 노예나 마찬가지이다. 과학적으로 관리되는 노동 현장도 마찬가지 관점에서 볼 수 있다. 이때 과학적이라는 것은 인간의 근육을 최대한 효율적으로 움직이게 한다는 것을 말한다. 그러나 원래 과학이란 지적인 호기심을 바탕으로 인간이 하는 일(노동)이 그 인간에게 어떤 의미가 있으며, 그 일을 하는 가운데 다른 사람들과 어떻게 관계를 맺고 있는지를 밝혀내는 것이라 할 수 있다. 생산의 효율성을 높이기 위해서 보통 노동의 분업을 하게 되는데 만약 노동자들이 자신이 하고 있는 일의 기술적, 지적, 사회적 의미를 깨닫지 못하고 주어진 일을 한다면, 그 일은 단순한 기계적 반복이라고 밖에는 말할 수 없다. 과학적 관리와 노동의 효율이라는 기술적 측면에만 관심을 갖는다면 이 역시 사고의 자극을 일방적으로 전달하여 일부가 원하는 대로 나머지를 조종하려는 시도라고 할 수 있다. 산업계 내부의 인간적인 요소나 구성원들 간의 사회적 관계에 대해서는 관심을 두지 않은 채 물건을 만들고 시장에 내다파는 데에만 신경 쓴다면, 즉 노동과 산업의 사회적 요인에 대해 무시한다면 이는 결국 마음의 부재, 감성의 왜곡, 그 이상 아무것도 아니다.

Ⅱ. 범죄 집단이 다른 집단으로부터 배타적으로 고립되어 있다는 점은 그들의 반사회적 기조가 그들 내에서만 머문다는 점에서 일단은 다행이다. 그러나 문제는 그러한 반사회적 기조가 다른 집단과의 교류가 원활치 않고 자신들의 이익만 추구하는 집단이라면 어디에서든 나타난다는 데 있다. 이들은 다른 집단과의 교류를 통해 자신들을 변모시키고 발전시켜 가는 데는 관심이 없고 오로지 자신들이 가진 것을 지키는 데만 몰두한다.

고립을 자초하는 국가, 바깥세상에는 관심이 전혀 없는 가정, 실제 사회생활과는 유리되어 있는 학교, 가진 자와 가난한 자 그리고 지식인과 일반인의 단절, 모두가 반사회적 기조가 발견되는 예들이라 할 수 있다. 단절과 고립은 삶을 딱딱하게 형식화하며, 집단 내에서 변화 없이 이기적인 목적만 추구하게 만든다. 야만 부족이 '외부인'과 '적'을 동의어로 쓴다는 것은 우연이 아니다. 그들에게 있어서 '경험'이라는 것은 과거의 전통에 충실하게 따른다는 것과 같은 의미이다. 외부인과의 교섭은 전통을 파괴할 가능성이 있기 때문에 다른 사람들과의 교섭을 두려워하는 것은 당연하다. 다른 사람과의 교섭은 분명 경험 세계가 재구성될 수 있는 기회를 제공한다. 정신생활이 활발해지고 확대되는 것이 물리적 환경과의 접촉 범위가 확대되는 것에 달려있다는 것은 두말할 필요가 없지만 더 의미 있는 접촉은 사회적 접촉이다.

인류 역사상 발전이 이루어졌던 시기는 대개 나라와 나라, 계층과 계층을 갈라놓았던 장벽을 제거하는 방향으로 여러 가지 요인들이 작용했던 시기와 일치한다. 전쟁과 같은 갈등을 통해 두 나라 사람들이 어쩔 수 없이 엮이게 되더라도 상대방으로부터 예기치 않게 배울 기회가 생기고 이를 통해 생각의 지평이 넓어질 수 있다. 오늘날 여행과 경제 및 무역의 확대를 통해 거리의 장벽이 허물어지면서 서로 다른 나라 사람들끼리 또 계층들끼리 서로 밀접하게 연결되어 가고 있다.

2. 민주주의의 이상

앞에서 말한 두 가지 기준 모두 민주주의와 관련이 있다. 첫 번째 기준은 사회성원들끼리 얼마나 다양하고 많은 관심사를 공유하며 서로의 일에 관심을 가지면서 자연스럽게 사회통제가 이루어지는지를 의미한다. 두 번째 기준은 여러 사회집단 사이에 보다 자유로운 상호작용이 있는지 나아가 다양한 상호작용의 결과로 생기는 새로운 상황에 끊임없이 적응하면서 그 집단의 사회적 관행에 변화가 있는지를 의미한다. 이렇게 볼 때 이 두 가지 기준은 모두 민주적으로 조직되고 운영되는 사회의 가장 중요한 특징이라 할 수 있다.

교육의 입장에서 볼 때, 민주주의 사회는 사회구성원들의 여러 관심사들이 서로 긴밀하게 연결되어 있고, 그 과정에서 구성원들이 적응해가고 발전해 가는 것이 중요하므로 다른 어떤 형태의 사회보다도 교육의 중요성을 강조하며 주도면밀하면서도 체계적으로 이를 준비한다. 민주주의가 교육에 헌신적이라는 것은 잘 알려진 사실이다. 피상적으로는 국민이 제대로 교육을 받지 않은 상태에서 그들의 대표를 뽑는다면 대의 정치가 제대로 이루어질 수 없다는 점에서 그 이유를 찾을 수 있다. 외적인 권위에 의존하여 통치하는 사람이 아닌 자발적이고 헌신적인 대표를 세우는 일은 오직 교육에 의해서만 가능하기 때문이다. 그러나 보다 근본적인 이유는 다른데 있다. 민주주의는 단순히 정부의 형태라는 점을 넘어서 서로 어울려 살아가는 삶의 방식이자 함께 소통하고 경험을 나누는 방식이라는 점이다. 자신의 경험을 다른 사람들과 나누고 다른 사람들의 행동을 참조하여 자신의 행동 방향을 결정하는 사람들이 많아지고 그들의 활동 공간이 넓어질수록 그동안 인간 행위의 온전한 이해를 가로막았던 계급, 인종, 국경과 같은 장벽이 허물어질 수 있다. 사람들 사이의 접촉이 많고 그 종류가 다양해지고 많아진다는 것은 개인이 반응해야 할 자극이 다양해지고 많아진다는 것을 뜻하며, 결과적으로 인간 행위의 다양화를 촉진한다. 나아가 인간 행위의 다양성을 제한하고 외부와의 고립을 통해 구성원의 권리와 이익을 억눌렀던 권력으로부터의 해방을 보장할 수 있게 된다.

함께 나누는 관심사의 범위가 넓어지고 보다 다양한 영역에서 인간의 잠재력이 실현되는 사회가 단순히 의도적으로 노력한다고 해서 만들어지는 것은 아니다. 이러한 것들은 오히려 과학의 힘에 의한 생산, 상업, 여행, 이주, 통신의 발달로 초래된 것이라 할 수 있다. 그러나 일단 상당한 수준의 개인화가 이루어지고 개인들의 이익을 중심으로 형성된 공동체가 출현한 이후부터는 의도적인 노력이 중요하다. 계급의 분화를 피할 수 없다면 누구나 쉽게 접근할 수 있는 방식으로 지적인 기회가 주어져야 한다. 계급 간의 이동이 어려운 사회는 지배층의 교육에만 신경 쓰는 경향이 있다. 그러나 사회적 이동이 자유로워 사회 전반에 걸쳐 변화가 이루어지는 경우라면 개인의 주도에 의해 개인의 적응력을 촉진하는 방향에서 교육이 이루어져야 한다. 그렇지 않으면 개인이 경험하는 변화가 자신에게 어떤 의미가 있고 어떤 연관이 있는지 알지 못한 채 휘둘리는 수가 있다. 결국 상당수가 다른 사람들의 행동을 맹목적으로 따라 하게 되는 혼란스러운 상황이 초래될 수 있다.

3. 플라톤의 교육 철학

다음에서는 교육의 사회적 의미가 서로 확연히 구분되는 세 시기의 교육 이론에 대해 살펴보고자 한다. 그 첫 번째가 플라톤의 교육이론이다. 플라톤에 따르면 개개인이 저마다 타고난 능력을 발휘하여 다른 사람 혹은 전체를 위해 봉사한다면 사회가 안정적으로 유지될 수 있으며 이때 교육은 개개인이 가진 능력을 찾아내어 사회에 유용하게 쓸 수 있도록 길러내는 역할을 한다. 이러한 플라톤의 생각은 이후에도 많은 이들에게 영향을 주었다. 그러나 이 생각이 모든 조건에 들어맞는 것은 아니다. 개개인 혹은 개별 사회집단들이 수행하는 활동의 종류는 그가 상상하는 이상으로 다양하며, 따라서 그의 생각이 적용될 수 있는 경우는 일부 계층의 능력 혹은 사회적 상황에 한정된다.

플라톤의 논지는 사회조직의 성패는 존재의 목적에 대한 지식에 달려있다는 점에서 출발한다. 만약 존재의 목적을 모른다면 우리는 예측할 수 없는 변덕스러운 상황에 놓이게 된다. 또 존재의 목적을 모른다면, 무엇이

선한 것(the good)인지, 즉 어떤 일을 하는 것이 바람직한 것인지, 어떻게 사회가 구성되고 운영되는 것이 좋은지에 대해 기준이 없게 된다. 그리고 인간 사회에 반드시 필요한 정의에 대한 관념, 즉 사람의 행동을 어느 선에서 허용하고 무슨 일을 하게 할 것인지에 대한 기준을 갖지 못하게 된다. 그렇다면 궁극적으로 추구해야 할 '선'에 대한 지식을 어떻게 얻을 수 있을까? 그런데 그러한 지식은 공정하고 조화로운 사회에서만 구해질 수 있다는 점에 어려움이 있다. 그렇지 못한 곳에서는 마음이 혼란스럽고 거짓된 가치판단과 시각들에 이끌릴 수 있다. 혼란스럽고 분열된 사회에서는 서로 다른 '선'의 모델과 기준이 다양하게 존재할 수 있다. 그런 상황에서는 개인들이 일관된 마음을 가질 수는 없다. 하나로 완전하게 통합된 사회에서만이 온전히 일관성을 가질 수 있는 것이다. 합리적이고 균형 잡인 주장에 근거하지 않고 무조건 한가지 요소만을 최고로 내세우는 사회에서는 생각이 잘못된 방향으로 흐를 수밖에 없다. 특정한 것에 우선순위를 두고 나머지 것은 소홀히 여긴다면 겉으로는 이에 따르는 것처럼 보여도 실은 잘못된 줄 알면서도 어쩔 수 없이 그렇게 하는 것일 뿐이다. 교육이라는 것도 결국은 제도, 인습, 법률 등이 만들어 놓은 틀대로 따라서 할 뿐이다. 따라서 공정한 국가에서만 올바른 교육을 할 수 있으며 올바르게 교육을 받은 사람들만이 존재의 목적과 어디에 우선순위를 두어야 할지 그 이치를 깨달을 수 있다. 그런데 이러한 논리전개를 따르다보면 결국 논리가 끝없이 순환하고 있음을 알 수 있다. 플라톤은 이러한 논리의 순환에서 벗어나는 길을 다음과 같이 제시하고 있다. 즉 철학자 혹은 진리와 지혜를 사랑하는 사람들 일부를 훈련시켜 참된 실재의 모습이 어떤지 그 윤곽이나마 알아낼 수 있다는 것이다. 강력한 지도자가 그 참된 실재의 모습에 따라 나라를 만들면 질서가 바로잡히게 된다. 이때 교육은 개인을 걸러내어 각자가 무엇에 유용한지를 밝혀내고 개개인이 타고난 바대로 평생 동안 노력하며 살아가는 방법을 알려주는 기능을 한다. 각자가 자신에게 주어진 바를 한눈팔지 않고 해낸다면 사회 전체의 질서와 통합이 유지될 수 있다는 것이다.

그 어떤 사상체계도 이처럼 사회 구성에 있어서 교육의 의의를 중요하게 여기는 경우를 찾아보기 어려울 것이다. 사회 구성의 성패가 젊은 세대를 어떻게 교육시키는지에 달려있음을 가장 적절하면서도 깊이 있게 지적하고 있다. 교육이 개인의 능력을 찾아내고 길러내며 이를 다른 사람에게 유용하도록 훈련시키는 역할을 한다는 점을 적절하게 설명해 주고 있다. 그러나 이러한 이론이 적용되는 사회는 너무도 비민주적이어서 플라톤도 이를 알지만 그 해법을 제시하지 못할 정도이다.

물론 플라톤도 태어날 때 부모로부터 물려받은 재산이나 전통적인 지위에 의해 개인의 사회적 위치가 정해져서는 안 되며, 오직 교육을 통해 발견되는 본성과 능력에 따라 결정되어야 한다는 점을 분명히 했지만 개개인의 독창성에 대해서는 제대로 인식하지 못하고 있었다. 그는 본성과 능력에 따라 계급이 결정되며 그 계급의 숫자도 많아서는 안 된다고 보았다. 그런데 이는 결과적으로 교육의 기능을 검사하고 걸러내서 각자가 세 가지 계급 중 어디에 속할 것인지 알려주는 것으로 한정시키게 되는 문제가 있다. 각자가 자신만의 계급을 구성하며 인간의 활동 성향은 무한하고 개개인마다 독특한 활동 성향의 조합이 있다는 점은 인식하지 못한 것이다. 그에게 있어서 개개인을 나타내는 능력은 세 가지밖에 안 된다. 다양성만이 변화와 진보를 가져올 수 있다는 점에서 계급 내에 갇힌 교육은 더 이상 변화되지 않는 체제를 만들어 유지하는 역할을 할 수밖에 없다.

플라톤에 따르면 천성적으로 욕망과 욕구가 강한 사람들은 인간의 기본 욕구를 잘 나타내는 노동이나 상업에 종사하게 한다. 교육을 통해 그러한 욕구를 잘 통제할 수 있는 능력을 갖추는 사람들은 대개 관대하고 외향적이며 용감하므로 공무원이나 군인, 경찰 등의 일을 맡긴다. 그러나 이들은 보편적인 원리를 깨닫는 능력은 부족하다. 교육을 통해 보편적인 원리를 깨달을 수 있는 능력을 갖춘 사람들은 입법가를 시킨다. 왜냐하면 법이라는 것이 특정한 상황을 통제하는 보편적인 원칙이기 때문이다. 이렇듯 의도하지는 않았다 하더라도 플라톤은 모든 개인을 사회 전체에 복종시키고 말았다. 개개인이 가진 독창성, 특정한 기준을 통해 자로 잰 듯 남과 비교하기 어렵다는 점, 그리고 사회는 항상 변화한다는 점을 깨닫지 못한 나머지 권력과 계급을 제한하였지만 결국에는 개인을 전체에 복종시키는 사상으로 귀결되고 만 것이다.

개개인이 저마다 타고난 적성과 능력에 맞는 일을 하게 되면 개인도 행복해지고 사회도 잘 운영될 수 있다는 점, 그리고 교육은 그러한 개인의 적성과 능력을 찾아내고 길러주는 역할을 한다는 점에 대해서 플라톤의 주장을 반박하기는 어렵다. 그러나 지식이 발달하면서 개인과 그들이 가진 능력들을 뚜렷이 구분되는 몇 개의 계급으로 몰아넣을 수 있다는 플라톤의 생각은 잘못된 것임이 드러나고 있다. 인간이 타고난 능력들은 그 종류가 무수히 많고 다양하기 때문이다. 그리고 민주화가 진전된 사회일수록 계급을 만들기보다는 개인의 구체적이면서도 다양한 자질을 활용할 수 있도록 사회를 조직한다. 플라톤의 교육철학은 어느 면에서는 혁명적이라 할 수 있지만 결국은 그 혁명을 통해 더 이상 변화하지 않는 뭔가를 이루려고 했다는 점에서 모순적이다. 그의 생각에 변화나 변경은 질서가 없는 혼란을 의미하며, 참된 실재란 변하지 않는 것이다. 결국 당시의 사회적 상황을 급진적으로 바꾸고자 했지만 그렇게 바꿔서 이루고자 했던 사회적 상황은 더 이상 변화를 허용하지 않는 사회이다. 삶의 최종 목적이 고정되며, 그 목적이 정해 놓은 틀에 묶여 조그마한 변화도 일어나지 않는 그런 상태에 놓이게 되는 것이다. 조그마한 변화라도 허용하면 사람들은 변화에 익숙해지고 결국은 사회가 해체되고 무정부상태에 놓이리라고 보는 것이다. 그의 철학이 결국에 무너질 수밖에 없는 것은 조금씩 교육을 바꿔서 보다 나은 사회를 만들고 그 결과 다시 더 나은 교육을 할 수 있게 되는 상황이 무수히 반복될 가능성을 부인했기 때문이다. 이상적인 국가가 존재하기 전까지 올바른 교육이란 있을 수 없으며, 그런 국가가 만들어진 이후에 교육은 그 상태를 보존하는 역할만 수행할 뿐이다. 그런데 그런 국가가 만들어지기 위해서는 철학적 지혜를 가진 사람들이 우연히 정권을 잡게 되는 행복한 사건이 일어나기를 기다리는 수밖에 없다.

4. 18세기 개인주의적 이상

18세기에도 다른 시기와 확연히 구분되는 사상적 조류를 만날 수 있다. 물론 그때까지도 "자연"은 사회를 조직하는 방식과 어울리지 않는 것이었다. 플라톤이 루소에 준 영향이 컸기 때문이다. 그러나 개인의 재능이 다양하며 다양한 개인의 특성을 자유롭게 개발할 필요가 있다는 점은 바로 자연이 알려준 바이다. 자연에 따르는 교육이 수업과 훈육의 목표이자 방법이 되었다. 그리고 인간은 천성적으로 비사회적, 심지어 반사회적인 존재로 태어난다고 보았다. 사회조직은 이렇듯 비사회적인 개인이 보다 많은 개인적 행복을 추구하는데 필요한 외적 수단에 불과한 것으로 여겨졌다.

그러나 인간을 비사회적인 존재로 가정한다고 해서 당시의 사회운동이 진정으로 추구하던 바를 오해해서는 안 된다. 당시의 최고 관심은 진보, 특히 사회적 진보에 있었다. 반사회적인 것으로 비춰지는 철학을 내세운 이유는 보다 폭이 넓고 자유로운 사회, 즉 세계주의(cosmopolitanism)를 드러내 놓고 추동하기 위함이다. 그들이 실현하고자 하는 이상은 바로 '인간성(humanity)'이다. 인간성에 입각한 공동체는 일반적인 국가와는 구분되며 인간의 본성과 능력이 자유롭게 추구되는 곳을 의미한다. 반면 기존의 정치 조직은 통치자의 개인적 이익과 기득권을 유지하는데 권력이 잘못 사용되는 곳이라고 할 수 있다. 이렇듯 한편으로는 극단적인 개인주의를 추구하면서도 다른 한편으로는 인간의 무한한 발전가능성, 그리고 인간성만큼이나 넓은 아량을 가진 사회조직을 실현하고자 했다. 해방된 개인은 포용력이 넓고 진보적인 사회의 핵심 주체가 되었다.

이러한 복음을 전파하던 사람들은 당시 자신들이 속해있던 사회의 문제점을 정확하게 인식하고 있었다. 그들은 이러한 문제점들의 원인이 인간의 자유를 속박하는 여러 가지 제약에 있다고 보았다. 이러한 제약들은 잘못된 것이면서 동시에 부패한 것이다. 과거 봉건체제로부터 권력을 누려온 지배 계층이 자신들의 이익을 독점하기 위해 만들어 놓은 사회적 제약들로부터 벗어나기 위해 그 지적 근거로 자연의 법칙을 내세웠다. 모든 것을 자연의 법칙에 따른다는 것은 기존의 인위적이고 부패된, 그러면서도 부적절한 사회질서를 보다 새롭고 진화된 인간성의 왕국으로 교체한다는 것을 의미한다. 이러한 자연에 대한 무한한 믿음, 그리고 이에 근거한 사회개혁은 자연과학의 발달로 강한 힘을 얻게 된다. 교회와 국가가 만들어 놓은 편견과 제약에서 벗어나 자유롭게 탐구한 결과 삼라만상을 움직이는 것은 자연법칙이라는 것이 드러나기 시작했다. 뉴턴이 밝혀낸 태양계의 모습은 우주가 자연 법칙의 지배에 따라 모든 힘이 다른 것과 균형을 이루는 경이로운 조화의 세계임을 잘 나타내 주었다. 그리고 인간이 만들어 놓은 인공적이고 강제적인 제약들을 제거하면 자연의 법칙에 따라 인간들 간에도 똑같은 결과가 만들어질 것이라고 보았다.

교육은 이렇듯 보다 인간화된 사회를 만들어내는 데 있어 첫걸음이 될 것으로 여겨졌다. 경제와 정치에 관련된 여러 제약들도 결국은 생각과 감정의 제약들이 만들어낸 것이기 때문이다. 외적인 속박으로부터 인간을 해방시키기 위해서는 먼저 잘못된 신념과 생각이 만들어낸 내적인 속박으로부터 해방되어야 한다. 그런데 기존의 사회 제도는 너무도 거짓과 부패로 가득 차 이러한 일을 믿고 맡길 수가 없다. 스스로를 파괴하라는 임무를 제대로 수행하리라고 기대할 수는 없기 때문이다. 그리고 그 일을 해낼 수 있는 힘을 가진 것도 자연일 수밖에 없다. 당시 유행했던 극단적 감각주의 인식론도 이러한 생각에서 비롯된 것이다. 마음은 원래 수동적이면서도 비어있는 곳이라는 그들에 주장에 따를 경우 교육은 대단히 중요해진다. 마치 사람의 마음이 밀납(왁스)판과 같아서 그 위에 어떤 사물의 모양이 그대로 새겨지는 것이라면 자연 세계가 그대로 마음에 각인될 수 있어 교육의 효과는 무한하다 할 수 있다. 그리고 자연 세계는 사물이 조화를 이루는 진리의 세계이므로 교육을 통해 진리로 가득한 마음을 만들어낼 수 있게 된다.

5. 국가 차원의 교육과 사회 차원의 교육

그러나 자유에 대한 열망이 식어지면서 이 이론은 실천적 측면에서 약점을 드러내기 시작했다. 자연에 모든 것을 맡긴다는 것은 결국의 교육이 가진 본질적 특성을 부정하는 것이 된다. 주변에서 우연히 일어나는 상황만 기다리는 것이 교육이라 할 수는 없다. 교육에는 방법이라는 게 있어야 하며 수업의 모든 과정을 담당할 기관과 행정조직이 필요하다. 인간성의 계몽과 진보라고 하는 사회적 목적의 달성을 위해서도 그리고 모든 잠재능력의 완전하고 조화로운 발달이라고 하는 교육적 과업의 달성을 위해서도 이를 실현해 줄 확실한 조직이 필요한 것이다. 개인들 몇 명이서 여기저기 목소리를 높인다고 해서 일이 되는 것은 아니다. 페스탈로치 같은 사람이라면 여러 가지 실험도 해보고 돈과 권력을 가진 독지가에게 도와달라고 부탁도 해 볼 것이다. 그러나 설사 페스탈로치라도 국가의 도움 없이 새로운 교육적 이상을 효과적으로 추진하는 것은 거의 불가능하다. 새로운 교육을 통해 새로운 사회를 만들어 내는 것은 결국 기존 국가의 활동에 의해서만 가능하다. 즉 민주적 이상을 실현하는 일을 하기 위해서는 먼저 공적으로 운영되는 학교를 만드는 일부터 해야 한다.

그래서 적어도 유럽에 있어서는 정치 운동과 공교육운동이 동시에 추진되는 역사적 상황이 벌어졌다. 그리고 이 역사적 상황은 이후의 사회운동에도 대단한 의미를 가진다. 특히 독일 사상의 영향으로 교육은 공적인 기능을 갖게 되었고 이때 공적인 기능이란 민족국가의 이상을 실현하는 것을 의미했다. 결국 국가가 인간성을 대신하게 되었고, 세계주의는 국가(민족)주의에 자리를 내주었다. 그리고 인간이 아닌 국민을 만드는 것이 교육의 목적이 되었다. 이러한 일에 영향을 준 역사적 상황은 특히 독일의 경우 나폴레옹의 침략이었다. 독일은 교육에 집중하는 것이 정치적인 통합과 힘을 키우고 유지하는 최고의 방법이라고 생각했으며 이후에 일어난 일들은 이러한 생각이 옳았음을 보여 줬다. 독일은 대외적으로 취약했고 분열되어 있었다. 그리고 이러한 약점을 계기삼아 프러시아 정치가들의 주도하에 광범위하고도 흔들리지 않는 공교육 체계를 발전시켜 나갔다.

한편 실천의 변화는 이론의 변화도 가져왔다. 개인주의적 이론의 기반이 약해진 것이다. 국가는 공교육의 수단뿐만 아니라 목적까지도 제시하였다. 초등학교부터 대학까지 미래의 충성스런 국민과 군인, 국가 공무원과 행정가를 길러내는 역할을 하고, 그밖에도 학교가 군사적, 산업적, 정치적 목적을 실현하는데 필요한 여러 가지 수단을 제공하게 된 마당에 이론상으로도 사회적 효율성을 강조하지 않을 수가 없게 된 것이다. 그리고 민족국가들 간의 상호 경쟁이 치열해지는 가운데 모호한 세계주의는 사회적 효율성의 근거를 제시해 주지 못했다. 한 국가의 주권을 지켜낸다는 명분하에 군사적 방어와 국제 경쟁에서의 우위라고 하는 국가적 목적에 개인이 복종할 것을 요구했고 따라서 사회적 효율성이란 개인의 복종을 의미하는 것으로 생각되었다. 교육의 과정도 개인의 발달이 아닌 규율이나 훈육의 형태를 띠었다. 그렇다고 해서 온전한 인성의 발달을 중시하는 문화가 사라진 것은 아니므로 두 가지 관점의 중재를 모색하는 교육철학이 등장했다. 그리고 그 중재는 국가의 "유기적" 특성이라는 개념을 통해서 이루어졌다. 고립된 개인은 아무 것도 아니며 오직 유기적 조직의 목적과 의미를 흡수함으로써 진정한 인성을 갖출 수 있다는 것이다. 겉으로는 정치권력에 복종하고 상관의 명령에 자신을 희생하는 것처럼 보이지만 실은 국가를 통해 모습을 나타낸 객관적 이성을 자신의 것으로 만드는 일이며 그것만이 진실로 합리적인 인간이 되는 길이라는 것이다. 헤겔 철학의 제도적 관념주의가 말하는 발달이라는 것도 개인 인성의 온전한 발달과 현존하는 제도에 대한 철저한 규율 복종, 이 두 가지를 의도적으로 합쳐놓은 것에 불과하다.

나폴레옹의 침략에 맞서 국가의 독립을 지키는데 전념해야 했던 시대에 독일에서 일어났던 교육철학의 대 전환이 얼마나 큰 폭으로 이루어졌는지는 일찍이 개인주의적 세계주의의 이상을 표방했던 칸트와 비교해보면 알 수 있다. 그가 교육에 대해 언급한 것은 18세기 후반 강의집 형태로 저술한 논문에서인데, 여기서 그는 교육을 인간이 인간다워지는 과정이라고 정의했다. 인간이 이성적 존재가 되기 전 인류 역사의 출발은 자연의 일부로서 시작되었고 자연은 인간에게 본능과 욕구만을 제공해 주었다. 자연이 제공한 배양균이 자라나고 완성되어 가는 것은 교육을 통해서이다. 그리고 진정한 인간의 특징은 인간이 스스로의 노력에 의해 도덕적이고 합리적이며 자유로운 존재로서의 모습을 만들어가면서부터 나타나기 시작한다. 이러한 창조적인 노력이 가능한 것은 여러 시대에 걸쳐 천천히 누적되어온 교육의 효과라 할 수 있다. 이를 가속화시킬 수 있을지 여부는 인간이 현재의 상태에 만족하지 않고 보다 나은 인간성을 개발하기 위해 후세대의 교육에 얼마나 주의를 기울이며 노력하느냐에 달려있다. 그런데 각각의 세대는 인간이 최대한 인간다워질 수 있는 가능성을 실현하는데 교육의 목표를 두기보다는 현재의 세상에 적응하도록 가르치는 데에 치중하는 경향이 있다. 부모는 아이가 출세하도록 교육하고, 통치자는 백성을 자신의 이익 추구에 수단이 되도록 교육을 한다.

그렇다면 인간성이 진보하도록 하는 교육을 누가 행할 수 있을 것인가? 이에 대해서는 개인적으로 스스로의 노력에 의해 깨우침을 얻은 사람들에 의존할 수밖에 없다고 한다. "모든 문화는 개개인으로부터 시작되고 이것이 점차 확산되어 간다. 미래의 이상적인 상황에 대해 이해할 수 있는 능력을 갖춘 개개인들의 노력에 의해 인간 본성이 추구해야 할 최종 목적에 점차 다가갈 수 있게 된다……반면 통치자들은 백성들을 자신의 의도대로 이용하기 쉽게 길들이는 데만 관심이 있다." 통치자의 보조를 받는 사립 학교라 하더라도 안전장치가 설치되어 있다. 최선의 인간성을 추구하기보다는 자신의 왕국의 이익을 우선시하는 통치자라면 학교에 지원하는 돈을 통해 자신의 계획을 따르지 않을 수 없도록 만든다. 우리는 이러한 견해들을 통해 18세기 개인주의적 세계주의자들의 생각을 명확히 읽을 수 있다. 개인의 사적 인성 발달을 완성시키는 것은 전체 인간성을 실현하는 것과 마찬가지이며 동시에 진보를 이루는 것과 마찬가지이다. 그리고 이러한 이상을 추구하는데 있어서 국가가 주도하고 통제하는 교육은 위협이 되며 걸림돌이 될 수 있다는 것이다. 그러나 이러한 견해가 발표된 지 채 20년도 되지 않아 칸트의 철학적 계승자인 피히테와 헤겔은 국가는 교육적으로 중요한 기능을 하며 국가의 목적에 따른 교육을 통해 독일이 다시 태어날 수 있다고 바뀐 주장을 내놓았다. 사적인 개인은 이기적이며 비합리적어서 국가의 제도와 법률이 정한대로 규율과 통제에 자발적으로 따르지 않을 경우 언제든지 욕망과 상황에 휘둘릴 수 있다고 보았다. 이러한 생각에 따라 독일은 최초로 초등학교에서부터 대학에 이르기까지 공적, 보편적, 의무적 학교 체제를 도입하였으며 모든 사립 교육기관도 국가의 통제와 감독을 받도록 하였다.

이상에서 간략히 역사적 전개 과정을 살펴본 결과 두 가지 결론을 얻을 수 있었다. 첫째, 교육을 개인적인 차원 그리고 사회적인 차원으로 구분하여 규정하는 것이 크게 보아 의미가 없다는 것이다. 플라톤은 교육을 통해 개인의 자아실현과 사회의 유지·통합을 동시에 달성할 수 있다고 보았다. 그러나 계급으로 구분된 사회를 상정함으로써 개인을 계급에 매몰시키는 결과를 초래했다. 18세기의 교육철학은 상당히 개인화된 형태를 띠었지만 결국에는 인간성의 원리에 따라 사회를 조직하고 이를 통해 인간성의 완성을 도모한다고 하는 원대한 사회적 이상을 추구했다. 19세기 독일 관념철학은 문화적인 인성의 자유롭고 온전한 발달과 사회적 규율 및 정치적 복종을 동시에 추구했다. 국가를 매개로 하여 사적인 인성 발달과 보편적인 인간성의 실현을 연결한다는 것이다. 이른바 "개인 인격의 모든 능력의 온전하고도 조화로운 발달"과 "사회적 효율성" 모두가 옳으며 추구해야 한다고 말하는 것이 된다. 그런데 이상의 논의들은 결국 이 장의 맨 처음 부분에서 언급했던 명제를 강화시켜 주고 있다. 즉 교육이 사회적인 과정이며 사회적 기능을 한다고 규정한다 하더라도 우리가 어떤 사회를 염두에 두는지를 확정하기 전까지는 아무런 의미를 갖지 못한다는 것이다.

이러한 생각은 자연스럽게 두 번째 결론으로 이어진다. 민주주의 사회에서 또 민주주의 사회를 건설하는데 있어서 교육이 가진 근본적인 문제의 하나는 국가의 목적과 보다 넓은 사회적 목적 사이에서 갈등이 빚어진다는 점이다. 초기의 세계주의와 인간주의는 이를 실현할 기관과 조직을 명확히 규정하지 못한 데서 어려움을 겪었다. 유럽 대륙에서 교육을 통해 인간 복지와 진보를 실현한다는 당초의 생각은 국가의 이익에 사로잡혀 편협하고도 배타적인 목적을 추구하는데 이용당하고 말았다. 교육의 사회적 목적은 국가적 목적과 동일시되어 원래의 의미가 퇴색되어 버렸다.

이러한 혼란은 현재 벌어지고 있는 인간 활동 속에도 나타난다. 예를 들어 과학, 무역, 예술 등의 활동은 국가의 경계를 초월한다. 이런 활동들은 속성상 국제적인 성격을 띤다. 즉 여러 국가에 사는 사람들이 서로 의존하고 협력하는 가운데 이루어질 수밖에 없는 활동들이다. 그러나 정치영역의 경우 국가주권이라는 개념이 지금처럼 강조된 적이 없을 정도이다. 각국은 이웃나라와의 관계에서 서로에 대한 적대감을 애써 누르고 있으며, 심지어 일촉즉발 전쟁의 위기에 놓여 있다. 각국은 자신들만이 누릴 수 있는 배타적 이익을 얻는데 최고의 우선순위를 두고 있다. 이를 의심하는 것은 정치의 기본이라 할 수 있는 국가주권 자체를 의심하는 것이 된다. 그런데, 이러한 모순, 즉 보다 넓은 영역에서 서로 어울리고 도움을 주는 사회적 관계를 맺는 것과 좁은 영역에서 서로 배타적이고 적대적인 목적을 추구하는 것 사이의 모순을 해소하기 위해서는 교육이 추구해야 할 '사회적' 기능과 그 기능에 맞는 교육의 모습을 보다 명확히 할 필요가 있다.

그렇다면 국가에 의하여 운영되면서도 동시에 교육이 추구하는 온전한 사회적 이상을 제약이나 왜곡 없이 추구하는 것이 가능할까? 대내적으로 보면 물질적 조건에 의해 사회가 계급으로 쪼개져서 한 계급이 다른 계층의 '고급문화'를 위한 도구로 전락해가는 세태가 문제가 된다. 대외적으로는 국가에 대한 충성심과 애국심을 국경을 초월한 인류 공동의 목표에 대한 헌신과 어떻게 조화시킬 수 있는지 문제와 맞닥뜨리게 된다. 소극적인 수단만으로는 이 문제를 해결할 수 없다. 예컨대 교육이 한 계층에 대한 다른 계층의 착취를 용이하게 하는 도구가 되지 않도록 하기만 하면 된다는 식의 생각으로는 부족하다. 학교시설은 문호가 충분히 개방되고 또 효율적으로 운영되어 단순히 경제적 불평등을 감소시키는데 그치지 않고, 국민 전체가 장차의 삶을 위한 동등한 준비를 할 수 있도록 보장하여야 한다. 이를 위해서는 학교시설에 대한 행정적 지원은 물론이고 가정에서 누리지 못한 것까지 충분히 누릴 수 있는 수준의 뒷받침을 해 주어야 한다. 나아가 전통적인 학교 문화, 전통적인 교과, 전통적인 교수법과 훈육의 방법을 수정하여 청소년이 스스로 경제적, 사회적인 진로를 개척할 수 있을 정도의 능력을 갖추는데 부족함이 없는 교육 환경을 조성해야 한다. 이러한 이상이 실현되기에 요원한 감이 없지 않지만 이러한 민주적 이상이 우리의 공교육 체제를 점점 더 지배해 가지 못한다면 민주적 이상 그 자체가 우스꽝스러우면서도 비극적인 환상에 불과할 수밖에 없다.

국가와 국가 간에서도 마찬가지이다. 전쟁의 공포를 가르치지 않는다든가 다른 나라와의 갈등과 적대감을 자극할 만한 내용을 가르치지 않는 것만으로는 부족하다. 지리적 제약을 넘어 인류 공동의 목표를 추구하고 결과를 얻어낼 수 있도록 사람들 간의 연계를 강화하는 방향으로 가야 한다. 인류 상호간에 보다 자유롭고 알차게 교류하고 관계를 맺어가는 것에 비해 국가의 주권이라는 것은 부차적이며 잠정적인 것일 수밖에 없다는 생각이 언제나 마음을 움직일 수 있도록 습관화해야 한다. 이런 내용이 교육

철학과 무슨 연관이 있겠느냐고 생각할 수 있겠지만 개인이 자유롭게 잠재력을 실현해 가는 가운데 사회적 목적을 향하여 점진적으로 성장해 가도록 하는 것이야말로 교육의 본질적 의미이며, 교육의 의미를 이와 같이 파악할 때 민주주의가 설정한 기준을 교육에 일관되게 적용할 수 있다.

요약

교육은 사회적 과정이며, 사회의 종류도 다양하기 때문에 제대로 된 교육을 평가하는 기준 역시 그 사회가 추구하는 이상이 무엇인지에 따라 달라질 수밖에 없다. 사회의 질을 평가하는 두 가지 기준이 제시될 수 있는데, 사회 집단 내의 관심사가 집단 구성원 모두에게 공유되는지, 그리고 다른 집단과의 관계와 교섭이 얼마나 충만하고 자유로운지가 그것이다. 바람직하지 못한 사회는 경험을 주고받고 공유하는데 있어서 내적으로 또 외적으로 장벽을 설치하는 사회이다. 모두가 서로 동등한 입장에서 참여할 기회를 제공하고 서로 다른 삶의 방식끼리 교류하면서 제도를 끊임없이 조정해 가도록 보장하는 사회가 민주적인 사회라고 할 수 있다. 그런 사회는 적절한 형태의 교육을 통해 개인이 개인적 관심을 가지고 사회생활에 참여할 수 있게 하며 무질서를 초래하지 않고도 사회 변화를 추진해 갈 수 있도록 한다.

이어서 역사상 세 가지 대표적인 교육철학에 대해 살펴보았다. 플라톤의 교육철학은 이러한 교육의 사회적 기능을 추구하는데 있어 이상적인 요소를 담고 있지만 이를 실현하는데 있어 사회의 기본 단위를 개인이 아닌 계급으로 설정하는 우를 범하고 말았다. 18세기 계몽사상에서 발견되는 개인주의에서는 사회를 보편적인 인간성과 동일시하여 개인이 인간의 본성을 실현해가는 것이 그러한 사회적 이상을 실현해가는 길이라고 보았다. 그러나 자연의 법칙에 맡기는 것 이외에 사회적 이상의 실현을 추진할 기관과 조직이 명확히 제시하지 못하였다. 19세기 제도적 관념주의는 이러한 이상 실현의 추진자로 민족국가를 내세웠으나 그 사회적 이상의 범위를 그 국가에 속하는 사람들만의 것으로 축소시켰으며 개인을 제도에 종속시키는 이론으로 회귀하고 말았다.

생각해볼 문제

1. 민주주의가 가장 좋은 교육의 조건을 제공하는 이유는 무엇일까?

2. 민주적 이상을 실현하기 위한 교육의 기본 조건은 무엇인가?

3. 민주적 이상을 실현하는 데 있어서 전통 교과보다 사회과가 유리한 점은 무엇일까?

제2장

사회과의 출현

Emergence of the Social Studies

로버트 바아, 제임스 바스, 새뮤얼 셔미스
Robert D. Barr, James L. Barth & S. Samuel Shermis
1977

제2장
사회과의 출현
Emergence of the Social Studies[2)]

로버트 바아, 제임스 바스, 새뮤얼 셔미스
Robert D. Barr, James L. Barth & S. Samuel Shermis

1977

1. 서론

사회과가 왜 모호하고 혼란스러운 교과인지는 두 가지로 설명할 수 있다. 첫 번째 이유는 사회과가 아직도 그 모습을 갖추어가고 있는 과정에 있다는 점이다. 세상에 알려진지 60년이 넘었지만, 사회과는 아직도 새로운 교과이다. 완전한 모습을 가지고 태어난 것도 아니며, 그 성장 과정도 느리고 고통스러웠다. 사회과교육에 대한 제대로 된 연구가 진행된 것도 지난 20여 년간의 일이며, 교과 내의 다양한 현상을 정리할 개념 체계를 만들려는 시도는 최근에서야 이루어졌다.

두 번째 이유가 더 중요한데, 사회과 내에 다양한 이익 집단들끼리 서로 영향력을 확대하기 위해 경쟁하고 있다는 점이다. 영어, 수학, 과학의 경우 배경 학문이 교과에 그대로 반영되어 있어서 대학의 관련 분야 교수들과 초중등 교육과정이 직접적 연관을 맺고 있지만 사회과의 경우 누가 사회과와 관련이 있고 책임이 있는지 의견의 일치를 보기 어렵다.

---

2) 출처: Defining the Social Studies, NCSS Bulletin 51, 1977, 제 2장, pp.15-34.

지난 100여 년 동안 역사와 여러 사회과학분야에서 서로 자신들의 영역을 독립 교과로 만들기 위해 그리고 또 학교 교육과정 내 비중을 키우기 위해 경쟁해 왔다. 관련 교육단체들이나 이익집단들도 사회과를 두고 경쟁해오기는 마찬가지이다. 미국역사학회, 진보교육연합, 전국사회과위원회(NCSS) 등 여러 단체들이 자신들이 중요하다고 생각하는 내용을 가르치기 위해 경쟁해 왔다.

이렇듯 다양한 이익집단들이 서로 영향력을 확대하기 위해 경쟁하는 가운데, 사회과 교육과정은 그야말로 전쟁터가 되어 버렸다. 일선 교사들은 이러한 갈등의 한가운데에 놓여 다양한 진영의 틈바구니 속에서 위험한 줄타기를 계속해 왔다.

물론 사회과 수업에 가장 큰 영향력을 줄 수 있는 것은 일선 교사들이다. 그러나 아직까지 국가 차원에서 내놓는 교육과정이 교사들에게 얼마나 영향을 주고 있는지에 대해서는 제대로 알려진 바가 없다. 기존의 사회과 교육과정 운영에 대한 대규모 조사는 대개 두 가지이다. 그 하나가 실제 학교에서 가르쳐지는 교과목의 종류에 대한 전국단위 조사이다. 그리고 다른 하나는 고등학생과 대학생을 대상으로 무엇을 배웠는지를 알아보기 위한 시험이다. 교사들이 실제로 사회과 교실에서 어떤 태도와, 행동, 수업방법을 가지고 임하는지에 대한 체계적 조사가 이루어진 것은 최근의 일이다. 사회과 역사를 통틀어 비록 간과된 측면이 있지만 가장 영향력이 있는 요인은 일선 교사라 할 수 있다.

사회과가 구체적으로 어떤 지점에서 갈등과 혼란이 빚어지는지를 드러내기는 쉽지 않다. 사회과에서 서로 영향력을 행사하기 위해 갈등하는 집단을 정확히 구분해 내기가 어렵기 때문이다. 지난 60년간, 때로는 경쟁하던 집단이 상황에 따라 같은 목소리를 내고 또 서로 영향을 주고받아 왔다. 그리고 서로 간에 끊임없는 중재와 타협이 이루어졌다. 이렇듯 집단 간의 관계가 끊임없이 변해온 점을 고려한다면 특정한 관점이 사회과에 구체적으로 어떤 영향을 주었는지는 역사적인 관점에서 살펴볼 수밖에 없다. 사회과를 장기적인 관점에서 살펴봄으로써 사회과의 본질을 보다 더 잘 이해할 수 있음은 물론 교과 내의 다양한 흐름에 대해 구별하여 정리할 수 있게 된다.

2. 사회과 영역 내의 다양한 쟁점들

사회과를 역사적인 관점에서 살펴봄으로써 교과의 몇 가지 중요한 특성을 명확히 할 수 있다. 사회과는 시간이 지나면서 점차적으로 성장하고 진화해 왔다. 혼란 속에서 특정한 형태의 사회과가 등장했다가 사라지고 또다시 부상하기를 반복하였지만, 그러면서도 사회과는 성장해 왔고 점차 합의된 모습을 갖추어가고 있다.

역사적인 관점은 또한 사회과의 근본적인 쟁점이 무엇인지 명확히 하는데 도움이 된다. 반복해서 나타나는 쟁점들에 대해 논쟁을 벌이는 가운데 사회과의 성격이 명확히 드러날 수 있으며, 어떤 부분에서 합의가 이루어졌는지를 알 수 있게 된다.

지금까지 사회과에서 가장 중요한 쟁점이 되어 왔던 것은 교화(가치주입)의 문제였다. 어떤 것도 이보다 심각하게 논의의 중심을 차지했던 것은 없다. 사회과는 신생국가의 통합과 애국심의 고취라는 교육의 목적을 추구하는 가운데 성장해 왔다. 그러한 목적은 1970년대 후반인 지금도 살아있으며, '기초복귀운동(Back to Basics)'을 되살려내려는 움직임으로 이어지고 있다. 지난 200년간의 교과서를 분석하고 현재 교실에서 이루어지고 있는 수업을 조사해보면 미국의 사회과를 가장 지속적으로 지배해온 특징이 바로 '교화(가치주입)'라는 것을 알 수 있다. 사회과가 무엇인지를 제대로 분석하려면 이러한 사회과의 실체를 염두에 두어야 한다. 그리고 지난 100년 동안 사회과를 개혁하려는 노력도 바로 이러한 편협하고도 비합리적인 교화를 대상으로 이루어졌다. 사회과 관련 문헌들 대부분은 사회과를 개혁하고자 하는 사람들이 쓴 것이며, 따라서 사회과가 실제로 어떤 모습인지와 개혁론자들이 주장하는 어떤 모습이어야 하는지를 구분할 필요가 있다. 학자들이 어떻게 생각하든 관계없이 전체 사회는 사회과를 국가에 대한 충성심을 주입하는 도구로 생각한다. 사회과에 대한 논의는 이렇듯 실제 사회과의 모습과 사회과가 추구하는 모습을 구분하는 가운데 이루어져야 한다.

다음으로 자주 등장하는 쟁점이 사회과의 구조에 대한 것이다. 즉 사회과를 여러 개의 독립된 과목들을 단순히 모아 놓은 형태로 구성할 것인지, 아니면 다양한 영역의 지식들 중 중요한 것들을 골라내어 몇 가지 방식에 따라 통합할 것인지의 문제이다. 1800년대 후반에는 역사를 핵심으로 내용을 통합하고 조직하는 방식이 유행했다. 1900년대 초반에는 사회 문제를 중심으로 역사와 기타 사회과학적 내용을 통합하는 방법이 제시되었다. 이후에는 사회과정이나 지식의 구조 등을 중심으로 사회과의 내용을 통합하려는 노력이 기울여졌다. 그리고 사회과 역사 전반에 걸쳐 개별 영역의 지식을 분리하여 독자적으로 가르쳐야 한다고 주장하는 사람들이 항상 있어 왔다.

사회과 교육학자들 사이에서도 사회과에서 사회적으로 유용한 기능을 가르쳐야 할 것인지 교양있는 인간을 기르기 위한 교양교육(liberal arts)의 전통을 따를 것인지를 놓고 논쟁을 벌여 왔다. 이와 관련한 대표적 논쟁이 지식 습득 그 자체를 목적으로 사회과를 가르칠 것인지(예컨대 역사를 아는 것 자체를 목적으로 역사를 가르칠 것인지), 훌륭한 시민을 기르거나 하는 등의 다른 목적을 위한 수단으로 사회과 지식을 가르칠 것인지의 논쟁이다. 이러한 쟁점들을 중심으로 사회과 내부에 여러 목소리가 있지만, 이러한 목소리들을 살펴봄으로써 반대로 어떤 부분에 합의가 이루어지고 있는지를 살펴볼 수 있게 된다.

3. 교회와 국가의 역할: 1880년 이전의 사회 교육

1880년 이전의 사회 교육은 학교 내에서보다 학교 밖에서 더 비중 있게 이루어졌다. 미국혁명 당시 대부분의 미국 성인은 학교에 다닌 적이 없었으며 다녔다 해도 고작 한두 해에 불과했다. 사회적으로 교육에 많은 중요성을 부여했지만, 학교가 할 수 있는 일은 적었다. 학교는 여러 교육기관들 중 하나에 불과했고, 가장 중요한 교육기관은 가정, 친족, 이웃, 지역사회였으며, 도제나 가족노동 형태의 직업교육도 이루어졌다. 그리고 교회는 학교보다 훨씬 더 중요한 교육기관이었다.

1800년경에 이르기까지 영어초급학교, 라틴문법학교, 전문학교, 교구부설학교 등 다양한 형태의 학교들이 있었다. 그러나 1800년대 후반까지도 이들 학교는 가내수공업 형태를 벗어나지 못했으며 교육의 목적도 도덕적 훈육, 국가 이념의 주입, 최소한의 기초기능 습득 등에 있었다.

1880년 이전의 교과서들을 통해서 볼 때, 당시의 사회 교육은 역사적 신화, 도덕적 우화, 그리고 종교 이야기 등을 통해 애국적 가치관과 도덕 규범을 심어주는데 목적이 있었다고 할 수 있다. 가치 교육에 경도된 당시의 교육에서 신생 국가 특유의 국가주의적 분위기와 강한 종교적 색채를 엿볼 수 있었다. 이러한 방식의 사회 교육은 새로울 것도 없으며 인류의 역사만큼이나 오래된 것이라 할 수 있다.

4. 역사의 절대적 우위: 세기가 바뀔 당시의 사회 교육

사회 교육에 극적인 변화가 초래된 것은 19세기 후반 마지막 20년 동안의 일이다. 교육에서 학교교육이 차지하는 비중이 점점 더 커졌으며, 공교육도 보다 체계화되었다. 1860년까지 모든 학생을 대상으로 하는 보편적 초등학교의 개념이 도입되었으며, 대부분의 주에서 공립초등학교를 설립하기 시작했다. 그리하여 최소 절반 이상의 학령 아동들이 초등학교에 다니게 되었다. 1900년까지 절반 이상의 주에서 학교에 의무적으로 다니도록 하는 법률을 제정하여, 초등교육에서 보편적인 의무교육이 실시되었다.

교육이 가내수공업형 교육에서 보편의무공립학교형 교육으로 전환되면서 학교 교육과정에 어떤 내용을 담을지에 대해 관심이 모아졌다. 그리고 기존의 산발적인 형태의 교육에서 탈피하여 질서정연한 공교육 체계를 수립하기 위한 노력이 기울여졌다. 그 노력의 일환으로 학교에서 무엇을 어떻게 가르칠 것인지를 제시하기 위한 권위 있는 위원회들이 여러 개 결성되었다.

1880년에서 1900년 사이 공교육은 성숙기에 이르렀고, 일부 집단을 중심으로 학교교육과정에 영향력을 행사하기 시작했다. 사회과에서 가장 큰 영향력을 행사한 집단은 역사학자 그룹이었다. 당시 역사학은 주요 학문으로서의 위치를 차지했고 사회적 관계에 대한 연구 전반을 수행했다. 정치학(당시에는 정부론), 경제학, 사회학은 이미 발전 단계에 있었음에도 불구하고 각 대학의 역사학과에 소속되어 있었고, 역사학을 '모학문(mother discipline)'으로 하는 분파 학문들로 여겨졌다. 이들 신생 사회과학들이 역사학에서 쪼개져 나와 독립학문으로서 자신들의 전문 학회를 결성하게 된 것은 1900년대에 들어서이다.

따라서 공립학교 사회과 교육과정 권고안을 제시하기 위해 결성된 위원회들 역시 주로 역사학자들로 구성되었으며, 미국역사학회(American History Association)와 연계된 것은 당연한 일이었다. 미국 역사학회가 설립된 것은 1884년의 일이며, 설립목적도 공립학교에서 역사교육을 강화시키기 위해서였다.

미국교육연합(the National Education Association: NEA, 이하 미국교련) 산하 매디슨 협회(Madison Conference)가 결성한 10인위원회(1892), 7인위원회(1899), 5인위원회(1905), 8인위원회(1907) 모두 미국

역사학회의 지원 하에 활동했으며 이들이 제시한 교육과정 안도 주로 역사 내용을 대부분으로 하는 것들이었다. 미국교련(NEA)이 결성한 다른 위원회, 예컨대 대입자격조건위원회(1895), 15인위원회(1895), 12인위원회(1897) 모두 역사학자들이 주도하였다.

이들 위원회가 내놓은 교육과정 안들에는 두가지 중요한 요인들이 영향을 미쳤다. 첫 번째 요인은 1880년까지 학교에서 가르치는 역사는 단순한 이야기의 형태를 띠었으며, 이렇듯 가볍게 읽을 수 있는 국가적 신화를 통해 신생국가가 추구하는 문화적 가치를 전수하려 했다는 점이다. 두 번째 요인은 당시에 유행하던 학습이론이다. 1800년대 후반에 유행했던 학습이론은 정신훈련론(mental discipline)과 고전주의였다. 정신훈련론을 지지하는 사람들은 마음이란 근육과 같은 것이라 엄격한 연습을 통해 발달시킬 수 있다고 보았다. 보다 어렵고 모호한 내용을 학습할수록 마음도 더 잘 발달되는 것이다. 그리스어, 라틴어와 같은 죽은 언어를 공부하거나 어려운 수학 문제를 푸는 것도 이러한 이유에서이다. 한편 고전주의자들은 오랜 세월동안 살아남은 고대의 위대한 사상에 대해 학습할 것을 강조한다. 최신의 것일수록 그리고 실용적인 것일수록 교육적 가치도 적다. 이러한 관점에서 본 학습이란 정신능력에 대한 연습을 통해 마음을 훈련하고 개발하는 과정이라 할 수 있으며, 비어있는 마음에 과거로부터 전해온 불변의 진리를 채우는 과정이라 할 수 있다. 이러한 지적 분위기 속에서 역사가 학교교육과정의 한 자리를 차지하기 위해서는 먼저 과거의 가볍게 즐기는 역사를 보다 어렵고 복잡하게 보이도록 바꿀 필요가 있었다. 그런데 이러한 조바심은 초기 위원회들이 제시한 교육과정 안들에 지울 수 없는 자국을 남겼고 이후에도 사회과에 지속적인 영향을 미쳤다.

1800년대의 역사학자들은 역사의 교육적 가치에 대한 의문을 덮기 위해 독특한 주장을 내놓는다. 이들은 역사가 위대한 고전 사상과 인류의 이상을 보관하는 창고이며 이러한 사상들은 효율적인 민주시민이 되기 위한 필수요소라고 주장했다. 그리고 과거에 대한 백과사전식 지식들을 배우는 과정은 정신 능력을 개발하기에 충분할 만큼 어려운 것이어야 한다고 주장했다. 이런 주장을 통해 역사학자들은 좋은 시민성을 개발한다는 전통적인 역사의 용도를 폐기하지 않으면서도 정신훈련론자들의 기준에 부합하는 것처럼 보일 수 있게 되었다.

7인 위원회의 교육과정 안이 미국역사학회(AHA)가 내놓은 가장 영향력있는 권고안으로 알려져 있는데, 여기에서는 9학년에 고대사, 10학년에 중세·근대사, 11학년에 영국사, 12학년에 미국사와 시민정부론을 가르치는 네 블록짜리 역사교육과정을 제시하고 있다. 다른 위원회들의 안도 이 형태를 대충 고친 것에 불과하며, 대학입시관리처 역시 1942년까지 7인 위원회의 안을 바탕으로 조직되어 왔다.

그런데 이렇듯 고전을 중심으로 내용을 구성하면, 학교교육을 받는 대부분의 시간을 미국이 세워지기 이전의 역사를 배우는데 소비해야 한다. 미국 헌법의 수립과 같은 중요한 사건도 고전과는 거리가 먼 미국사의 한 조각에 불과하게 된다.

이들 위원회가 내놓은 교육과정 내용은 주로 역사적 사실, 즉 정치, 외교, 군사와 관련된 날짜, 이름, 사건들로 채워진다. 역사학자들은 이러한 사실들이 모든 청소년에게 중요한 것이라며 잊어버리지 않도록 반복해서 배우고 또 암기해야 한다고 강조했다. 정신훈련론자들의 가르침을 따를 것 같으면 학생들은 이러한 역사적 사실을 철저히 그리고 정확히 배우기 위해 고통스러운 학습의 과정을 감내해야 한다. 교과의 목적은 학생들에게 암기를 통해 정신 능력을 훈련시키고 장차 좋은 시민이 되는데 쓰일 중요한 역사적 사실을 비축하는데 있다.

연습과 반복, 그리고 암기를 통한 철저한 역사학습은 암기력, 상상력, 판단력과 같은 정신능력(mental faculties)을 강화시켜준다고 보았다. 이러한 관점에서 보는 역사학습의 특징이 세기가 바뀔 무렵 어느 역사학자가 한 말 속에 잘 나타나 있다.

> 마음에 미치는 효과에 있어서 미국사만 한 게 없다. 역사를 공부하는 주된 이유는 암기력을 기르기 위함이다. 역사공부를 하다보면 판단력도 길러지고 학생들의 인격수준도 높아진다. 이러한 점에서 볼 때 미국 역사는 다른 나라의 역사보다 훌륭하다. 배우고 외워야 할 사건들 그 자체가 흥미로우며 세계 발전에도 도움이 되는 것들이다.

역사를 이렇게 가르치는 것은 시대를 넘어 영향력을 미치게 되었다. 수십년이 지나도록 많은 사람들은 핵심적인 역사 사실을 수학의 구구단처럼 여겼으며, 이러한 사실들을 암기하는 것이 아이들에게 지루하고 어려운 일이라 하더라도 전혀 개의치 않았다. 1920년대가 되서도 교사들에게 이러한 관점으로 역사를 가르칠 것을 요구했다. "먼저 중요한 내용에 대해 철저히 숙지하라. 그리고 학생들이 그 내용을 무덤까지 가지고 가도록 확실히 가르쳐라"는 당시의 지침에 담긴 생각은 심지어 오늘날에도 발견된다.

학교 교육과정의 지침, 그 연장선상에 있는 대학입학자격조건, 교사 자격 조건, 여러 가지 역사학자들의 활동, 그리고 각주의 법률이 연합하여 온통 역사뿐인 교과의 모습과 정신훈련론과 고전주의에 입각한 편협한 역사 학습 형태를 만들어냈다. 전환 세기의 사회 교육은 사실상 역사 교육이라고 봐도 무방한 것이었다. 오늘날에도 역사 관련 과목의 비중은 여전히 강하며, 그 역사 과목이라는 것도 대부분 정치, 군사, 외교사에 대한 사실, 연대기 학습들로 이루어져 있다.

5. 경쟁과 갈등: 교육학과 사회과학의 부상

역사 그 자체를 위해 역사를 가르친다는 생각은 20세기에 들어서도 흔들리지 않았으며 미국역사학회가 구성한 5인위원회(1905), 8인위원회(1907)에도 확인되었지만, 이러한 생각을 뒷받침하는 기본 가정들을 흔들어 놓는 사건들이 발생했다. 20세기를 여는 처음 20여 년 동안 사회 교육에 확실한 충격을 준 기념비적 사건들이 철학, 심리학, 사회과학 분야에서 발생하였다.

먼저 기존에 역사학의 분파로 여겨졌던 학문 분야들이 갈라져 나와 독립적인 위상을 세워가기 시작했다. 1903년에 미국정치학회가 설립되었고 2년 뒤 미국사회학회가 설립되었다. 이런 저런 사회과학 분야들이 등장하면서 기존에 역사가 독점하던 영역에 하나 둘씩 발을 들여놓기 시작했다. 일부 역사학자들은 모학문으로서의 역사학의 위상을 지킬 것을 주장하며 신생 경제학, 사회학, 인류학, 정치학들에 자신들의 주요 연구주제들을 빼앗길지 모른다며 경계하기도 했다.

1909년 존 듀이가 '사고하는 법(How We Think)'을 출간하면서 교육은 그 이전의 것과 전혀 다른 것이 되었다. 기존의 관념주의와 실재론은 전혀 새로운 방식으로 실재를 인식하는 도구주의 혹은 실용주의 철학과 마주하게 되며, 새로운 철학이 교육계를 사로잡으면서 사회에 유용한 것을 가르치자는 '기능주의'학습론이 설득력을 키워가게 되었고 고전주의 방식의 학습은 퇴색되어 가기 시작했다.

1900년과 1924년 실험 심리학자인 쏜다이크(E.L. Thorndike)는 정신훈련론자들의 이론적 가설들을 검증하는 실험들을 수행하였고 이를 통해 그 가설들이 잘못되었음을 보여주는 실험적 증거들을 내놓았다. 이런 결과에도 불구하도 이들의 신조는 일부에서 여전히 살아 움직이고 있다.

기존에 역사학자들과 교육계 사이에 조성된 사회 교육에 대한 합의와 조화는 철학, 심리학, 사회과학의 발달로 말미암아 대략 15년 만에 산산조각이 났고 다시 분파로 나뉘어 서로 전쟁을 치르게 되는 형국이 되었다.

먼저 사회과학계의 입장을 살펴보자. 1900년대에 들어서 대학 수준에서 발달하기 시작한 신생 학문 분야는 중등학교 수준으로 진출을 시도한다. 호응이 좋을 경우 초등학교 수준까지 내려가는 것을 목표로 했다. 대학에서 독립된 학과를 마련하고 전국단위 학회를 조직한 사회과학이 점차 초중등 공교육에 관심을 돌리기 시작한 것이다. 중등학교에 독립된 사회과학 과목을 개설하도록 로비를 하는가 하면 역사의 시간을 줄이거나 사회과학 과목으로 대체하도록 압력을 넣기 시작했다.

특히 정치학 분야에서 이러한 움직임이 두드러졌다. 1903년에 학회를 조직하고 나서 거의 동시에 학교 교육과정에 대한 조사를 실시하였다. 먼저 10개 대학의 신입생 238명을 대상으로 정치학에 대한 지식수준을 측정하는 시험을 실시했다. 이들이 내놓은 결과는 심각했다. 이 시험은 정부의 구조와 기능에 관한 다섯 가지 기본적인 문항으로 이루어졌는데, 가장 높은 평균 정답률을 보인 문항이 12.4%에 불과했다. 1906년 정치학자들도 5인위원회를 구성하여 공립학교 교육과정에 대한 권고 사항을 내놓았다. 1908년 이들이 내놓은 보고서에는 역사학자들이 그러했던 것처럼 5학년 이후 모든 학년에서 미국정부론 과목을 독립 과목으로 가르쳐야 한다는 주장이 포함되었다.

그 밖의 개별 사회과학 진영에서도 중등학교 교육과정에 각각의 독립과목을 개설해 줄 것을 요구했고, 그 근거로는 철학과 심리학의 새로운 흐름에 부응하기 위해서는 현대 사회문제를 가르쳐야 한다는 점이 제시되었다. 그런데 이들의 주장에 신뢰성을 부여하는 사회적 요인이 형성되어 갔다. 사회변화의 속도가 점차 빨라지면서 현재 일어나는 매일 매일의 사건들에 대해 사람들의 관심이 많아진 것이다. 당시 린드(Robert S. Lynd)는 '무엇을 위한 지식: 미국 사회에서 사회과학이 차지하는 위치'라는 책에서 "역사에 호소하는 것이 이토록 적은 의미를 가진 적은 일찍이 없었다"고 했을 정도이다.

그러나 공교육 분야에서 역사가 쥐고 있던 기득권을 몰아내는 것이 그렇게 녹녹치는 않았다. 신생 사회과학자들이 당장에 역사가 누리던 만큼의 힘을 갖는 것은 달성하기 어려웠다. 수적으로도 적었지만 역사와의 대결을 앞두고 자신들끼리도 불협화음을 냈다. 당초 졸업 요건, 대입자격요건, 교사자격요건을 변경하여 자신들이 정한 과목이수기준을 삽입하는 일을 목표로 했지만 역사에 밀려 난항을 겪을 수밖에 없었다. 이렇게 해서 초반전은 역사의 승리로 끝이 났지만 사회과학진영은 다가올 미래에 기대를 걸었다. 가속화되는 사회변화를 감안할 때, 시간은 분명히 그들 편이었기 때문이다.

다음으로 역사학계의 상황을 살펴보자. 일부 영향력 있는 역사학자들은 상황이 그들에게 불리하게 돌아감을 감지하고 정신훈련론식 접근법에서 발을 빼 유용성을 강조하는 '기능적' 접근 쪽으로 이동하고자 했다. 먼저 제임스 하비 로빈슨이 1912년 '신역사(New History)'라는 책을 통해 분위기를 조성했다. 이어서 1925년 해리 엘머 반스가 '신역사와 사회과학'이라는 책을 출간했는데, 두 사람 모두 당대를 대표하는 유망한 역사학자였고 미국역사학회 회장을 지냈으며 또 신역사를 지지했다는 점에서 유사성을 갖는다. 미국역사학회 회장 취임사에서 칼 베커는 "모든 사람이 자신에 대한 역사가이다(Everymen His Own Historian)"라는 주제 발표를 했고, 찰스 비어드는 "신념 행위로서의 역사 기록(Written History as an Act of Faith)"라는 주제의 토론을 했다. 일부 차이가 있었지만 두 사람 모두 보다 개인적이며, 주관적이고, 실용적인 역사 연구를 주창했으며, 역사를 가르치고 활용하는 것이 사회 재건의 수단이 될 수 있음을 강조했다. 그리고 역사에 사회, 산업, 경제 분야의 관점을 수용할 것을 주장했다. 로빈슨은 다음과 같이 말하고 있다.

> ....역사연구에서 수행해야 할 한 가지가 우리 자신의 정체성, 그리고 인류가 처한 문제의 본질과 향후 전망에 대해 이해하는 것이다. 역사가 가장 필요한 부분이 이 곳이며, 그동안 간과해 왔던 부분이다. 지금이야말로 주저 없이 그리고 과감하게 우리의 교육을 최대한 실생활에 밀착시켜 공립학교에 다니는 학생들이 미래에 제

역할을 수행할 수 있도록 준비시켜야 한다.

1910년 역사교육의 목표로 어떤 것이 제시되고 있는지를 조사한 결과 200개 이상의 상이한 목표들이 강조되고 있는 것으로 나타났다. 이는 시대의 문제점에 대한 여러 가지 비판들을 계기로 역사 교육의 중요성을 부풀린 결과이기도 하다. 그러나 이러한 행태는 보다 심각한 문제를 빚어냈다. 역사교육의 필요성을 부풀리는 분위기가 조성되면서 역사교육계는 세 갈래로 나뉘게 되었다. 첫째가 정신훈련론에 입각한 역사 학습을 강조하는 진영이며, 둘째가 역사교육의 중요성을 강조하지만 그 목적은 현재를 이해하는데 있다고 보는 입장. 셋째가 역사 학습 그 자체의 목적을 위해 역사를 배워야 한다고 보는 입장이다. 헨리 존슨은 셋째 그룹을 대변하는 최고의 달변가였다. 그는 역사 학습의 효용을 지나치게 과장하면 안된다고 보았다. 역사 과목을 공부함으로써 얻는 효과는 다른 과목에서 얻는 것과 크게 다르지 않다는 것이다. 역사 과목만이 갖는 독특한 가치를 꼽으라면 학습자의 '역사적 발달'과 역사적 방법의 습득, 두 가지에 한정된다고 한다. 역사의 사회적 유용성을 강조하는 입장에 대해 존슨은 말하기를, "과거로부터 현재에 적용할 수 있는 교훈을 얻는다는 생각은 잘못된 것이며 동시에 역사를 가장 위험하게 사용하는 것이다"고 하였다.

학교 교육과정에 대한 영향력을 둘러싸고 사회과학자들이 역사학자들은 물론이고 자신들끼리도 경쟁하였듯이 역사학자들도 역사학자들을 상대로 싸움을 벌여야 했다. 이렇듯 역사 교육의 내용과 목적에 대해서는 의견차가 있었지만 한 가지 면에서는 일치된 의견을 보였다. 공립학교 교육과정에서 역사교육을 독립 과목으로서 가르쳐야 하며 다른 사회과학 분야는 역사에 포함시켜 가르쳐야 한다는 것이다.

마지막으로 사회과교육론자들의 입장을 살펴보자. 사회과의 탄생은 20세기 초반 30년에 걸친 교육운동의 산물이다. 그 탄생의 과정은 시끄러웠으며 어려웠다. 그리고 일련의 걸출한 학자들이 나서서 산파역할과 보모 역할을 했다. 먼저 존 듀이가 '사고하는 방법(1909)'과 '민주주의와 교육(1916)'을 통해 초석을 깔았다. 다음으로 조지 카운트, 에드가 웨슬리, 해롤드 러그, 그의 동생 얼 러그가 힘을 보탰다. 'Social Studies'라는 용어가 최초로 사용된 것도 이 시기이며, 1921년 얼 러그는 '전미사회과위원회(The National Council for the Social Studies, 이하 NCSS)'의 창립을 주도했다. NCSS는 처음에는 미국역사학회의 분과모임으로 시작되었으나 1935년 당시 회장이었던 에드가 웨슬리가 NCSS를 역사로부터 분리시켜 독립의 길을 열었다. 진보교육연합(the Progressive Education Association)이 설립된 것도 이 시기이며 '8년 연구'를 출범시켰다. 이러한 일련의 사건들과 인물들이 사회과의 탄생에 역할을 하는 가운데 1916년 미국교련(NEA) 산하 사회과위원회가 구성된 것은 그 정점을 찍은 사건이다. 이를 통해 향후 60년간의 발전 청사진이 제시되었다.

1916년 NEA위원회는 학교교육과정을 결정하는데 각 학문 분야의 전문가가 아닌 사람들을 합류시킴으로써 기존의 관례를 깨뜨렸다. 일부를 제외하고 위원회에 참여한 대부분이 공립중등학교 및 대학의 교육자들이었다. 예외적으로 참여한 사람이 역사학자 제임스 하비 로빈슨이었다. 역사와 사회과학의 전문 학자들이 아닌 사람들로 국가교육과정위원회를 구성한 것은 이번이 처음이었다. 그리고 학교 교육과정을 바꾸는 일이 단순히 특정 학문 분야 관련 과목을 한두 개 추가하는 것이라고 보았던 기존의 시각에서 탈피한 것도 최초이다.

위원회는 교육과정에 어떤 교과 내용을 추가시킬 것인지를 무작정 결정하기보다 먼저 공교육의 목적이 무엇인지부터 규정하였다. 그리고 나서 그러한 목적을 달성하기 위한 사회과의 역할은 무엇인지, 이러한 목적을 달성하기 위해 관련 학문 분야에서 어떤 내용을 가져올 것인지를 판단했다. 모든 내용 선정 작업이 공교육이 추구해야 할 목적에 다양한 학문분야의 내용들이 어떤 기여를 할 것인지를 바탕으로 이루어졌다.

위원회는 미국의 공립학교들이 "지속적으로 의식하여" 추구해야 할 목표가 "좋은 시민성의 개발(cultivation of good citizenship)"이라고 규정했다. 이전의 위원회들이 내걸었던 "역사 를 위한 역사"와는 질적으로 다른 목표라고 할 수 있다. 위원회는 사실적인 지식들보다는 기능과 태도를 강조하면서 시민성을 '사회적 효율성(social efficiency)'이라는 말로 규정했다. 각자의 어린이가 온전히 제 역할을 하는(efficient) 공동체의 일원이 되도록 돕는 것이 학교교육의 목적이며 이때 공동체란 사회적 관계를 의미했다. 물론 아이가 학교에 다니는 동안 곧바로 좋은 시민이 되는 것은 아니지만 학급에서 동료들끼리의 공동체 속에서 좋은 시민에 필요한 자질을 연마한다고 보았다. 어린이가 효율적인 어른으로 성장하기 위한 최선의 방법은 현재 생활을 효율적으로 살아갈 수 있도록 돕는 것이라는 생각은 확실히 듀이가 남긴 족적이다. 학생들은 역사 그 자체를 위해 과거에 대해 학습할 것이 아니라 현재, 그리고 미래에 필요한 것을 공부해야 한다고 보았다.

위원회는 또 시민성이나 국가적 이상, 올바른 행동 등이 가치주입을 통해 만들어지는 게 아니라 의사결정을 해 보면서 좋은 판단을 내릴 수 있도록 배우고 연습하는 과정을 통해 형성된다고 보았다. 이 과정에서 사실적 지식은 배우는 것이 아니라 활용되며, 가치는 주어지는 대로 수용하는 것이 아니라 갈등 상황에서 경중을 따져 보아 선택하는 것이다. 위원회는 모든 아이들이 스스로 지식 체계를 구성해가고 검증해 가기를 원했는데, 이는 아이들이 자신만의 경험과 관찰을 기초로 각자의 자연적 과정을 통해 얻은 지식과 신념이 가장 확실한 것이라고 믿었기 때문이다. 따라서 사회과의 내용은 아이들의 생활 경험, 그리고 그들이 생활 속에서 마주치는 문제, 갈등, 딜레마가 되어야 한다.

이는 교과 지식을 선호했던 과거 위원회들과의 극적인 차별화라고 할 수 있다. 위원회에 참여한 누구도 역사와 사회과학을 대변하려 하지 않았다. 위원회는 이들 분야의 지식을 통합하여 민주시민교육을 위한 수단으로 활용하려 했다. 역사는 현재의 문제와 쟁점을 이해하는데 '활용'되었다. 그리고 내용 선정에 있어서 아이들의 요구와 흥미를 가장 잘 아는 일선 교사들의 책무가 더욱 더 중요함을 인식하였다. 이런 이유로 1916년 위원회는 특정 내용이나 조직방식을 제시하지 않았으며 엄격한 형태의 권고보다는 선택할 수 있는 몇 가지 대안을 제시하는 것으로 보고서를 마무리하였다는 점에서도 기존의 관행을 깨뜨렸다.

먼저 7학년과 8학년에 유럽사와 미국사를 '공동체 시민론(community civics)'과 각각 통합하여 가르칠 것을 제안하였다. 그리고 다양한 통합방식이 제시되었다. 그 중 하나는 주당 3시간 동안 역사, 두 시간 동안 시민론을 가르치는 것이다. 9학년에서는 공동체시민론 관련 과목을 가르치되 역사 내용을 핵심으로 하였다. 현재의 주제에 대한 이해를 돕기 위해 역사를 활용하는 방식이 되는 것이다. 10학년과 11학년은 7학년과 8학년을 구체화하여 반복시키는 형태가 된다. 그리고 마지막 학년에는 전혀 새로운 '민주주의의 여러 문제(Problems of Democracy)'라는 과목이 제시되었다. 이 과목은 현대 사회의 문제들을 정치, 사회, 경제적 요인들과 관련지어 학습하는 형태를 취했다. 전통적인 교과목 구분방식이 아닌 사회 문제를 중심으로 내용 구성을 시도한 사례라 할 수 있다.

위원회가 제시한 수업 방법도 혁신적이었다. 시키는 대로 읽고 따라하고 연습하고 암기하는 방식이 아닌 학생 스스로가 비판적인 탐구 과정에 참여하도록 하였다. 이때 교사는 학생들로 하여금 (1) 자신의 경험으로부터 사실적인 근거를 찾아 제시하게 하고, (2) 조사를 통해 다른 관련 사실을 찾게 하고, (3) 자신의 추론능력을 활용하여 결론을 도출하게 하고, (4) 자신이 찾은 결론을 동료들이 비평하도록 열어 놓을 수 있게 도와주는 역할을 한다.

1916년 보고서가 공립학교교육에 엄청난 영향을 미쳤다는 데는 이견이 없다. 가장 큰 영향은 아이러니컬하게도 보고서에서는 실정에 맞게 고쳐쓰라고 했는데도 불구하고 제안한 그대로 교과편제를 따랐다는 점이다. 지역의 실정에 맞게 독자적인 교육과정을 개발하라는 제안과 함께 역사와 시민론을 통합하고 사회문제를 중심으로 내용을 편성하라는 권고도 무시되었다. 대부분의 학교가 1916년 보고서가 제시한 대로 두 싸이클형 교육과정을 채택하면서도 역사를 활용하게 하는 대신 배우게 했다. 역사와 공민을 통합한다는 것은 '오늘의 시사' 형태가 되어버렸고, 9학년에는 시민론이 독자적으로 신설되고 12학년의 '민주주의의 여러 문제'는 문제 그 자체를 하나의 내용으로 배우는 과목이 되어 버렸다. 시민론에서나 '민주주의의 여러 문제'에서나 위원회가 제안한 탐구식 접근법은 이루어지지 못했다. 겉으로는 위원회가 엄청난 영향을 준 것으로 보이지만 내용 선정 방식 및 과목 구조의 측면에서는 위원회의 제안이 실질적으로 무시되었다.

1923년 해롤드 러그는 연간교육연구회보에서 대부분의 학교가 1916년 위원회의 제안을 일부 변형하여 실천하고 있지만, 사회과 내용의 대부분은 아직도 미국, 영국, 유럽, 그리고 고대의 역사에 대한 것이라고 지적하였다. 그러면서 사회과의 목표는 독립과목의 연합이 아닌 통합사회과학형 교육과정을 통해서만 이루어질 수 있다고 재차 강조하였다. 또 일선 공립학교에서 이해하지 못하고 있는 것이 민주시민교육은 사실적 지식을 배우는 과정이 아니라 합리적 의사결정에 필요한 기능을 습득하는 과정이라는 점이라고 하였다.

> 대부분의 미국인이 사려 깊은 생각을 하지 못한다는 것, 또한 사회적·정치적 결정을 충동이 아닌 비판적 판단을 통해 내리지 못한다는 것은 분명하지 않은가. 아이들에게는 여러 해동안의 훈련이 필요하다. 5년, 10년, 12년 동안 깊게 생각하는 훈련을 받은 사람들이 아니면 현실 사회문제에 대한 비판적 판단을 하기 어렵다.

또 러그는 마치 존 듀이를 연상시키듯 말하기를:

> 우리에게 필요한 것은 교과서를 배우는 것이 아니라 문제를 해

결해 보는 것이다. 아이들을 생각하게 하려면 먼저 아이들이 정신적으로 막막하고 혼란스러워 사안을 명확히 하고자 하는 열망에 사로잡히도록 해야 한다. 다음으로 데이터를 손에 쥐게 해야 하는데, 사안의 모든 측면을 보여주는 사실들을 알고 있어야 제대로 된 생각을 할 수 있기 때문이다. 마지막으로 이와 유사한 상황을 놓고 깊이 있게 생각해 보는 연습을 해 보아야 한다.

그리고 아이들이 씨름하고 있는 질문들과 직접 관련이 있는 내용들만을 선정하고 이렇게 선정된 모든 내용을 활용해야 한다고 했다.

이렇듯 20세기 초반은 그야말로 전환의 시대였다. 최초로 사회적으로 유용한 것을 가르치는데 학자들이 관심을 보였고, 그리고 교육학자들과 일부 역사학자 및 사회과학자들이 최초로 사회과를 여러 학문내용 중 적절한 것을 모아 민주시민교육의 목적에 맞게 통합한 교과로 확장하여 바라보게 되었다.

6. 타협과 사회과의 재건

과거 교육계와 역사학자들이 맺었던 동맹은 깨지고 분열과 경쟁의 길로 접어든 대신 새로운 연합체가 등장하였다. 미국정치학회가 8년 만에 태도를 싹 바꾸면서이다. 모든 학년에서 미국정부론을 가르치자던 처음의 권고안을 접고 1916년 사회과위원회가 제시한대로 공동체시민론을 가르치는 수준으로 물러섰다. 미국정치학회는 시대의 흐름을 견뎌내며 미래의 희망까지는 아니지만 많은 것을 포기하더라도 역사학자들에 맞설 최소한의 확실한 기반을 마련하고자 하였다.

한편 학교 교육과정에 대한 주도권이 교육계에 있음을 깨닫게 된 일부 역사학자들은 역사학계, 사회과학계, 교육계의 견해차를 좁히기 위한 전국 단위 조직을 만들 것을 제안했다. 1929년 미국역사학회 주관으로 당대를 대표하는 학자들로 구성된 위원회를 구성하여 전국의 학교 사회과교육과정을 면밀히 분석하는 역할을 부여했다.

이렇게 구성된 사회과공동위원회(the Commission on the Social Studies)는 많은 학자들이 기대했던 대로 다양한 관점의 차이를 극복하기 위한 기회의 장을 제공했고 여러 가지 노력이 기울여 졌다. 그리고 그 작업은 길고도 복잡했다. 공동위원회는 8년 동안 활동하며 17권 분량의 보고서를 발표했는데, 이는 오늘날까지도 사회 교육의 다양한 측면을 분석한 가장 광대한 업적이라는 게 여러 권위자들이 인정하는 바이다. 이 보고서는 사회, 역사, 사회과학 등을 분석하여 최초로 사회과 교육과정에 영향을 미치는 압력집단들을 밝혀냈다.

이 17권짜리 보고서는 분야의 모든 측면을 다루고 있으며, 저자들의 면면이 모두 당대의 고등교육을 대표하는 사람들로 구성되었다. 찰스 비어드, 헨리 존슨, 베시 루이스 피어스, 에이시 크레이, 찰스 미리엄, 조시 카운츠, 미어 커티, 롤라 트리온, 레온 마샬 등이 그 예이다. 위원회에 참여하는 사람들의 이러한 면면은 사회과가 짧은 기간 동안 얼마나 성장했는지를 단적으로 보여준다. 공동위원회는 사회과를 둘러싼 다양한 진영들 간의 견해차에 대해 인식하는 동시에 포괄적 기반을 마련해 이러한 차이를 극복하고 사회과를 발전시키기 위한 시금석을 놓고자 하였다.

공동위원회의 보고서는 분명 역사학자, 사회과학자, 교육계, 그리고 일반 이익집단들 간의 타협의 산물이다. 사회과 교육의 목표로 제시된 것들은 분명 교육계의 입장을 드러내는 것들이지만 동시에 다른 분야의 관심을 반영하는 것이기도 하였다. 보고서에 제시된 사회과의 목표는 학생들에게 "실용적 지식을 갖추면서도 이상을 추구하며, 복잡한 세계 속 급변하는 사회의 일원으로서 자신의 임무를 충실히 수행할 수 있는 풍부하고도 균형 있는 인격"을 함양시키는 것이다.

역사와 사회과학은 청소년들이 사회재건을 주도해갈 수 있도록 하는 목적을 위해 통합되어 사용되도록 하였다. 즉 역사와 사회과학을 통해 과거와 현재에 대해 학습하고 이를 바탕으로 미래의 변화 방향에 대한 의사결정을 도출한다는 것이다. 이에 대해 찰스 미리엄은 다음과 같이 설명하고 있다.

> 정치학, 역사학, 지리학, 사회학은 과거에서 현재와 미래로, 현상 유지에서 새로운 사회조직과 협력 관계를 건설하는 방향으로 무게중심을 이동하는데 잘 활용될 수 있다. 어느 영역도 단독으로 이 문제에 답할 수 없으며 각자가 문제 전체를 해결하는데 종속된다.

다양한 영역의 지식을 통합하기 위해 몇 가지 조직방법이 제시되었다. 먼저 역사가 통합의 틀이 된다. 즉 역사가 학습 내용의 몸통이 되며 이는 역사 내용이 애국심과 민주적 태도를 강화하는 효과가 있다고 보기 때문이다. 그러나 역사를 가르치는 것이 목적은 아니다. 대신 현재 사회의 복잡성을 이해시키기 위한 도구로 활용되는 것이다. 역사는 현재 사회의 이해뿐만 아니라 바람직하다고 생각하는 사회 변화의 트렌드를 결정하기 위한 도구로서도 활용된다. 이런 방식으로 문화 전수와 사회 재건의 목표를 결합시켰다 할 수 있다. 역사적 설명을 풍부하게 하기 위해 사회과학의 추상적 개념들을 역사 내용에 통합시켰다. 단순히 사건이나 날짜, 이름에 대해 배우는 것이 아니라 사회발전의 과정, 동인, 문제 등에 대해 학습하도록 했으며, 고대사 중심에서 탈피하여 근세사에 많은 시간을 투자하도록 하였다. 이러한 새로운 내용 구성방식은 역사를 보다 실용적이며 학생들의 일상생활에 도움이 되도록 하기를 바라는 실용주의 학자들의 요구를 반영한 것이다. 특히 헨리 존슨의 영향이 컸다. 그는 일부 시간은 역사 내용에 대해 배우게 하는 한편 나머지 시간은 역사 기술과 같은 탐구 스킬에 대해 학습할 것을 제안했다. 역사 내용에 관한 것은 기존의 것과 비슷하지만 역사 기술의 경우 1차 사료에 대해 학습하거나 역사 해석을 분석하고 자신의 역사에 대해 기술해 보는 등의 탐구 활동을 한다. 그러나 지식과 통찰력, 기능과 가치관을 전수하는데 있어서 연습과 반복은 필수적이며, 이런 점에서 학습은 여전히 어렵고 끈기를 요하는 과업이 된다. 물론 학생들에 대한 지식과 가치의 주입뿐만 아니라 새로운 자료를 제시하고 이를 통해 탐구, 비판, 면밀한 검토, 권위 부여, 검증 등의 방법을 익히게 하는 것도 하게 된다. 즉 내용과 탐구방법 간의 타협이 시도된 것이다. 극명하게 다른 두 가지의 수업목표가 강조되면서 어떨 때는 내용을 가르치고 어떨 때는 역사 탐구를 가르치는 형태의 교육이 모색되었다.

그밖에도 역사와 사회과학을 통합하기 위한 여러 가지 방안들이 제시되었다. 현대 사회문제를 다루기 위해 역사를 거슬러 올라가 살펴보는 방안이 제시되기도 했고, 사회 과정을 중심으로 내용을 구조화하는 방안이 제시되기도 했다. 레온 마샬은 최초로 연대기적 역사가 아닌 다른 방식의 통합 모형을 개발하였는데, '삶의 과정'을 중심으로 내용을 통합하는 방법이 그것이다. 삶의 과정이란 외부 자연 세계로의 적응 과정, 생물학적 유지와 보존의 과정, 인간의 동기부여 과정 등이다. 모든 문화가 이러한 과정으로 이루어져 있다고 보고 어느 사회든 그 사회의 과거, 현재, 미래를 학습하는 내용 구조로 이를 활용할 수 있다고 보았다.

다양한 학문 분야를 통합하는 또 다른 방식이 제시되었는데 사회과 내용을 구체적인 것에서 일반적인 것으로, 단순한 것에서 복잡한 것으로 배열하는 것이다. 이른바 환경확대법이라는 것인데, 가장 가까운 가족, 공동체에서 시작하여 점점 더 먼 국가와 세계에 대해 학습하는 것이다.

결국 이 모든 것이 역사와 사회과학을 통합하고자 하는 고민에서 비롯된 것이다.

역사, 경제, 정치 등 다양한 사회과학분야를 가르치는 것으로는 시민교육이라는 관점에서 태도나, 지식, 사회성 등을 기르는데 필요한 많은 것들을 채우지 못한다. 현실에 바탕을 두지 못하고 학과 간에 경쟁하는 것이 현 상황의 문제이다. 시민 교육의 발전은 이들 분야의 진정하면서도 효과적인 협력에 전적으로 달려있다.

미국을 대표하는 최고의 학자들이 오랜 기간 동안 작업한 결과에도 불구하고 공동위원회가 일선의 사회과교육과정에 미친 영향은 미미한 것으로 나타났다. 사회과공동위원회는 1916년 위원회가 그랬던 것처럼 구체적인 교육과정 구성방식을 제시하지는 않았다. 구체적 형태를 제시하기보다는 일선학교의 담당자들이 참고할 수 있는 이론적 모델을 개발하는데 치중했다. 국가적으로 통일된 형태를 따르기보다 문화적으로 다양한 각 지역들이 자신의 실정에 맞는 교육과정을 개발하기를 기대한 것이다. 공동위원회의 영향력이 미미한 것은 이미 정착된 기존 사회과의 틀이 공립학교 교육과정에 견고하게 자리를 잡아서 변화가 거의 불가능할 정도가 되었다는 점을 말해주는 것이기도 하다. 위원회의 권고를 따르는 것은 학교 교육과정의 급격한 변화뿐만이 아니라 교사교육의 틀도 바꾸어야 한다는 것을 의미한다는 점에서 더욱 그렇다.

그러나 일선학교에 미친 영향만으로 공동위원회의 의미를 평가해서는 안된다. 이론적인 차원에서 위원회는 선구적 역할을 했고, 특히 역사와 사회과학을 서로 분리되고 고립된 학문 영역이 아닌 통합된 지식, 기능의 영역으로 보았다는 점에서 그러하다. 위원회는 사회적으로 유용한 것을 학습해야 한다는 점을 인정했고, 학교교육의 목적을 민주시민교육으로 설정했다. 그리고 이 모든 게 역사를 위한 역사로 되돌아가기에는 너무도 멀리 떠나와 있음을 말해주었다.

7. 결론

1940년대 초반까지 사회과는 몇 가지 이질적인 발달 단계를 거쳐 진화해 왔다. 국가 탄생 이후 100여 년간은 애국적인 교화가 대세였으며, 다음으로 지적발달을 위해서 '역사를 위한 역사'를 통해 엄격한 훈련이 필요하다는 입장이 등장했다. 이후 분열과 갈등의 시기를 거쳐 마침내 사회과의 본질은 민주시민교육이며 이 목적을 위해 역사와 사회과학 내용이 통합되어야 한다는 점에 폭넓은 합의가 이루어졌다. 1930년대 후반 찰스 비어드는 다음과 같이 결론지어 말하고 있다.

> 사회과학 역시 인간 지식의 한 영역이지만, 공립학교의 존재 목적과는 갈등을 빚거나 아니면 이에 무관심해 왔다. 그러면서도 그 자체의 목적을 위해 사회과에서 가르쳐지고 있는 실정이다. 사회과학이 과학적인 것을 추구한다면, 사회과는 윤리적인 것을 추구해야 한다.

1940년대에 이르러서 사회과는 이론적인 수준에서나마 민주시민교육을 위한 교과로 자리 잡았다. 그렇다고 해서 역사를 위한 역사나 사회과를 통한 가치주입이 사라졌다는 것을 의미하는 것은 아니다. 아직도 이 두 가지를 주장하는 완고한 사람들이 있으며, 교과서나 수업의 중요한 특징으로 발견되고 있다.

사회과의 초기 단계에서 중요한 것은 역사학자, 교육계, 사회과학자, 기타 이익집단 들 간의 해결불가능해 보이던 갈등 속에서 공통적인 합의점을 찾았다는 점이다. 이러한 합의가 결코 쉽게 찾아진 것은 아니며 당대의 유망한 학자들이 여러 분야에 걸쳐 십년 넘게 연구를 거듭한 결과이고, 이로써 공통된 사회과의 개념과 정의가 만들어지게 된 것이다. 사회과의 목표는 역사와 사회과학의 학습을 통해 효율적이며 비판적으로 사고하고 참여하는 시민으로 성장시키는 것으로 정리되었다. 그리고 또 최초로 학습자의 요구와 흥미가 학문내용 못지않게 중요성을 인정받게 되었으며 내용 선정과 조직의 기준으로 활용되었다.

20세기 초반 몇 십 년 동안 사회과는 태어났을 뿐 아니라 성숙하기 시작했다. 그러나 1940년대에 이르러 겨우 마련된 합의는 그리 오래 가지 못했다. 사회과에 있어서 다가오는 시기는 녹녹치 않았다. 전쟁의 공포와 적개심을 틈타 교화와 가치주입을 주장하는 사람들이 하나 둘 고개를 들기 시작했고, 처음에는 현실 사회과에 대한 우려를 해주는 것처럼 하다가 결국에는 돌변하여 마녀사냥식 복수극을 벌이기 시작했다.

생각해볼 문제

1. 사회과의 탄생 이유를 공교육의 성장, 학습이론의 변화, 사회과학의 발달이라는 관점에서 설명해 보자.

2. 1916년 보고서에 나타난 사회과의 모습은 기존의 사회 교육 형태에 비교할 때 어떻게 다른가?

3. 사회과에서 통합을 지향할 수밖에 없는 이유는 무엇인가?

제3장

사회과의 본질

The Nature of The Social Studies

로버트 바아, 제임스 바스, 사무엘 셰미스/

Robert Barr, James L Barth, S.Samuel Shermis

1978

제3장
사회과의 본질
The Nature of The Social Studies[3)]

로버트 바아, 제임스 바스, 사무엘 셰미스/
Robert Barr, James L Barth, S.Samuel Shermis
1978

사회과 교육에 대한 교사들의 대화

다음은 사회과 교육에 대한 교사들의 대화내용입니다. 우리나라에서도 가끔 볼 수 있는 상황입니다. 등장인물의 입장에 유의하십시오. 특히, 교육 실습생인 타운슬리가 부딪히는 갈등, 고민, 딜레마를 알아보고 사회과 교사가 가져야 할 수업목표, 수업내용, 수업방법간의 일관성 문제를 생각해 보시오. 그리고 뒤이은 연습문제를 읽고 본문의 내용을 다시 한 번 정리해 보시오.

3) 출처: The Nature of The Social Studies, 제1장, pp. 17-31, An ETC Publication, 1978.

1. 장소 : 밀라드 필모어 고등학교
2. 대화내용 : 사회과 교육
3. 등장인물:
   (1) 사회과 교사
      굿리치- 시사문제로 학생에게 접근, 가치명료화 수업
      레너드- 인류학 전공 사회과학 수업
      빌헬름- 학생의 흥미와 관심 중시, 뜨개질이 취미
      존슨- 가치교화
      크라비츠- 역사 전공, 전통전달, 교과서 내용 강의
      파커- 교외에서 학생과 잘 어울림
      프리먼-부속 초등학교 사회과 교사
   (2) 교생 : 타운슬리
   (3) 교감 : 시츠마노브스키- 학교교육개혁 중시
   (4) 교장 : 데이비스-전형적인 엄격한 학교관리자
   (5) 학생 : 브라운-수업시간의 말썽꾼
      조지- 브라운의 친구

"제기랄, 질려버렸어!"

"파커 선생, 무슨 일이 있었어요? 겨우 3교시 끝났는데."

"브라운이 있는 교실에서 수업해 봐요. 선생님도 저처럼 질려버릴 거예요."

파커 선생이 주위를 둘러보며 그의 말에 동조해 주길 기다렸지만 아무 반응도 없다. 그러나 그는 이에 아랑곳하지 않고 계속 말한다.

"도대체 제가 애들과 할 수 있는 게 없어요. 애들은 공부할 생각이 전혀 없어요. 특히 브라운 같은 아이는 장난치기를 그만둬야 해요. 브라운 같은 애가 많으면 수업은 미성년자 관람불가 영화의 장면처럼 엉망이 되고 말거요."

빌헬름 선생이 그를 쳐다보았다. 그녀는 뜨개질을 멈추며 "파커, 브라운 때문에 마음 상한 일이 있었나요?"라고 물었다.

파커 선생이 반문한다. "브라운 때문에 마음 상한 일이 있었느냐고요? 그 애는 아무 일도 안 해요. 옆에 있는 조지와 히히덕거리며 잡담하거나, 부지런히 연필심을 깎는 일이 전부죠. 브라운은 정말 골치가 아파요."

빌헬름 선생이 대답한다. "그렇지만 나는 브라운 문제로 골치 아팠던 적이 없어요." 그녀는 '나'라는 것을 유난히도 강조했다.

파커 선생은 그녀를 잠시 응시하며 마음속으로 '당신이 해봐! 똑같지.' 하고 외쳤다. 그러나 별말은 없다. 빌헬름 선생은 약간 얼굴을 붉히더니 말을 이어나갔다.

"이봐요 파커, 나도 브라운이 말썽꾼인 줄을 알아요. 하지만 선생님이 그 애한테 아무 일도 시킬 수 없다는 건 말이 안돼요. 무엇이든 흥미를 가지게 해보세요. 그러면 그 애도 자기 일을 잘 할 거예요."

"그렇지만 빌헬름, 브라운은 2개월이나 내 수업을 받았어요. 솔직히 말해 나는 그 애가 흥미를 갖게 할 수 없어요. 한번 가르쳐 보시면 알거요."

빌헬름 선생은 다시 얼굴을 붉혔다. 그녀는 '이 사람은 일부러 나를 당황하게 하고 있어. 이제부터 대꾸를 말아야겠어.' 하고 마음먹었다.

타운슬리는 앉아서 이야기에 귀를 기울이고 있다. 그녀는 이 밀라드 필모어 중·고등학교에 일주일 기간으로 교육 실습 온 예비 교사이다. 그녀는 듣기만 한다. 교육 실습 첫날, 그녀는 교사의 대화에 끼어 들었다가 이상주의적인 전형적 풋내기로 취급받았기 때문이다. 지금 그녀는 이 대화가 어떻게 전개될지 흥미롭게 지켜보고 있다. 지금 이 대화는 첫날과 비슷했지만 그녀의 주의를 끌기에는 충분했다.

이윽고 빌헬름 선생은 귀찮다는 듯이 말했다. "파커, 당신과 더 이상 다투고 싶지 않아요. 하지만 이건 명심해 둬요. 제가 작년에 브라운을 가르쳐 봤는데 그 아이는 뭐든지 잘할 능력이 있다는 겁니다. 선생님께서는 그 애가 정말로 원하는 걸 찾아내려고 노력해야 해요."

"잘 알고 있어요. 그 애가 원하는 건 뻔하죠."

타운슬리는 생각한다. '브라운이 원하는 건 교장 선생님 생각과 매우 다를거야.' 그녀는 사흘 전 교장과의 첫 대면에서 그가 한 이야기를 더듬어보고 있다. 그는 "선생을 맞게 되어 반가워요."라고 간단히 인사한 뒤, 이렇게 말했다.

"단도직입적으로 말하겠소. 선생께서는 제 말을 단단히 그리고 확실히 명심해 두기를 바라오. 나는 배 한 척을, 그것도 매우 엄격하게 몰고 있소. 선생께서도 엄격하게 수업해야 해요. 조금만 틈을 줘도 수업은 난장판이 돼 버려요. 특히 애들은 교육 실습생인 선생을 만만히 볼 게 틀림없소. 선생을 골탕 먹일게고 만족할 때까지 계속하고 싶어할거요. 그러니 기회를 주지 마시오. 선생께서는 첫날부터 수업 분위기를 확실히 잡아가야 해요. 그래야 오래 버틸 수 있소." 그는 회전의자를 옆으로 돌렸다. 그리고 창밖을 응시하면서 말을 이어나갔다.

"선생께서 명심할 게 하나 더 있소. 선생은 사회과 교육실습생이오. 선생은 학생이 장차 국가를 사랑하는 훌륭한 시민으로 성장하도록 지도해야 해요. 이는 매우 중요하지만 동시에 매우 어려운 일이오." 그는 회전의자를 돌리고 타운슬리의 눈을 뚫어지게 쳐다봤다. 그건 마치 노련한 미식축구 코치가 처음 경기장으로 들어가는 풋내기 수비수에게 주는 그런 눈길이었다.

"우리 학교 학부모는 시민의 자질을 매우 중요하게 생각해요. 학부모는 교사가 시민의 자질을 가르치기 바라며 올바른 행위, 권위에 대한 존경심, 법에 복종하는 정신, 청결한 생활도 강조하고 가르쳐야 한다고 믿고 있소. 혹시나 전통에 대해 냉소적인 태도나 비관적인 태도를 취하지 마시오. 이 나라는 위대하며, 애들은 이 나라의 위대한 정신과 이상에 입각해 생활해야 해요. 따라서 우리는 아직 멋모르고 무조건 소란피우기만 좋아하는 학생을 변화시켜야 해요. 이게 우리의 임무요. 이제 선생께서는 이 위대한 일을 수행하게 되오. 선생은 앞으로 우리 조상과 헌법, 우리가 승리했던 전쟁을 가르치게 될 것이오. 아마 이는 선생께 매우 좋은 기회가 되지 싶소."

타운슬리는 교사 휴게실에서 벌어지던 대화로 되돌아왔다. 크라비츠 선생이 구석에서 시험지에 스태플러 철을 박으면서 말했다.

"저는 미국사 교사로 고용됐어요. 일 년에 아홉 달, 일주일 중 닷새를 역사수업에 들이고 있어요. 저는 역사 수업에 최선의 노력을 기울입니다. 놀고 있지는 않아요. 그렇지만 이 노력이 허사로 돌아가는 경우는 참 많아요. 한마디로, 애들이 배우려 하지 않는데 무슨 소용 있겠어요?"

이 순간 타운슬리가 참지 못하고 말을 꺼낸다. "크라비츠 선생님, 선생님의 말씀은 애들이 배울 마음이 없다는 뜻이에요? 아니면 배울 능력이 없다는 뜻이에요?"

크라비츠 선생이 철하기를 멈추고 그녀를 바라본다. 그는 이 말이 지나가는 말인지, 그를 비난하는 말인지 알 수 없었다. 크라비츠 선생이 타운슬리에게 물어본다. "타운슬리 선생, 좀 더 정확히 말해주시겠어요?"

"애들의 수업 태만이 학습능력 부재로 인한 것인지, 아니면 흥미 부재로 생기는 것인지 분명히 해 달라는 거예요."

"듣기 좋은 말은 아니군" 하고 크라비츠 선생이 혼잣말을 했다. 잠시 뒤 그가 말한다. "선생, 대학생은 학교 현장의 사정을 잘 알아야 해요. 대학생은 한 결 같이 교수가 창안한 교수법이 최고라고 믿어요. 이런 대학생들에게 말해 주고 싶은 게 있어요. 새 교수법을 주장하는 교수들이 학교 현장에서 한번 가르쳐 보라는 거죠. 교수들은 틀림없이 견해를 바꾸게 될 거요. 그리고 이 학교에는 없어도 좋을 학생이 상당수 있다는 거요. 주소를 잘못 찾아온 것이지요. 공부할 능력은 물론이고 공부에 흥미나 의욕조차 없는 그런 애들이죠. 이 애들에게 필요한 건 몇 개의 좋은 직업교육과정이지 이런 식의 교육이 아니오. 솔직히 말해, 도대체 그런 학생들이 저의 역사 교과에서 무엇을 얻어 갈지 의심스러울 때가 한두 번이 아니오."

타운슬리가 반문한다. "선생님, 제가 아직까지 뭘 모르는 대학생인 줄은 잘 알고 있어요. 하지만 모든 학생은 민주사회에서 삶을 위해, 사회과 수업을 받아야 하지 않을까요?"

빌헬름 선생이 이 말에 웃음을 띠며 고개를 끄덕거린다. 크라비츠 선생은 아무 말 없이 타운슬리도 진부한 환상주의자의 한 사람이라고 단정지어 버린다. 교사의 임무는 다름 아닌 교과를 헌신적으로 가르치는 일이다. 교사는 교과교수로 급여를 받으며, 이는 이론적으로 어떤 이의도 달 수 없다.

그 동안에 파커 선생은 대화에서 벗어나 그의 트랜지스터 라디오를 켜고 야구 경기에 온 신경을 집중하고 있었다. 파커 선생은 대화보다 야구가 더 좋았다. 그는 대화를 중단시키고 싶었다. 그는 왜 동료들이 서로 잘난 체하는 이 대화를 계속하는지 의아스럽기만 했다.

레너드 선생도 이 대화가 싫었다. 그도 이 대화를 끊고 싶었다. 그는 상황을 잘 포착하여 유쾌한 어조로 말했다. "이제 모두 커피 한 잔 하시러 가는 게 어때요?" 이때 눈치없는 한 교사가 그러자고 고개를 끄덕거리더니 "레너드 선생도 가는 거죠?" 하고 말해버렸다. 다른 교사를 내보내는 데 실패한 레너드 선생은, 이제 어떤 대화가 이어지든 개의치 않고, 다음 시간의 수업 '인간에 대한 연구'에만 신경을 집중하려 한다.

타운슬리는 레너드 선생을 보게 되어 반가웠다. 그녀는 레너드 선생과 친해지기를 기대하고 있었다. 타운슬리는 레너드 선생이 사회과학을 추구하는 교사라고 생각했기 때문이다. 또한 그는 잘 생겼으며 인류학 석사 학위도 가지고 있었다. 이 모두는 타운슬리에게 좋은 인상을 가지게 했다.

지금 레너드 선생은 아라페시 평원을 투명 종이에 옮겨놓고 있다. 그는 이 학교 사회과 수업 중 '인간에 대한 연구'만큼 두드러진 수업은 없다고 생각하고 있다. 그는 사회과 교사의 역할이, 학생이 인류학자가 발굴 현장에서 하는 일을 돕도록 다양한 자료를 수집하고 제공하는 것이라 믿고 있다. 그는 곁눈으로 타운슬리를 보면서 생각한다. 지금 그녀는 아무 일도 하지 않고 있는데, 내가 이 일을 좀 도와 달라면 어떨까? 이렇게 하면 귀찮은 일을 조금 덜 수 있겠지. 실수할 일도 없을 거야. 아라페시 평원 지도를 그냥 옮겨 그리는 일이니까. 그 동안에 나는 다음 단원을 준비해야지.

이윽고 레너드 선생이 "타운슬리 선생, 제 일을 좀 도와주겠어요?" 하고 말한다. 한편 그는 타운슬리에게 호의를 베풀고 있다고 확신했다. 그녀는 인류학 교육과정 '인간에 대한 연구'를 배우게 되고, 그러면 학교에 납부했던 실습비도 의미있게 된다.

즉시 타운슬리가 말했다. "기꺼이 도와드리죠, 선생님." 레너드 선생이 "우선, 제 수업에 대해 설명해 드리죠" 하고 말했다. 다른 교사들은 대화를 그만두고 각자의 일로 되돌아가 있었다. 크라비츠 선생은 시험지에다 철을, 빌헬름 여사는 뜨개질을, 파커 선생이 라디오 청취를 하고 있었다.

타운슬리가 말한다. "네, 그렇게 해주세요. 모두가 흥미롭게 보여요. 며칠 전부터 저는 이 수업에 대해 듣고 싶었어요. 하지만 그럴 시간이 없었어요." 타운슬리의 말에 레너드 선생은 다른 교사가 들으라는 듯이 말했다. "이 수업은 선생께서 해볼 만 하다고 생각해요. 어떤 수업보다 비판적 사고의 향상에 도움을 주니까요."

물론 다른 교사들은 이 말을 죄다 듣고 있었다. 그렇지만 이들은 묵묵히 자신의 일에 열중할 뿐 아무런 대꾸도 없다. 여전히 크라비츠 선생은 철하고 파커 선생은 라디오에 귀를 기울이고 있었다. 다만, 빌헬름 선생이 잠시 고개를 들어 별다른 표정 없이 레너드 선생을 힐끔 쳐다봤을 뿐이다.

"비판적 사고에 전적으로 동감이에요, 레너드 선생님. 제 스승이신 마이어 박사도 비판적 사고를 매우 좋아하세요."

타운슬리가 자랑스럽다는 듯이 말했다. 그러나 레너드 선생의 반응은 뜻밖이었다. "저도 마이어 교수에 대해 한두 번은 들어봤어요. 하지만 저는 그 교수와 생각이 달라요. 그가 최근의 한층 흥미롭고 혁신적인 제안에 관심을 가졌더라면 하는 아쉬움이 남는 거지요. 그랬더라면 저도 그의 견해에 동의했을 거예요. 하지만 그는 그러지 못했어요. 그는 비판적 사고에 현실적 방안이 되는 제안을 했어야 해요."

타운슬리는 실망스러워하는 기색이었다. 그녀의 입언저리가 굳어지고 있었다. 레너드 선생도 이를 눈치로 간파했다. 그는 재빠르게 임기응변의 말을 덧붙였던 것이다. "물론 마이어 교수가 진지한 태도로 그렇게 말했다는 점은 인정하고 있어요."

레너드 선생은 타운슬리가 자기 의견에 동의하고 있다고 생각하고,

한층 열성적으로 말하기 시작한다.

"타운슬리 선생도 인정하겠지만, '인간에 대한 연구 (Man : A Course of Study)'는 굉장한 수업이오. 저는 이 수업을 통해 매우 중요한 것을 가르치고 있어요. 이를 더 상세히 표현하면, 제 수업은 학생들이 사회과학의 탐구과정을 이해했을 때 비로소 비판적으로 사고한다는 생각을 밑바탕으로 둔다는 것이지요. 수업에서 저는 뉴기니의 아라페시 종족을 다루게 되며, 학생들도 쉽게 몰두하지요. 그렇지만 학생들은 인류학을 간접적으로 공부하지 않아요. 직접적으로 인류학을 접하게 되지요. 예를 들어 학생들은 원시사회의 움직임, 원시사회 구성원의 생활방식과 양육방식 등을 거의 직접에 가까운 방식으로 알 수 있어요. 말하자면 인류학자가 하는 작업과 동일한 작업을 하며 인류학을 습득한다는 것이죠.

이상의 생각이 제 수업의 요지라 할 수 있어요. 단언하지만 과학적으로 사고하도록 가르치는 것이야말로 우리 학생들을 능동적 시민으로 기르는 가장 효과적은 방법이에요. 여기서 과학적으로 사고한다는 것은 사회과학자의 탐구방법을 따르는 것을 의미하는 거예요. 그러나 저는 사회과학 중에서도 인류학을 전공했고, 그래서 그런지 학생들이 인류학자의 탐구방법을 채택해 주기를 기대하고 있어요. 제가 정치학자나 사회학자 혹은 역사학자라면 그 학문의 탐구방법을 강조했을 거예요."

"그런데 저는 선생님 말씀에 잘못이 있다고 생각해요." 하고 타운슬리가 불쑥 끼여든다. "마이어 교수는 학생들이 비판적 사고 기술을 배워야 한다고 강조했어요. 그렇지만 제 생각으로는 사회과학이 해결책이 되리라고는 여겨지지 않아요. 그보다는 학생들의 흥미나 문제에 초점을 두는 것이 낫지 않을까요?"

레너드 선생이 불쾌한 듯이 말한다. "선생은 교수들 주장을 대단히 신뢰하고 계시네요. 그 교육학 교수들은 학교 현장에 10년도 채 있지 않았어요. 그런 사회과 교사가 되기보다 역사학자가 되는 게 훨씬 나아요. 일단 학생에게 역사학 방법을 한번 가르쳐 보세요. 수업에서 1차 자료도 이용해 보고, 입증하며 결론 도출하는 방법도 도입해 보세요. 학생들이 역사학자가 하는 대로 해 보도록 하는 거예요.

이보다 더 좋은 방안이 어디에 있겠어요?"

타운슬리는 이맛살을 찌푸렸다. 그녀는 레너드 선생의 생각을 바로 잡아야 한다고 생각했다. 타운슬리의 관심은 역사교사가 되는 데에만 있지 않았다. 그녀의 관심은 이보다 더 넓었다.

그러나 막상 타운슬리가 말을 하려고 하는 순간에 방해꾼이 나타났다. 인터폰에서 신호가 나더니 타운슬리를 찾는 목소리가 나왔다. "타운슬리 선생님, 지금 그곳에 계십니까? 괜찮다면 지금 저와 잠시 이야기를 나누었으면 하는데요."

레너드 선생과 타운슬리는 서로 마주보았다. 그녀는 당황한 표정이었다. 그녀는 그 목소리의 주인공이 누군지, 그리고 그녀를 만나려는 이유도 알 수 없었다.

"시츠마노브스키 교감 선생님이에요. 그가 선생을 만나고 싶어 하는데요."

"제가 무슨 잘못을 저지른 게 아닐까요? 잘못한 건 없는 것 같은데."

곧바로 타운슬리의 걱정을 알아차린 레너드 선생이 안심시켜 준다. "잘못한 일이 있어 그러는 게 아닐 거예요. 무언가 선생께 말할 게 있어 그래요. 교감ㄴ 선생님은 모든 실습생에게 그렇게 해요."

타운슬리는 레너드 선생에게 양해를 구하고 교무실로 향해간다. 그녀가 교무실로 들어가서 교감에게 다가간다. 시츠마노브스키 교감은 고개를 들어 잠시 웃음을 짓더니 일어서서 악수를 청한다.

"선생과 이렇게 이야기할 기회를 가지게 되어 기쁘게 생각해요." 그는 커다랗고 어지럽혀진 책상 뒤로 다시 앉았다. "필모어 고등학교에서 실습생을 받는 중요한 이유 중의 하나는 혁신을 원한다는 것이오. 이 학교는 지난 몇 년 간 상당한 진보를 이루었소. 우리는 이미 과학교육과정에 BSCS[4)]와 Chemstudy를 도입한 바 있소."

타운슬리는 BSCS, Chemstudy가 실험중인 과학교육 프로그램으로 추측되기는 했으나, 교감이 지금 이 자리에서 그것을 언급해야 하는 이유를 알 수 없었다.

---

4) BSCS, Chemstudy : 학문 중심의 생물학과 화학교육과정

그는 “그렇지만 불행히도 우리 학교 사회과 선생님들은 혁신적인 노력을 하기 주저하고 계세요. 우리는 몇몇 새로운 프로그램을 도입할 것을 계속 권유해 왔지만 여전히 답보 상태에 머물러 있어요.” 하며 계속해서 말한다.

이 말을 마치 다음을 암시하는 듯했다. 즉, 이 학교 6명의 사회과 교사는 혁신에 비협조적이며, 그것을 거부하고 있다. 그들은 과학, 수학, 영어 교사의 새로운 교육과정 도입 시도를 보고만 있다. 그들은 사회과 혁신에 어떤 노력도 하지 않는다.

“하지만 우리 학교 선생님은 매우 훌륭하며 뛰어난 능력을 가지고 있소.” 교감 선생은 말하는 습관이 특이했다. 말하면서 연필로 책상을 연방 톡톡 치는 것이다.

“문제는 지나치게 개인적으로 행동한다는 것이오. 어떤 혁신적인 제안에도 동의하려 하지 않소. 그러나 레너드 선생은 예외요. 그는 탁월한 능력이 있어요. 그는 인류학 석사 학위를 소지하고 있고, 특히 그의 수업 ‘인간에 대한 연구’는 아주 훌륭하오. 그는 2년 전에 이 학교로 왔어요. 부임하자마자 그는 당시 학교에서 가장 형편없던 10학년(우리나라의 고1 과정) 세계사 과목을 그의 전공인 인류학 과목으로 바꾸어 가르쳤소. 한 해도 못 되어, 그는 많은 학생을 작은 인류학자로 만드는 좋은 성과를 올리게 되었지요. 지금 제 말을 다른 선생님은 이런 노력을 전혀 하지 않는다는 뜻으로 곡해하지는 마시오. 레너드 선생 외에도 훌륭한 분이 더 있어요.” 계속해서 교감이 연필을 톡톡 친다.

“파커 선생도 그런 분이오.” 그는 잠시 말을 중단하더니 다시 계속해 나간다.

“물론 파커 선생은 능력있는 교사가 아니오. 하지만 그도 훌륭한 교사임에 틀림없소. 파커 선생은 학생과 잘 어울려요. 특히 그는 수업보다는 수업 외에서 좋은 모범이 되죠. 굿리치 선생도 좋은 교사예요. 그녀도 레너드 선생처럼 지정된 교육과정은 피하려 하죠. 굿리치 선생은 시사문제나 학생이 수행할 과제를 찾으려 해요.” 교감의 연필 두드리는 소리가 점점 거세진다.

“그러나 그 외의 선생님은 아무 움직임도 보여주지 않아요. 수업을 거의 교과서와 강의에만 의존해요. 그리고 그들이 한 장소에 모이면, 흡사 애국부인회 회합같아 보여요. 어떻든 우리는 당신이 이 학교에서 좋은 경험을 하기를 기대라고 있어요. 그런데 제가 부탁 한 가지 할까 하는데…….” 교감선생이 머뭇거린다.

“부탁 말씀은, 선생께서 여러 수업을 참관하여 심사숙고해 본 뒤 사회과의 혁신적인 방안을 저에게 말씀해 달라는 것입니다. 저는 선생께서 부속 초등학교의 수업도 참관했으면 좋겠어요. 초등학교는 교정을 가로질러 가까운 거리에 있어요. 저는 프리먼 선생께 부탁해 선생께서 4학년 사회과 수업을 참관하고 그곳 교사와 의견을 교환하도록 조처해 놓았어요. 초등학교 경험을 통해 훌륭한 수업 모형을 찾기 바라며, 우리 학교 전 K-12[5] 사회과 과정을 이해하는 기회로도 삼아보세요. 선생의 맹활약을 기대해 보죠.”

교감이 말을 끝맺고 웃음을 짓는다. 그는 의자에서 일어나 타운슬리를 보낸다. 드디어 면담이 끝났다.

교감의 요청은 간단하고 솔직했다. 그러나 그녀는 당황하지 않을 수 없었다. 그녀에게 갖가지 의문이 꼬리를 물고 일어났다. 어째서 혁신적인 방안을 나 같은 풋내기에게 부탁하는 걸까? 나는 초등학교에 대해 아는 게 없는데 왜 교감 선생님은 나더러 초등학교에 가보라고 할까? 이 학교 사회과에서는 기본 방향이 없는 게 아닐까? 사회과 교사는 생물학·수학 교사가 수년 동안 해 온 혁신을 봐 왔고 이 활동에 자극도 받았을 터이다. 그런데도 왜 사회과 교사는 혁신을 거부할까? 더욱 이상한 것은, 개혁을 하려는 당사자가 교사가 아니고 교감이라는 점이다. 학교 교육의 진보적 움직임에 장애물이 된 자는 교사가 아니라 오히려 학교 관리자가 아닌가. 그런데 이 학교는 정반대다. 혁신의 걸림돌이 교사이며 교감 선생님이 혁신의 추구자이다.“

교무실을 나오면서, 타운슬리는 마이어 교수에게 여쭈어 보는 게 좋겠다고 생각했다. 그러면 좋은 정보를 제공해 줄 것이다. 그녀가 교사 휴게실에 도착했을 때 거기에는 아무도 없었다. 그녀는 교수

5) K-12 : 유치원(kindergarten)에서 고등학교까지 학년별로 계열화 된 미국의 공식적 교육과정

연구실로 전화를 걸었다. 즉시 교수의 목소리가 들려왔다. 타운슬리는 상황을 설명하고 조언을 구했다. 듣고 있던 교수가 몇 가지 주의 사항을 일러주기 시작한다.

"타운슬리, 이번 경험은 매우 좋은 기회가 될 거야. 그런 요청받은 것도 너에게는 행운이지. 특히 초등학교 참관은 정말 좋은 경험이 되지 싶어. 그러나 지금 나는 어떤 교사의 수업방식이 좋은지 단정해서 이야기할 사정이 못 돼. 다만, 너에게 도움이 될 몇 가지 핵심 사항만 말해 두지."

교수가 말을 이어나간다. "첫째, 교사들이 왜 사회과를 교수하는 지 알아볼 것. 너도 알겠지만 이는 사회과 교육의 목적에 대한 물음이지. 둘째, 교수하는 내용에 대해 알아볼 것. 셋째, 수업에서 채택하는 방법이나 기법을 찾아낼 것. 만일 네가 이 세 가지에 대해 직접적인 대답을 얻는다면……." 교수와 타운슬리는 계속해서 대화했다. 그녀가 질문했고 교수는 상세하고 명확하게 대답해 주려 했다.

마침내 타운슬리가 교수에게 가장 큰 고충을 말하기 시작했다. "선생님, 지금 저는 매우 놀라고 있어요. 강의 시간에 다뤘던 그런 사회과 교육은 어디에도 없어요. 선생님의 강의, 전공 교과서, 논문은 사회과 교육을 모두 이렇게 정의했어요. 사회과 교육의 목적은 학생의 비판적 사고를 개발하는 데 있다. 그리고 사회과는 주요 사회 문제를 다뤄야 하며, 시민적 자질, 의사결정을 가르쳐야 한다."

타운슬리는 잠시 침묵한다. "그랬지." 하고 교수가 어물쩍 대답한다. "그런데 저는 그걸 전혀 못 봤어요. 학생은 문제를 탐구하지 않으며, 교사는 의사결정을 다루지 않아요."

교수가 한숨을 내쉰다. 그는 같은 불평을 수십 번 아니 수백 번도 더 들었으나, 이런 현장의 현실과 원인을 학생에게 적절히 설명해 주지 못했다. 그래서 그는 곧잘 학생들에게 실제 현장의 사정도 모르는 공허한 지식인으로 비쳐져 왔다. 교수가 말한다.

"실제 학교 현장에서 탐구수업-문제해결, 의사결정 그리고 유사한 '그 밖의 모든 것'-은 거의 찾아볼 수 없어. 거의 모든 교사가 자신의 확신-교사는 이를 지역사회의 진실한 소망으로 생각할 수 있다-을 전달하는 데에 그치며, 문제 해결과 비판적 사고를 지향한다고 하면서, 특정 학문의 탐구방식만 고집하는 몇몇 교사가 있을 뿐이지."

타운슬리는 교수의 설명을 정중하게 듣고 있었다. 그녀는 교수 의견에 동의하고, 그의 생각을 따르기로 한다. 그러나 문제는 여전히 남아 있다. 사회과 교육이 문제 영역에 대한 비판적 사고와 관련되고 또한 모두가 이에 동의하는데, 교사들은 왜 이런 불변의 진리를 꺼리는 걸까? 타운슬리는 의문에 잠긴다. 그러나 그녀는 일단 교수가 제시한 범주에 따라 교사의 견해를 조사하기로 결정한다.

타운슬리는 전화를 끊고 시계를 쳐다보았다. 학교 마칠 시간이 다 되어간다. 조금 있으면 그녀는 교사와 한가롭게 대화할 수 있다. 이렇게 생각하며 그녀는 마지막 종소리가 울릴 때까지 이 학교의 소개 책자와 시간표를 훑어보기로 했다.

학생들이 모두 하교하자 타운슬리는 사회과 교사실로 올라갔다. 거기에 레너드 선생이 있었다. 그녀는 다가가 교수가 제시한 범주에 대해 물어보기 시작한다.

"글쎄요, 사회과 교육의 근거는 시민적 자질의 향상에 있어요. 그리고 책임있는 시민 양성은 능력있는 의사결정자로 성장시키는 것을 의미해요. 의사결정이야말로 사회과 교육 방법의 근간이 돼야 해요."

여기까지는 타운슬리도 수긍하는 바였다. 그녀는 좀 더 자세히, 즉 책임있게 의사결정하는 시민은 어떻게 기를 수 있는지를 물어본다.

"가장 좋은 방법은 학생이 과학적으로 사고하도록 하는 거예요. 사회과학자의 탐구절차를 도입하는 거죠. 선생께서 학생에게 사회 변화를 가르치고 싶다면, 그 주제를 다루는 인류학자나 사회학자의 탐구방식을 소개하면 돼요."

그녀가 다시 물었다. "그렇다면 사회과학방법은 어떻게 가르칠 수 있나요?"

"선생께서는 이미 제 수업에 이용되는 선사시대 원시 종족에 관한 자료를 보셨지요?" 레너드 선생은 활기를 띠며 말한다. 그는 아라페시 부족과 그 부족의 습속, 그리고 선사 시대의 사회변동 연구에서 얻어지는 좋은 점에 대해 설명했다.

타운슬리는 질문 몇 가지를 더 던져보고, 다시 그의 견해를 들어본다. 잠시 뒤 그녀는 레너드 선생에게 고마움을 표시하며 다른 교사를 찾아보기 위해 일어섰다. 몇 가지 이유에서 레너드 선생의 인류학 교육과정에 대한 호감이 사라지기 시작했다. 지금, 타운슬리는 책임있는 시민의 자질을 강조한 레너드 선생의 확신을 부정하는 게 아니다. 사실 사회과에서 이 밖의 목표는 생각할 수 없다. 또한 그녀는 레너드 선생의 지적인 훈련에도 동의하고 있었다. 그러나 인류학자의 방법으로 아라페시 부족을 연구하는 것이 시민적 자질의 향상으로 연결된다는 그의 주장은 매우 의심스럽게만 보였다. 하지만 레너드 선생은 훌륭한 교사이며 그의 생각은 한층 세밀한 검토가 필요하다.

타운슬리는 크라비츠 선생의 학급과 빌헬름 선생의 학급 중간 지점으로 왔다. 그녀는 두 선생이 각자 자기 책상에 앉아 있는 것을 확인했다. 그녀는 우선 크라비츠 선생을 찾아가기로 했다.

타운슬리는 그에게 다가가 정중하게 인사했다. 크라비츠 선생은 전형적인 엄격함을 풍기는 사람이다. 그는 옷차림이 매우 단정하고 표정도 차갑다. 그녀는 교수와 레너드선생의 생각은 언급하지 않은 채, 사회과 교육에 대한 그의 철학을 듣고 싶다고 말했다. 철학이라는 말이 적합하지 않을지도 모른다. 그러나 교사들은 내용은 어떠하건 이에 관한 철학 아니면 저에 관한 철학이라 한다.

타운슬리가 묻는다. “크라비츠 선생님은 어떤 목적으로 사회과를 가르치는지요?”

“왜 사회과를 가르쳐야 하는가, 바로 그 말씀이죠? 좋은 질문이라 생각해요. 대답은 바로 이러해요. 우리 젊은이들을 훌륭한 시민으로 길러야 한다는 거요.”

타운슬리는 생각했다. ‘이 대답은 레너드 선생님과의 대답과 같아. 그러나 엄격하며 근엄한 이분이 레너드 선생님과 같은 의견이라고는 생각할 수 없어.’

타운슬리는 이를 확인해 보고 싶었다. “크라비츠 선생님, ‘훌륭한 시민’이란 무엇을 뜻하나요?” 그는 잠시 생각에 잠기더니 이렇게 말했다. “훌륭한 시민이란 인간다운 사람을 말해요. 즉, 훌륭한 시민은 투표에 참여하는 사람, 법을 알고 준수하는 사람, 책임감 강하고 공공의 의무를 성실히 수행하는 사람, 공공의 활동에 참여하는 사람을 말해요."

아닌게 아니라 크라비츠 선생은 레너드 선생과 다르게 생각하고 있었다. 레너드 선생은 시민의 자질을 문제해결로 보았으나, 크라비츠 선생은 이와 전혀 다른 요소를 들고 있었다.

"그렇다면 훌륭한 시민의 자질은 어떻게 기를 수 있나요?" 타운슬리가 크라비츠 선생이 생각하는 교육내용과 교육방법을 찾아내기 위해 이 물음을 던져본다. 다시 크라비츠 선생이 잠시 생각해 보더니 바로 대답한다. 분명히 그는 같은 질문을 전에도 받아본 적이 있는 것 같다. 그의 대답은 완전히 암기한 듯하게 보였다.

"학생이 훌륭한 시민이 되려면 몇몇의 지식은 반드시 습득해야 해요. 예를 들어 이 나라의 역사, 정부 형태를 알아야 해요. 우리는 학생들이 학교를 졸업하고 '학교 바깥 현실 세계'에서 살아갈 때 필요한 지식을 가르쳐야 해요."

타운슬리는 "잠시 방금 전에 했던 대화를 저에게 말해 주세요. 토론은 그 뒤에 하죠. 어떤 주제였죠?"

그녀는 조금 전의 대화를 엿들었던 모양이다. 그러나 이는 고의가 아니다. 크라비츠 선생의 학급과 빌헬름 선생의 학급은 붙어있기 때문이다. 우선 빌헬름 선생은 크라비츠 선생의 생각에 대해 어떤 말도 하지 않은 채, 교사가 사회과 교육을 흥미있게 만들어야 한다는 앞서의 소망을 다시 강조했다. 다음 그녀는 고등학교 사회과 교육은 훌륭한 시민, 즉 '바깥 현실 세계'—그녀는 크라비츠 선생의 이 문구를 여러 번 반복해서 사용했다.—의 여러 문제를 잘 해결하는 사람을 양성하는 교과라 했다. 그러나 타운슬리는 잘 이해되지 않았다. 고등학교 시절의 문제도 현실 세계의 일부분이 아닌가?

빌헬름 선생과 타운슬리는 교실에서 나와 홀로 내려가 굿리치 선생의 교실로 갔다. 존슨 선생이 거기에 있었다. 굿리치 선생은 최근의 주요 사건을 일목요연하게 담은 콜라주 게시판을 만들고 있었다. 그녀는 연필을 귀에다 꽂고 입 안 가득 압정을 물고 매우 분주히 일한다. 교실은 온통 잡동사니로 뒤죽박죽되어 있다. 그러나 이 광경은 오히려 그녀를 더욱 매력적으로 보이게 했다.

굿리치 선생, 타운슬리, 빌헬름 선생, 존슨 선생은 커피를 마시며 서로 어울리기 시작했다. 굿리치 선생이 말한다.

"이제 이 게시판을 마무리할 테니 잠시 기다려 줘요."

타운슬리는 굿리치 선생에게 묻고 싶었다. 그 순간 레너드 선생과 파커 선생이 굿리치 선생의 교실로 들이닥쳤다.

"아니, 지금 무슨 파티 열어요?"

굿리치 선생이 대꾸한다. "그래요, 남은 커피가 있으면 한 잔씩 해요."

굿리치 선생이 타운슬리에게 시선을 돌리더니 말한다. "저는 선생님께서 마이어 선생님 밑에서 공부했다고 들었어요. 마이어 선생님은 저에게 많은 영향을 주셨어요. 특히 가치명료화, 가치분석 기법은 저에게 깊은 인상을 주었죠. 선생님의 강의를 듣기 전만 해도 가치탐구 수업은 상상도 할 수 없었어요. 그러나 지금은 탐구수업이 저의 정부론 과목(government course)에 핵심이 돼 버렸어요."

"굿리치 선생님, 아직도 말도 안되는 그런 가치수업을 계속하는 거예요? 그만두면 좋겠다는 생각인데."

"존슨 선생님, 학생이 자기 가치를 이해하도록 도와주는 것 이상으로 더 가치 있는 일이 어디 있겠어요?"

존슨 선생은 커피를 다 마시고 보온병을 닫는다. 그녀가 말한다. "제 가치수업을 말해 보겠어요. 가치를 가르친다면 이 방법이 훨씬 나을 거예요. 단도직입적으로 말해서 애들에겐 어떤 바른 가치도 없어요. 따라서 우리는 여기저기서 돌출하는 행정부의 추문과 타락을 공격하면서 애들에게 기본적인 도덕원리를 심어줘야 해요. 신문에 즐비한 온갖 상스러운 기사를 한번 상기해 보세요. 이익에 골몰하는 비도덕적이고 몰염치한 작자들만 득실거려요."

존슨 선생은 흥분을 감추지 못했다. "저는 가치 명료화 수업이 적합하지 못하다고 생각해요. 모두가 인정하듯이 옳고 그른 것, 선악을 구별하는 기준이 명백히 존재해요. 우리는 그 기준을 가르쳐야 하고 또 그러는 편이 훨씬 나아요."

굿리치 선생이 존슨 선생의 말에 대답하려는 순간 레너드 선생이 "오! 존슨 선생" 하며 대화에 끼여들었다. "선생은 복음 전파자 같군요. 마치 빌리 그레이엄[6] 존슨이 여기에서 있는 듯해요. 두 분 모두 잘못 생각하고 있소. 두 분은 가치에 대해 너무 집착하는데 이건 우리가 할 일이 아니오. 그건 가정이나 교회가 담당해야 해요. 우리는 객관적으로 되는 것, 다시 말해 애들에게 과학적인 절차를 가르쳐야 해요. 가치문제는 우리의 일에서 제외해야 합니다."

파커 선생은 다시 라디오에 귀 기울이면서 야구경기 상황에 열중하고 있다. 그가 지나가듯이 말한다. "뭐 그리 심각하게 있지들 마세요. 요즈음 애들은 여드름, 애무, 스포츠밖에 신경 안 써요."

빌헬름 선생은 존슨, 레너드, 파커 선생의 말이 거북한 모양이다. 그녀는 대화중 그게 아니라는 듯이 여러 번 고개를 내저었다. 그러나 그녀는 논쟁하고 싶지 않았다. 그녀는 커다란 가방에서 실을 꺼내 뜨개질을 시작한다. 레너드 선생이 그녀의 태도를 비아냥거린다. "빌헬름 선생, 학생들에게 보이스카우트 단복이나 짜 입히시죠."

"레너드 씨, 문화 연구에 바치는 시간 중 반만이라도 교양에 투입해 봐요. 훨씬 예의바르게 될 거예요. 당신은 갖은 방법을 다해 토론에 끌어들여 나를 괴롭히고 싶겠지만 그렇게는 되지 않을 거예요." 빌헬름 선생은 그를 쳐다보지도 않은 채 뜨개질을 계속해 나갔다.

굿리치 선생은 완성된 게시판으로 가서 어떤 흠이 없는가를 찾아본다. 잠시 뒤 게시판을 큰 소리로 말했다. "어때요?" 일제히 호의적인 반응이 나왔다. 타운슬리도 환성을 질렀다.

"정말 대단해요. 최근에 일어난 사건이 모두 여기에 있네요. 저도 이처럼 흥미있는 수업을 했으면 좋겠어요."

굿리치 선생이 타운슬리에게 걸어가 옆에 앉았다. 레너드 선생과 존슨 선생은 계속해서 논쟁한다. 굿리치 선생이 타운슬리에게 말한다. "저 게시판은 제 수업의 윤곽을 나타내고 있어요. 저는 애들이 우리 주변의 논쟁점을 탐색하도록 해요. 스스로 사고해 보기를 원하는 거죠."

굿리치 선생이 부자연스러운 웃음을 잠시 짓다가 말을 이어간다.

6) 빌리 그레이엄(1918~) : 미국의 침례교 목사 및 복음전도자

"주제넘는 소리지만, 저는 정말로 오늘날의 문제에 대해 비판적으로 사고하는 방식을 가르칠 수 있다고 봐요. 저는 매그루더의 「미국 정부」(American Government)를 읽고 권력분립이나 권리장전을 가르치는 그런 수업은 할 수 없어요. 애들은 가르쳐 주자마자 잊어버려요."

굿리치 선생은 레너드 선생을 턱으로 가리키며 소리를 낮추어 말했다. "또한 저는 애들을 학문에 잡아가두어 많은 시간을 이론적 개념과 학자적 탐구에 소모케 하는 것도 대단한 잘못이라고 말해 두고 싶어요, 애들이 기꺼이 이웃의 정치적 태도나 여론을 조사할 것 같지는 않아요. 애들은 토론과 역할놀이를 좋아해요. 아울러 저는 가치에도 상당히 신경을 쓰고 있으며 많은 시간을 할애하고 있어요."

"올 해 제가 정식으로 교사가 되면, 저도 선생님처럼 강한 확신을 가지고 수업하면 좋겠어요."하고 타운슬리가 대답한다.

"타운슬리 선생, 이게 상당한 효과를 낼지는 저도 자신을 못 해요. 그러나 제 방식을 매우 좋아하고는 있어요." 주의 깊은 표정으로 굿리치 선생이 타운슬리에게 묻는다. "타운슬리 선생은 교사가 되었을 때 어떤 방식으로 수업할 생각이죠?"

다음날 오후가 되었다. 타운슬리는, 전날 굿리치 선생에게 한 말로 마음이 매우 상해 있었다. 그녀의 대답이 진부한 이상주의에 지나지 않는 것으로 보였기 때문이다. "어리석었어, 정말 어리석었어."

지금 타운슬리는 교사 휴게실에 앉아 있다. 다른 교사들은 모두 퇴근했고 그녀는 혼자서 조용히 생각에 잠겨 있다. 오늘 그녀는 부속 초등학교에서 온종일 보냈으나, 그곳에서는 단지 혼동과 좌절을 겪었을 뿐이다. 수업 참관과 교사와의 대화를 통해 그녀는 사회과에 대한 다양하고도 상충하는 견해를 확인할 수 있었다.

한 4학년 담당 교사는 굿리치 선생의 견해와 유사했다. 그녀는 수업에서 여성해방 문제를 다루었고 학생들은 여성의 사회적 역할, 여성에 대한 개인적인 편견, 여성에 대한 올바른 인식과 그릇된 인식을 공부하고 있었다. 타운슬리가 미소를 짓는다. 그 교사가 성(性) 역할 바꾸기 놀이로 수업을 즐겁게 하면서 열띤 토론으로 이끌어간 광경이 떠올랐기 때문이다.

이 수업은 학생들이 여성 문제를 새롭게 보는 기회가 되었다. 어떤 남학생도 연방기금으로 남학생 단체에는 재정지원을 하면서도, 여학생 단체나 YWCA(여성기독교청년회)에는 어떤 재정지원도 하지 않는 시의 차별정책에 대해 합리적으로 설명하거나 방어하지 못했다. 타운슬리가 사회과 교육의 목적에 대해 물었을 때 그녀는 이렇게 말했다. 사회과 교육의 목적은 애들이 스스로 사고하도록 그리고 개인적인 편견, 인성, 문제, 행동동기 등을 탐색하도록 도와주는 것이다.

다른 두 교사는 단호하게 학생들을 '훌륭한 시민'으로 기른다고 말했다. '훌륭한 시민'은 정숙하고 공손하며 복종하는 사람을 뜻했다. 수업 시간에 학생들은 바른 자세로 앉아야 했고 발은 바닥에 바르게 붙여야 했다. 한 교사는 경탄을 자아낼 만한 사람이었다. 그녀는 역사를 좋아했고 특히 링컨의 일화로 학생들이 넋을 잃게 했다. 또한 그녀는 일화 속에 함축된 도덕적 교훈을 추출하는 능력도 탁월했다. 그렇지만 다른 한 명의 교사는 '그 밖의 부류'였다. 이 교사는 큰 소리로 '훌륭한 소년과 소녀가 해야 할 것'을 훈계만 했다. 더 이상 참지 못한 타운슬리는 그 교사에게 어색한 손짓을 한 뒤, 교실에서 빠져나와 버렸다.

타운슬리는 한숨을 쉬면서 자리에서 일어나 밤에 할 일거리를 가방에 주워 담았다. 그녀는 문을 열고 딱딱한 건물을 빠져나와 한가한 오후의 미풍 속으로 걸어갔다. 학생들이 층계에서 담배를 피우며 빈둥거리고 있었다. 한 학생이 농구공 위에 몸을 기댄 채 건물에서 나오는 타운슬리를 버릇없이 훑어본다.

"이봐요, 선생님이십니까?"

"그래" 하고 타운슬리가 대답했다. "나는 교사가 될거야."

여전히 타운슬리를 쳐다보면서 이 학생이 물었다. "어떤 과목을 가르칠 건데요?"

"사회과야."

두 학생이 이상한 신음소리를 내더니 얼굴을 찌푸린다. 타운슬리를 버릇없이 쳐다보던 학생이 새로이 나타난 이 적대자를 쏘아본다.

"저는 역사를 증오해요. 그건 학교에서 제일 지겨운 과목이에요."

"그래, 사회과는 지긋지긋해" 하고 다른 학생이 거들고 나선다.
"사회과를 어떻게 가르칠 거죠?"
타운슬리는 가던 길을 멈추고 뒤돌아보며 천천히 말했다.
"사실 나도 그것이 알고 싶어."

1. 서론

타운슬리는 혼란스러웠다. 그녀가 이수한 대학의 전 과정에 대해 한탄하고 저주하는 것은 너무 당연했다. 이 며칠 동안 그녀는 다음과 같은 문제를 발견했다. ① 그녀가 생각한 사회과 교육은 실제 학교 현장에서 행해지는 방식과 동떨어져 있었다. ② 밀라드 필모어 중·고등학교 사회과 교사들은 학생과의 의사소통에 완전히 무능했다. ③ 학교 행정가는 혁신을 열렬히 원했지만 어떤 실질적 방안도 찾지 못했다.

그렇지만 사회과 교사들이 우둔하고 상상력이 없으며, 변화에 저항만 한다고 생각할 필요는 없다. 또한 사회과에 종사하는 교육자들이 어떤 합의점도 이뤄내지 못한다고 단정할 필요도 없다. 사회과 교육에도 나름대로의—단일한 것은 아니지만—흐름이 존재하며 우리는 이를 새로운 각도에서 조명해야 한다.

우리는 사회과 혼란의 주된 원인이 용어의 이면을 꿰뚫어보지 못한 데 있다고 봤다. 사회과에서 혼란의 핵심은 무엇보다도 용어의 혼동에 있었다는 생각이다. 잠시 이것을 생각해보자. 앞서 나온 사회과 교사, 학교 행정가, 교수는 모두 '동일 용어'를 쓰고 있었다.

즉, 그들은 한결같이 '사회과 교육', '시민적 자질', '민주주의' 그리고 여타의 용어를 같이 사용했다. 그렇지만 이들 용어가 각각에게 동일한 뜻이 아니라는 점은 분명했다. 앞의 대화에서 본 대로 크라비츠 선생과 시츠마노브스키 교감이 뜻한 '시민적 자질'은 굿리치 선생, 레너드 선생, 마이어 박사가 뜻한 바와 명백히 달랐다.

우리—저자 3명은 1950년대 중반부터 대학에서 사회과 교육을 강의해 왔다—는 사회과 용어의 혼란상을 인식하고 그 근본 원인을 파악하려고 했다. 연구과정에서 우리는 사회과교육의 단일한 실체는 찾아볼 수 없음을 깨닫기 시작했다. 사회과에는 각기 다른 세 가지 전통이 공존해 있었고 이들 전통이 모두 '사회과 교육'이라 불리고 있음을 확인할 수 있었기 때문이다. 우리는 다른 것도 깨닫기 시작했다. 즉, 합의된 사회과의 목적은 있지도 않았으며, 바람직한 교육내용이나 적절한 교육방법에서도 생각의 차이는 매우 컸다. 이런 우리의 확신은 이 책의 근간을 이룬 공동의 논문을 발표했을 때 더욱 분명해졌다.

사회과의 이런 혼란상은 교사들이 최적의 내용이나 방법을 제대로 정할 수 없게 한 주된 원인이 됐다. 물론 사회과 교육을 정의하려 한 시도가 전혀 없지는 않았다. 매우 많은 시도가 있었고 일부는 널리 인용되기도 했다. 그렇지만 어떤 정의도 전폭적인 지지를 받지는 못했다. 사회과를 가르치는 교사나 교사를 양성하는 교수가 채택하고 수용한 단일한 정의는 없었다는 것이다.

지금 저자는 사회과 교육의 단일 정체성에 접근하려는 목적에서 먼저 이 분야에 대한 통합적인 정의를 제시해 보고자 한다. 우리는, 사회과 교육이란 시민교육의 목표를 달성하기 위해 사회과학과 인문과학을 함께 활용(통합)하는 분야라고 제의한다. 이 정의는 우선 '통합'을 강조한다. 사회과 교육은 사회과학의 자료와 인문과학의 통찰을 통합적인 관점으로 접근하려는 유일한 분야이다. 우리는 '시민성'도 강조한다. 비록 사회과가 다양한 경향, 관점, 목적으로 혼란돼 있긴 해도 민주사회의 '시민성'을 향상하려는 분야라는 데에는 아무런 반론도 없기 때문이다.

비록 사회과 교사들이 이 정의에 동의하겠지만, 이 '통합'은 각각의 견해에 따라서 달리 해석될 수 있다. 즉, 그들은 정보, 가치, 기능, 믿음 등을 통합하는 고유의 관점을 가지고 있다. 분석을 통해 말하지만 이는 세 형태로 구분된다고 생각한다.

지금 우리는 위 정의에 덧붙여 이 세 관점—이는 이 책의 핵심 주제이다—에 대해 말하려 한다. 우리는 연구과정에서 사회과에는 적어도 각기 다른 세 전통이 있음을 확인했다. 우리의 주장은 이러하다. 어떤 사회과 교사도 이들 전통 중 어느 한곳에 속해 있고, 그 전통의 특정 방식에 따라 가르친다. 그 특정 방식이 전통의 형태를 결정하며 따라서 한 전통의 형태는 잘 파악될 수 있다.

이들 전통 중 첫째는 '시민성 전달'이다. 이 전통은 사회과에서 가장 오래됐으며 대체로 대중이 널리 지지해 온 것이다. 이 전통은 문화 존속에 필요하다고 생각되는 바람직한 지식, 가치 그리고 기능을 주입하는 데 그 핵심이 있다. 둘째는 이른바 '사회과학으로서의 사회과 교육'이라는 전통이다. 이 전통은—적어도 최근의 것은—1960년대의 교육과정 개혁운동으로 생겨났다. '사회과학으로서의 사회과 교육'은 사회과학자의 연구방법, 탐구 모형, 세계를 보는 관점을 강조한다. 마지막으로 이른바 '반성적 탐구'라는 전통이 있다. 이는 듀이와 그의 추종자들의 철학에서 발전된 것으로, 20세기 초 이래 계속 주장돼 온 전통이다.

우리는 이 장을 통해 학생이 시민성을 갖출 필요가 있음을 강조한다. 시민성의 가장 핵심적인 구성요소는 말할 필요도 없이 선택이다. 학생들은 당면하는 문제와 쟁점을 확인하고, 정책이나 신념에 관련된 문제에 대해 의사결정을 내려야 할 필요가 있다.

주의 깊은 독자라면 여기에서 '사회과에 대한 단일의 정의가 왜 필요한가? 또는 사회과를 세 가지의 다른 전통으로 구분해 생각하는 것이 무슨 가치가 있을까?' 하는 물음을 던져볼 수 있다. 하지만 이 시도는 전적으로 정당하며 적절하다. 더 말할 것도 없이 오랫동안 사회과를 특징짓는 핵심적인 개념과 원리를 심각하게 강구해 온 교사의 노력을 한번 생각해 보면 된다.

따라서 굿리치, 레너드, 크라비츠 같은 직업 교사는 어떤 말을 정치적 슬로건으로 사용하는 대신, 단어 근저에 깔려 있는 가정들(Underlying Assumptions)의 참 의미를 분석해 볼 필요가 있다. 간단히 말해 사회과의 목적에 대해 주의 깊은 개념적인 명료화를 이루어야 할 시점이다. 사회과 교사들은 학생과 국민에게 지속적으로 제시한 목적에 결코 도달하지 못했기 때문이다.

사회과 교사들이 지난 70여 년 동안 계획해 왔던 목적에 아직 도달하지 못했다는 주장을 뒷받침할 충분한 증거가 있다. 1941년 공표된 최초의 퍼듀 여론조사(Purdue Opinion Poll)에서—놀랍고도 슬프게—공민과 미국 역사 수업을 받은 학생들이 헌법과 정반대되는 신념을 믿는다는 것이 알려졌다. 다른 연구는, 고등학교 졸업생이 현재 발생하는 사건의 배경이나 원인에 대해 잘 모른다는 사실을 보여줬다. 또한 학생들이 공민이나 역사 과목에서 똑같은 자료를 계속 대하는데도 중요한 역사적 사건, 행정부의 구조와 기능에 대해 전혀 무지하다는 사실을 보여주는 증거도 있다. 결국 장래의 시민에게 돌아올 결과는 미국의 교육철학자 듀이가 반세기 전에 언급했듯이, '여론' 조작자와 형성자들의 손아귀로 들어가는 것 말고는 아무것도 없다. 정말로 앞의 증거는 머지않아 전 미국인이 사회적 쟁점과 정치적 사건을 합리적이고 신중한 의사결정과는 전혀 동떨어진 방식으로 다룰 것임을 예고하고 있다.

요컨대 사회과 목표의 문제점에 관련된 증거들은 명백히 일관성이 있다. 사회과 교육을 받은 12년 동안의 결과란 정말 잘 알아야 할 때 무지하고, 논리적이어야 할 때 비이성적이고, 헌법과 권리장전의 철학에 인도되어야 할 때 천박하게 행동했다는 점이다. 우리는 문제의 근본 원인이, 교사들이 교육목적과 그 실현계획에 대해 명확한 방침을 마련하지 못한데 있다고 생각한다. 즉 교사는 사회과의 소중한 목표, 즉 학생에게 '문제해결능력'과 '의사결정능력'을 가르쳐 마침내는 정치적 민주사회에서 자신을 현명하게 다스릴 수 있는 유능한 민주시민으로 성장하게 하는 적절한 계획을 세우지 못하고 있다.

우리가 독자에게 사회과의 세 가지 다른 전통을 검토하도록 요구하는 것도 사회과 교육목적의 의미를 진지하고도 지속적으로 생각하는 기회를 주기 위함이다. 이제 차례로 이 세 전통에 대해 간략히 검토해 보도록 하자.

2. 시민성 전달 모형의 목적

앞으로 돌아가 타운슬리가 교장과 나눴던 대화를 상기해 보자. 처음에 교장은 타운슬리에게 "선생은 학생이 장차 국가를 사랑하는 훌륭한 시민으로 성장하도록 지도해야 해요"라고 말하고, 이어 그는 "학부모는 교사가 시민의 자질을 교수하기 바라며 올바른 행위, 권위에 대한 존경심, 법에 복종하는 정신, 청결한 생활도 강조하고 가르쳐야 한다고 믿고 있소"라고 한다. 그리고 그는 "선생은 앞으로 우리 조상과 헌법, 우리가 승리했던 전쟁을 가르치게 될 것이오."하고 말을 끝맺고 있다.

교장의 말에 함축된 가정을 자세히 살펴보도록 하자. 그의 말은 전체적으로 완전히 일관된 의미를 지니고 있다. 대화에서 그는 우리가 '시민성 전달'이라 이름 붙였던 전통을 타운슬리에게 말하고 있다. 물론 핵심적인 말은 '시민의 자질'이다. 그는 사회과 교사의 직무가 '훌륭한 시민' 양성이라 주장했기 때문이다. 주의해야 할 것은, '훌륭한 시민'은 '올바른 지식', '적절한 행동', '권위에 대한 존경심' 등으로 정의된다는 사실이다. 다음도 주의해야 한다. 교장은 국가에 대한 충성심, 가치, 태도를 심어주는 한 방안으로 '우리 조상과 헌법, 우리가 승리했던 전쟁'을 가르칠 것을 타운슬리에게 권유했다는 점이다.

시민성 전달 모형은 교사가 어떤 행위, 지식, 관점, 가치를 학생에게 가르치는 한 교수양식을 일컫는 말이다. 교사는 주로 교사와 학생이 모두 몸

담고 있는 문화에서 전통으로 굳어진 지식과 행위를 주 학습내용으로 다룬다. 또한 교사는 그가 중요하게 생각하는 문화양식을 문자 그대로 학생들에게 전달하는 방식을 채택한다.

이 모형의 목적은 시민성 함양이다. 그렇지만 '시민성'은 이 모형에서 의미하는바 그대로 정의돼야 한다. 즉, 이 모형이 지향하는 시민은 널리 수용되는 어떤 관습에 순응하고 특정의 신념을 가진 사람, 어떤 가치에 충실하고 어떤 활동에 참여하며 어떤 규범—특성상 이 규범은 지역성을 가지는 경우가 많다—에 따라 행위하는 사람을 뜻하는 것이다. 두 학자(Hartley&Vincent, 1967)는 이 모형의 목적을 다음과 같이 잘 요약하고 있다.

> 훌륭한 시민은 미국시민이라면 이행해야 할 각종 의무와 책임을 수행하는 사람이다. 훌륭한 시민은 한 시민이 미국의 훌륭한 구성원이 됨을 뜻하는 것이다. 즉, 훌륭한 시민은 법을 준수하고, 납세 의무를 이행하며, 교육을 충실히 받는 사람을 뜻하고, 나라를 기꺼이 수호하려는 정신을 가지고 있는 사람을 말한다.

이 정의는 참여를 강조한다. 훌륭한 시민은 해야 할 일을 정확히 알고 이를 충실히 이행해야 한다. 또한 이 정의는 수용도 강조하고 있다. 훌륭한 시민은 어떤 규범을 내면화하고 있는 사람임을 뜻한다. 그는 별다른 생각 없이 묵묵히 태도, 가치, 신념을 받아들여야 한다.

규범 중 일부는 전체 사회에서 유래했으며, 그 효력도 전 국가에 미친다. 납세·교육·국방의 의무가 이에 해당한다. 또한 일부의 규범과 신념은—우리 생각으로는 규범의 대부분이— 국부적인 성격을 가지며 특정 지역의 주민들만 도덕적으로 바람직하다고 생각한다.

많은 교사가 지역사회의 바람대로 가르치려 한다. 다른 어떤 방도도 찾을 수 없다는 생각이다. 예컨대 지역사회가 원한다면 공립학교의 예배시간이 위헌 내지는 위법임을 잘 아는 교사도, 서슴지 않고 목회자가 되려 한다. 마찬가지로 지역 주민이 노동조합을 계속 보호·유지해야 할 고귀한 인간적인 조직체로 생각하면, 교사는 이를 기꺼이 전달한다. 또한 그는 어떤 지역사회에서 흑인은 열등한 인종이라는 생각이 지배적일 때 이를 전수하려 하며, 지역사회의 지배적인 관념이 정반대일 때는 흑인도 이 사회에서 중요한 역할을 담당해야 하며 백인과 흑인의 통합이 중요하다고 강조한다.

이상의 사회과 목적에 대한 정의를 따를 때, 사회과 교사는 하나의 신념을 수용하고 있는 사람이다. 또한 그는 자기 신념에 따라 행위하려는 사람이기도 하다. 교사는 학생들이 자신과 동일하게 느끼고 행위하기를 바란다. 간단히 말해 전달자로서 교사는 훌륭한 시민을 어떤 가치와 태도를 견지하고 인정된 공공 활동에 참여하는 사람으로 규정하고, 이런 사람을 양성하려는 목적을 가지고 있다.

마지막으로 한 가지 강조해야 할 것이 있다. 이는 주요 가치나 전통적 가치만이 전달내용의 전부를 이루지는 않는다는 것이다. 전달자가 반드시 보수적일 필요는 없다. 자유 학교(Freedom Schools)와 대안학교(Alternative Schools)의 진보적인 교사, 독특한 종교단체의 구성원, 여타의 철학적 신조를 가진 사람도 전달자가 될 수 있다. 즉, 학생에게 어떤 신념, 가치, 태도를 심어주려는 의도를 가진 사람이면 누구나 전달자라 할 수 있다. 전달은 특정의 가치를 지칭하기보다는 특정의 의도를 나타내기 때문이다.

사회 유지의 핵심으로 생각되는 가치를 심어주려는 것이 시민성 전달자의 의도라면 사회과학 모형의 지지자가 지향하는 목적은 무엇이 될까?

3. 사회과학 모형의 목적

다시 서두로 돌아가 보자. 독자는 타운슬리에게 수업의 개요를 설명하고 있던 명석한 젊은 인류학자 레너드 선생의 말을 기억할 수 있을 것이다. 처음 그는 "제 수업은 학생들이 사회과학의 탐구과정을 이해했을 때 비로소 비판적으로 사고한다는 생각을 밑바탕으로 두고 있어요."라는 말을 했다. 그는 이어 아라페시 종족을 공부하면서 "학생들은 원시사회의 움직임, 원시사회 구성원의 생활방식과 양육방식 등을 거의 직접에 가까운 방식으로 알 수 있어요. 말하자면 인류학자가 하는 작업과 동일한 작업을 하며 인류학을 습득해 가죠." 하는 자랑을 한다. 그리고 그는 "과학적으로 사고하도록 가르치는 것이야말로 우리 학생을 능동적인 시민으로 기르는 가장 효과적인 방법이에요."라고 힘주어 말했다.

비록 여러 입장이 존재하긴 해도 사회과학 모형은 공통된 목적을 가지고 있다. 즉, 이 전통의 목적은 사회과학의 탐구방식을 철저하게 습득한 미래 시민을 만드는 데 있다. 사회과학자는 사회과학의 탐구방식이 사회에 관한 지식을 획득하고 응용할 줄 아는 명석한 연구가를 양성하는 데 많은 도움을 준다고 한다. 또한 그들은 사회과학의 탐구방식을 습득한 정도가 명석함의 정도를 나타내 줄 것이라 주장하기도 한다.

사회과학 모형의 '시민성'은 앞 모형의 '시민성'보다 다소 복잡하다. 시민성 전달자는 이를 신념의 내면화와 헌신, 적절한 참여 및 올바른 태도와 동일시한다. 사회과학자는 그런 정의를 편협하며 교조적이라 한다. 그들은 시민성의 개념을 오랜 전통의 교양학과(Liberal Arts)에서 이끌어내려 한다. 학생들이 훌륭한 시민이 되려면 사회과학의 탐구방법을 배워야 한다. 이 탐구방법은 일반화할 수 있다. 학생들이 탐구방법을 습득하면 사물을 잘 이해하여 깊이 있게 파악할 수 있고 신중한 추론을 통해 논리 정연한 결론도 맺을 수 있다.

학문 탐구방법은 학문 구조—학자가 앎에 이르는 과정—와 밀접한 관련을 가진다. 학문 탐구과정은 광범위하고도 포괄적인 일반적 전제에서 출발한다. 예를 들어 경제학은 우리가 많이 접하기도 한 일반성 있는 전제들을 포함한다. 그 중 인간은 무한한 욕구를 가지고 있지만 자연은 단지 한정된 자원만을 공급한다는 가정(희소성의 원칙)은 중요하다. 인류학도 전체적인 지적 구조를 형성하는 일반적인 전제를 포함한다. 그 중 한 가지는 비록 각각의 사회마다 생활방식에 차이가 있어도 보편적인 공동의 행동양식이 있다는 것이다. 이렇듯 각 학문은 극히 중요한 일반적인 전제를 내포하고 있다. 이 전제들이 무엇으로 불리건—원리, 공리, 가정 어느 것도 좋다—각 학문의 지배적인 관심사를 규정하고 정의하는 것은 마찬가지이다.

학문 탐구과정의 다른 특징은 새로운 지식을 획득하는 데 사용하는 특유의 연구방법과 기법이 있다는 점이다. 어느 학문이나 가설을 설정하고 검증하는 독특한 지식 획득 기법을 가지고 있다.

예를 들어 고고학자는 유물을 발굴하기 위해 지상과 해양을 탐사하고 발굴한 유물을 다양한 검증·분석 절차에 따라 검토한다. 그는 출토된 유물을 토대로 고대의 한 문화에 대해 추론해 본다. 사회학자는 인터뷰와 질문지를 통해 자료를 수집한다. 그는 이 자료가 처음에 설정한 가설을 뒷받침하는지 알아본다. 역사학자는 과거의 기록을 조사·수집·해석하고자 한다. 그는 제 사건들 속에 숨겨져 있는 어떤 경향성을 찾아내려 하며 이를 바탕으로 역사를 재구성해 본다. 이런 예는 '새로운 지식이 획득되는 과정'을 잘 설명해 준다.

학생들이 학문의 탐구방법을 익히면, 이후 그들은 정치적인 민주주의 사회에서 불가피하게 발생하는 문제를 사회과학자와 동일한 방식으로 해결하려 할 것이다. 간단히 말해 사회과 교육의 목적은 사회과학자의 탐구방식에 능숙한 시민을 양성하는 데 있다. 학생은 사회과학자가 세계를 탐구하는 방식으로 세계를 바라봐야 하며 사회과학자가 사용하는 개념구도에 따라 의사결정을 내려야 한다.

따라서 사회과학자의 우선적인 임무는 여러 사회과학에서 채택하는 가설설정, 자료수집, 논의방식, 결론도출 등의 복잡하고도 정교한 방식을 가르치는 일이다.

요컨대 이 모형의 옹호자는 사회과학자가 사용하는 탐구 방법을 배우는 것이야말로 시민성을 갖추는 가장 효과적인 방법이라고 주장한다. 즉, 사회과학자처럼 복잡한 쟁점을 능숙하고 정확하게 바라보는 방법을 터득한 학생은 그들이 곧 물려받을 사회의 흐름·구조·문제를 명석하게 분석할 수 있다는 생각이다.

4. 반성적 탐구 모형의 목적

서두에서 '반성적 탐구로서의 사회과교육'의 옹호자는 빌헬름 선생, 굿리치 선생, 마이어 박사였다. 잠시 빌헬름 선생과 파커 선생의 말을 생각해 보자. 빌헬름 선생은 브라운이 말썽꾼이라는 파커 선생의 불평에 "하지만 선생님이 그 애한테 아무 일도 시킬 수 없다는 건 말이 안돼요. 무엇이든 흥미를 가지게 해 보세요. 그러면 그 애도 자기 일을 잘 할 거예요"라고 일침을 가했다. 굿리치 선생도 동일한 견해를 가졌다. 그녀는 "학생이 자기 가치를 이해하도록 도와주는 것 이상으로 가치 있는 일이 어디에 있겠어요?"하고 반문하며 "저는 애들이 우리 주변의 논쟁점을 탐색하도록 해요. 스스로 사고해 보기를 원하는 거죠."하고 자기 입장을 옹호했다. 그녀는 또한 이 목적에 도달하는 가장 빠른 길은 "오늘날의 문제에 대해 비판적으로 사고하는 방식을 아이들에게 가르치는 일"이라고 생각한다.

위에 보이는 핵심적인 용어는 '흥미', '가치', '비판적 사고', '우리 주변의 논쟁점 탐색'이다. 반성적 탐구도 몇 개의 가정—시민성 전달 모형과는 정반대의 가정—에 입각한 모형인 것이다. 혹자는 반성적 탐구 모형이 사회과학 모형에서 사용하는 용어 중 몇 가지를 그대로 쓰고 있기 때문에 반성적 탐구 모형은 사회과학 모형과 다를 바가 없다고 생각할 수도 있다.

그러나 양 전통은 다르며 동일한 용어라도 매우 다른 용도를 가진다.

반성적 탐구 지지자도 궁극의 목적을 '시민성' 함양에 두고 있다. 하지만 '시민성'의 의미는 매우 다르며 합리적이고도 숙고된 의사결정을 내리는 과정으로 정의된다.

이 정의는 현대인들이 도덕적으로 불명확한 상황에서 의사를 결정해야 하는 복잡한 상황에 자주 직면한다는 사실—4장에서 자세히 언급한다—에서 기인한다.

이 정의는 현대사회의 특성과 밀접하게 연관돼 있다. 매우 두드러진 특성은 우리 사회가 정치적 민주주의 사회라는 점이다. 비록 '민주주의'라는 말이 간단히 정의할 수 있는 말이 아니기는 하지만, 민주주의의 특징이 자기 지배의 원리에 있다는 데는 이견이 없다.

사람들은 사회의 규율과 계획을 스스로 결정해야 하며 통치자는 합의된 규율과 계획에 따라 통치해야 한다는 원칙에 동의하는 것이다. 다음의 중요한 특징은 우리 사회가 급격한 기술 진보, 교통과 통신의 발달로 급격한 사회변동을 경험하고 있다는 점이다.

이런 급격한 사회변동은 태도, 가치, 신념이 항상 변경, 수정, 전이의 과정에 놓여 있음을 의미한다. 더구나 우리 사회의 다원성도 기억해야 한다. 우리 주변에 다양한 인종·종교·지역적 신념과 무수한 경제 이론, 철학, 사회적 신념이 널리 퍼져 있다.

이렇게 복잡하고도 급격한 사회변동을 생각할 때, 합리적인 의사결정은 어떤 나이의 사람도 피할 수 없는 현실로 됐다고 할 수 있다. 이제 가치 갈등은 예외적인 사실이라기보다 지배적인 현상으로 자리 잡고 있다. 우리는 항상 선택을 해야 하는 상황에 직면하는 것이다. 따라서 반성적 탐구는 유치원 때부터 배워야 하며, 때때로 중단됨이 없이 전 인생을 통해 계속 수행해야 한다는 생각이다.

반성적 탐구는 시민성 전달 모형에 반발하면서 나타났다. 시민성 전달자는 전달해야 하는 가치와 지식 목록이 분명히 있다고 믿는다. 그들은

'올바른' 지식과 가치를 획득한 정도가 훌륭한 시민의 척도가 된다고 믿는다. 반성적 탐구 지지자들은 시민성 전달을 선과 진리에 대한 편견을 단순히 주입하려는 시도로 파악한다. 전달자들은 선과 진리에 대한 생각의 차이를 사소한 것 내지 예외적인 것으로 치부하며 '공동체' 혹은 '사회'가 열망하는 내용만 전달하면 된다고 생각한다. 하지만 이는 잘못된 생각이다. 실제로 전달자들은 선정된 특정 가치를 전달할 뿐이기 때문이다.

그렇다면 반성적 탐구 지지자는 가치를 어떻게 생각하며 어떤 지식을 다뤄야 한다고 보는가? 먼저 가치에 대해 말해보자. 특정의 가치 덩어리를 가르쳐야 한다는 생각은 거부된다. 학생들은 계속적으로 가치체계를 명료화해야 한다. 시민성 전달 모형에서 주장하는 더 나은 가치, 신념, 사회적 믿음, 철학이란 존재하지 않는다. 경제학 이론도 반드시 참일 수는 없다. 인종 문제를 바라보는 바람직한 시각도 정해져 있지 않다. 가치는 다원적이며 따라서 개인에게 필요한 것도 가능한 여러 대안들 중에서 합리적으로 선택하는 일이다.

다음으로 지식에 대해 말해 보자. 이를 파악하려면 다음 두 가지 점을 아는 것이 필요하다. 반성적 탐구 지지자는 지식 획득 과정을 가치판단 과정과 분리하지 않는다. 지식획득은 가치판단 과정의 일부분이다. 개인이 바람직한 의사를 결정할 때는 지식, 정보, 자료를 반드시 고려해야 하는 것이다. 만일 그러지 못하면 어느 누구도 가치나 의사에 도달할 수 없다. 다음으로 반성적 탐구 지지자는 지식을 상황 해결에 사용할 지식으로 한정한다. 주의할 것은 '사용한다'는 말의 의미이다. 이 전통의 지지자는 개인이 어떤 관심사를 해결하려 할 때는 지식을 반드시 사용한다고 믿는다. 즉, 개인은 불명료한 상황 해결에 필요한 지식을 상황판단 자료 내지는 수단으로 삼게 마련이라는 생각이다. 따라서 필요한 지식은 그 자체가 목적이 되는 지식이 아니다. 오히려 자기 관심을 최대로 실현하기 위해 반드시 획득해야만 하는 지식이 더 중요하다. 요컨대 필요한 지식은 자율적인 의사결정자에게 유용한 지식으로 한정된다.

반성적 탐구 지지자는 가치 명료화와 지식획득 과정(Process)—반복하는 말이지만 양자는 별개가 아니다—이야말로 교사가 진정으로 가르쳐야 할 것으로 본다. 정치적 민주사회에서 자주적·합리적 의사결정자는 이 과정을 통해 양성될 수 있다는 생각 때문이다.

5. 결론

위의 내용을 이해한 독자는 다음 생각을 떠올릴 수 있겠다. '그래, 이들 분석은 매우 잘 됐지만 나에게 무슨 소용이 있다는 말인가? 내가 능숙한 사회과 교사가 되는 데 어떤 도움을 준다는 말인가?' 이 물음에 대해 1장의 대화를 상기해 보며 이 장을 마무리하고자 한다.

명심할 점은 사회과 교육에 대한 이론은 지도와 같은 기능을 한다는 것이다. 지도는 특정 지역의 지형이 어떠하고 이 지역을 통과하는 방법이 무엇인지를 지시해 준다. 마찬가지로 사회과 교육에 대한 대체적인 이해도 실제 수업의 방향을 말해 준다. 즉, 사회과 교육내용 선정, 사회과 교육방법, 사회과 교육의 평가, 가르쳐야 할 중요한 가치, 수업의 성공 여부 등을 판별할 수 있는 표준을 제시한다.

문제는 사회과 교사가 금세기를 통해 한꺼번에 여러 상이한 활동을 동시에 할 것을 지시하는 잘못된 여러 지도를 갖고 있었다는 점이다. 해마다 교사는 다음과 같은 지침을 받고 있다.

① 사회과 교사들은 아이들을 충성스러운 시민으로 만들어야 한다.
② 사회과 교사들은 애국심, 법에 대한 존경심, 권위에 대한 복종심을 가르쳐야 한다.
③ 사회과 교사들은 사회과학에 근거해 교육과정을 마련해야 한다.
④ 사회과 교사들은 학생들의 의견이 무엇이든지 간에 그것들을 존중해

야 한다.

⑤ 사회과 교사들은 젊은이들이 모든 사람과 조화롭게 살아갈 수 있도록 사회화할 책임이 있다.

⑥ 사회과 교사들은 아이들이 현대사회에 대비하도록 해야 하며, 이것은 가치와 신념에 대한 좀 더 적절한 학습을 요구하고 있다.

이런 지침에 대해 우리는 두 가지 태도를 가질 수 있다. 처음은 이에 동의하는 태도로 "그래, 맞아. 우리는 이 모두를 가르쳐야 해" 하고 믿어버리는 것이다. 다음은 부정적인 태도로 이들 각각은 본질적으로 다르기 때문에 한꺼번에 가르칠 수는 없다고 생각하는 것이다. 이중 저자는 후자의 태도를 따르고자 한다. 즉, 우리가 학생에게 옳은 신념 덩어리를 가지라고 말하면서 동시에 여러 생각과 견해에 대해 비판적인 시각도 가져야 한다고 주장할 수는 없다는 생각이다. 또한 학생 의견을 존중해야 한다고 강조하면서 고정된 신념을 그대로 전달하는 것도 좋지 않다고 생각한다. 상호 모순되는 내용을 동시에 가르치려는 노력은 교사에게 좌절, 우유부단, 비연속성, 비효율성을 낳을 뿐이다. 따라서 우리는 다음과 같은 제안을 하고자 한다. 즉, 더욱 명확한 지도로 사회과교육에 임하려는 사람은 사회과 교사가 견지하는 여러 다른 입장을 확인하고 평가해 보라는 것이다.

좀 더 명확한 설명을 위해 탐구 교사인 타운슬리에게로 돌아가 보자. 그녀는 버릇없는 고등학생들이 "사회과를 어떻게 가르칠 거죠?" 하고 물었을 때 할 말이 없었다. 그녀도 사회과 교육에 대한 입장을 정하고 전념해야 할 필요성을 느끼기는 했다. 그러나 불행히도 그녀는—다른 교사도 마찬가지로— 교수법 문제에 대해 걷잡을 수 없이 혼란만 계속하고 있었다. 물론 그녀는 단순히 교사 휴게실에서 가장 매력적인 사람이 취하는 방식을 선택할 수도 있었을 것이다. 예컨대 그녀는 잘 생기고 멋있고 고등교육을 받은 레너드 선생의 수업을 따를 수도 있었다. 그렇지만 이는 근본적으로 불합리한 방식이다.

그녀는 오히려 다음 가정 아래서 여러 교사의 견해를 신중히 검토해 봐야 한다. ① 교사의 주장은 하나의 맥락 혹은 틀 속에서 상호 연관돼 있다. ② 맥락 혹은 틀 속에서 개별적인 주장을 이해하려는 노력은, 예컨대 교장이 생각하는 훌륭한 행위라든가 교사가 말하는 '흥미' 같은 용어를 보다 폭넓은 의미 연관 속에서 해석할 수 있게 한다. 우리가 분류했던 사회과 교육의 세 가지 전통은 이런 기능을 수행한다. 그것들은 교사들의 입장들을 해석하는 하나의 틀로서 교사들이 말하는 용어의 의미, 전달하려는 것의 실체, 그리고 그로부터 필연적으로 나타날 결과가 무엇인지 전체적으로 조망할 수 있게 한다.

이 절에서 마지막으로 특히 "나는 이런 교사로 낙인찍히고 싶지 않아. 나에게 어떤 꼬리표를 달지 마"하고 투덜거릴 사람에게 말할 것이 있다. 물론 우리는 개인의 인격과 개성을 무시할 생각은 없다. 또한 우리의 분류 방식이 항상 혹은 영원히 정확하리라고도 생각지 않는다. 그렇지만 우리는 대부분의 교사가 이 전통들 어느 한곳에 속해 있으며, 그 전통을 특징짓는 특정한 방식에 따라서 가르친다고 주장한다. 우리가 분류했던 사회과 교육 전통은 이런 방식에 붙여진 명칭이다. 따라서 이들 명칭에 대해 심각한 반응을 보일 필요는 없다. 반대로 우리가 해야 할 것은 이 명칭이 진정으로 실제의 교수 행위를 잘 표현해 주는지를 검토하고, 어떤 방식이 나은지 스스로에게 물어보는 일이다.

생각해볼 문제

1. 시민성 전달모형, 사회과학 모형, 반성적 사고모형의 목적은 무엇인가?

2. 세 가지 관점에 입각하여 각각의 교육목표, 교육방법, 교육내용을 도표화하시오.

3. 사회과 교육의 정의와 바람직한 사회과 교사가 되기 위해 취해야할 입장을 밝히시오.

4. 사회과의 본질이 다른 이유를 설명하시오.

제4장
사회의 닫힌 영역에 대한 합리적 탐구
Rational Inquiry on Society's Closed Areas

모리스 헌트 & 로렌스 메트카프

Maurice P. Hunt & Lawrence E. Metcalf

1955/1968

제4장

사회의 닫힌 영역에 대한 합리적 탐구

Rational Inquiry on Society's Closed Areas[7)]

모리스 헌트 & 로렌스 메트카프
Maurice P. Hunt & Lawrence E. Metcalf
1955/1968

모든 사회에서 교육은 한 세대에서 다음 세대로 문화, 그 가운데서도 항구적인 가치를 갖는다고 생각되는 것들을 전수하는 활동으로 여긴다. 문화는 물질적인 것과 비물질적인 측면을 모두 포함하고 있지만 교육이 관심을 갖는 부분은 주로 태도, 신념, 지식, 가치, 개념, 관념, 신화, 기능, 기술, 습관 등 비물질적인 부분이다. 즉 교육은 성인들 입장에서 보기에 젊은이들이 정해진 삶의 방식을 지속시켜 나가는데 꼭 필요하다고 생각되는 관념적·상징적인 도구들을 전수시키고 발전시켜 가도록 도와주는 과정이다.

거의 대부분의 사회과 교사들도 자신이 하는 일의 주된 목적이 문화유산을 보존하는 것이라고 생각한다. 그러나 간단히 말해 보존의 대상이 될 미국적 유산들은 여전히 풀리지 않는 많은 의문을 던져주고 있다. 문화유산의 보존이라는 구호 아래서도 사회과 교육은 다양한 형태를 띨 수 있으며, 교사들마다 강조하는 내용과 수업방법이 달라질 수 있다. 특히 우리

7) 출처: 이 글은 Walter Parker편 Educating the Democratic Mind, 1996, State University of New York Press, pp. 97-116에서 저자들의 Teaching High School Social Studies, 1955, Harper & Brothers, 1장과 12장을 발췌해서 합쳐 놓은 것을 번역한 것임.

사회와 같이 어떤 삶이 좋은 것인지를 놓고 갈등이 벌어지는 경우는 그러한 다양성이 더욱 뚜렷해진다. 추상적으로 말해 어떤 교육이 필요한지는 미래에 어떤 종류의 사회가 바람직한지에 달려있다고 할 수 있다. 이 질문을 명확히 하지 않는 한, 현재의 문화 중 어떤 특징들이 지속되어야 할 가치를 지닌 것인지 말할 수 없다. 우리와 같이 갈등이 만연한 사회에서 교사나 성인들마다 오늘날의 문화에 대한 인식과 이해가 다를 수밖에 없으며 문화를 개선하기 위해서는 무엇이 필요한지에 대해서도 다를 수밖에 없다. 교사들이라 해서 일반 대중보다 그 다름의 정도가 적지 않을 것이다.

요즘 들어 미국이 어떤 교육을 해야 하는지에 대한 불확실성이 더 커지고 있다. 가장 뜨겁게 논쟁하면서도 반지성적으로 다루어지는 주제가 교육과정과 교수방법에 관한 것이다. 혼란이 큰 결과 각자가 가장 소중히 여기는 문화의 중요한 특징들을 파괴하는 교육 방식을 선호하게 될 수도 있다. 불에 뛰어드는 나방처럼 그들이 찬양하는 바로 그것을 파괴하려드는 것처럼 보인다.

1. 미국 문화의 문제 영역

미국 문화의 일부 영역은 사회과 수업에서 다루기 아주 적절한 것들이다. 미국 문화에 여러 문제가 있다는 것은 어쩌면 당연한 일이다. 그 문제들은 우리가 해결할 수 있는 것보다 더 빠른 속도로 쌓여만 간다. 이러한 문제 영역들에 대한 이해가 부족한 것도 문제이다. 사회적 갈등의 문제가 개인과 집단 간의 쟁점이기도 하지만 개인의 인격 내의 갈등과도 관련이 있다는 것에 대해서는 잘 알려지지 않았다. 그리고 그 문제 영역의 속성 중의 하나가 바로 '닫힌 영역(Closed Area)'의 존재이다. 예를 들어 미국 문화는 인종 문제를 안고 있다고 말할 수 있다. 그러나 이 문제가 흑백 간에만 존재하지 않고 각 집단들 내부에도 존재하며, 인종문제가 닫힌 영역으로 취급되는 한 합리적 해법을 찾기도 어렵다는 점을 이해하기 위해서는 보다 심도 있는 관찰이 필요하다. 이에 우리는 미국 문화의 문제 영역에 대해, 특히 반성적 성찰로부터 닫힌 개인적·사회적 갈등 영역에 대해 반성적 탐구를 하자는 제안을 하고자 한다. 그러한 '닫힘'이 공동체 내의 타부나 개인적 편견을 만들어 내기 때문이다.

1) 두 종류의 사회적 갈등

인간사회 발달의 여러 단계에 걸쳐 대규모의 갈등은 어떤 문화에서나 발견되고 있다. 그러나 다른 문화에 비해 우리 문화는 특히 갈등이 많으며 그럴만한 이유도 있다. 떠나온 곳과 생김새가 다양한 사람들이 정착해서 세운 미국은 출발부터 다양한 정치적, 경제적, 사회적 신념들 간에 충돌의 장이 되어 왔다. 다양성에 더해 산업화도 한몫을 했다. 농촌사회에서 산업화된 도시사회로 변화되면서 많은 갈등이 빚어 졌다. 그리고 산업화는 빠르게 세대 간 가치 차이를 초래했다. 아이와 부모, 부모와 조부모 간에 건널 수 없는 골이 만들어졌다. 그리고 산업화는 사회를 각기 다른 이해관계를 가진 전문 직업집단과 경제 집단으로 분절화 시켜 놓았다. 기업에 좋은 것이 나라에도 좋다는 생각이 노동자의 자유가 나라의 복지의 기반이 된다는 생각과 충돌하게 되었다. 그리고 사람들이 적응할 수 있는 수준을 훨씬 뛰어넘는 속도로 산업화가 빨라지는 것도 갈등이 늘어나는 또 다른 원인이 되고 있다. 첫 번째 산업혁명 시에도 그에 맞춰 신념체계를 정리하지 못한 나라가 이제는 두 번째 산업혁명을 맞이하고 있는 셈이다.

오늘날의 사회 갈등은 두 수준, 즉 당사자 간, 그리고 당사자 인격 내부 수준에서 발견된다. 당사자 간 갈등은 상반되는 신념체계를 가진 개인과 집단 간에 나타난다. 그런 갈등은 '논쟁적 쟁점(Controversial Issue)'이라고 불린다. 그리고 당사자 간 갈등에 있는 사람은 상대방과는 현저한 불일치를 보이지만 스스로는 일관성을 유지하는 것처럼 보인다. 인종 간 학교분리와 학교통합이 대립했을 때 우리는 당사자 간 갈등을 목격했다. 또 자본과 노동, 사회계급간, 인종 간, 종교 간, 종족 간, 양성 간, 세대 간, 가장 비극적으로는 첨단무기에 의해 인류를 멸망시킬 수도 있는 국가 간에 당사자 간 갈등이 격하게 나타난다. 그러나 전쟁을 벌이고 있는 당사자 간 뿐만 아니라 당사자의 인격 내부에 당사자 간 갈등이 내재화되는 것도 흔하게 나타난다. 당사자 간 갈등이 만연한 문화에서는 많은 경우 쟁점의 양쪽 측면이 옳은 것으로 받아들여지기도 한다. 그리고 자신이 겉으로 주장하는 것과 모순된 생각을 함께 가지고 있다는 것을 깨닫는 순간 내적 갈등이 만들어진다. 당사자 내부 갈등의 내용이 당사자 간 갈등의 것과 같다 하더라도 더 다루기 힘들며 인격의 해체라고 하는 무서운 결과를 낳을 수도 있다.

이 두 종류의 상이한 갈등은 종종 동시에 발생한다. 한 쟁점을 두고 다투는 당사자들 가운데는 내적 갈등을 가지고 있어서 자기 이해나 타협이 어려운 사람들이 있다. 이 두 종류 의 갈등이 상호작용하여 도덕적 문제로 이어지는데 이는 미르달이 미국의 인종 관계를 언급 한 부분에 잘 설명되고 있다.

> 미국의 흑인 문제는 미국인의 심리 속에 내재되어 있다. 인종 간 긴장이 집중되는 곳이 바로 그곳이다. 그리고 결정적인 갈등이 진행되는 곳도 그곳이다. 이 논문의 주된 관점이 바로 이것이다. 물론 이 연구가 인종 관계의 경제, 사회, 정치적 측면을 살피는 것을 포함하고 있지만 그 기저에 깔린 핵심 문제는 미국인의 도덕적 딜레마와 관련이 있다. 즉 무의식적일 수도 있고 의식된 것일 수도 있고 또 일반화된 수준은 다양할 수 있지만, 중요한 것은 상충하는 도덕적 자치들 간에 개인적 갈등이 벌어지고 있다는 점이다. 이 책의 제목인 '미국인의 딜레마(American Dilemma)'란 미국적 신조(American Creed)라 불리는 일반적 차원의 가치설정과 특정한 개인적, 집단적 차원의 가치설정 간의 지속적인 갈등을 지칭하는

> 말이다. 전자가 미국인들의 생각과 행동에 가장 중요한 준거가 되는 국가적, 종교적 신조를 말하는 것이라면 후자는 개인·집단의 이해관계, 경제적·사회적·성적 질투, 공동체의 명예와 충성, 특정한 사람들에 대한 집단적 편견, 기타 여러 종류의 욕구, 충동, 습관 등이 지배하는 영역이라 할 수 있다.
>
> 미국에서의 흑인 문제는 그 본질이 과학적인 것과는 구분되며 어쩌면 과학적으로 다룰 때 더 단순해질 수 있지만 이는 도덕적 갈등이 사람 간 또는 특정 집단 간에서 불거지는 것일 경우에 한정된다. 그러나 도덕적 상황은 한 사람이 서로 상충되는 복수의 가치설정을 하는 것도 본질적 특징으로 한다. 즉 도덕적 갈등이란 사람 간에만 나타나는 것이 아니라 사람 내에서도 나타난다. 사람들의 가치설정 간에 갈등이 있을 경우 보통은 일종의 도덕적 타협을 하게 된다. 인간 행동에 숨겨진 '태도들'은 서로 이질적인 것들이라 여러 가지 성향, 관심사, 생각들이 얽혀서 어떤 것은 의식되기도 하고 어떤 것은 오랫동안 억눌려 있는 것도 있지만 이들 모두 인간 행동을 각자의 방향으로 굴절시킨다.

도덕적 딜레마는 인종 관계의 영역에만 국한되는 것은 아니다. 문화생활의 모든 영역에 걸쳐 만연되어 있다. 다음을 생각해보자. 이 사회에는 사람들이 따르기를 기대하는 수많은 종류의 규범과 기준들이 있다. 예를 들어 성공, 친절, 정직, 성적 순결, 점잖음 등이 그것이다. 그러나 이들 기준들은 특정한 상황에서는 서로 상충되기 마련이다. 예를 들어 경제적 성공을 중시하는 사람에게 정직이란 장애가 될 수 있다. 또 TV 방송국이 광고주의 과장된 메시지를 전달하는 일을 하기도 하지만 동시에 진지하고도 책임감 있게 사회적 사건을 소개하고 다루는 역할을 해야 하는 것도 일종의 가치 간의 타협이라 할 수 있다. 또 목적과 수단 간의 갈등도 있을 수 있다. 물리적 또는 사회적인 조건 때문에 문화적으로 바람직한 가치를 실현하기 어렵거나 불가능한 경우도 있다. 빈곤할 수밖에 없는 환경에 처한 사람이 경제적 성공을 하기 어려운 것이 그 예이다.

2) 닫힌 영역

우리 사회에서 내적 갈등을 겪는 사람들은 무엇을 믿고 어디에 가치를 두어야 하는지에 대해 불확실성을 가지고 있다. 내적인 일관성을 갖지 못하는 사람들은 지적 이해와 개인적 헌신을 바탕으로 도덕적으로 책임 있는 행위를 할 수도 없다. 불확실성과 비일관성의 문제가 지속적이면서도 광범위하게 존재해 왔다는 점은 특히 닫힌 영역을 통해 잘 설명될 수 있다.

특정한 영역에서의 가치갈등은 사고가 허용되지 않는 경우가 있다. 이들 영역에서 사람들은 문제에 대해 맹목적이거나 감정적으로 반응한다. 닫힌 영역은 편견과 금기로 가득 차 있다. 그리고 신념과 가치 간의 상호모순이 이들 닫힌 영역에서의 행동방식을 지배한다. 특정한 영역에 대해서는 이를 면밀히 검토하는 것조차 쓸데없는 짓이고 상식에 어긋나는 것이라며 거부한다. 그러나 이들 영역에서 개인이 중요시 여기는 신념들은 합리적 사고와는 거리가 먼 것들이다. 우리 사회에서 보면 권력과 법, 종교와 도덕, 인종 및 소수종족 문제, 사회계급, 성(性), 혼전관계 및 결혼, 국가주의와 애국주의, 경제체제 등에 대해서는 비합리적 반응이 많이 일어난다.

닫힌 영역이 갖는 교육적 의미에 대해서 사회과 교사들이 제대로 이해하지 못하고 있다. 닫힌 영역에 관련된 가치나 신념에 대해 다루지 않고 편견을 줄이기 위한 노력을 한다는 것은 있을 수 없다. 합리적 검증의 대상이 되지 못한 신념이나 가치는 그것이 얼마나 정확한 것인지 여부를 떠나 말 그대로 편견일 수밖에 없다. 어떤 종류의 닫힌 영역도 전략적이면서도 공정한 방식을 통해 열려질 수 있음에도 보통의 교사들은 닫힌 영역을 공략하려 하지 않는다.

미국인에게 있어서 상식(common sense)이란 한 개 또는 복수의 닫힌 영역과 관련된 믿음을 말한다. 이러한 믿음에 대한 합리적 검증이 사회과 교실에서 이루어지지 못한다면 학생들의 학습과 동기에 부정적 영향을 미치게 된다. 즉 역사나 경제, 사회·문화, 정치, 지리 등의 과목에 대한 의미 있는 학습을 하기 어렵게 된다. 이들 과목들은 사회과 교사들이 가르쳐야 할 주요 과목들인데 이 과목들에는 닫힌 영역에 대해 일반인들이 가지고 있는 믿음들과 배치되는 지식내용이 많을 수밖에 없다. 따라서 닫힌 영역에 대한 합리적 검토 없이 이들 과목을 제대로 가르치기는 어려운 일이다. 많은 경우 잠재된 갈등을 깨우는 종류의 핵심개념보다는 학생의 일반적 믿음을 건드리지 않는 종류의 정보들을 다량으로 가르치는 방식을 택한다. 각 주도의 이름과 같이 도서관에서 책을 찾아보면 충분히 알 수 있는 종류의 정보를 외우는데 대부분의 시간을 보내는 것이다. 그러나 문화지체, 자민족중심주의, 국민총생산, 위헌심사 등의 개념에 대해서는 이를 피상적으로만 다루고 학생이 가진 상식에 비추어 반성적으로 다루어 보는 등의 활동은 생략되거나 다루더라도 사회적 맥락이나 문제점들에 대해서는 모호한 수준을 벗어나지 못한다.

이런 종류의 수업을 듣는 학생들은 지루함을 느끼게 되고 사회과 수업을 들어야 할 필요성을 그다지 못 느끼게 된다. 사회적으로 불우한 학생들이 사회계급의 문제점이나 계급 문제가 빈곤의 근본문제라는데 전혀 관심을 갖지 못하는 경우는 놀라운 일이 아니다. 실제 사회과 내용을 보면 이런 학생들이 오히려 무역을 통해 자신의 문제를 해결하도록 기대하고 있다. 교사들은 학생들이 사회과 수업에 흥미를 갖지 못하는 상황에 실망한 나머지 학생들에게 의미 있는 내용을 찾기보다는 새로운 교수기법을 찾는데 노력을 낭비하는 경우도 있다. 제대로 된 지적 호기심을 가진 학생들은 학교 밖에서 대안을 찾으며 상당수 스스로 지적 호기심을 충족한다. 그나마 쟁점이나 닫힌 영역과는 무관한 "안전하고 건전한" 사회과 교육에 중독된 나머지 사회과학적 내용에 지적 흥미를 갖는 학생들은 거의 없다.

한 사회에서 닫힌 영역은 시대에 따라 변한다. 예컨대 성문제는 50년

전에 비해 훨씬 더 반성적 논의로부터 열려 있다. 그러나 이념문제(반공)에 대해서는 불과 20년 전과 비교하더라도 합리적 검증으로부터 여전히 닫혀 있다. 즉 시대에 따라 같은 종류의 닫힌 영역이라도 닫힘의 강도가 더할 수 있다. 그러나 모든 영역들은 개방된 측면, 즉 편견으로부터 자유로운 측면을 가지고 있기 마련이다.

한편 특정한 생각들은 세대를 거치면서 합리적 검증으로부터 면역을 획득한 경우도 있다. 현재 벌어지고 있는 미국의 대베트남 정책에 대한 비판은 과거 전시에 이루어졌던 다양한 비판들을 연상하게 한다.

민주주의와 권위주의의 연속선상에서 볼 때 닫힌 영역은 전체주의적 행위와 생각의 원천으로 존재한다. 전체주의라는 용어를 쓸 수밖에 없는 이유는 닫힌 영역에 대해 미국인들이 보이는 행동이 전체주의 국가의 리더들이 하는 행동과 닮아있기 때문이다. 각각의 닫힌 영역마다 일종의 인가된 (비합리적이고 비일관적인 것들이 다수이지만) 신념체계를 요구하고, 이를 젊은이들에게 선동 등의 방법을 통해 주입하며, 스스로 생각하여 답을 구하기보다는 교회나 전통, 정치지도자의 권위에 기대어 판단하도록 가르친다. 이러한 대열에서 이탈한 사람들은 곤란에 처하게 되며, 남다른 생각을 하는 사람에게는 사회적·법적으로 심각한 압박이 주어질 수도 있다.

2. 닫힌 영역, 사회적 쟁점, 그리고 정신 건강

닫힌 영역에 대해 당사자 인격 내부의 갈등이 극심하게 일어난다는 점은 별로 놀랍지 않은 일이다. 성, 종교, 인종 등과 관련해서 일어나는 갈등은 늘 접하는 것이기도 하지만 심각한 감정적 후유증을 일으킬 만큼 강렬한 것이기도 하다. 우리는 신문지상을 통해 흑인의 평등권에 대해 반대하는 사람들의 광기에 대해서 접한다. 반면 자유로운 생각이 허용되는 영역에서의 갈등에 대해서는 보다 더 솔직하게 임하고 그렇게 해결된다. 쉽지는 않더라도 과도한 감정대립은 하지 않는다. 그러나 닫힌 영역에서는 이를 제대로 검증하기 어렵다는 점 하나만으로도 모든 문제가 골칫덩어리일 수밖에 없다. 사회적 갈등이 사회구성원들의 정신 건강에 악영향을 끼친다는 점이 최근 수십 년간 사회과학자들과 정신의학자들 사이에 널리 인식되어 왔다. 분열된 사회의 구성원들 사이에서 부적응 인격이 잘 통합된 사회에 비해 더 많이 생산된다는 것이다. 사회적 불일치가 현저히 많은 사회의 경우 정상적인 경우보다 인격 장애가 더 많이 만들어진다. 정신 장애의 근원에 맞닥뜨려 본 정신치료사라면 이러한 사회과학자들의 개념과 자료를 쉽게 무시할 수 없을 것이다.

호니는 문화적 갈등을 특정한 인격적 문제의 원인으로 지목하며 말하기를 "모든 신경증은 신경이 견뎌내기 힘든 수준의 모순과 관련이 있는데, 그렇다면 문제는 이러한 신경증적 갈등이 우리 문화에 내재된 모순과 어떤 관계가 있는 지이다"라고 한다.

융은 "우리는 항상 환자들이 겪는 갈등이 어느 정도 사회의 문제와 관련되어 있다는 점을 관찰해 왔다"고 하였다. 융의 시대는 사회정신의학이라 불리는 새로운 학문이 출현한 시기이기도 하다.

어떤 종류의 사회 갈등은 모든 종류의 닫힌 영역과 관련되어 있다. 호니는 미국 문화의 중심에 세 가지 갈등이 있다고 말한다. 첫째가 '경쟁과 성공,' 그리고 '형제애와 겸양' 사이의 갈등이다. 두 번째 갈등은 충족할 수 있는 수준을 훨씬 초과하는 욕구를 부추기는 문화와 관련이 되어 있다. 세 번째 갈등은 개인이 추구하는 선택의 자유와 여기에 부과되는 문화적 제약 사이의 갈등이다.

첫 번째 경우에서 경쟁과 성공의 이데올로기는 한 사람을 다른 사람을 밀어낼 수 있을 정도로 공격적이고 독단적으로 만든다. 그러나 다른 한편으로 기독교적 전통은 이타적이고 겸손할 것을 강조하며 한쪽 빰을 내밀고 순종의 미덕을 가질 것을 요구한다.

두 번째 경우는 광고 산업과도 부분적으로 관련이 있다. 광고는 과시적 소비를 충동하며 유행에 따르도록 만든다. 그러나 사람들은 이내 광고가 만들어내는 필요를 충족하는 것은 불가능하다는 것을 깨닫게 되며, 욕구와 충족 사이의 끊임없는 격차를 경험하게 된다. 그러나 이러한 갈등은 광고가 아니더라도 생길 수밖에 없다. 일반적인 미국 문화는 가져서는 안 되는 것을 원하도록 충동한다. 예를 들어 청소년들은 다양한 종류의 성적 욕구를 자극하는 영향들에 노출되어 있다. 그러한 영향들 가운데에는 음란물이 아닌 정상적인 경로를 통해 전달되는 것도 있다. 아이들에게 혼전 성관계는 비도덕적이라고 말하면서 동시에 청소년 결혼은 50% 이상 이혼으로 끝나기 때문에 학교를 마칠 때까지 결혼을 미뤄야 한다고 말한다. 성적인 문제를 신중하고도 성숙한 방식으로 다룬 영화들은 미성년자 관람금지이면서 또 다른 종류의 영화, 특히 청소년을 관객층으로 하는 영화들 중 상당수는 선정적인 내용을 미적 순화 없이 내보내고 있다. 혼란스럽고 광기에 젖은 사회만이 첫 번째 종류의 영화를 금지하고 두 번째 종류의 영화를 장려할 것이다. 선정성의 기준을 객관적으로 평가한다면 이런 청소년 영화들이야 말로 가장 저질이라 말할 수 있을 것이다.

세 번째 종류의 갈등은 어느 누구든 효율적으로 열심히 노력하면 뭐든 이룰 수 있다는 믿음과 관련이 있다. 그러나 이런 믿음은 실패의 결과를 사회적 결함이 아닌 개인의 탓으로 돌린다는 데 문제가 있다. 실상 직업을 선택하거나 배우자를 선택하는 등의 가장 기본적인 선택에 있어서도 다양한 사회적 조건의 영향을 받을 수밖에 없다. 자기 인생의 내용을 스스로 결정할 수 있는 사람은 거의 없다. 자녀의 직업은 부모의 능력에 영향을 받는 경우가 많다. 결혼 상대를 고르는 데는 어울리는 사람들, 사회 계층, 종교 등에 영향을 받는다. 자유의지와 결정론 사이에서 자신의 운명을 결정하는데 있어서 한 개인은 무한한 자신감과 한없는 무기력감 사이에서 흔들릴 수밖에 없다.

린드는 호니가 열거한 종류의 갈등을 수정하여 저축과 소비, 안전과 모험, 개처럼 벌 것인가 쓸 땐 쓸 것인가, (여성의 경우)머리냐 외모냐, 이론과 실제, 변화와 안정, 의리와 이익, 일만 잘하면 되는지 인간적인 게 중요한지, 민주적으로 처리할 것인지 필요한 몇 명만 우대할 것인지 등의 갈등을 제시하였다.

모순적인 문화에서 자라났다고 해서 모두가 정신 장애를 겪는 것은 아니다. 그러나 특정한 종류의 갈등이 그 사회에 만연되어 있을 때 시대에 따라 일반적으로 나타나는 신경증적 형태가 있을 수 있다. 이것이 타당한 주장인지 여부를 떠나 확실한 것은 상당수의 사람들이 갈등의 압력이 거센 민감한 주제에 대해 쉽게 다가서지 못하고 있다는 점이다. 헐피쉬와 스미스는 수많은 미국인들이 갈등을 회피하기 위해 그리고 갈등으로부터 오는 무거운 죄책감을 피하기 위해 합리화를 하거나 모순되는 생각들을 서로 단절시키는 등의 정신적 방어노력을 시행하고 있다고 주장한다.

사회과에서 닫힌 영역에 대한 갈등하는 신념과 가치에 대해 학생들이 개방적이고 합리적인 검증을 할 수 있도록 도와준다면 신경증적 경향을 줄일 수 있을 것이다. 지적으로 엄격하지만 허용적이며 호의적인 검증을 통해 학생들은 사회과학자들의 눈을 통해 갈등 문제를 바라볼 수 있게 된다. 또 자신이 가진 자존감, 자아정체성, 아노미, 소외, 자아실현 등과 관련된 문제들을 해소하는데도 도움이 될 수 있다. 사회적 쟁점에 대한 학습은 모든 학년에 걸쳐 이루어져야 하지만 중고등학교에서 하는 게 가장 실현에 용이할 것으로 보인다. 중학생이 되는 학생들은 특정한 종류의 사회적 이해에 필요한 명제적 사고를 할 수 있는 나이이기 때문이다.

닫힌 영역과 관련된 생각들을 다루는 능력은 어린 시절에 어떤 경험을 했는 지와 관련이 있다. 어떤 가정이나 초등학교에서는 특정한 모습을 정해 놓고 이것만이 사람과 사회의 바람직한 모습이라고 믿도록 감정적인 분위기를 조성한다. 이렇듯 특정한 태도를 엄격하게 강요하는 가정교육과 학교교육을 받은 어린이 중 상당수는 반성적 사고발달이 더딜 뿐 아니라 정신적 장애가 형성될 수밖에 없다. 초등학교에서도 아이들에게 사회적 쟁점에 대해 이해하도록 가르칠 것인지 결정해야 한다. 가르치지 않겠다고 한다면 교육과정에서 이들 쟁점을 뺄 수밖에 없다. 그러나 그러한 쟁점에 대해 이해하지 못하는 학생들에게 특정한 태도를 주입하는 것은 결코 정당화될 수 없다. 이해도 부족한데다 특정 태도를 주입하는 행위는 창의적 아이디어를 즐길 수 있는 학생을 기를 수 없다.

3. 민주 사회에서의 갈등 해결

윗세대에서 아랫세대로 문화를 전수하는 방법은 사회마다 다르다. 두 가지 상이한 사회에서 교육이 어떤 기능을 하는지 비교해 봄으로써 이를 확인해 볼 수 있다.

1) 근대 전체주의 국가에서의 교육

독재를 위해 고안된 교육체제는 민주주의를 위해 고안된 교육체제와 근본적으로 다를 수밖에 없다. 교육의 관점에서 봤을 때 독재 체제의 가장 중요 한 특징은 국가 이데올로기로 작용하는 교리(doctrine)가 있다는 점이다. 교리 내에는 일련의 신념체계가 내적 일관성을 갖추고 있으며 문화 전반에 작용한다. 그 핵심 사상은 인종적 우월주의에 관한 것이든 맑스-레닌주의에 관한 것이든 오랜 시간이 지나도록 바뀌지 않는다. 이데올로기에 변화가 올 경우에도 전체주의 지도부에서부터 변하기 시작되며 교육체제를 통해 대중에게 변화된 이데올로기를 전파한다.

독재체제에서 교육의 기능은 공식적 사고체계의 무비판적 전달이다. 교육 내용은 사전에 정해지며 모든 학교에서 사실상 똑같다. 수업 방법 역시 처방과 교화로 통일되어 있다. 옳다고 여겨지는 주장을 가르치기 위해 증거를 선별하거나 편향시키는 방법을 사용한다. 회의와 반추는 독재체제를 위험에 빠뜨리므로 교실에서 철저히 제외된다. 특히 사회과학이나 도덕 관련 수업에서 교화적 경향이 강하다.

어떤 사회든 학교는 교실에서 갈등이나 회의를 어떻게 다룰 것인지에 대해서 입장을 견지 하고 있어야 한다. 그런데 독재체제 하의 학교에서는 공식적인 이데올로기만을 가르치고 민 주 체제였다면 대단히 논쟁적이었을 주제에 대해서도 한 가지 측면만을 받아들이도록 함으로써 당사자 간 갈등이나 내적 갈등을 최소화하려고 한다. 학교당국들은 한마디로 자유로운 지적 탐구를 억누름으로써 갈등을 무해한 수준으로 축소시킬 수 있다고 믿는다. 그러나 독재체제라 하더라도 다른 사회에서와 마찬가지 이유로 갈등이 나타날 수밖에 없다. 당사자 간 갈등이 일어났을 경우 선동과 공포를 이용해 갈등이 눈에 드러나지 않도록 할 것이다. 독재체제하에서 당사자 간 또는 내적 갈등이 교실에서 발생했을 경우 선생님들은 무엇을 믿을 것인지 말해주고 보상과 처벌을 통해 이에 따르도록 할 것이다.

요컨대 독재체제하에서 교육의 가장 중요한 역할은 문화의 특정한 측면을 무비판적으로 전달하는데 있으며 이를 위해 지성을 억누르고 사회적 질서에 위협이 되지 않도록 갈등을 강압적으로 해결한다.

2) 민주주의 국가에서의 교육

민주주의 국가에서는 독재국가에서 말하는 공식적 이데올로기 는 없지만, 민주 사회의 유지를 위해서는 구성원들 간에 핵심 가치에 대한 합의가 있어야 한 다고 본다. 주변적 가치는 유동적일 수 있지만 인간의 존엄성, 자유, 평등과 같은 핵심가치의 의미에 대해서 시민들 간에 동의가 이루어지지 못하면 민주주의는 위험에 빠질 수밖에 없다. 구체적인 의미에 대해서 합의가 없다 하더라도 의미의 차이, 명제의 진실성, 가치의 정당성에 대해 탐구할 수 있는 방법에 대해서만 합의가 있다하더라도 그 사회는 생존할 수 있다. 민주국가에서는 논리와 과학적 조사로 이루어진 지적인 방법을 선호한다. 핵심 가치에 대한 합의가 이루어지지 못할 경우 개인·집단 간 갈등, 그리고 인격의 해체는 통제할 수 없는 수준으로 증가한다.

미국에서 핵심가치에 대한 합의 능력의 상실로 이미 사회적 붕괴와 해체의 상태에 이르렀다고 느끼는 사람들도 있을 것이다. 주변적 가치에 대한 갈등을 넘어서 사회의 핵심 가치에 대해서도 갈등이 이루어지고 있다. 사회학자들이 말하는 공동체이기를 중단하고 있다.

따라서 교육에 주어진 도전은 미국인들이 민주주의의 의미에 대한 합의를 민주 사회가 요구하는 방식에 따라 찾을 수 있도록 도울 수 있는 지이다. 미국의 학교들이 아이들에게 미국의 전통을 가르쳐야 하며, 그러한 미국적 전통은 절대적으로 옳은 것이어야 한다고 말한다면 이는 지나친 단순화이다. 마치 독재체제에서 하는 방식으로 미국의 학교에서 그러한 문화적 유산을 무비판적으로 가르치려 한다면 문제에 봉착할 수밖에 없다. 미국에서는 단 하나의 문화적 전통만 존재하는 것이 아니라 복수의 문화적 전통이 존재하기 때문이다. 서로 경쟁하는 전통들이 미국 역사의 중요한 특징이 되어 왔으며 지난 세기동안 가속화된 사회변화로 말미암아 전통들 간의 갈등이 커져 왔다. 이들 모두를 무비판적으로 가르치는 것은 불가능할 뿐 아니라 혼란과 갈등을 증폭시키는 결과를 초래한다.

합의의 도출은 갈등해결과 동의어가 되었다. 합의를 이루기 위해 사용되는 방법이 무엇인 지에 따라 우리 사회가 권위주의 체제로 갈 것인지 민주주의로 갈 것인지를 결정한다. 반성 적 사고를 통해 합의를 도출한다는 것은 두 가지를 의미한다. 즉 개인들 간의 일반적 합의와 개인 인격의 내적 조화를 말한다. 민주주의에서 교육이 담당하는 역할에 대한 적절한 표현으로 '갈등의 창의적 해결'을 들 수 있다. 이는 갈등하는 사람들이나 내적 혼란을 경험하는 사람에게 주어지는 제 3의 대안을 말하는데, 여기에는 어느 정도의 타협도 포함되겠지만 근본적으로는 갈등을 효과적으로 제거하고 삶을 보다 깊은 수준의 통찰 속에 위치시킬만한 새로운 가치를 제시하는 것을 말한다. 그리고 갈등의 창의적 해결은 반성적이면서도 자기방어 기제가 최소화된 환경에서만 가능하다.

요컨대 민주사회에서의 교육의 역할은 문화유산의 지적이면서도 비판적인 전수라고 할 수 있다. 그 과정에서 개인 간의 불일치와 당사자 내부의 모순이 노출되고 창의적으로 해소된 다. 사회과 교사들이 반드시 인식해야 할 부분은 우리의 문화유산 가운데에도 전체주의적이며 권위주의적인 요소가 포함되어 있다는 점이다. 현재의 쟁점들 가운데 가장 문제가 되는 것이 일부 핵심 가치에 대해 보다 민주적으로 접근할 것인지 아니면 권위적으로 접근할 것인지 부분이다. 민주적으로 접근하기 위해서는 닫힌 영역들을 합리적 탐구에 노출시켜야 한다. 이들 영역에 대한 탐구를 폐쇄할수록 민주적 전통으로부터 멀어지게 되며 우리가 평소에 다른 나라들을 즐겨 비난하던 바로 그 권위주의 체제로 다가서는 결과를 초래한다.

4. 정리

앞에서 언급한 바를 살펴보는 가운데 이 장의 주요 쟁점에 대해 정리해 볼 수 있을 것이다. 사회과 교사들은 미국 문화의 두 가지 특징에 대해 이해할 필요가 있다. 즉 사회에 만연된 갈등, 그리고 합리적 탐구로부터 닫힌 영역의 존재, 이 두 가지 특징은 서로 밀접히 연관되어 있다. 그리고 과학적 탐구로부터 상대적으로 열린 영역보다 닫힌 영역에서의 갈등이 더 강력하며 해결하기도 어렵다.

근대 전체주의 사회와 민주주의 사회의 결정적인 차이는 갈등을 다루는 방법과 합리적 사 고로부터 닫힌 영역의 상대적 숫자이다. 그리고 또 이 두 가지는 연관되어 있다. 전체주의 사회가 갈등을 억누르고 많은 수의 닫힌 영역을 유지하려 하는 반면 민주적 일관성을 갖춘 사회는 모든 영역에서 갈등을 반성적으로 해결하려 한다.

오늘날 많은 사람들이 민주주의와 관련된 일부 핵심 가치들에 대해서도 의문을 제기한다는 점에서 도덕적 위기의 시대라 할 수 있다. 그리고 사람들은 자신의 생각에 도전받기를 두려워한다. 그러한 두려움은 사회적 사안에 대해 비판적으로 탐구하는 것을 거부하는 데에서 잘 나타난다. 나아가 갈등이 일어나는 곳에서 권위주의 방식에 의존하려는 성향이 증가하고 있다.

이러한 위기에서 학교가 함의하는 바가 있다. 어떤 사회이든 학교는 갈등을 다루는 모범적인 방법을 완성하여 보여주는 장소로서 역할을 했다. 민주 사회에서 학교는 민주적 환경에서 비판적 탐구를 실행할 수 있는 창의적 갈등해결의 마지막 보루로 남아 있어야 한다.

5. 사회과 교육내용 선정 방법의 추천

내용과 방법 모두를 고려한 사회과 교육의 목표를 제시하고자 한다: 중등학교 사회과 교육의 핵심 목표는 학생들에게 미국 문화의 문제 영역에 소재한 쟁점들을 반성적으로 탐구할 수 있도록 도와주는 데 있다.

이러한 목표 진술에 따라 인종·소수집단관계, 사회계급, 경제, 성, 혼전교제와 결혼, 종교와 도덕, 국가주의·애국주의 등 논쟁적 영역에서 서로 갈등하는 입장 및 주장들을 선정하여 이들을 광범위하게 검증할 수 있는 데이터와 함께 교재로 선정할 필요가 있다. 이러한 입장 및 주장들은 상당수 중등학교 학생들이 견지하고 있는 가치, 신념, 태도로부터 추출되거나 그에 상응하는 것들이어야 한다. 즉 주어진 학습 환경에서 사용될 수업자료들은 (1) 광범위하고도 고도로 민감한 사회적 쟁점, (2) 학생들의 지식, 가치, 태도, (3) 사회과학의 관련 데이터로부터 추출될 수 있다.

사회과가 문제 영역의 쟁점들에 초점을 맞추어야 하는 한 가지 이유는 넓은 차원의 사회 문제가 개인의 내적 갈등과 연관되어 있기 때문이다. 이런 주제에 대한 학습은 내적 갈등의 강도를 줄이고 같은 종류의 갈등이 발생했을 때 이를 관리하기 용이하게 만듦으로써 개인적·사회적 요구를 동시에 충족해 준다. 이를 통해 점차 사회는 보다 명확한 방향감, 조화와 일관성을 찾는 동시에 민주주의의 이상을 완성해 나갈 수 있게 된다.

이러한 목표, 방법 및 내용에 대해 많은 반대가 있을 수 있다. 혹자는 학교 교실에서 문제 영역에 대해 다루게 된다면 교사가 관련 이익 단체의 격한 항의를 받을 수 있게 되며, 또 학생들도 그들 부모와 똑같은 편견을 갖고 있는 경우가 있어 그 효과가 성공적이지 못할 수 있으므로 반성적 학습의 주제는 감정적 저항을 불러일으키지 않는 수준에 한정해서 다루어야 한다고 주장할 수 있다. 그리고 학생들 역시 그들 부모와 마찬가지로 특히 문제 영역에 있어서는 그들이 믿고 싶어 하는 것만 믿는 경향이 있으며 반성적 사고능력을 기르고자 하는 시도들만으로는 이러한 습관을 쉽게 극복하지 못한다는 것이다.

학생들에게 고도로 민감한 주제에 대해 반성적으로 생각할 수 있도록 하는데 있어 정신의 학이나 집단 역학에서의 지식을 활용할 수 있다. 문제는 과연 교사들이 문제영역에 관한 수업을 통해 학생들에게 반성적으로 생각하고 이를 통해 조화롭고도 적절한 신념체계를 길러 내는 일련의 과업을 성공적으로 수행할 수 있는지 여부이다. 적절한 감정적 분위기만 조성되면 교사들이 그 과업을 성공시킬 수 있다고 보는 데에는 다음 두 가지의 이유가 있다.

첫째, 학생들이 그 문제에 대해 감정적으로 공감하지 못한다면 이에 대한 진지한 반성적 사고는 유발될 수 없다. 반성적 사고는 어렵고 때로는 고통스러운 일이다. 그럴만한 충분한 이유 없이 반성적 사고에 몰입하는 사람은 거의 없다. 이런 점에서 문제 영역은 청소년에게 커다란 논쟁, 당혹스러움과 회의를 불러일으킬 수 있는 주제이다. 다른 어떤 학습주제보다 문제 영역에 대한 학습이 보다 높은 동기 유발을 할 수 있다. 물론 학생의 머리 속에 깊게 자리 잡은 신념체계가 반성적 사고의 장애요인으로 작용할 수 있지만 능력있는 교사는 학생의 머리 속에 자리 잡은 하나의 믿음이 똑같은 방식으로 자리 잡은 다른 믿음과 어떻게 서로 모순되는지를 보여줌으로써 반성적 사고를 해야 할 명백한 이유를 만들어낸다.

둘째, 청소년들은 성인에 비해 보다 유연하고 개방적이라고 알려져 있다. 어린아이들에게 있어 문제 영역이란 전혀 없어 보인다. 특정한 삶의 영역을 합리적 토론으로부터 닫아 버리는 것은 공식적, 비공식적 형태의 교육이다. 그러나 중등학교 시절은 그들이 당연한 것으로 여겨왔던 많은 믿음들에 대해 물음을 던지기 시작하는 시기이기도 하다. 젊은이의 지적 호기심이 절정에 달하는 시기이다. 어른들이 평소에 강조하던 금기 사항을 실천하지 않는다는 점을 알았을 때 심각한 의문이 자라난다. 어른들의 전지전능에 대한 믿음이 흔들리기 시작하고 부모의 권위에 대한 도전의식이 생겨난다. 이 시기의 폭풍과 긴장, 불확실성과 반항심을 감안할 때 중등학교 시절에 자라나는 반성적 학습에 대한 동기를 활용하지 못하는 교육 프로그램들은 사회적 안정에 심각한 위협을 주는 결과만 만들어 낼 뿐이다.

많은 성인들은 청소년들의 순진한 마음으로는 삶의 심각한 논쟁거리를 이해하기 어려울 것이라고 생각한다. 그런데 그러한 순진한 마음이 어른들의 마음보다 심각한 논쟁적 쟁점에 대한 반성적 학습을 수행하기에 더 유리하다. 성인이 될 때까지 이를 미룬다면 그런 학습을 할 기회는 영영 일어나지 않을 수도 있다.

청소년들이 여러 가지 생각들을 접하다 보면 잘못된 믿음을 가질까 염려하기도 하는데, 이는 어른들 자신과 다른 믿음을 갖게 될까 하는 염려에 불과하다. 그리고 그런 염려와는 다른 결과가 생기는 경우가 많다. 반성적 사고는 전통적 신념체계를 무너뜨릴 수도 있지만 강화시킬 수도 있다. 어떤 결론이 만들어질 수 있을지 사전에 예상하기는 어렵지만 반성적 검증을 통해 보다 수용성이 강한 수많은 전통적 신념체계가 생겨날 수도 있다. 반성적 사고는 기존의 신념체계를 무너뜨리는데 그 목적이 있는 것이 아니라 이를 최고의 증거와 논리를 통해 평가해 보는데 있다. 반성적 사고는 기존에 청소년들이 갖고 있는 것보다 적절하면서도 조화로운 신념을 만들어 낸다는데 그 의의가 있다.

6. 반성적 탐구를 위한 교육과정 구성

1) 부적절한 내용으로 가득한 기존의 교과 구성

기존 사회과 교과내용의 상당수는 이념적 논쟁 영역에 대한 문제 해결에 부적절한 것들이다. 학습 자료란 문제를 명료히 하고, 결론으로 이끌어 주며, 특히 결론을 예측력 있는 일반화의 형태로 제시할 수 있도록 도와주는 것이어야 한다. 학생이 가진 가치나 신념, 태도와 무관한 학습 자료들은 반성적 사고의 내용을 채워줄 수 없는 것들이다. 그렇다고 해서 예컨대 학생이 관세에 대해 반성적으로 공부할 때 관세에 대한 어떤 태도를 가져야 한다는 것은 아니다. 관세에 대해 학술적으로 공부할 때 전혀 다른 것, 예컨대 생활비 등에 대해 태도를 형성할 수도 있다.

부적절한 내용들로 이루어진 기존 교과들을 수정한다고 해서 반드시 분과주의를 배격하는 것은 아니다. 기존의 역사, 지리, 공민 영역을 그대로 두고 각각을 적절히 수정하여 기존의 교과보다 사고를 자극하기에 유용한 과목을 만들어낼 수 있다. 분과적인 교육과정이 이상적이지 못하다는 점은 다른 차원의 문제이다.

2) 실제 생활문제와 교과의 영역

실제 사고의 내용은 교과의 영역을 가로질러 있는 경우가 많다. 학생들이 생활에서 부딪히는 문제들은 거의 모두 역사, 정치, 경제, 기타 사회과학 과목 교과서에 나오는 문제들과는 달리 한 분야에 국한되지 않는 것들이다. 어떤 것이라도 사회적으로 의미 있는 쟁점에 대해 제대로 이해하려면 몇 개의 사회과학 영역, 또는 기타 학문영역에 걸친 자료를 검토할 수밖에 없다. 예컨대 인종 문제에 대한 이해를 위해서는 정치학, 경제학, 종교, 생물학, 심리학 등등의 영역에 대한 학습을 필요로 한다. 해롤드 핸드 교수는 분과주의적 교육과정의 영향에 대해 다음과 같이 말하고 있다.

실제 생활 문제 해결의 논리와 그런 문제에 대해서는 거의 관심을 두지 않는 전통 교과의 논리 사이의 갈등 하에서 전통 교과들을 보다 기능적으로 만들라고 하는 것은 교사들에게 두 명의 상반된 주인을 모시라고 요구하는 것과 마찬가지이다. 이는 수많은 지적이면서도 양심적인 교사들이 증언하는 지극히 절망적인 상황이다. 더 심각한 것은 이 불행하고도 불공정한 싸움에서 항상 전통적 주인이 이긴다는 것이며 그 결과 교육은 사회와 청소년을 외면하게 된다. 영어든 사회이든 전통 교과명 하에서 전통적으로 분리된 내용을 다루다보면 교사는 스스로 그 틀을 벗어나려고 시도하지 않는 한 양심의 거리낌을 느끼게 된다. 자신이 다루어야 할 문제가 어떻게 진행되든 상관없이 그들은 늘상 그렇게 할 수밖에 없다. 그러나 실제 문제의 외면은 죄의식을 만들어낸다는 점에 유의할 필요가 있다. 정신 건강에도 좋지 않다.

3) 중핵교육과정의 논리와 계획

중핵교육과정 또는 공통학습 과정이 이 갈등에 대한 해법이다. 전문화의 필요 때문에 전통 교과들이 유지되기는 하겠지만, 교육과정의 가장 중요한 부분은 생활 문제에 초점이 맞추어질 수밖에 없다. 2-3시간짜리 한 블록을 설정하여 전담교사가 이 문제에 대한 학습을 실시할 수 있다. 기존의 경험으로 보아 중핵교육과정을 운영하는 교사라 하여 모두가 반성적 탐구의 교육적 의미에 대해 충분히 이해하고 있는 것은 아니다. 반성적 탐구에 맞게 과정을 조직하고자 하는 교사는 다음을 명심할 필요가 있다: 중핵과정은 모든 학생들이 공감할 수 있는 문제 영역에서 일어나는 신념체계 간의 명백한 모순들을 기반으로 하여 문제 중심으로 꾸며야 한다. 주제는 순차적으로 다루어지는데, 예컨대 인종과 관련된 대립하는 이데올로기, 정부와 정치에 관한 상반된 신념체제, 경제에 관한 상반된 생각 등을 하나하나 다룰 수 있다. 일년 내에 다 할 수는 없겠지만 모든 문제 영역에 다루는 것이 바람직하다. 일년에 두세 개의 문제 영역에 대한 학습을 하는 것이 권장할만하다.

이런 중핵과정을 운영하다보면 필연적으로 문학, 심리, 생물학, 철학, 그 밖의 분야 등을 포괄하는 통합 사회과가 필요하겠지만 통합 그 자체가 목적은 아니다. 초점은 하나의 문제, 그리고 그와 관련해서 학습해야 하는 것이 무엇이냐이다. 불필요한 내용은 엄격히 제외되어야 한다. 특정 쟁점에 대한 학습을 하나의 '단원학습'으로 볼 수 있는데, 이때 단원이란 쟁점에 대한 반성적 탐구와 관련된 일련의 경험으로 광범위하게 정의할 수 있다.

4) 어떤 문제 영역을 학습해야 하나?

교육과정을 만들기 위해 사회과에서 어떤 문제 영역을 다루도록 해야 하나? 이 질문에 대 한 답이 그렇게 어렵지만은 않다. 교사들은 해답을 얻기 위해 "이 분야가 광범위한 사회적 관심을 불러일으키고 있으며 보다 많은 사람들에게 문제가 되고 있는가?" "광범위한 사회적 관심에 더해 우리 학생들이 관심을 갖고 있는가?" "관심을 갖지 않고 있다면 관심을 갖게 할 수 있는가?" "내가 자신 있게 다룰 수 있는 주제인가?" "학교, 지역사회, 그밖의 확실한 곳에서 신념체계를 반성적으로 검증할 수 있을 만큼의 사실적 정보를 담은 수업자료를 확보할 수 있는가?" 그리고 마지막으로 "이 주제가 교실에서 그리고 지역사회에서 공개적으로 다루기에 지나치게 민감한 것은 아닌가?"라는 질문들을 해볼 수 있을 것이다.

생각해볼 문제

1. 닫힌 영역의 의미는 무엇이고, 한국 사회에서 닫힌 영역으로 취급되는 것에는 어떤 것이 있을까?

2. 닫힌 영역이 많을수록 그 사회가 전체주의적 성향을 띠게 되고 구성원들의 정신 건강에도 좋지 않은 이유는 무엇일까?

3. 저자들은 왜 사회과교육의 문제가 수업의 기법이 아닌 내용이라고 보았을까?

4. 독재 체제와 민주 사회의 갈등 해결의 방식은 어떻게 다른가?

제5장

법리적 분석틀을 활용한 공공 쟁점의 교수

Using a Jurisprudential Framework in the Teaching of Public Issues

도날드 올리버, 제임스 셰이버

Donald W. Oliver & James P. Shaver

1966

제5장
법리적 분석틀을 활용한 공공 쟁점의 교수
Using a Jurisprudential Framework in the Teaching of Public Issues[8)]

도날드 올리버, 제임스 셰이버
Donald W. Oliver & James P. Shaver
1966

우리는 그동안 도덕적 의무, 정부의 원리, 증거의 기준 등과 같은 주제들을 서로 연관 짓는데 필요한 일련의 개념들을 개발해 왔다. 이러한 개념들은 하나의 틀 속에 위치시킬 수 있으며, 이 틀을 통해 교사와 학생들이 공공 정책을 둘러싼 쟁점들을 해소하는데 필요한 중요한 질문들을 보다 쉽게 다룰 수 있다. 즉 쉽게 활용할 수 있는 교육과정 상의 접근법이 필요했던 것이다. 우리는 이러한 교육과정 모델을 단순화시켜 '법-윤리,' 또는 '법리' 모형이라고 명명하였다. 물론 여기에 이름을 붙이는 일은 모델의 복잡성 탓에 간단치 않았다. 몇 가지의 요소를 사회과 교육과정에 특화하여 결합하는 일이 필요했기 때문이다. 먼저 '민주주의의 여러 문제(the Problems of Democracy)'와 같은 과목에서 흔히 다루어지던 현안문제를 선정하고 토론에서 다루어질 주요 쟁점들을 구체적 사례와 관련지어 제시한다. 그리고 나서 현재의 사례를 다양한 시공간 속의 사례들과 연결지어 보는데, 이러한 사례들은 역사적 유추에 호소하여 토론의 맥락을 확대시켜 줄 수 있다. 이러한 내용들을 다루는데 있어 가장 먼저 던져질 질

8) 출처: Teaching Public Issues in the High School, 제 7장, pp. 114-136. Utah State University Press, 1974; Houghton Mifflin, 1966 원판.

문들은 "어떻게 해야 할까(should)"형의 질문이 되겠지만, 학생들은 자신들이 생각하는 바람직한 해결책과 사회적으로 제시된 해결책들을 비교하는 과정 속에서 필연적으로 법적인 질문, 사실과 관련된 질문, 그리고 개념규정을 위한 질문(definitional questions)들과 맞닥뜨릴 수밖에 없을 것이다. 우리가 말하는 법리적 수업이란 공공정책과 관련된 항구적 쟁점들을 둘러싸고 제기된 법적·정치적, 윤리적, 시사적, 역사 사실적 질문들을 혼합하여 만들어진 것이다.

법리적 수업은 흔히 말하는 '비판적 사고'와 명확히 구분될 필요가 있다. 우리가 생각하는 '비판적 사고'는 사실과 주장을 구분하고 논리적 오류를 찾아내는 능력과 관련이 있다. 물론 '비판적 사고'와 우리가 설명하고자 하는 모형 사이에 관련성이 전혀 없는 것은 아니지만, 중요한 차이가 존재한다. 우리의 모형은 공공정책과 관련된 문제들을 둘러싼 비교적 합리적이라 여겨지는 복수의 관점들을 명료화하는 과정을 중요시한다. 일반적으로 수사적 기교나 연역적 추론의 논리학보다는 합리적 의사소통과 설득의 분석 및 해부에 관심을 갖는다.

전통의 '비판적 사고'나 논리학 활용 수업 등과 우리의 모형을 가장 잘 구별시켜주는 것은 각자의 교수 전략일 것이다. 비판적 사고를 가르치는 데에는 보통 설득력 있어 보이는 메시지(흔히 말하는 프로파간다)를 분석하거나, 똑같은 사건에 대한 상이한 해석을 분석하여 정보해석이나 결론 도출의 과정에서 드러나는 문제를 예시하여 보여주는 방법 등이 사용된다. 반면 법리모형은 갈등 상황을 담은 문제의 메시지를 읽은 뒤 바로 메시지에 기술된 쟁점이나 문제의 내용에 대한 대화 상황으로 이동한다. 여기서 분석의 대상이 되는 것은 문제의 메시지 그 자체(에 숨겨진 논리적 오류)보다는 메시지에 담긴 갈등 상황에 수반되는 논쟁적 토의 과정이다. 우리가 관심을 집중시키는 것은 교사와 학생, 학생과 학생 사이에 벌어지는 대화(dialogue)이다.

이러한 대화 속에서 교사의 역할은 복잡하며 동시에 두 가지 수준을 생각할 수 있어야 한다. 먼저 교사는 학생들의 입장에 반박하거나 학생들이 교사의 입장을 반박하는 상황 속에서 자신을 잘 통제할 수 있어야 한다. 이를 소크라테스식 역할이라고 한다. 두 번째로 대화가 전개되는 과정에서 발생하는 명료화 또는 모호화 과정에 민감하게 대응할 수 있어야 한다. 즉 특정한 입장이 이성적이며 옳다고 설득하려는 다양한 선동가들의 복잡한 전략들을 분간해낼 수 있어야 한다. 증거나 가설에 의문을 품고 편향된 표현을 찾아내는 과정을 가르치는 것만으로는 충분치 않다. 공공정책의 문제에 있어서는 우선 사실적 쟁점이 중요하며 이는 도덕적이고 법적인 입장을 뒷받침하는 역할을 한다. 그리고 나서 가치평가적이고 법적인 쟁점이 관심의 대상이 된다. 이 시점에서 학생들은 특정한 가치를 수용하도록 가르쳐지는 것이 아니라 자신이 평가자로서 가진 입장을 명확히 하고, 가치 입장의 정당화, 개념규정상에 나타나는 쟁점의 명료화, 그리고 사실적 쟁점과 관련된 증명의 과정 사이의 관계들에 대해 이해하도록 지도될 필요가 있다.

교사가 정당화, 명료화, 증명 등의 전략들을 세밀하게 감지해 낼 수 있도록 스스로를 훈련시키기 위해서는 이중적 사고를 할 수 있어야 하며 두 가지 수준을 동시에 생각할 수 있어야 한다. 하나의 논쟁적 사건에서 나타나는 쟁점의 내용과 쟁점을 명료화시키는데 사용되는 지적 전략들 모두를 잘 알고 있어야 한다. 여기에서 사용되는 지적 과정이나 전략들이 비판적 사고나 사고기법론에서 말하는 것들보다 훨씬 복잡하다는 것이 우리가 내세우는 바다. 아래에 그러한 전략들을 예시하여 보았다. 물론 교사가 이들 전략들을 학생들에게 간략히 설명해 줄 수 있는 것은 아니다. 학생에게 하나의 전략을 설명해 주기 전에 먼저 학생들로 하여금 논쟁적인 토론을 해보게 해야 한다. 교사와 학생 간 또는 학생들 간에도 토론이 이루어질 수 있다. 다시 말하지만 토론의 목적은 단순히 지적 기능을 가르치려거나 토론의 주제에 대해 잘 알게 하는데 있는 것이 아니다. 교사나 학생이 이중의 지적 과정을 걸치게 하려는, 즉 이중의 목적이 있다 할 수 있다. 학생들은 쟁점과 관련된 법, 도덕, 사실과 관련된 내용에 대해 배우는 동시에 그 내용을 자기 자신이 알고 있던 지식과 가치와 연관시킬 수 있는 방법, 그리고 쟁점을 이해하는데 활용되는 일반적인 절차 등에 대해서도 배워야 한다.

두 번째의 분석적 단계에서 요구되는 것은 단지 포괄적인 공공 쟁점 속에서 개념규정, 가치평가, 사실 등과 관련된 문제점을 밝혀내는 것뿐만 아니라 이들 여러 종류의 문제들 간의 복잡한 관계에 대한 파악도 포함된다. 논쟁적 토론의 과정에는 이러한 종류의 문제들이 서로 어떻게 연결되는지를 보여주는 무수한 패턴이 존재한다. 여기서는 정치적 논쟁에서 흔히 나타나는 몇 가지 패턴을 보여주고 정치적 갈등의 세 가지 차원이 각각 어떤 역할을 하는지를 보여주고자 한다. 이러한 지적 명료화 작업을 학생들에게 암기시키도록 하는 것은 불필요할 뿐 아니라 바람직하지도 않다. 다만 교사는 학생들이 정치적 논증에 사용되는 전략들을 묘사할 수 있는 표현 기법을 스스로 개발할 수 있기를 바랄 뿐이다. 아래에 소개되는 패턴은 기껏해야 설득에 필요한 여러 전략들을 실제 활용할 수 있는 수준에서 제시해 본 것이다. 결코 공공 토론의 핸드북 수준은 아니라는 점을 밝힌다.

1. 패턴 1. 하나의 가치가 침해되는 지점의 설정: 사실의 강조

특정한 사회적 상황이 중요한 사회적 가치를 침해했는지를 결정하는 문제는 개념규정상의 문제(그러한 가치 용어를 그 상황에 사용할 수 있는지?)이면서 동시에 가치평가적인 문제이다. 그러나 이런 종류의 논증은 상당 부분 특정한 상황의 본질이 무엇이었는지를 밝히는 기술상(descriptive)의 논쟁으로 흐르는 경우가 많다. 즉 사실상의 불일치가 강조된다.

예컨대 흑백학교분리문제의 경우 종종 흑인들이 다니는 학교가 백인들의 학교와 비교해 건물 환경, 교사 숫자, 봉급, 장비 등과 같은 객관적 기준에서 동등한지에 논쟁의 초점이 맞춰진다. 논쟁의 양측 모두 분리되더라도 동등한 교육을 제공하는 것이 학교와 관련된 인종문제를 해결하는 방법이 된다는 점에서는 의견차가 없지만 과연 분리된 상황에서 흑인 학교가 백인 학교 수준만큼 되었던 적이 있었는지에 대해서는 서로 동의하지 않았다. 1954년 학교통합을 결정했던 대법원도 이러한 사실상의 근거를 바탕으로 이루어진 것이다. 즉 분리주의자나 통합주의자 모두 흑인에게 동등한 교육을 제공해야 한다는 가치에 대해서는 동의하였다. 다만 문제는 현재의 상황(분리)이 흑인들이 동등한 교육을 받을 수 있는 것을 막았는지의 여부였다.

또 학교분리 문제에서 가치 진술에서 시작했으나 이내 사실의 논쟁으로 옮겨간 것이 '자기결정권'의 문제이다. 자기결정권이란 각 주가 각각의 인종문제를 자신들의 방식대로 처리할 수 있다는 것을 말한다. 주로 남부지역에서 이러한 입장을 내세웠는데, 그 이유는 대부분의 남부 사람들이 학교인종통합에 격렬히 반대한다고 생각해서이다. 그런데 통합주의자들 중 일부는 이러한 주장에 의문을 표하고 사실 온건한 남부인들 다수는 법을 어기기보다는 통합하는 것이 낫다고 생각하며 단지 목소리 큰 극단주의자들에 눌려 조용히 있는 것이라고 추측했다. 남부인의 다수가 1954년 대법원의 결정이나 1964년의 시민인권법(the Civil Rights Act)에 따르기를 원하는지 아닌지는 당연히 경험적이며 사실에 관련된 문제이다.

아마 정치적 논쟁이 가장 잘 유발되는 지점이 이와 같은 사실의 쟁점일 것이다. 확실한 증거가 있어서 문제를 제기하는 사람의 상황 기술이 어느 정도 정확성을 갖지 못한다면 더 이상의 논쟁은 의미가 없다.

그런데 문제 상황이 정확히 기술되었다고 해서 사실 상의 쟁점이 해소되었다고 할 수는 없다. 논쟁은 다양한 쟁점들을 옮겨 다니는 이른바 '교대의 순환(alternating cycle)'을 따라 계속된다. 예를 들어 어떤 사람이 부당하게 대우받은 상황을 묘사한 '잔혹사(atrocity story)'에서부터 논쟁이 유발되었다고 하자. 이 이야기에 내재된 그러면서도 명백하게 확인할 수 있는 가정은 하나의 중요한 가치가 침해되었다는 것이다. 그런데 이 논쟁은 다시 중요가치의 침해 여부에 대한 초점에서 그 잔혹사가 사실인지, 그리고 일반화시킬 수 있는 현상인지(예컨대 미시시피의 시골에 거주하는 흑인들에게 제공되는 빈약한 교육시설 문제가 사실은 흑인 전용 학교 전체 시설에 해당되는 사항인지?)로 옮겨질 수 있다. 사실에 관한 토론은 이렇듯 정의와 부정의의 정도를 다양한 스펙트럼을 통해 보여준다.

논증의 분석에 있어서 교대의 순환이라는 개념은 수업 상황에서도 적용될 수 있다. 교사들은 흔히 학생들이 공공 정책과 관계된 쟁점(주장이나 가치의 문제를 다루는)을 다루기 전에 사실에 대해 알아야 한다고 말한다. 그런데 이는 문제를 지극히 단순하게 바라본 것이다. 비판적 교수의 목적은 학생에게 논쟁에 중요한 영향을 미칠 수 있는(타당성이 확인된) 사실적 주장(사실 그 자체가 아님)을 골라내도록 가르치는데 있다. 논증이 시작되기 전에 이른바 적절한 배경정보에 대해 가르치는 것은 학생들로 하여금 정책 토론을 수행하는데 필요한 사실들의 적절성을 평가해볼 기회를 막을 수 있다. 물론 학생들이 아무런 배경 지식이 없이 토론을 시작해야 한다는 것은 아니다. 다만 그 정보들이 하나의 공공 문제를 둘러싼 법적, 윤리적 쟁점들에 어떤 영향을 미치는지를 고려해 가면서 수집하게 할 필요가 있다.

2. 패턴 2. 가치가 침해되는 시점의 수립: 평가적 명료화의 강조

이제 특정한 가치가 침해되는 가상의 지점을 명료화하는 문제에 대해 살펴보자. 예를 들어 자유를 누리는데도 조건이 필요한지, 기회균등이 강제적 하향평준화를 초래하는지의 상황이 이와 관련된다. 미국의 사회.정치적 가치에 대한 극단적인 침해가 이루어진다면 대다수의 시민들이 이를 명백히 인식할 수 있을 것이다. 그런데 그러한 가치침해가 대다수의 무관심한 대중에 의해 무시되거나 또는 다른 중요한 가치를 보호하기 위해 꼭 필요하다고(예컨대 전쟁 시의 검열) 보는 상황에서는 정치적 의사결정이 복잡해진다. 가치의 연속선상에 놓고 볼 때 작금의 가치 침해가 정부가 나서서 통제해야만한 하는 것인지를 판단하기 어려운 애매한 영역이 존재하는 것이다.

예를 들어 평등을 전제로 한 분리(separate but equal) 정책이 법의 평등한 보호라는 가치를 어느 정도 침해하는가 하는 문제가 있다고 하자. 분리-평등주의의 역사를 살펴보면 가치가 침해되는 지점, 즉 과연 연방대법원이 각 주의 권리를 제약해야겠다고 나설 만큼 정의와 인간의 존엄이 침해되었다고 볼만한 지점이 어디인지를 놓고 다양한 해석들이 있었고 서로 갈등을 빚어 왔음을 알 수 있다. 이런 종류의 갈등은 즉각적으로 해소되거나 사실을 통해 명확히 밝히기 어렵다. 사실 자체를 놓고도 논쟁이 벌어질 수 있기 때문이다. 어떤 사람은 학교분리는 곧 노예로 낙인찍은 것이라고 해석하여 법의 평등한 보호가 침해되었다고 주장한다. 그러나 다른 사람은 분리를 통해 두 인종 집단이 서로 자신의 문화적 정체성을 지키며 살아갈 수 있으며 이는 헌법상의 권리를 전혀 침해하지 않는다고 주장한다.

1) 윤리적 명료화 과정에서 유추(analogy)의 사용

이러한 종류의 갈등을 명료화하기 위해서는 유사한 사례를 활용하거나 유추법을 사용하는 것이 효과적일 수 있다. 똑같은 종류의 가치 갈등이 내재된 실제 또는 가상의 사례를 나란히 놓고 현재의 사례와 비교 또는 대조시켜 분석하는 방법이다. 그리고 나서 어떤 사례가 핵심 가치의 침해 경우인지 그리고 이들 사례가 현재 문제되고 있는 사례와 얼마나 유사한지를 따져본다.

다시 공립학교에서의 인종분리 건을 살펴보자. 이 사례를 공립학교에서

실과나 체육 시간에 성별 분리 수업을 하는 것과 비교, 대조해볼 수 있다. 남학생과 여학생들은 체육시간에 서로 별도의 시설을 사용하며 받는 수업의 활동도 다르다. 만약 각각의 집단이 똑같은 수준의 수업을 받고 장비를 사용하였다면 평등의 가치가 침해되었다고 하지 않을 것이다. 체육 시간에 성별로 분리할 만한 합당한 이유가 있다고 합리화할 수 있을 것이다. 여학생들과 남학생들은 신체 능력에서 차이가 있으며, 관심사도 다르다. 서로의 옷차림새 등에 신경이 쓰여 상대방이 있으면 행동에 제약을 받을 수 있다. 그런데 이런 상황에 적용되는 논리가 인종 분리 상황에도 적용될 수 있을까? 여학생들도 선천적으로 운동 기량이 떨어진다는 부정적인 의식만 버리면 남학생만큼 할 수 있다고도 볼 수 있는 것이다.

이제 두 번째 사례와 비교해보자. 사회 계급에 따라 학교를 분리하는 것은 평등한 보호라는 가치를 침해하는지 문제이다. 인구를 소득에 따라 세 그룹으로 나누고 각각의 집단별로 별도의 학교체제를 만든다고 하자. 대부분의 미국인들은 심지어 인종 분리를 찬성하는 사람들조차 이런 종류의 분리에 반대할 것이다(많은 학교에서 이를 묵인하거나 부추기고 있지만). 사회계급별 문화적 정체성의 보호라고 하는 주장이 인종 분리 상황에서처럼 이 상황에도 적용될 수 있을까? (혹자는 낮은 계급의 사람들은 인생에 있어서 걸러지지 않은 반응을 보여줌으로써 문화에 청량감을 더해주므로 그 정체성을 보존하기 위해 노력해야 한다고 주장할 수도 있겠다).

이상의 세 가지 상황을 통해 각각 평등한 보호라는 개념을 적극 활용하여 가치 침해가 일어나는 모습을 보여주었다. 미국인들은 체육 수업에서의 성별 분리 및 차별 문제에 대해서는 일반적으로 이를 평등권 침해로 여기지 않는 것으로 보인다. 반면 인종분리 문제는 평등한 보호의 원칙을 침해했는지 여부를 놓고 서로 논쟁을 벌인다. 한편 사회 계급에 따른 분리 정책이 입법화되고 공립학교에서 시행된다면 대다수의 미국인들은 아마 기겁할 것이다.

서로 유사한 사례들을 통해 평등과 불평등 사이의 연속선상을 따라 다양한 지점이 만들어질 수 있고 이를 통해 토론의 맥락이 확대될 수 있다. 나아가 특정한 가치문제를 보다 깊이 있는 차원에서 명료화시켜볼 수 있을 것이다. 그러나 평등이 문화적 자결보다 우위에 설 수 있는 정확한 지점을 보여줄 수 있는 사례가 무엇인지를 아는 것 까지는 아직 해결되지 않았다. 일반적인 법적 기준이 있지만 구체적 기준점을 찾는 문제는 개인에게 맡겨질 수밖에 없다.

사례 유추의 방법은 이를 통해 특정 가치의 침해 여부를 가릴 수 있는 상황의 범위를 명확히 해줄 뿐 아니라 하나의 상황을 다른 상황과 구별시켜줄 수 있는 기준점을 찾는데도 필요하다. 예를 들어 성별 분리를 합법적인 것으로 그리고 인종, 사회 계급별 분리는 잘못된 것으로 보는 사람들은 남자와 여자, 남학생과 여학생은 사회적으로 동등한 존재로 인정받고 있지만 흑인들과 낮은 계급의 사람들은 그렇지 않다고 말할 것이다(물론 이 역시 더 따져봐야 할 문제이다). 또 성별 분리와 인종 분리를 유사한 상황으로 보고 사회계급에 따른 분리를 평등 침해로 보는 사람들은 상당수의 낮은 계급 사람들이 중산층이 되고 싶어 하며 그들 주위에 살고 싶어 하지만 여학생들은 남학생과 운동하고 싶어 하지 않으며, 흑인들 대부분이 백인들과 섞이거나 함께 학교 다니고 싶어 하지 않는다고 말할 것이다.

2) 사실 문제로의 복귀

한편의 사례들을 가치 침해 상황으로, 다른 편의 사례들을 침해가 아닌 상황으로 규정한다면 논쟁은 다시 누가 옳으냐의 문제에서 사실의 문제로 옮겨갈 수밖에 없다. 이 상황에서 여성이 과연 남성과 동등하다고 느끼는지 아니면 남성을 사회적 주류로서 부러워하는지, 다수의 흑인들이 분리되어 사는 것보다 백인과 어울려 사는 것을 원하는지를 묻지 않을 수 없다. 이런 방식으로 유추를 통해 몇 개의 유사한 상황을 살펴보면서 특정한 가치를 침해하는 것과 그렇지 않은 것을 구분해 줄 특징을 찾을 수 있다. 유추는 윤리 문제를 합리적으로 규명하는데 있어 강력한 도구라 할 수 있다.

공공 쟁점을 가르치기 위해 유추를 사용하는 것에 대해 두 가지를 짚고 넘어갈 필요가 있다. 논리적인 관점에서 유추는 그 자체가 잘못된 추론의 방법으로, 최소한 타당성을 의심해볼 만한 것으로 취급되고 있기 때문이다. 그러나 첫째, 유추를 통해 사실적인 상황을 제시하는 것과 직접적으로 공공정책에 관한 특정한 결정을 명료화하고 합리화하는데 사용하는 것과는 구분할 필요가 있다. 유사해 보이는 사례들을 구분해 보는 것은 법적 추론에서도 사실상 중요한 요소가 되고 있다.

둘째, 유추의 사용은 정책에 관한 학생의 입장이 얼마나 일관성을 갖는지 검증해 볼 수 있는 가장 효과적인 방법인데, 이때 필요한 것은 비일관성을 합리적으로 해소하는 것이지 일관성을 갖추는 요령을 익히는 것이 아니다(미국인들은 특정한 상황에서의 분리를 옳다고 믿는다). 더욱이 좋은 유추, 즉 사소한 반박 이상의 사고를 요하는 유추를 얻기란 상당히 어렵다. 논쟁적 토론을 준비하기 위해서는 어떠한 쟁점이 예상되며, 어떠한 비일관성이 예시될 수 있는지, 그리고 어떤 유추가 이러한 목적에 도움이 되는지를 충분히 예상하지 않으면 안된다.

3. 패턴 3. 가치 갈등의 명료화

공공의 논쟁에서 다루어지는 가장 중요한 형태의 쟁점은 가치 갈등이나 정치적 딜레마와 관련된 것들이라 할 수 있다. 정치적 딜레마는 하나의 가치를 실현하는 대신 다른 가치의 실현을 희생하거나 침해하는 상황에서 발생한다. 딜레마를 다루는 방법에는 보통 두 가지가 있다. 하나는 우리의 행위에 수반되는 부정적 결과를 부정, 왜곡, 억압하여 가치 침해를 의식하지 못하게 하는 것이다. 또 다른 하나는 우리가 지키려는 가치가 침해하려는 가치보다 중요하다는 입장을 견지하는 것이다. 즉 특정 가치에 대해 변함없는 우위를 부여하는 것이다. 후자의 전략에 대해서 좀 더 살펴보자.

특정 가치에 불변의 우선순위를 부여하는 것은 우선순위가 부여된 가치가 우리가 생각하는 인간의 자유와 존엄을 유지하는데 더 중요하다고 믿기 때문이다. 예컨대 학교 통합의 상황 역시 논쟁의 당사자들은 각자가 내세우는 가치가 인간의 자유를 지키는데 더 중요하다고 주장한다. 남부 백인들이 이 상황에서 내세우는 가치는 지방 또는 주의 자율권, 그리고 개별 부모들이 자녀의 문화적 정체성을 유지시킬 수 있는 자유 두 가지이다. 첫 번째 논거는 헌법적 근거를 가지고 있다고 볼 수 있다. 반면 북부의 진보주의자들은 헌법 수정 조항 14조의 평등한 보호 조항을 인용한 기회의 균등이라는 가치에 근거하여 주장을 전개한다. 우선가치의 틀에서 보면 높은 순위의 가치는 불가침의 것이며 따라서 사소하게 보이는 사실은 무시해도 된다고 본다. 학교통합문제에 관한 보수적 입장이 이와 같은 예에 해당한다고 할 수 있는데, 헌법에서 보장한 주의 자율권과 지방 통제의 원칙은 특정 주에서 인종별로 불평등한 교육의 기회가 주어지고 있음에도 불구하고 반드시 지켜져야 한다는 것이다. 또 연방정부는 공립학교 내의 인종 간 불평등 문제를 포함한 교육 전반의 문제에 대해 개입할 헌법상의 권한을 갖지 않고 있다는 점도 지적된다. 헌법은 자유와 정의의 기반이 되기 때문에 일시적 부정의를 감내하는 상황에서도 지켜져야 한다는 것이다.

일단 이러한 주장은 반박하기 힘들어 보이지만, 순위에서 밀린 가치(여기에서는 교육의 기회균등)의 침해가 심각한 수준에 이르렀을 때 논증의 설득력은 온전히 유지되기 힘들다. 남부 특정 주에서 흑인들이 백인 아이들에 비해 교육적 수혜를 거의 받지 못하고 있다는 것이 밝혀진다면 주의 자율권 주장은 공허해질 수밖에 없다. 만약 교조적인 입장에서 교육적 평등의 극단적 침해를 근거로 주의 자율권을 부정해서는 안된다고 주장한다면 이는 스스로가 미국적 신조의 핵심 가치인 자유와 평등을 무시하거나 부정하는 것일 수밖에 없게 된다. 미르달이 지적했듯이 대부분의 미국인들이 이러한 신조를 내면화하고 있기 때문에 이러한 입장을 유지하기는 어렵다.

그러나 차순위의 가치가 극단적으로 침해되지 않는 한 하나의 가치가 다른 가치보다 중요하다는 식의 논증은 정치 논쟁에서 대개 효과를 발휘한다. 분리-평등의 입장이 설득력을 갖는 이유도 이와 같은 맥락에서이다. 물론 이들은 이 정책이 평등하게 시행되었다고 가정한다. 특정한 주에 속한 다수의 사람들에게 특정한 인종관계의 틀을 강제하는 것은 명백히 지방 자치와 주의 자율권을 침해하는 것으로 볼 수 있는 데다(특히 그러한 종류의 권한이 연방에 명시적으로 부여되지 않은 상황에서), 분리-평등 정책 역시 평등의 가치를 극단적으로 침해하는 것이라 보여지지도 않았다. 분리-평등 정책이 제도상으로는 평등하다고 하지만 실제로는 허상에 지나지 않으며 흑인 아이들에게 심리적 피해를 주기 때문에 애초에 불가능한 제도라는 점을 보여주는 확실한 증거가 있을 때만 통합주의자들의 논변이 힘을 얻을 수 있다.

이렇듯 하나의 가치에 불변의 우선순위를 부여하는 것이 갈등하는 가치들에 직면한 상황에서 취할 수 있는 안전한 정치적 자리매김의 방법이라 할 수 있지만, 그러한 자리매김 역시 후순위의 가치에 대한 심각한 침해가 있을 시에는 설득력을 잃을 수밖에 없다. 민주주의의 핵심 가치들은 국민에게 지극히 중요하기 때문에 어느 것도 단순히 무시될 수 없다.

패턴 2에서 살펴보았듯이 가치 쟁점을 명료화하는데 유추의 방법이 유용한데, 특히 단순히 어떤 가치가 더 중요하다는 식으로 덮기 어려울 정도의 실질적인 갈등이 있다는 점을 부각시킬 때 그렇다. 이를 위해 다시 문제 상황에서 발견되는 가치들과 같은 종류의 것들을 내포한 유추적 상황들을 제시해 볼 수 있다. 문제 상황과 유추 상황 모두 하나의 가치가 다른 가치의 희생을 통해 지지를 받는 경우이다. 문제는 이유를 명확히 제시할 수 있는지, 비일관성이 있다는 점을 인정할 수 있는 지이다. 다음의 예가 이러한 과정을 잘 보여 준다.

1763년과 1776년 영국은 당연하게 여겨지던 미 식민지의 자치권을 점점 더 억압했다. 결국 일부 식민지 사람들은 이러한 억압이 더 이상 견디기 힘들만큼 그들의 자유를 희생시키고 있다고 생각했다. 더 많은 자유를 얻기 위해 그들은 보스턴 티파티 사건을 통해 영국에 대항했으며 콩코드에 무기와 탄약을 집결시켰다. 연락모임(Committee of Correspondence)이 만들어져서 영국에 대한 항쟁을 강화시켜갔다. 일부는 이러한 항쟁을 통해 영국으로부터 양보를 얻어내는 것을 목적으로 하였다. 그러나 다른 일부는 필요하다면 폭력 혁명을 통해 독립을 쟁취하는 것까지 염두에 두었다.

다수의 미국인들은 독립을 쟁취하기 위한 이들의 노력에 대해 어떻게 느끼는가? 독립을 위해 싸워 나아간 사람들을 기리고, 국경일이 된 그날을 기리는 것을 당연히 생각한다.

그렇다면 이제 유사한 가상의 사례, 즉 유추사례를 살펴보자.

남부 일부 주는 전통적으로 흑인들에게 선거권이나 동등한 교육 및 직업의 기회를 주기를 거부해 왔으며 시민으로서 온전하게 누릴 수 있는 권리를 제약해 왔다. 만약 흑인들이 무기와 탄약을 모을 수 있어서 미시시피나 앨라배마와 같은 주, 나아가 미국 전역에 걸쳐 대규모 폭동을 계획한다고 가정해보자. 흑인들은 인구 다수가 흑인인 남부에서 일부 자치권을 얻기 위해 싸운다고 주장한다. 미국은 그러한 폭동을 진압해야 할까? 미시시피와 앨라배마는 그러한 폭동을 진압해야 할까?

다수의 미국인들은 흑인들이 폭동을 일으킬만한 이유가 어느 정도 있다는 데에 대해서는 인정할 것이다. 그러나 폭동 자체를 지지하는 사람은 거의 없을 것이다. 상황을 더 연장시켜보면 프랑스가 미 대륙의 영국 식민지인들에게 군사원조를 했듯이 소련이 흑인들의 독립투쟁에 필요한 무기를 준다고 생각해보자.

첫 번째와 두 번째 사례에 대해 각각 우리가 견지하고 있는 입장들 사이에 모순이 없다고 할 수 있을까? 보다 구체적으로 그러한 모순의 본질이 무엇인가? 이 질문에 답하기 위해서는 우선 미국 혁명을 통해 지키려 했던 가치가 무엇인지에 대한 물음부터 시작되어야 한다. 미 대륙 식민지 사람들이 느끼기에 그들의 이익은 왕이나 영국 의회의 결정에 반영되지 않았다. 또 동일한 계급의 영국인들이 영국에서 누리던 만큼의 권리도 얻지 못했다. 그들의 권리를 획득하기 위해 독립을 획득하고자 했으며, 이는 혁명을 위한 싸움을 의미했으며 구체적으로는 영국 법을 어기고 폭력으로 체제를 전복시키는 것을 의미했다. 가상의 흑인 혁명도 확실히 유사성을 갖는다. 흑인들은 시민으로서의 기본권을 거부당했다. 대표를 뽑을 수도, 법의 평등한 보호를 받지도 못했다. 미 대륙의 식민지인들도 똑같은 권리를 거부당했다. 가상의 상황에서처럼 흑인들도 준법을 거부하고 폭력으로 그들의 권리를 획득할 수 있다. 그리고 이것이 정확히 미국혁명과정에서 미국인들이 실제로 행한 바이기도 하다.

두 가지 사례의 분석을 통해 몇 가지 점들을 알 수 있다. 어떤 결정이 중요한 사회적 가치를 침해했을 때 이와 관련하여 문제가 발생할 수 있다. 그런데 그 결정을 통해 실현하고자 했던 가치가 유사한 상황에서 내려지는 비슷한 내용의 결정에 의해 무시될 가능성이 높을 때 정치문제는 복잡해진다. 결정들 간의 비일관성 문제에 직면하게 되는 것이다.

물론 특정한 가치에 대해 상당한 우선순위를 부여함으로써 가치 갈등이나 비일관성을 극복할 수도 있다. 예컨대 퀘이커 교도들은 평화와 비폭력에 대단한 우선순위를 부여해서 폭력을 사용할 것인지를 놓고 일관되게 행동할 수 있다. 그러나 우리 대부분은 이와 같은 위치에 있지 않다. 우리들은 개인의 자유에 많은 의미를 부여하고 있어서 우리가 불공정하게 또는 불법적으로 권리를 박탈당했을 때, 이를 보호하기 위해 타자에 대해 육체적인 위해를 가할 수 있다. 특정한 상황에서 인간 존엄을 지키는데 있어서 특정 가치에 우선순위가 매겨진다면 그 가치를 지키기 위해서 다른 가치를 희생시키려 할 것이다. 예컨대 흑인들도 법의 보호를 주장하면서도 동시에 그들이 인정하지 않는 법의 무시와 거부를 주장할 수 있다. 중요한 것은 우리가 특정한 가치를 일관되게 지키거나 또는 특정한 가치를 일관되게 침해하지 않는다는 점이다. 우리는 똑같은 상황을 다른 방식으로 대하는 경우가 많은데, 이는 각각의 상황마다 독특한 특징이 있어서 우리가 원하는 대로 인간 존엄의 기본 가치들을 보호하려면 그 특징들을 고려하지 않을 수 없기 때문이다.

일반적 가치 수준에서의 비일관성은 두 유추 사례들의 특수성이라는 관점에서는 이해될 수 있지만, 일관성이야말로 합리성을 나타내는 핵심 기준이라고 생각하는 사람들에게는 당혹스러울 수밖에 없다. 비일관성을 당혹스럽게 여기다 보면 특정한 상황에서 가장 뚜렷하게 나타나는 하나의 가치가 우리를 가장 이성적인 결정으로 이끌어줄 것처럼 생각하기 쉽다. 예컨대 미국혁명의 경우 우리의 관심은 정치적 독립, 자치권(그리고 이러한 가치들이 영국에 의해 침해되었다는 사실)에 맞추어지며, 대신 영국 법체계의 준수를 통한 질서 있고 평화적인 갈등의 해결과 같은 가치에 대한 관심은 멀어진다. 정치적 상황에 대한 논쟁에 있어서 가장 어려운 점이 상대방에게 우리가 상충하는 가치 모두를 공유하고 있다는 점을 인식시키는 것이다(사실 이는 논쟁적 담화의 기본적 사실 중 하나이다). 미국의 애국지사들은 미국혁명을 "자유를 위한 싸움"이라고만 여겨왔지만, 그 말 자체가 하나의 가치를 지키는 대신 다른 중요한 가치를 침해하고 있다는 것은 보지 못한다. 유추를 통해 가치를 미르달이 말한 '의식의 그림자'에 노출시켜봄으로써 상대방으로 하여금 사실은 딜레마가 존재한다는 것을 인정하도록 할 수 있다. 즉 사람들이 대수롭지 않게 여기거나 무시하기 쉬운 잠재된 가치를 끌어내는 기능을 한다.

유추를 통해 미국혁명의 부정적인 면을 보게 하여 학생들이 모든 상황을 거부하도록 할 필요는 없다. 단지 중요한 것은 하나의 정치적 결정, 그리고 이로 인한 행위는 가치의 갈등과 결부될 수 있으며, 이 사실을 이해함으로써 우리의 입장을 합리화하는데 있어 더 나은 선택을 할 수 있게 되고, 간과될 수 있는 그 밖의 선택들도 고려할 수 있게 된다. 그렇다 하더라도 최종 결정에는 반드시 부정적 결과가 따른다는 점을 인정해야 할 것이다. 완곡한 표현으로 감추거나 외면하기보다는 솔직하고 허심탄회하게 받아들여 대처하는 것이 바람직하다.

4. 패턴 4. 가치 갈등의 사실적 쟁점으로의 변환

이러한 가치갈등대처전략은 보통 실용주의와 관련이 있다. 화이트(White)가 말한 것처럼 "중요한 것은 듀이가 생각하듯이 바람직함에 대한 판단은 과학자들이 하는 것과 같이 철저하게 통제된 특정 조건 하에서 실제로 바람직한 결과가 나오는지에 대한 판단 이외에 아무것도 아니라는 점이다." 이러한 전략은 흔히 내 가치나 정책방안의 결과가 무엇인가라는 질문에서 출발한다. 개인이나 집단이 서로 다른 가치에 입각한 서로 다른 정책대안을 가지고 있을 때, 이 질문에 대해 똑같은 결과 또는 정반대의 결과를 내놓았다면, 정책 차이, 또는 가치 차이 문제는 실제로 그런 결과가 나타날 것인지를 경험적으로 입증함으로써 해소될 수 있다. 예컨대 분리주의자들은 두 인종간의 문화적 정체성을 유지해야 인종 간에 최대한의 상호 존중과 조화가 이루어질 수 있다고 주장한다. 반면 통합주의자들은 이는 인류의 형제애를 깨뜨릴 것이라고 주장한다. 즉 모든 인종, 종교, 피부색이 서로 섞일 때 상호작용을 통해 상호존중과 조화가 이루어질 수 있다는 것이다. 한쪽은 문화적 정체성과 결사의 자유를 주장하고 다른 쪽은 인종 간에 공통의 경험을 나누고 더 밀접한 만남과 접촉이 있어야 한다고 주장한다. 즉 서로 상충되는 가치 입장을 가졌으면서도 양자 모두 인종간의 평화스럽고 조화로운 관계를 위해서라며 같은 근거를 제시하고 있다.

실용주의의 관점에서 보았을 때 이러한 갈등에 대해 접근하는 방법은 넓은 의미로 보아 실험적인 것이 될 수밖에 없다. 특정한 상황에서 각각의 방법들을 실험하여 각각 어느 정드 공동체 내의 인종 평화에 기여하는지를 평가하는지를 보는 것이다. 그러나 종종 어느 한쪽의 가정이 사실적 증거의 내용에 위배되는 것으로 나타나면, 불리한 입장에 선 사람이 가치의 우선순위를 뒤바꾸고 도구적 가치를 우선순위로 내세우는 경우가 있다. 만약 인종분리가 인종간의 폭력과 병폐를 만들어낸다는 증거가 제시될 경우 이는 보다 큰 선이나 문화 정체성 유지를 위해 감내해야 하는 것이라고 합리화할 수 있다. 또 인종 간에 섞여 삶으로써 오히려 인종 간 싸움이 발생한다는 증거가 제시될 때 이는 형제애를 실천하는 등 보다 더 큰 선을 위해 임시적으로 감내해야 할 사안이라고 주장할 수 있다. 그렇다 하더라도 논쟁이 순수하게 실험으로 다루어질 수 있는 사안으로 결정이 된다면 이는 그나마 해결할 가능성이 있는 것이다.

그런데 이런 종류의 문제를 쉽게 해결할 수 있을 만큼 확고하고 다툼의 여지가 없는 자료를 얻기란 대단히 어렵다. 광범위한 사회학적, 역사적, 저널리스틱한 조사를 통할 경우 그나마 최선의 자료를 얻을 수 있겠지만 이 역시 조사자의 개인적 편견에 오염되기 쉽다. 행동과학에서는 좀 더 객관적인 방법론을 제시하고 있지만 복잡한 정치적 쟁점을 다룰 만큼의 깊이와 폭이 결여된 경우가 많다. 그 질과 적절성에서 다양한 수준을 보이더라도 활용 가능한 자료면 무엇이든지 쓰는 것 이외에 기댈 곳은 없다. 불행히도 정치에 있어서 사실 관련 문제들은 그 자체가 논쟁의 쟁점이 되며 역사적, 과학적 연구를 충분히 거치더라도 여전히 논쟁거리로 남는 경우가 많다.

5. 정치적 논쟁 분석의 일반 교수 전략

이상의 논의는 모두 논쟁을 분석하고 여기에 적용될 만한 일반적인 탐구 절차를 찾기 위한 것이다. 그렇다고 해서 정치-윤리 문제를 다루기 위한 일종의 공식을 만드는 것은 피하고자 한다. 그 이유는 간단하다. 이러한 문제에 대한 논증적 탐구 절차는 하나의 모형만으로 이해하기에는 지나치게 복잡하기 때문이다.

교수론적 관점에서 볼 때 앞에 제시된 분석 방식들은 다루기 힘들고 복잡할 뿐 아니라 교수 전략으로 전환시키기도 어려운 것들이다. 차라리 분석에 필요한 개념들을 가르치는 게 더 쉬울 것이다. 그러나 문제는 어떻게 학생들에게 특정 문제에 필요한 개념들을 골라서 사용할 수 있도록 가르치느냐이다. 결국 참고할 수 있는 문제해결공식이나 분석공식을 가지고 본인이 적절하다고 생각하는 방식으로 문제를 해결하라는 수준의 지침을 주는 수밖에 없다. 여기서는 (1) 정치적 논쟁의 분석과정에서 필요한 주요 지적 작업들을 요약하고, (2) 그러한 작업들을 대략적으로나마 논리적 순서에 따라 배치하였다. 즉 다음에서 소개하는 지적 작업들은 앞에서 소개한 분석적 개념들을 반복한 것이면서 하나의 전략 또는 생각의 순서로 정리한 것이기도 하다.

6. 공적 논쟁의 분석에 필요한 주요 작업들의 요약:

1) 구체적 상황으로부터 일반적 가치의 추출

앞에서 제시된 분석의 패턴을 사용하려면 학생들은 관련된 윤리적, 법적 개념들을 이해하고 있어야 하며 이러한 개념들을 통해 구체적 문제 상황을 파악할 수 있어야 한다. 만약 문제가 의회가 반독점법안을 통과시켜야 하는지에 관한 것이라면 학생들은 이 문제를 재산권, 계약의 권리, 대기업-중소기업 간의 평등권 보호, 공공의 이익 등과 같은 개념을 통해 이해할 수 있어야 한다.

2) 일반적 가치 개념을 차원적 틀로 활용

사람들은 흔히 일반적 가치를 이상적인 것 또는 좋은 것 등 절대적인 개념으로 바라보는 경향이 있다. 하나의 상황에서 복수의 갈등하는 가치를 추출하고 갈등을 줄이는 방향으로 상황을 변화시키는 방법에 대해 생각할 때 가치를 전부 아니면 전무의 카테고리로 분류하는 것은 무리가 있다. 인종분리 상황에서 북부의 진보주의자들은 흑인의 권리가 침해되었다고 주장한 반면 남부의 보수주의자들은 학교 통합이 결사의 자유를 침해한다고 주장했다. 이러한 상황에서 타협이란 불가능하다. 자신의 가치를 전부 포기하거나 전부를 유지하는 것 외에는 선택이 없다. 그래서 우리는 사회적 가치를 차원적 틀로 바라보고자 한다. 예컨대

언론의자유 -------------------------------- 검열
기회의 균등 ------------------------------ 카스트 제도
기독교적 형제애 ----------------------------- 이기주의

이러한 틀로 가치를 보면 인간의 존엄성과 같은 보다 상위의 가치는 절충을 통해 얻은 가치들의 혼합물로 개념화할 수 있다. 특정한 가치 갈등 상황에서 모두를 완벽하게 만족시키는 것은 불가능하다는 것을 깨닫고 절충을 추구하는 것이다. 문제를 해결한다는 것이 가치갈등을 완전히 해소하는 것을 의미하는 것은 아니며 갈등 당사자들의 이해관계에 맞게 상황을 조정하는 정도라고 볼 수 있다. 그리고 조정이라는 것이 결코 인간의 존엄과 같은 기본 가치의 희석이나 침해를 의미하는 것은 아니며 좀 더 가까이 다가간 것 정도로 볼 수 있다.

3) 가치들 간의 갈등 확인

학생이 구체적 상황에서 일반적 가치를 추출해내고 이를 조금 더 아니면 조금 덜 침해될 수 있는 차원적 틀로 보게 되면 똑같은 상황에서 복수의 가치들이 발견되며 이들 간에 갈등이 발생한다는 것을 인식할 수 있게 된다. 즉 하나의 가치를 증진시키는 결정이 다른 가치의 실현 기회를 축소시키는 결과를 초래할 수 있다는 것이다.

4) 같은 종류의 가치갈등 상황의 확인

가치 갈등이 발견되는 하나의 상황을 이와 유사한 다른 상황과 비교하기 위해서는 어느 특정한 상황이든 그 안에는 일반적인 형태의 가치갈등이 내포되어 있다는 점을 알아야 한다. 예컨대 흑인들이 주의 인종분리법을 어기는 상황에는 미국독립혁명당시 식민지인들이 영국의 법을 어긴 상황 속에서 발견되는 것과 유사한 가치갈등이 들어있다는 점을 알 수 있어야 한다. 문제는 입헌정부에 의한 정당한 권리 침해인지 이러한 권리가 보호되는데도 법을 어기는지 여부이다.

5) 현재 논의 중인 문제 상황과 유사한 가치갈등 상황의 발견 및 창출

유추 상황을 만드는 목적은 상대방으로 하여금 복수의 유사한 상황을 보여 주고 이에 비일관적으로 대응하도록 하기 위해서이다. 이러한 비교가 제대로 작동하려면 갈등하는 가치 모두가 선호되는 상황이 제시되어야 한다. 예컨대 우리 대부분이 미국 혁명에서 식민지인들의 행동에 대해 찬성하지만 미시시피에서 흑인들이 그런 행동을 하면 상황이 유사해도 찬성하는 이가 거의 없을 것이다. 앞의 패턴 분석에서 보았듯이 유추의 목적은 주장의 비일관성을 드러내기 위함이다. 당사자는 입장을 바꾸거나 유사한 상황들 간의 차이를 보여주는 새로운 기준을 제시함으로써 비일관성을 합리화해야 할 것이다.

6) 일반적으로 보증된 입장을 찾기 위한 작업

동일한 종류의 가치갈등이 내재된 두 개의 유사상황을 구별하기 위한 기준을 찾는 과정을 통해 어떤 조건 하에서 하나의 가치가 다른 가치에 비해 우선순위를 가질 수 있는지에 대한 보증된 입장을 가질 수 있다. 예컨대 1776년의 미 대륙의 영국 식민지인들의 반란은 괜찮다고 보고 미시시피에서의 흑인의 반란은 문제가 있다고 보는 사람은 자신의 입장을 다음과 같이 합리화할 수 있을 것이다: "그 흑인들은 미시시피의 시민이면서 동시에 미국의 시민이다. 연방정부는 그들의 동기를 이해하며 그들이 처한 조건을 개선하려는 과정에 있다. 그러나 식민지인들은 한 정부의 시민들이었으며 그 정부가 그들이 처한 어려움의 원인을 제공하였다." 이를 바탕으로 최종적인 정부의 권력이 시민들 간의 불평등을 해소하기 위해 효과적으로 작동하고 있으며 그리고 그러한 불평등을 해소할 수 있는 실제적인 기회가 있을 때는 정부의 법적 체계 내에 머물러 있는 것이 바람직하다라는 결론을 얻을 수 있다. 제퍼슨이 말했듯이 "... 오랫동안 지속되어온 정부는 가볍고 일시적인 이유로 교체되어서는 안된다..." 그러나 개혁의 희망이 완전히 사라진다면 그도 폭력과 반란에 호소하는 것을 정당화할 것이다.

이와 같은 일련의 지적 작업들을 거치면서 검증된 입장에 다가갈 수 있다. 먼저 주어진 사례에 관련한 일반적 정책을 말한다. 그러다가 정반대의 결론이 적용될 수 있는 사례가 제시될 수 있으며 서로 정반대의 가치가 지지받는 사례도 제시될 수 있다. 그리고 "좋다" 또는 "나쁘다"라고 판단될 만한 상황들이 가진 일반적 특성들을 찾아보게 된다. 그리고 하나의 일반적인 정책 대안을 정당한 조건들과 함께 제시하게 되는데 이를 통해 미래의 사태에 대해서 예측하고 이를 어떻게 다룰 수 있을지도 알게 된다. 즉 "정부를 개혁할 수 있는 모든 합리적 기대가 사라질 때 폭력혁명을 지지할 것이다"라는 결론을 얻는다.

또 다른 사례가 이러한 과정을 명료화하는데 도움이 될 수 있다. 1941년 진주만 폭격이 있은 직후 서부 해안지역에 거주하는 일본계 미국인들이 강제 격리 수용된 사건이다. 이 사건은 기본권 간의 충돌, 즉 적법절차에 따른 처우를 받을 권리와 공동체 및 국가의 안보가 충돌하는 상황인데, 여기에서 격리수용을 찬성하는 입장을 취했다고 하자. 그리고 나서 우리의 입장을 뒤집을 만한 유추 상황을 생각해 본다. 한 마을에 다섯 명의 일본계 미국인이 있다고 가정한다. 어떤 사람이 살인을 저지르는 게 목격되었다. 이 범죄를 멀리서 목격한 사람은 살인자가 동양계 외모를 가졌다고 했다. 그렇다면 마을에 있는 동양계 외모를 가진 다섯 명 모두 마을의 안전을 위해 가둬야 하는가? 대부분 아니오라고 답할 것이다. 이 역시 마을의 안전과 적법절차의 준수 사이의 딜레마가 내재된 상황이다. 우리가 가진 비일관성을 어떻게 설명할 것인가? 국가나 공동체의 안보는 두가지 다른 의미를 가진 것이라고 말할지 모른다. 일본계 주민의 격리 건은 우리의 기본권을 보장해줄 정부의 법적 체계가 위협받는 상황이었고, 마을 사건의 경우 증거부족으로 모든 피의자를 풀어줌으로써 일부 시민의 생명이 위협받을 수 있으나 정부 자체가 위협받는 것은 아니라는 것이다. 그리고 일반적 입장에 도달할 수 있다. 정부는 시민의 권리를 보호해주는 그 정부 자체가 위협받는 순간에만 시민의 기본권을 제한할 수 있다. 그렇지 않은 경우에는 이런 행위는 잘못된 것이다. 물론 정반대의 주장을 할 수 없다는 것을 의미하지 않으며 다른 방식을 통한 정당화도 가능하다.

7) 보증된 가치 입장에 내재된 사실적 가정의 검증

보증된 가치입장을 진술한다는 것은 논쟁 상황에서 비일관성의 이유를 설명한다는 것을 의미하지만 그렇다고 반대 입장을 가진 사람과의 차이가 해소되는 것은 아니다. 우리가 어떤 입장을 취하는 것은 두 가지 상황에서 갈등하는 가치들 간에 우선순위를 달리한 결과이기도 하지만 다양한 사실적 가정을 바탕으로 내려진 결론이기도 하다. 미시시피에서 흑인의 항쟁 상황은 흑인의 처지가 연방정부의 노력으로 개선될 수 있다는 것을 가정하여 내려진 결론이다. 그런 가정을 뒷받침할 증거가 거의 없을 수도 있다. 일본계에 대한 분리 수용은 당장에 국가 안보에 위험이 있었고 충성심이 의심스러운 시민들을 분리시킴으로써 부분적으로 해소될 수 있다는 것을 가정한 것이다. 오늘날 이러한 가정은 보통 잘못된 것으로 여기고 있다.

앞에서 언급했듯이 유추는 비일관성을 드러내기 위한 것이며 비일관성을 드러내 논자로 하여금 그가 비일관된 판단을 내렸던 상황들 사이의 사실적 차이를 언급하게 함으로써 토론을 가치들 간의 상대적 중요성에 대한 논쟁에서 각자의 입장을 뒷받침해줄 사실들의 차이로 이동시킨다. 사실상의 불일치를 공격하기 위해 사용되는 전략들에는 먼저 갈등하는 주장들을 확인하고, 각각의 주장에 영향을 미칠 수 있는 증거를 찾으며, 다양한 종류의 증거를 평가하고, 증거의 질을 특히 권위의 원천 및 편향성과 관련하여 평가하며, 증거의 양(얼마나 많은 소스로 부터 증거가 제시되었는지, 각각의 소스가 가진 배경은 무엇인지, 각각의 소스의 대표성은 어느 정도인지)을 평가해봐야 한다.

8) 진술의 적절성 검증

이상에서 언급한 다양한 패턴의 분석과 지적 작업들은 광범위한 정치 논쟁 상황에 적용될 수 있을 것이다. 그러나 하나의 타당한 분석 패턴이 다른 특정한 종류의 토론에는 적합하지 않을 수도 있다. 패턴이란 타당한 것이기도 해야 하지만 쟁점에 적합한 것이기도 해야 한다. 거주구역의 인종분리에 대해 남부인들은 남부의 도시들보다 오히려 뉴욕에 그런 현상이 많다고 항변할 것이다. 이게 사실이면 어떻게 하지라고 생각할 수도 있을 것이다. 이러한 사실적 주장은 거주지를 분리하는 것이 좋은지 아닌지와는 관련이 없는 것이다. 한곳에서의 분리는 타당하고 다른 곳에서는 타당하지 않다고 주장하거나 일부에서는 자연스러운 분리 현상이 나타난다고 설명하려 할 때만 적합한 주장이다.

무엇이 적합한지는 규정하거나 가르치기에 쉽지 않다. 논쟁 중에 나타나는 특정한 사안에 대해서만 적용되는 구체적 요인과 논쟁 전체의 쟁점에 관련되는 일반적 요인 모두를 가지고 있기 때문이다. 하나의 진술이 일반적 요인에는 적절하지만 구체적 요인에는 적절하지 않을 수 있다. 진술이나 전략을 평가할 때 구체적 요인과 일반적 요인 모두를 염두에 두어야 한다. 종종 토론이 크게 보면 관련이 있지만 당장에 논의 중인 주제와는 관련이 없는 쪽으로 빗나갈 수 있다.

7. 결론

정치적 논쟁과 관련된 주제의 사회과 교육과정을 만드는데 기초가 될 만한 주요 개념들과 분석 과정에 대해 언급하였다. 몇 가지 이유에서 그중에 중요하다고 판단되는 것들을 다음과 같이 골라보았다.

1. 사실과 가치를 구분할 필요가 있다.
2. 정치적 논쟁을 구체적 논쟁상황에서만 볼 것이 아니라 일반적 가치의 관점에서 바라볼 필요가 있다.
3. 민주사회의 근본 가치인 인간의 존엄성이라는 관점과 논쟁 속에 나타나는 일반 가치들을 대조해볼 필요가 있다.
4. 유추나 사례 비교를 통해 논자의 가치 입장을 명료히 하고 정치적 불일치의 경험적 근거에 대한 논의를 이끌어낼 수 있다.
5. 역사, 저널리즘, 사회과학의 방법을 활용해 경험적 불일치를 보이는 부분을 조사할 수 있다.

정치적 논쟁을 다루는데 있어 앞에서 소개한 종류의 분석 절차가 반드시 옳은 것이라 말하기는 어렵다. 정치적·윤리적 갈등을 해결하기 위한 인간의 창의적 문제해결 역량을 이끌어내는 방법에 대해 알려진 바가 거의 없기 때문이다. 이상에서 소개한 개념이나 작업들을 선택하는 이유는 이것들이 논리학이나 윤리학 문헌에 등장하기 때문이기도 하지만 이것들이 윤리적 쟁점에 대해 토론하는데 있어 유용하다는 것이 밝혀졌기 때문이다. 그러나 이러한 분석의 과정이나 패턴에 사용되는 지적 작업들을 더 이상 구체화하거나 정당화하는 것은 어렵다.

두 번째 질문은 학생들에게 특정한 분석틀을 가르치는 것이 좋은지의 문제이다. 이 문제에 대한 우리의 입장은 명확하다. 정치적 갈등을 다루는데 필요한 어느 정도의 체제가 있어서 실제 과정에서 유용하게 사용되도록 할 필요가 있다. 앞에서 언급한 분석틀은 개략적이고 일부 부적절하지만 학생들이 분석을 시작할 수 있을 만한 오리엔테이션을 제공한다고 생각한다. 이는 특히 교수론적 관점에서 중요하다. 이 정도의 분석틀이라도 있지 않으면 학생들은 사회적 논쟁을 사실, 의견, 그리고 주장들의 미로로 여길 것이다. 자신과 다른 의견이 제시되었을 때 충분한 숙고를 거치지 않은 결정을 통해 논쟁을 마무리 지을 것이다. 다양한 종류의 갈등과 불일치를 구별해 낼 수 없는 나머지 모순되는 신념과 가치들 사이에 평온한 균형상태를 이루지 못하고 우왕좌왕하게 되는 오류를 범하기도 한다. 미르달은 이렇듯 고통스러운 과정에 대해 다음과 같이 기술하고 있다.

> 한 사람이 어떤 가치 판단을 하는지는 특정한 사안에 대해 자신의 신념을 드러내거나 이를 특정한 사회적 실체와 관련하여 실현하려는 과정이 없으면 알기 어렵다. 특정한 사안에 대한 신념은 가치관의 논리적 위계를 구축하는 데 있어 기초가 된다. 가치 판단이 서로 엇갈릴 때, 신념은 비논리적인 것들을 서로 연결시켜주는 합리화의 기능을 한다. 이렇듯 신념은 과학적 지식이나 대중에 대한 호소력에 의존하는 것이 아니라 기본적으로 편향되어 있어서 합리화하기 편한 쪽으로 왜곡될 수밖에 없다.

사람들은 그것이 아무리 조잡하고 말이 안되는 것이라도 자신이 가진 준거틀의 논리에 따라 주변 세계를 이해할 수밖에 없다. 그러한 준거틀이 없으면 충동의 노예가 되어 그의 존재를 위협하는 것에 자신의 이성을 집중시키기보다 실패를 합리화하는데 에너지를 낭비하고 말 것이다.

그러나 이러한 준거틀에 대해 의문을 갖도록 학생들에게 가르쳐서 단점을 찾아내고 중요한 쟁점을 설명하기에 부족하면 기각시킬 줄도 알아야 한다(여기에서 제시된 분석틀이 정치논쟁을 분석적으로 재구성하기 위한 최초의 것도 아니다). 앞에서 논의된 많은 개념들은 유용성이 없다고 판단

되면 변경하거나 버리거나 혹은 잊어버릴 수 있다. 원래가 그래야 하는 것이다. 가장 유용한 분석 도구는 각자가 스스로에 맞게 만들어내는 수밖에 없다. 좋은 논증이란 복잡하고 미묘한 것이다. 명백한 분석의 규칙에 얽매이지 않는다. 이는 독창적 정신의 창조물이다. 그래서 우리의 분석틀을 배우는 것으로 그치지 않길 바란다. 자신들의 단점을 파악하는데 활용될 수 있고 더 적절한 틀을 발견할 때까지 도움이 되길 바란다.

8. 패턴 분석과 사회과의 교수

사회과 교수에서 패턴분석이 어떻게 활용될지는 명확하다. 첫째, 이 패턴들은 사실과 주장을 단순하게 구분하는 것이 얼마나 부적절한 일인지를 잘 보여준다. 사회과 교사 중 학생들에게 사실들을 가르치고 학생들이 이를 바탕으로 자신의 의견을 만들어가도록 하겠다는 사람이 있다면 그는 사실과 주장, 또는 가치를 관련짓는 일이 얼마나 복잡한 것인지를 간과한 것이다. 둘째, 적당량의 사실이나 추상적 기능을 쌓아두면 나중에 학생들이 활용할 것이라고 보는 경우가 있는데, 이는 학생들이 사실을 관련시켜 직접 공공정책에 관한 질문들을 다루어 보지 않는 한 이러한 지식들이 쓸모가 없다는 점을 간과한 것이다. 셋째, 여기에서 가르치고자 하는 바는 사회문제가 공적으로 구조화되는 방식과 학생들이 이를 스스로 이해하는 방식을 연결시켜 보게 하기 위함이다. 이는 필연적으로 학생들이 개인적인 입장을 취하고 이를 정당화해 보도록 하는 과정을 수반한다. 이것이야말로 복잡한 정당화의 패턴을 수업에서 드러내는 유일한 방법이다.

학생에게 공적인 결정의 정당함을 판단해 볼 수 있게 하는 것은 교실의 지적인 분위기뿐만 아니라 교사의 역할이나 책무에 대한 학생의 태도에 대해서도 영향을 미친다. 교사가 공적인 쟁점에 대해서 잘 알고 있고 지적으로도 능숙하다면 문제는 거의 없다. 반면 교사가 어른의 권위를 이용해 학생으로부터 존경을 이끌어내려 한다면 학생들은 교사의 기대와 어긋난 태도를 보일 것이다. 진실과 좋음의 문제는 공적인 정당화의 과정을 거쳐 교실에서 공개적으로 결정될 사안이다. 교사가 좌지우지할 문제는 아니라는 것이다. 교과서에 인쇄된 권위적 인물이 말한 불변의 사실이나 일반화란 것은 적절성을 인정받을 수 없다.

마지막으로 법리적 교수와 개별 학습 사이의 관계에 대해 언급하고자 한다. 학생들이 쟁점에 관심을 갖고 논쟁에 참여할 때 종종 자신의 인격을 구성하는 기본 요소들(신념이나 태도)을 공적 의사결정 상황에 개입시키곤 한다. 그런 이유로 하나의 논쟁에 대해서도 학생들마다 다른 방식으로 이해하곤 한다. 각각의 학생들에게 서로 다른 질문들이 중요하게 받아들여진다. 그래서 모든 학생들에게 적절한 공통의 의미를 갖도록 개별 질문들의 의미를 명확히 해줄 필요가 있다. 나아가 자신의 질문에 스스로 답해갈 수 있는 학습 스킬을 가르쳐줄 필요가 있다.

고등학생들에게 사회적 또는 역사적 연구의 과정에 대해 가르치는데 있어 별다르게 새로운 것은 없다. 다만 탐구를 안내할 질문이 어떤 종류인지가 중요하다. 학생들이 루스벨트가 대통령의 권한을 남용했는지, 미국 혁명이 진짜 혁명인지와 같은 질문에 대해 답하도록 해야 한다. 이런 질문이 단원의 마지막부분에 등장할 수도 있고 교사가 만들어서 물어볼 수도 있다. 이런 질문들은 기본적으로 정치가에게 필요한 질문이라기보다는 학문적 마인드와 관련된 것들이다. 경험에 비추어 볼 때 학생들은 일반적인 법, 가치에 영향을 줄 수 있는 사실에 대한 질문에 더 흥미를 보인다. 1933년 일반적 실업자들의 생활 조건은 어땠을 지와 같은 질문이다. 법리적 접근법을 통해 공공 쟁점을 가르치는데 있어 가장 중요한 것은 학생이 직접 탐구해 보는 것이며, 그 탐구는 학생들이 쟁점에 대해 규명하고 씨름해 보는 데에서부터 출발한다.

생각해볼 문제

1. 법리적 모형과 비판적 사고가 다른 점은 무엇인가?

2. 갈등이 발생하는 세가지 종류의 쟁점이란 각각 무엇인가?

3. 유추를 하는 목적은?

4. 공공 문제를 분석하는 주요 과정을 요약해 보자.

제6장

반성적 사고

Reflective Thinking

존 듀이

John Dewey

1933

제6장
반성적 사고
Reflective Thinking[9)]

존 듀이
John Dewey
1933

모든 사고의 양쪽 끝은 당혹스럽고 혼란스러운 상황을 처음으로 하고, 명료하고 통합되고 해소된 상황을 마지막으로 한다. 첫 번째 상황을 전-반성적 상황이라 할 수 있는데, 해결해야 할 문제가 주어지고 이로부터 반성적 사고를 통해 풀어야 할 의문이 생겨나는 상황이라 할 수 있다. 마지막 상황은 의문을 떨쳐버리게 되는 후-반성적 상황으로, 경험을 통해 익숙해지고 만족스럽고 즐겁게 되는 상황이다. 이 양쪽 끝 사이에 반성적 사고가 자리한다.

1. 반성적 사고의 다섯가지 단계

당혹스러운 상황에서 문제가 해소된 상황 사이에 놓이는 사고의 상태는 (1) 암시(막연한 추측): 마음이 가능한 해결책으로 움직이는 단계, (2) 지성화: 느끼고(직접적으로 경험하고) 있는 당혹스러움과 어려움을 해결될 수 있는 문제로 그리고 해답을 찾을 수 있는 질문으로 바꾸는 단계, (3) 가설: 하나하나 떠오르는 것들을 확실한 아이디어, 즉 가설로 바꾸어 이를 바탕

9) 출처: How We Think, 1933, pp. 106-113, Boston, D.C.

으로 관찰과 사실정보를 수집하는 단계, (4) 추론: 아이디어를 제대로 된 가설로 정교화시키는 단계로, 이 때 추론이란 온전한 의미의 논리학적 추론이라기보다는 부분적으로 이러한 과정을 포함시킨다는 의미이다. (5) 검증: 가설을 직접 혹은 상상으로 행동에 옮겨 검증하는 단계이다.

이제 이들 다섯 단계 혹은 기능들을 하나씩 살펴보자.

2. 첫 번째 단계, 암시(막연한 추측)

사람에게 가장 자연스러운 것은 주저 없이 뭔가를 하는 것이다. 그러나 당혹스러운 상황이 오면 이러한 직접적 행위는 잠시 주춤하게 된다. 물론 하던 대로 계속하려는 성향이 있기 마련이다. 그러나 잠시 방향을 돌려 어떻게 해야 하나 하는 생각을 하게 된다. 이렇듯 곤란한 상황에 닥쳐서 드는 어떻게 해야 하지라는 생각이 직접적 행위를 대신하게 된다. 마치 자신도 해본 것 같이 어떻게 될 것이라는 것을 예상한 행동으로 일종의 극적인 예행연습이라 할 수 있다. 이때 단 한 가지 생각만 떠오른다면 의심 없이 이를 곧바로 선택할 것이다. 그러나 두 가지 이상의 생각이 떠오르면 생각들은 서로 충돌하게 되고 긴장감 속에 추가의 탐구가 이어진다. 첫 번째 생각을 실행에 옮기려다 갑자기 그 생각을 주저하게 만드는 조건이 인지되면서 또 다른 생각이 떠오르게 되는 것이다.

직접적인 행위를 자제하고 주춤하는 듯 하면서 여러 조건들을 살피는 것은 사고의 중요한 부분이다. 사고란 본시 그것을 드러내어 그 목적과 조건, 자원, 가용한 도움, 난관과 장애 등을 검토해 보는 과정이다.

3. 두 번째 단계, 지성화

이미 준비된 문제, 즉 모든 재료가 다 준비되었거나 현실과 무관한 가상의 문제는 인공적인 것임을 지적한 바 있다. 현실에 있어서 그런 문제는 하나의 내주는 숙제에 불과하다. 처음부터 하나의 상황 속에 단 하나의 문제만 있거나 아니면 상황은 없고 문제만 하나가 있는 경우는 없다. 곤란하고 당혹스럽고 애쓰게 만드는 상황이 있어서 그 속에 어려움이 가득하여 상황 전체에 영향을 미치는 경우가 있을 뿐이다. 어려움이 무엇이고 어디에 있는지를 안다면 해결책을 모색하는 일은 훨씬 쉬워질 것이다. 말 그대로 제대로 된 질문을 할 수 있으면 반은 해결된 것이다. 문제가 정확히 무엇인지 안다는 것은 동시에 해결책을 안다는 것과 같은 것이다. 즉 문제와 해결책은 완벽하게 동시에 떠오른다. 그러나 그 지점에 이르기까지는 문제를 파악하는 것이 모호하고 잠정적일 수밖에 없다.

막연히 떠오른 생각대로 했는데 막혔을 때 우리는 앞에 놓인 조건을 다시 살펴볼 수밖에 없게 된다. 그렇게 조건이나 사물을 관찰하는 가운데 우리가 느끼는 불편함이나 답답함이 조금씩 해소된다. 문제 자체가 있어서가 아니라 문제가 가진 어려움의 정도가 곤란함을 만들어 낸다. 어려움의 소재와 정체가 밝혀지게 되면, 이 어려움은 단순히 뭔가를 할 때 느끼는 짜증스러움이 아니라 진짜 문제, 즉 어느 정도 지적인 형태의 문제로 탈바꿈하게 된다. 가까운 시간에 먼 곳으로 이동할 궁리를 하는 사람이 생각이 막히고 곤란을 느끼게 되면 그곳에 즉시 갈 수 있는 방법을 찾게 된다. 그 방법이 효과를 가지려면 교통수단을 찾아야만 한다. 그리고 이를 찾으려면 현재의 위치와 역이나 터미널과의 거리, 지금 시간과 그곳에 도착하기까지의 시간 등을 점검해야 한다. 이런 식으로 당혹스러움의 소재가 밝혀져서 무엇을 어떻게 해야 할 것인지가 찾아지게 된다.

'문제'라는 말은 때때로 지나치게 복잡하고 엄숙한 것으로 여겨져서 이에 대한 반추의 과정에서 있었던 사소한 것들을 일일이 드러내기 어려울 때가 있다. 그러나 반추 활동이 빈번히 일어나는 모든 경우에 최초의 단순한 감정적 상황대처를 지적인 것으로 바꾸는 지성화 과정이 포함되어 있다. 이러한 전환은 무엇이 어려움을 만들어 내고 진퇴양난에 빠뜨리는 지그 조건들을 명확하게 규정하는 과정을 통해 이루어진다.

4. 세 번째 단계: 탐구를 안내하는 아이디어, 가설

당혹스러운 상황에서 가장 먼저 떠오르는 생각은 즉각적이고 자동적으로 우리 마음속에 튀어 오르듯 나타난다. 이러한 생각이 튀어 오르는 것을 통제할 수는 없으며 그냥 떠오르거나 아니거나 하는 것일 뿐이다. 이 과정에서 지적인 것이라고는 찾을 수 없다. 지적인 요소들은 생각이 떠오른 뒤에 그 아이디어를 어떻게 활용하는지와 관련되어 있다. 아이디어를 제대로 활용할 수 있는지 여부는 말 그대로 사안의 상태에 따라 달라진다. 어려움의 정체를 얼마나 구체적으로 밝히느냐에 따라 문제해결에 필요한 더 좋은 아이디어를 얻을 수 있다. 사실적 자료들을 통해 처음에 떠올랐던 생각을 다듬고 확장하여 문제를 명확히 하는 동시에 문제에 대한 통찰을 얻을 수 있다. 이런 과정을 통해 단순히 떠오른 아이디어가 명확한 가정, 전문 용어로 가설이 되는 것이다.

환자를 살피는 의사나 고장 난 기계를 점검하는 기능공의 예를 살펴보자. 뭔가 잘못되었다는 것은 확실히 알 수 있다. 그러나 무엇이 잘못되었는지를 알기 전까지는 어떻게 고칠 것인지를 말할 수 없다. 훈련되지 않은 사람은 막연한 추측을 토대로 운이 좋으면 맞겠지 하며 이것저것 해볼 것이다. 과거에 비슷한 상황에서 효과가 있었던 약을 쓰거나 아는 사람이 추천해준 대로 해볼 수도 있다. 기계를 가지고 야단법석을 떨며 여기저기를 눌러보고 두드려보며 제대로 작동하기를 막연히 기대해볼 수도 있다. 그러나 훈련된 사람이라면 전혀 다른 식으로 접근할 것이다. 신체와 기계의 구조에 대해 잘 아는 일반적인 의사나 기능공들이 말하는 효과적인 방법과 기술을 사용하여 보통 때보다 더 신중하게 살펴볼 것이다.

해결책은 이와 같이 절제 있는 진단을 통해서 만들어 진다. 그러나 사안이 지극히 복잡할 경우 의사나 기능공들은 현재 제시된 치료(수리)법이 확실하다고 보지 않고 지속적인 생각의 가능성을 열어 둔다. 현재의 행위를 항상 잠정적인 것으로 보고 앞으로의 행동을 취하는 것이다. 현재의 해결책은 앞으로의 추가적인 관찰과 사실정보 수집을 안내하는 아이디어이자 현재 작동중인 가설로 취급되며 이를 통해 새로운 정보가 현재의 가설과 부합하는지를 지속적으로 살필 것이다. 만약 진단중인 환자가 자신이 생각하는 질병을 앓고 있다면 특정한 증상들이 나타날 것이다. 그리고 그러한 증상들이 나타나는지를 주의 깊게 살펴볼 것이다. 이런 방식으로 방향성을 가지고 문제 진단의 과정을 통제해 가는 것이다. 그리하여 문제가 제대로 된 형태를 갖추게 되고 정교화되며, 막연한 추측은 단순한 가능성의 차원을 벗어나 검증되고 나아가 측정된 확률의 형태로 탈바꿈하게 된다.

5. 네 번째 단계: 추론(좁은 의미에서)

관찰이란 자연 상태에 있는 것을 대상으로 하는 행위이다. 이를 통해 사실 정보를 수집하는데, 사실 정보는 추측이나 아이디어 가설을 수립하는데도 도움이 되지만 이것들이 해결책이 될 만한 것인지 그 가치를 검증하는데도 도움이 된다. 반대로 생각, 즉 아이디어는 말 그대로 머릿속에 떠오른다. 단순히 떠오르는데 그치지 않고 어떻게 하는지에 따라 상당히 발전된 형태로 바뀔 수도 있다. 하나의 아이디어가 경험 있고 지식이 풍부한 사람의 마음속에 떠올라 세련되게 다듬어질 수 있다면 처음에 문득 떠올랐을 때와는 전혀 다른 상태가 되는 것이다.

예를 들어 어떤 대상의 속성(예: 열의 팽창력)에 대해 사전 지식을 가지고 있을 때 어떤 현상이 왜 벌어졌는지 그 속성을 가설로 하여 설명할 수 있다. 단순히 물이 뜨겁다는 것이 관찰된 것만으로는 부족하며 열이 팽창력을 가진다는 지식을 통해서만 뭔가를 설명할 수 있게 되며 이때 팽창력은 어떤 현상을 설명하는 가설로서 작용하고 있는 것이다. 더 복잡한 형태는 하나의 아이디어가 또 다른 아이디어들을 연결시켜 추론이 길게 꼬리를 물고 이어지는 경우이다. 얼마나 길게 이어질 수 있는지는 가지고 있는 지식의 양에 따라 달라진다. 지금 탐구를 수행하고 있는 사람의 선행 경험이나 교육뿐만 아니라 당대의 문화나 과학도 영향을 미친다. 추론은 지식을 확장시키는데 도움이 되지만 거꾸로 지식이 얼마나 축적되어 있는지에 영향을 받으며 나아가 지식을 서로 공유하고 공표하는 장치가 존재하는지에 따라 영향을 받기도 한다.

의사는 자신의 지식을 바탕으로 추론을 하여 현재의 증상이 나타내는 질병의 속성에 대해 불과 한세대 전만해도 불가능했던 방법으로 훨씬 더 확실하게 알아낼 수 있다. 동시에 임상기기와 기법의 발달로 증상의 관찰도 훨씬 자세히 할 수 있다.

보다 더 자세한 관찰을 통해 최초의 어려움이 문제로 다듬어지듯이 추론도 비슷한 효과를 발휘한다. 철저한 관찰을 통해 막연한 추측을 그대로 밀고나가는 것을 일단 막는다. 처음에는 그럴싸해보이던 추측도 그 결과가 어떤 것인지 끝까지 논리적으로 추적해보면 잘 안 맞거나 어리석은 생각이었음이 밝혀지기도 한다. 추측대로 했을 때 어떤 일이 예상되는지를 따져 본 결과가 처음의 가정을 완전히 부정하는 것은 아니라고 하더라도 추론은 아이디어를 문제에 보다 적절한 형태로 발전시켜 주는 역할을 한다. 처음에는 관련 없어 보이고 거칠어 보이는 추측이라도 나중에는 도움이 되는 아이디어로 다듬어지는 경우도 자주 있다. 이렇듯 추론을 통해 아이디어를 다듬어 가다 보면 처음에는 서로 모순되어 보이는 요소들을 연결하여 일관된 전체로 묶어낼 수 있기도 하며, 서로 상반되는 방향으로 추론을 해보는 것도 가능하다.

전형적 추론의 예로서 수학. 수학은 감각기관을 통한 관찰 없이도 여러 생각들을 얼마나 길게 연결시켜 갈 수 있는지를 보여주는 좋은 예이다. 기하를 예로 들면 선, 각, 평행, 도형 등 몇 개의 간단한 개념들과 이들의 속성을 규정하는 몇 개의 간단한 규칙들로 시작된다. 두 개의 평행선이 하나의 직선과 교차할 때 이루어지는 각이 서로 같다는 것, 그리고 가로 선과 수직으로 만나는 선은 두 개의 직각을 만들어낸다는 것을 조합하여 삼각형의 내각의 합은 두 직각의 합과 같다는 것을 추론해 낼 수 있다. 앞에서 보여준 정리가 함축하는 바를 계속 추적해가다보면 도형의 전체 특성이 밝혀지는 것이다. 대수의 기호들을 조작하여 일련의 공식들과 함수들을 만들어 내다보면 생각들을 연결시켜 무엇을 만들어낼 수 있는지 놀라운 결과들을 만날 수 있게 된다.

일련의 과학적 관찰과 실험 결과로 만들어진 하나의 가설을 수학의 형태로 나타낼 수 있다면 그 아이디어는 하나의 문제를 가장 신속하고도 효과적으로 다룰 수 있는 형태로 얼마든지 변형이 가능하다. 자연과학의 발전 역시 이러한 수학을 매개로 한 아이디어의 세련화에 상당부분 기인하고 있다. 양적인 측정을 통해 과학적 지식을 축적하는 것뿐만 아니라 수학적 표현을 통해 추론을 하고 이를 통해 아이디어를 다양한 방향에서 보다 나은 형태로 전환하는 것이 가능했기 때문이다.

6. 다섯 번째 단계: 행동을 통한 가설의 검증

마지막 단계는 겉으로 드러나는 행동을 통해 검증을 하는 단계로서 추정된 아이디어에 실험적 확증 혹은 검증을 해주는 단계라 할 수 있다. 이때 가설을 선택하면 어떤 결과가 초래될 것이다라는 형태의 추론이 나타난다. 그리고 그 결론은 어디까지나 가설적이며 잠정적인 것이다. 만약 가설을 충족하는 모든 조건을 제시하였고, 경쟁하는 대안이 가진 부족한 점을 모두 충족시켰다면 이 가설을 믿고 받아들이지 않을 수 없을 것이다. 때로는 직접 관찰을 통해 확증을 할 수 있고, 실험이 꼭 필요한 경우도 있다. 중요한 것은 가설이 이론적으로 제시한 대로 실제로 그런 일이 일어나는지를 보여주는데 필요한 순서에 따라 조건들을 배열하는 것이다. 실험 결과가 이론에서 논리적으로 추정한 결과와 일치한다면, 또 그리고 그러한 조건에서만 우리가 예상하는 결과가 나올 것이라고 믿을 만한 충분한 이유가 있다면 결론을 내릴 수 있을 만큼의 강한 확증을 얻게 되는 것이다. 그러나 이 역시 가설을 수정해야만 할 정도의 반증 사례가 나올 때까지 만이다.

물론 검증이 항상 성공하는 것은 아니다. 때로는 결과가 이론을 확증하지 못하는 경우가 있다. 내세운 가설이 반박되는 것이다. 그러나 이러한 반추의 습관이 가진 장점이라면 실패가 그냥 실패가 아니라는 점이다. 진정으로 생각할 줄 아는 사람은 성공뿐만 아니라 실패로부터도 뭔가를 배운다. 진실로 깊은 사고를 거쳤고 막연한 운에 기대지 않았는데도 실패를 경험했다면 그는 지속적으로 문제를 살필 것이다. 그리고 기존에 세웠던 가설에 어떤 수정을 해야 하는지 암시를 얻을 것이다. 그래서 새로운 문제를 찾아내든지 기존의 문제를 보다 명료화할 수 있을 것이다. 사고에 길들여진 사람들은 실수와 오류를 이용할 줄 아는 사람들이다. 사고에 길들여지지 않은 사람들에게 있어서 자신을 괴롭히고 낙담하게 만들며 목적 없이 시행착오를 거듭하게 만드는 것들이 실은 그들을 훈련된 탐구자로 이끄는 자극들인 셈이다.

7. 다섯 단계의 순서는 고정되지 않았다

앞에서 논의한 다섯 단계는 일종의 사고의 정거장이자 기능들인데 꼭 순서대로 이루어지는 것은 아니다. 실제 사고의 과정에서는 각각의 단계가 아이디어를 다듬어 가설의 형태로 발전시키는데 자기만의 역할을 한다. 아이디어가 다듬어지면서 새로운 사실이나 정보가 관찰되며 이를 통해 기존의 정보가 적절한 것인지 더 정확히 판단할 수 있게 된다. 문제의 본질이 밝혀지고 적절한 가설이 수립될 때까지 가설에 대한 수정 작업은 계속된다. 그리고 어떤 검증 작업도 최종적이지 않으며 결과 여하에 따라 끊임없이 새로운 사실들과 아이디어들과 마주하게 만든다.

그러나 과학적인 조사와 실제 생활 속 문제해결과정에서의 행위를 통한 검증에는 중요한 차이가 있다. 그리고 실제 생활 속에서 뭔가를 해보면서 문제를 해결하는 과정이 훨씬 더 심각하다. 천문학자와 화학자가 뭔가를 해보는 것은 지식, 즉 자신이 가진 개념과 이론을 검증하기 위한 것이지만, 실제에 있어서 어떤 결과를 기다린다는 것은 지식 이상의 의미를 갖는다. 행동이란 한번 실행하면 다시 되돌릴 수 없기 때문에 생각을 함으로써 행위에 신중을 가하지 않으면 안된다. 사려 깊은 사람들은 도덕 관련 혹은 기타 실천적 문제에 있어서 가능한 한 자신의 행동을 실험적인 형태로 가져가려고 노력한다. 자신이 하려는 행동이 어떤 것인지 어떤 비지성적 결과를 초래할 것인지 항상 경계한다. 행동의 결과로 어떤 문제가 일어날 것인지를 예상해보며 다양한 결과를 초래할 여러 요인들 특히 자신의 습관이나 욕망과 관련된 요인들을 신중히 살핀다.

결론적으로 이상에서 소개한 반추의 다섯 단계는 반성적 사고에 꼭 필요한 것들을 대략적으로 정리한 것에 불과하다. 실제에 있어서 두 단계가 합쳐지기도 하고, 일부 단계는 생략되기도 하며, 한 단계에 집중하여 다른 단계가 사소해지는 경우도 있다. 정해진 규칙이 없다. 지적 전략이 어떤 것인지 개인이 얼마나 민감한지에 따라 다르게 운용될 수밖에 없다. 그러나 중요한 것은 뭔가가 잘못되었을 때 나쁜 결정을 하게 만들었던 방식을 재검토하고 뭐가 잘못되었는지를 살피는 것이다. 이것이야말로 현명한 실행 방법이라 할 수 있다.

생각해볼 문제

1. 반성적 사고에서 '지성화'란 무엇이며 왜 중요한가?

2. 반성적 사고에서 '관찰'이 담당하는 역할은?

3. 반성적 사고에서 '지식'이 담당하는 역할은?

4. 반성적 사고가 왜 '문제 해결'의 과정인지 그 이유는?

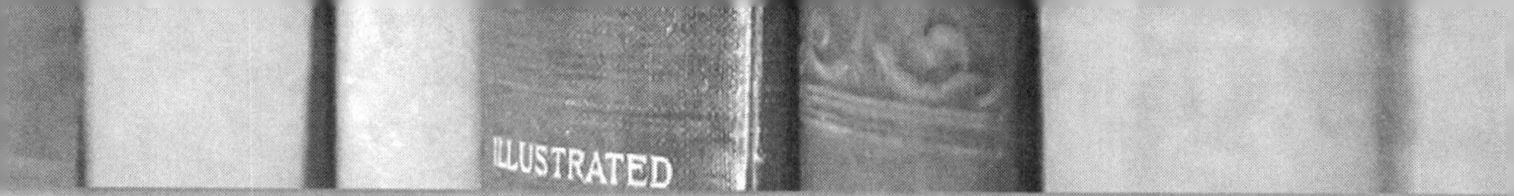

참고

반성적 탐구 모형

A Reflective Model[10]

바이런 마시알라스 & 벤자민 콕스
Byron G. Massialas & C. Benjamin Cox
1966

반성적 탐구모형은 여섯 단계로 이루어지는 데, 각 단계별로 특정한 기능과 활동을 상정하고 있다. 어떤 면에서 보면 이들 단계들은 하나의 비판적 사고 모형을 이루고 있는데, 이를 통해 학생들이 문제로부터 해결책을 찾아가는 과정을 순서대로 거칠 수 있도록 하고 있다. 각각의 단계는 준비, 가설, 정의, 탐색, 증거, 그리고 일반화의 순서로 되어 있다.

문제에 봉착해 준비하는 단계로부터 일반화될 수 있는 해결책을 찾는 정점에 이르기까지의 과정을 시작시키고 지속시키고 안내하는 지적인 동력이 이들 6단계 속에 녹아들어 있다.

---

10) 출처: Inquiry in Social Studies, McGraw-Hill, 1966, pp.115-119.

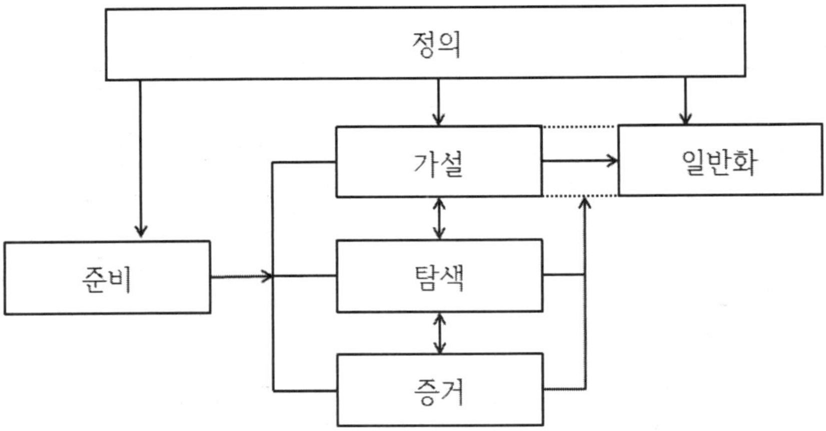

1. 준비(Orientation)

이 단계에서 학생들과 교사들은 주어진 문제 상황에 민감해지게 된다. 교과서의 문장을 읽거나 혹은 또 다른 형태의 자료를 읽는 가운데 어떤 문제가 있음을 깨닫게 되는 것이다. 교사가 직접 질문의 형태로 문제를 제시할 수도 있다. 여러 가지 사실적 지식들, 요약물, 아이디어나 일반화된 지식 등을 모으는 가운데 문제에 대한 준비가 이루어진다. 준비가 어느 정도 진행되다 어느 순간 설명, 관계설정, 해결책 제시, 정책 대안 제시 등을 필요로 하는 하나의 질문이 만들어진다.

2. 가설(Hypothesis)

가설은 문제에 대한 설명이나 해결책을 제시하는 기본적이면서도 선언적이며 일반적인 진술이다. 지금 다루고 있는 사회현상이나 문제에 대해 가능한 명확하게 인과관계, 설명, 기술, 정책 대안 등을 제시할 수 있어야 한다. 그리고 가설(문제에 대한 대안이 가설의 형태로 제시되는 경우가 많다)은 학생들과 교사들에게 합당한 증거를 찾는 길을 안내하는 역할을 한다. 요소들 간의 관계를 일반적인 용어로 표현하기 때문에 특수한 것에 얽매이지 않는다.

가설은 예컨대 "다른 문화와의 접촉은 가치와 욕구의 변화를 초래한다"와 같이 요약하는 문장의 형태를 띤다. 이어서 가설은 (1) 문제의 원인을 타당한 방식으로 설명하는지, (2) 기존에 제시된 일반화가 학생이나 교사들의 경험에 비추어 모순되지 않는지, (3) 가설을 뒷받침해주는 혹은 부정하는 역사적 사실이나 증거가 있는지에 비추어 검증된다.

그러나 검증 작업에 들어가기 전에 논의 상의 모호함을 없애고 공통된 기반을 마련하기 위해 모든 용어를 명확히 정의해 두어야 한다. 가설의 검증 가능성은 의미하는 바가 명확한지 그리고 서로 이해할 수 있는 것인지에 따라 달라질 수 있다.

3. 정의(Definition)

의미를 명확히 규정하는 일은 사실 반성적 탐구의 모든 단계에서 필요한 일이므로 정의 단계가 따로 명확히 구분된다고 보기는 어렵다. 탐구 과정에서 이루어지는 모든 대화에서 용어의 의미에 대한 합의가 반드시 필요하기 때문이다. 그리고 원래의 의미로는 사안을 제대로 표현하지 못할 때 조작적 정의를 하는 경우도 많다. 주로 준비와 가설 단계에서 정의가 특히 강조되지만 사실 반성적 탐구의 모든 작업이 실은 "그게 무슨 뜻이지?"라는 질문과 관련이 있다.

가설 검증을 진행하기 위한 다음 절차는 가설의 논리적 함의를 도출해 내는 탐색 단계이다.

4. 탐색(Exploration)

준비와 가설이 귀납적인 성격의 것이라면 이 단계는 기본적으로 연역적인 작업이다. 가설의 논리적 연역과 함의, 가정, 전제 등을 살펴보는 가운데 구체적 의미가 드러나게 된다. 또 가설이 적용될 수 있는 경우와 아닌 경우의 범위를 명확히 구분시켜 준다. 가설의 논리적 모순이 발견될 경우 가설이 다시 세워져야 한다.

가설의 함의를 진술하게 되면 곧바로 가설을 뒷받침하는 증거를 찾는 작업이 시작된다.

5. 증거(Evidencing)

가설을 증명해주고 뒷받침해주는 경험적 자료에 비추어 보는 일은 탐색 작업과 맞닿아 있다. 가설과 가설의 함의는 속성상 사실적 정보나 증거를 통해서 검증되어야만 한다.

그밖에도 가설을 연역적으로 뒷받침하거나 혹은 기각시켜줄 역사적, 인류학적, 사회학적, 기타 사회과학적 자료들이 동원될 수 있다. 때때로 자료가 충분치 않아 더 이상의 탐구 활동이 어려워지는 경우가 있다. 학생들과 교사들도 활용 가능한 증거 없이 더 이상의 검증 작업을 하는 것이 어렵다는 점을 깨달아야 한다. 어느 경우에 있어서든 반성적 분석의 최종 결과는 제대로 된 증거를 통해 검증을 거친 일반화나 결론에 이르는 것이다.

6. 일반화(Generalization)

반성적 탐구의 최종 결과는 문제나 현상의 인과관계나 상관관계를 설명하거나 실제적인 일반화를 제시하는 형태의 진술이 된다. 이 진술은 적절한 증거를 바탕으로 문제에 대한 가장 믿을만한 해법을 담고 있다. 그러나 이때의 일반화는 어디까지나 최후의 진리를 대표한다기보다 잠정적인 결론일 뿐이다.

현상이나 상황, 사실 정보에 비추어 볼 때 원래의 가설은 특정한 조건하에서 특정한 방식으로만 수용되며, 결론 속에서도 이러한 조건들이 반영되어야 한다. 그리고 결론의 잠정성과 조건의 명확성을 반영하여 결론의 표현과 어법을 다듬을 필요가 있다.

모든 가용한 자료를 검토했다 하더라도 최종 결론은 절대적인 것이 아니며 어디까지나 잠정적인 것일 수밖에 없다는 점을 항상 명심해야 한다.

생각해볼 문제

1. 저자들은 왜 자신들의 모형을 '반성적' 탐구라고 명명했을까?

2. 실제 문제를 바탕으로 하는 반성적 탐구와 과학적 탐구가 다른 점은?

3. 다른 탐구 모형과 비교하여 탐색 단계의 특징이 어떻게 다른지 살펴보자.

제7장

의사결정

Decision Making

셜리 엥글

Shirley Engle

1960

제7장
의사결정
Decision Making[11]

셜리 엥글
Shirley Engle
1960

내가 말하고자 하는 바는 아주 간단하다. 즉, 사회과를 가르칠 때, 단순한 암기가 아닌 의사결정을 중요시해야 한다는 것이다. 의사결정은 다음 두 가지 수준에서 강조될 수 있다. 첫째, 일련의 서술적 자료가 의미하는 것이 무엇인지, 이들 자료가 어떻게 요약되고 일반화될 수 있는지, 그리고 이것이 내포하는 원리는 무엇인지를 결정하는 수준에서, 둘째, 사실들, 원리들, 그리고 한쪽 측면만 보아서는 잘 알 수 없는 여러 가치들을 종합하여 어떻게 정책결정을 할 것인지의 수준에서이다.

내 주장을 뒷받침하기 위해서는 사회과학(the social sciences)과 사회과(the social studies)를 어느 정도 구분해 둘 필요가 있다. 사회과학이란 역사학자, 정치학자, 경제학자, 인류학자, 심리학자, 사회학자 및 인간행동과 관련된 일부 생물학자와 지리학자들의 학술활동과 조사활동을 포함한 작업내용을 말한다. 밀접한 관련을 갖는 분야로 철학, 문학, 언어학, 논리학, 통계학 등이 있다. 반면 사회과는 교과서 내용, 교수요목, 기타 학교에서 시민, 혹은 사회생활에 관련되어 가르치는 내용들로 이루어지는데 이것들은 사회과학에 바탕을 두고 있지만 정제와 선택의 과정을 거친 것

11) 출처: Social Education, 24, 1960, pp. 301-306.

들이다. 즉 사회과학의 일부분만이 사회과에 포함된다.

요컨대 사회과학과 사회과를 구분 짓는 중요한 특징 하나가 바로 사회과는 선택의 과정을 거친 것들이라는 점이다. 사회과학의 지식은 사회과학의 자기 목적을 위해 존재한다. 모든 지식은 그 가치가 똑같으며, 직접적인 효용성을 갖는 것도 아니다. 반면 사회과의 핵심적 관심사는 항상 어떤 지식이 가장 가치로운지에 놓여 있다. 만약 모든 종류의 지식을 놓고 하나의 교과서를 만든다면 어떤 지식을 강조해야 할지, 어떤 내용이 가장 중요한지의 문제를 생각해야 한다.

단순히 선택의 문제를 떠나 사회과와 사회과학을 구분하는 더 근본적인 차이가 있다. 사회과와 사회과학은 그 추구하는 바가 확연히 다르다는 것이다. 사회과학자들이 지향하는 것은 바로 연구이다. 사회과학자가 보다 과학자다워질수록 그의 관심분야는 전문화될 수밖에 없고, 점점 더 작게 쪼개지는 연구 분야에서 더 많은 지식을 얻으려는 욕구는 점점 더 커져 가게 된다. 그는 통합하고, 종합하고, 적용하기보다는 자꾸만 쪼개고, 분석하고, 흩어놓으려 한다. 그의 머리속을 채우고 있는 것은 한정된 사회적 장면 속에서 어떻게 하면 지식의 최전선을 확대해 갈 것인지 하는 생각뿐이다.

사회과학자들의 세밀한 연구지향성과는 대조적으로 사회과에서는 시민을 교육하는 것이 주된 관심사이다. 좋은 시민의 지표가 되는 것이 바로 사회생활에서 부딪히게 되는 공적·사적 사안에 대해 한 시민이 내리게 되는 의사결정의 질이다. 이때 사회과학은 의사결정의 기초가 되는 믿을만한 사실적 정보나 원리들을 제공해 주는 역할을 담당하는데, 그렇다고 해서 결코 이미 준비된 의사결정 자체를 제공해 주지는 않는다. 사실적 정보라고 하는 것은 누구나 볼 수 있게 그냥 거기 있는 것이지 그 자체가 무엇을 할 것인지 말해주지는 않는다. 즉 의사결정은 단순한 사실과 원리에 관한 지식을 넘어서서 주어진 정보와 가치관들 속에서 이들을 종합하고 저울질하는 과정을 필요로 한다. 시민으로서 뭔가 의사결정을 내려야만 하는 문제들은 어느 것 하나 단순하지 않으며, 여기에 관련된 사실들과 가치들도 어느 한 면만 보아서는 결코 판단하기 힘든 것들이다. 하나의 사회문제라고 하는 것은 사회과학에서는 각기 따로따로 취급하는 정보들과 지식들을 다시 한데 모아 놓고 생각해보아야 하는 것들이다. 요컨대 사회과가 추구하는 것은 분석이 아니라 종합이다. 사회과학이 끝나는 바로 그곳에서 사회과가 시작된다. 사회과학자들의 눈에는 사실과 원리들 그 자체가 목적이지만 사회과에서 이것들은 단지 수단에 불과하다. 사회과의 목적은 정보를 얻는데 있는 것이 아니라 사람의 인격을 형성하는데 있다. 즉 좋은 시민을 형성하는 것이 목표이다.

좋은 시민은 자신의 통제 하에 있는 많은 사실적 지식을 가지고 있으며, 나아가 공적인 그리고 사회적 사안에 대해 나름대로의 잠정적인 결론을 가지고 있어야 한다. 또 건전하고도 사회적으로 책임 있는 신념과 확신을 가지고 있어야 한다. 그가 지닌 신념과 확신은 언제든지 여러 가지 사실들과 가치에 비추어 검증될 준비가 되어 있기에 건전하고도 책임 있다고 말할 수 있다. 그의 생각들을 검증하는 과정을 통해 더 많은 사실적 지식을 알게 될 것이며, 지적인 의사결정을 내리는 스킬도 더 세련되어질 수 있다. 학생의 마음속에서 사실과 가치를 종합하는 능력이 향상될수록 동시에 여러 가지 사실과 가치들, 때로는 반증 사례에 비추어 자신의 의사결정을 판단해볼 수 있는 능력도 향상된다는 점이 사회과가 가진 최대의 강점이다.

사회과가 시민들을 교육하는 것을 목적으로 하려면, 또 학생들이 공적인 문제에 대해 취하게 될 신념과 확신의 수준이 주된 관심사라면, 나아가 의사결정의 능력을 향상시키는데 노심초사한다면, 반드시 명심해야 할 몇 가지가 있다. 구체적으로 다음과 같다.

먼저 소위 '밑바닥을 훑는 기법(ground-covering technique)'라고 부르는, 즉 정보를 암기하는 것을 지식을 얻는 것으로 혼동하고 있는 그 기법을 포기해야 한다. 여기에서 밑바닥을 훑는다는 것은 많은 양의 서술적인 정보를 그것의 의미가 무엇인지, 어떤 맥락에서 나온 것인지, 어디에다 쓰이게 될지 생각도 해보지 않고 무조건 암기하는 그런 종류의 흔한 학습 활동을 의미한다. 물론 그런 내용들 중에서도 흥미 있는 것들이 있겠지만, 이를 다룰 때 수박겉핥기 식으로 한다면, 철저한 개념 파악이나 원리이해를 통해 그러한 자료가 등장했던 시대와 장소의 맥락을 제대로 이해하기는 어려울 것이다. 예컨대 미국사를 다룰 때 인디언에 관한 이야기를 단순히 읽고 외우는 수준에서 그친다면 아무리 여러 번 반복한다고 하더라도 인디언에 대한 제대로 된 개념을 형성하거나 다양한 문화의 인간들과 역사에 대한 일반적인 원리를 파악하는 것은 불가능하다. 또 전체 내용을 서둘러서 커버하려고 하다보면 내용에 대한 사려 깊고 비판적인 학습은 할 수가 없게 되어 학생들로 하여금 서투른 결론에 이르게 하거나 아니면 잘못된 생각을 갖게 할 수도 있다. 인디언을 공부하는 것이 이득이 되기보다는 해가 되고 진리를 가르치기보다는 거짓을 가르치는 결과를 빚을 수도 있는 것이다.

어느 한 분야에 대해 많은 내용을 커버해야 한다고 믿는 데는 첫째, 관련된 내용을 모두 외우는 것이 그 분야에 대해 아는 것이라는 오해와, 둘째, 생각을 하기 전에 우선 사실적 정보를 많이 알아야 한다는 오해가 밑바탕에 깔려 있다. 영국의 역사학자 핀리(M.I. Finley)는 이와 같이 단순히 개별 사건들을 시간 순서대로 나열하는 것은 그것이 얼마나 정확하게 이루어졌건 간에 아무런 의미를 갖지 못한다고 말한다. 그러한 지식은 의미가 없으며, 그러한 지식을 모으는 것은 시간 낭비에 불과하다. 지식은 암기될 것이 아니라 이해되어야 한다. 역사 분야를 예로 든다면 인간사에 대한 일반적인 원리를 파악할 수 있어야 한다. 즉 문제는 개별 사안에 있는 것이 아니라 보편적인 것에 있으며, 구체적 사건보다는 기저에 깔려있는 패턴과 일반성을 파악하는 데 있다.

다음으로 잘못된 생각이 우리가 어떠한 사실들에 대해 결론을 내리거나 그 의미에 대해 생각해 보기 위해서는 먼저 그 사실들을 기억 속에 저장하고 있어야 한다는 학습이론이다. 그런데 이 이론은 널리 알려진 과학적 방법들이나 사려 깊은 사람들이 지적 문제에 대해 접근하는 방식과는 커다란 차이가 있다. 보통 사상가들이나 과학자들은 사실적 지식들 간의 가능한 관계에 대해 먼저 생각하고 다음에 이 이론에 대한 검증이나 검증에 필요한 사실들을 생각한다는 것이다(새로운 분야의 지식 중 상당수가 이런 방식을 통해 탄생되었다). 따라서 알고자 하는 것을 모두 알려면 생각에 잠기기 전에 일단 먼저 이것들을 외워두라는 얘기는 결국 그의 지적인 성장을 철저히 제약하자는 말밖에 되지 않는다. 그런 식으로 말하면 인디언에 대해 이해하려는 아이나 우주의 의미에 대해 생각하는 아인스타인이나 다를 바가 없다고 할 것이다.

밑바닥을 훑는 일에만 매달려있는 우리 교실의 현실을 보면, 결국 학생들의 기억 속에 남아 있는 사실적 지식의 숫자마저 적은 수로 한정될 수밖에 없다는 것을 알 수 있다. 이것들은 이른바 기초적 사실들이라는 것들인데 이것들만 계속해서 반복한다고 하더라도 문득문득 잊어버릴 수밖에 없는 것들이다. 이렇듯 밑바닥 훑기식 접근법은 결국 수업시간에 다루게 될 사실적 정보의 숫자를 한정시키게 하는 결과를 초래한다. 때문에 학생들이 지적인 과업에 대해 이성적인 결론을 이끌어 가는 과정에서 다루게 될 사실적 정보의 양을 배가시킬 필요가 있다. 우리가 단순히 암기하는 데에 얽매여 있지 않고 사실로부터 결론을 이끌어내고 인간사에 대한 우리의 사색이나 생각을 우리가 수집한 모든 가능한 데이터를 통해 테스트해봄으로써 사실적 정보의 양을 훨씬 풍부하게 만들 수 있다.

밑바닥 훑기식 접근법, 혹은 암기식 접근법을 반성적이고, 사려깊고, 생각을 촉진하며, 결론을 이끌어 내는데 관심이 있는 의사결정으로 대체해야 한다. 내 주장의 요지는 결국 의사결정이 하나의 기본 구조물이 되어 이를 중심으로 사회과의 수업이 조직되어야 한다는 것이다. 사회과에서 의사결정이 갖는 중요성은 이미 앞에서 언급한바가 있다. 다만 여기에서 강조하고자 하는 것은 학생들이 의사결정의 과정을 통해 비판적으로 사고

하는 훈련을 받지 않는다면 결코 탄탄하고도 이성적인 결정을 내리는 법을 결코 배울 수 없다는 점이다.

사회과 수업에서 경험하게 될 의사결정은 학생들이 간단한 생각을 통해 몇가지 정보를 종합하여 한 문단 정도로 정리해 낼 수 있는 지극히 단순한 상황에서부터, 공공정책이나 개인행동과 관련된 복잡한 사회문제에 이르기까지 여러 가지 수준에서 이루어질 수 있다. 예컨대 남북전쟁이후 대평원에서 살던 인디언에 대한 학습을 할 때 낮은 수준의 의사결정을 요하는 문제의 예로 다음과 같은 것이 있을 수 있다.

"다음 문장 중 어느 것이 인디언들이 지속적으로 겪었던 생활상의 어려움을 가장 정확하게 묘사하는가?"

(1) 인디언들은 그들이 수세기 동안 살아왔고 자신들의 땅이라고 믿어왔던 곳에 자유롭게 드나들었다는 이유로 정착민들에 의해 침입자 취급을 받았다,

(2) 대평원 인디언들은 특별한 정착지 없이 유랑 생활을 했기 때문에 토지에 대한 배타적 권리를 주장하지 않았다,

(3) 부족을 배신한 인디언들과 백인 무법자들이 인디안 문제의 중심에 있었다(인디언 문제에 대한 헐리우드식 해석),

(4) 미국 정부가 인디언 문제를 다루는 방식은 배신과 약속파기로 점철된, 한마디로 "인디언의 권리에 대한 철저한 무시 정책"으로 특정지울 수 있다,

(5) 인디언과 백인들은 서로 토지를 사용하는 방식이 달라 결코 타협점을 찾기 어려웠다.

한편 보다 높은 수준에서 다음과 같은 문제에 대한 의사결정을 요구할 수도 있다. 즉 "대평원 인디언의 평정을 위한 군사작전에서 조지 크룩 장군의 행위는 공정했다고 볼 수 있나? 또 그 근거는 무엇인가?" 또는 보다 높은 수준에서 "미국의 통치에 대해 저항하는 인디언에 대한 미국의 정책

은 어떠해야 했는가?" 하는 질문을 던질 수도 있다.

어떤 의사결정은 본질적으로 사실에 관계되는 것이 있다. 그 예로 1870년대, 1880년대, 1890년대 걸쳐 미국 정부가 대륙횡단 철도의 건설을 장려하기 위해 철도 회사에 토지와 자금을 얼마나 무상으로 제공했는지의 문제를 들 수 있다. 동시에 이들 회사들이 연쇄적으로 부도를 겪었다는 것과 그럼에도 불구하고 밀과 옥수수 수출이 20년 동안 10배 이상 성장하고 공산품 가격이 200% 증가하였고, 필라델피아 내에서만 180여개의 공장이 신축되는 등 농업 및 산업의 성장이 지속적으로 확대될 수 있었다는 점을 예로 들 수 있다. 이러한 예는 또 얼마든 있다. 이때 의사결정이 개입되는 부분은 이러한 사실들이 무엇을 의미하는지에 관한 것이다. 이러한 사실을 한데 모으면 무엇이 되는가? 이러한 사실들을 정확히 요약해줄 수 있는 일반화된 진술은 무엇인가? 핵심 산업에 대한 정부의 지원이 다른 민간 산업의 성장을 배가시켰는지, 민간투자자들은 위험부담을 안은 채 새로운 산업발달을 출발시키는데 필요한 엄청난 규모의 투자를 결코 하지 않으려고 했을 것인지, 정부가 개입된 산업은 비효율적이어서 결국에는 실패할 수밖에 없었던 것인지, 민간 기업이 경제성장에 필요한 교통설비를 제공하리라고 기대하기는 어려웠을 것인지, 정부의 산업분야 개입은 결국 민간 분야의 성장을 고사시키게 될 것이었는지, 정부지출에 의존하는 산업은 비경제적이며 결국에는 실패할 것이었는지, 만약 정부가 철도를 위한 공적 자금을 지출하지 않았다면 민간 기업들이 철도건설을 위한 자금을 마련했을 것인지 등 여러 가지 해석이 있을 수 있다. 이상의 여러 가지 해석들 중에 뭔가를 결정하기 위해서는 본질적으로 관련된 사실을 골라내고 다시 적용해 봄으로써 앞에서 제시된 사실을 가장 정확히 반영하는 결론을 이끌어내는 작업이 뒤따라야한다.

그 밖의 많은 의사결정이 사실들뿐만이 아니라 가치문제가 개입된 것들이다. 예를 들어 재고농산물에 관한 문제를 해결하기 위해 제시된 두 가지 해법을 놓고 하나를 고른다고 하자. 먼저 사실의 측면에서 정부의 수매정책이 결국 농업의 비효율성을 가져와 농산물의 가격을 높이는 결과를 초래할 것인지를 생각해야 한다. 여기까지가 사실에 관계된 결정인데 이것으로 끝나는 것이 아니다. 만약 정부의 지원이 없다면 흉작의 위험이 상존하는 농업생산의 비정규성 때문에 농민들이 대규모로 농사짓는 것을 포기할지 모르기 때문이다. (정부의 개입이 사라짐과 동시에 이러한 현상이 벌어질 것인지는 역시 사실에 관계된 문제이다). 즉 그들에게는 정부의 개입이 차라리 더 나은 편인지도 모른다. 이러한 두 번째 종류의 결정은 가치의 문제와 관련이 있다. 그러나 모든 가치판단의 문제가 그러하듯이 이러한 문제도 사실판단에 관련된 측면이 많다. 예를 들어 가치의 위계상 '인간의 최대한의 자유'는 모든 의사결정에 참여하는 모든 이가 추구하고 합의할 수 있는 가치일 것이다. 이러한 전제하에 한편에서는 정부의 규제와 인간의 자유, 다른 한편으로는 기업의 통제와 개인의 자유에 관한 사실적 조사가 이루어질 수 있다. 가치와 관련된 결정이 반드시 이러한 방식으로만 해결되는 것은 아니라고 하더라도 가치와 관련된 이슈들은 여러 가지 해법들에 대한 사실조사를 통해 명료하게 그 본질이 드러날 수 있을 것이다.

이와 같이 의사결정이 사회과 수업의 초점이 되기 위해서는 수많은 양의 사실적 정보가 수반되어야 한다. 몇 가지 기본적 사실에 대한 암기만으로 충분치가 않다. 교과서의 피상적 학습은 더더구나 충분치 않다. 위에서 살펴보았던 것처럼 잠정적이나마 어떠한 결론을 이끌어 내기 위해서는 결론의 검증 수단이 될 만큼 충분한 양의 사실적 정보가 있어야 한다. 이를 위해서는 암기하기에는 내용이 너무 많을 정도로 충분한 양의 읽을거리가 필요하다. 학생들이 일반적인 아이디어를 얻거나 적절한 정보를 얻기 위해 또는 속독 능력을 기르기 위해 많은 양을 읽어 버릇하는 것과 매일매일 조금씩 읽으면서 내용을 외우는 것과는 그 근본 취지가 다르다. 교과서 대신에 알찬 내용과 정보가 담겨있고 흥미 있는 내용이 담겨있는 자료들을 많이 읽을 필요가 있다.

사회과 수업의 주된 관심사가 높은 수준의 의사결정능력을 기르는 것이 되려면, 사회과 수업에서 이루어지는 지적 활동의 수준이 업그레이드되어야 한다. 현재 빈약하기 그지없다라고 밖에 할 수 없는 수준의 사고절차가 사회과 수업에 만연해 있다는 것이 연구 보고의 결과이다. 사실 사회과 수업에서 발견되는 논리의 수준은 과학이나 수학, 심지어는 국어 시간에서 보여지는 수준에도 훨씬 미치지 못한다. 사회과 내용의 특징 상 어려운 점이 있다고 하더라도 만족할 만한 수준은 결코 못된다. 사회과 수업에서 가장 많이 발견되는 논리적 오류는 대략 교과서의 진술을 사실로 의심 없이 받아들인다든가, 주장을 사실로 오인한다든가, 권위에 의존해서 주장의 타당성을 검증받으려 한다든가, 단지 하나의 가능한 설명을 진실로 오인한다든가, 핵심 개념에 대한 명확한 합의 없이 토론에 임한다든가(예컨대 루즈벨트가 '좋은' 대통령인지 '강한' 대통령인지에 대해 토론할 때 '좋은'의 의미와 '강한'의 의미에 대해 사전합의가 없다든지의 문제), 사실여부에 근거해서 답해야 하는 문제를 가치 판단의 문제로 몰고 간다든지 하는 등의 것들이다. 이러한 논리적 오류들을 수업시간에 지속적으로 반복한다면 지적인 혼란과 무책임성만 반복할 뿐이다. 우리가 정말 능력 있는 시민의 자질을 기르고자 한다면 단지 의사결정 자체만 강조할 것이 아니라 이러한 의사결정이 과학적이고 논리적인 절차에 따라 이루어지며, 학생들이 이러한 논리적인 의사결정을 충분히 훈련할 수 있도록 해야 한다는 점을 알아야 할 것이다.

마지막으로 사회과 수업을 통해 책임 있는 의사결정능력을 기르고자 한다면 사회과 수업의 핵심적 관심이 가치관의 형성에 있다는 점을 알아야 할 것이다. 실제 생활에서 이루어지는 의사결정을 궁극적으로 가치판단의 문제이다. 학생들이 그가 내리는 의사결정에 내포되어 있는 가치문제를 깨닫지 못한다면, 또 그가 가치문제를 다루는 훈련이 되어 있지 않다면, 이는 무자비한 도살자에게 순진한 양을 끌고 가는 꼴밖에 되지 않는다. 그러한 학생들이 사회에 나가면 대개 "학교에서는 현실이 이러한 모습이라는 것을 가르쳐 주지 않았잖아"라고 불평하거나 아니면 쉽사리 냉소주의에 빠지거나 잘못된 가치관을 갖게 될 수도 있다. 어떠한 가치를 가져야 할지의 문제를 수업시간에 결정할 수 있는 것이 결코 아니지만, 그렇더라도 가치에 대해 지성적인 방법으로 다루어볼 수는 있어야 한다. 사람들이 가진 가치의 본질을 명확히 드러내고, 가치와 관련된 쟁점을 명료히 하고, 특정 가치를 선택한 결과가 무엇인지 사실을 근거로 어느 정도 확인해 볼 수도 있을 것이다. 예를 들면 인종통합 대신 인종차별을 지지하는 가치관이 가져 올 결과에 대해 이를 사람들의 경제적 생산성 문제, 대외관계 문제, 교육체제의 효율성 문제, 인종간의 유전적 혼합 문제 등의 관점에서 생각해 볼 수 있을 것이다. 또 특정 가치를 세계평화, 기독교적 형제애, 경제적 안정과 복지, 국가통합, 친구를 선택할 수 있는 권리 등의 가치에 비추어 볼 수 있다. 나아가 여러 가지 가치들 간의 위계구조 속에서 예컨대 백인 전용의 이발소에서 머리를 깎고자 하는 낮은 레벨의 생각을 상위 레벨의 가치인 모든 인간은 평등하게 대우받아야 한다는 원리에 비추어 볼 수도 있다.

가치에 관련된 문제를 회피하는 것은 의사결정의 심장 부위를 도려내는 것과 마찬가지이다. 오늘날 미국사회의 가장 기본적인 사회문제는 일종의 가치문제이다. 예를 들어 국가 안보의 문제를 중요시 여겨 교육이나 국방비에 더 투자를 할 것인지 아니면 개인으로서의 우리의 권리를 중요시 여겨 자동차를 장식하는데 돈을 더 많이 쓸 것인지의 문제가 그 전형적 예이다. 이때 어느 한 쪽을 선택한 결과가 무엇인지 예측하는 것이 불가능하지는 않다. 그러나 학생들이 제대로 된 결정을 제 시간 내에 내릴 수 있는지는 결코 확신할 수 없다.

내가 주장하고자 하는 바는 앞에서도 보듯이 아주 간단하다. 사회과 수업의 핵심적 관심사는 의사결정의 질에 있다는 것이다. 필요하다면 내가 말하고자 하는 입장을 본질적으로 뒷받침해주는 유명한 사람들의 말을 인용해 볼 수도 있다. 고대의 인물들로 보자면 객관적 역사학의 아버지라 할 수 있는 소크라테스, 플라톤, 투키디데스가 여기에 포함될 수 있으며, 또 근대의 위대한 철학자인 알프레드 노스 화이트헤드, 경제학자이자 비평가인 피터 드러커, 로버트 F. 고힌 프린스턴대 총장이 포함될 수 있다. 그러나 이들을 인용하는 문제는 별도의 긴 논의를 요하며, 사실 이상의 논의와 기본적으로 맥락을 같이 하는 것들이다. 여기에서는 근대의 과학자인 한스 셀예의 말을 인용하는 것으로 대신하고자 한다.

"어떠한 결론도 끌어낼 수 없는 사실이라면 그다지 알아야 할 가치가 없다."

생각해볼 문제

1. 사회과와 사회과학은 어떻게 다른가?

2. 의사결정이 필요한 두가지 상황은?

3. 교과서에 사실적 정보의 양을 많이 늘려야 하는 이유는 무엇인가?

제8장

도덕 추론

Moral Reasoning

로렌스 콜버그

Lawrence Kohlberg

1976

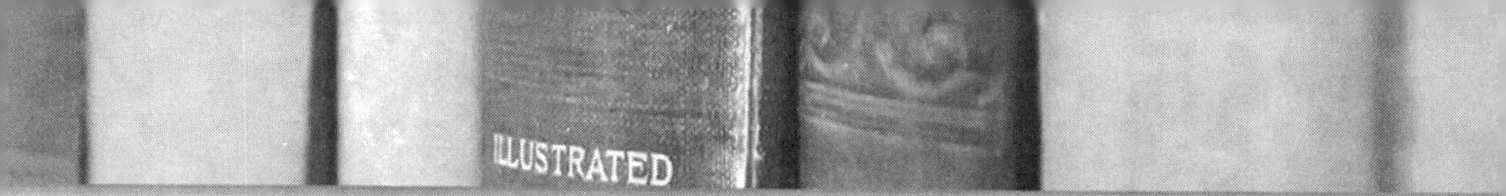

제8장
도덕 추론
Moral Reasoning[12]

로렌스 콜버그
Lawrence Kohlberg
1976

이 글에서는 도덕교육에 있어서 인지발달론적인 접근법의 특징과 내용, 이를 뒷받침하는 연구 결과, 다른 접근법과의 차이, 그리고 나와 내 동료들이 이 모형을 적용하기 위해 수행한 실험들에 대해 소개하고자 한다.

1. 도덕발달 단계

인지발달론적 접근법을 최초로 제시한 사람은 존 듀이이다. 이때 '인지'라는 말을 사용한 것은 지식교육과 마찬가지로 도덕교육도 아이들이 도덕 문제에 대해 적극적으로 사고하도록 장려하는 것을 기본으로 한다는 의미에서이다. '발달론'이라는 용어를 쓴 것은 도덕 교육의 목적이 도덕발달단계에 따라 어린이를 발달시키는데 있다는 의미에서이다. 듀이에 따르면:

> 교육의 목적은 지적인 측면과 도덕적인 측면에서의 성장 및 발달을 촉진하는데 있다. 학교교육의 최대 과업이라 할 수 있

12) 출처: Purple, D. & Ryan, K. (1976). Moral Education...It Comes with the Territory, 175~195, Berkely: McCutchan Publishing Company.

는 자유롭고도 강인한 인격을 형성시키는데 있어 여러 가지 윤리적·심리적 원리들을 활용할 수 있다. 그리고 이는 심리적 발달단계의 순서와 각 단계가 어떻게 연결되는지에 대한 지식을 통해서만 가능하다. 교육은 심리적 기능들이 가장 자유롭고도 충만하게 성숙할 수 있는 조건을 제공할 따름이다.

듀이는 세 단계의 도덕발달을 가정했다: (1) 전도덕 혹은 전인습 단계로 기본적으로 생물학적 혹은 사회적인 충동을 자극하여 도덕적인 결과를 낳는 행위를 하게 하는 단계, (2) 인습단계로 개인이 자신이 속한 집단의 행동기준을 무비판적으로 받아들이는 단계, (3) 자율단계로 생각 없이 집단의 기준을 받아들이지 않고 스스로 목적이 선한 것인지 생각하고 판단해서 행동을 하는 단계이다.

도덕발달단계에 대한 듀이의 생각은 이론 차원의 것이다. 최초로 어린이의 도덕 발달을 실제 면담과 관찰(규칙을 주고 게임하게 하는 방법)을 통해 연구하고 그 결과들을 토대로 도덕발달단계를 제시한 사람은 장 피아제(Jean Piaget, 1948)이다. 피아제는 인터뷰 등의 방법을 이용하여 전도덕, 인습, 자율 단계를 다음과 같이 설명하고 있다. (1) 전도덕단계: 도덕적 의무감이 전혀 없는 상태, (2) 타율단계: 규칙에 곧이곧대로 따르는 것이 옳은 것이라고 보며 힘과 처벌에 굴복하는 것과 도덕적 의무를 동일시 함(대략 4~8세). (3) 자율단계: 규칙에 따르는 것의 목적과 결과에 대해 생각하며, 주고받는 호혜성에 기반 하여 도덕적 의무를 갖는 단계(대략 8~12세).

1955년에 나는 종단 연구와 문화 간 비교 연구를 통해 듀이-피아제가 제시한 발달단계를 검증하고 수정했다. 종단 연구를 통해 발달단계가 검증된다는 것은 이러한 발달단계가 경험적인 근거를 갖게 되는 것을 의미한다. 피아제와 내가 정리한 바에 따르면 발달 단계는 다음과 같은 특징이 있다.

1. 각 발달단계는 전체가 하나의 구조를 이루며, 사고의 유기적인 체계라 할 수 있다. 그리고 개인은 도덕 판단의 수준에 있어서 일관된 특징을 보인다.
2. 발달단계는 일정한 순서에 따른다. 극단적인 트라우마를 겪는 경우를 제외하고는 모든 조건하에서 발달이 높은 단계로 진행되며, 퇴행하거나 단계를 건너뛰지 않는다. 즉 언제나 다음 단계로 발달이 진행된다.
3. 각 발달단계는 하나의 위계구조 속에 놓인다. 상위 단계의 사고를 할 수 있으면 하위 단계의 사고를 할 수 있다. 그러나 보다 높은 단계의 사고를 따르고 선호하는 경향이 있다.

각 발달단계들 속에 이러한 특징들이 녹아들어 있다. 그리고 각 발달단계는 일련의 도덕적 딜레마를 제시하고 이에 대해 어떻게 반응하는지(점수화됨)에 따라 어디에 속하는 지가 정해진다. 이 이론을 검증한 연구들은 다음과 같다.

1. 50명의 시카고지역 중산층 및 노동계층 소년들을 대상으로 한 20년짜리 종단 연구: 10세에서 16세 사이의 연령에서 출발하여 3년 간격으로 인터뷰를 진행함.
2. 터키의 시골 마을과 도시에 사는 동 연령 대 소년들을 대상으로 한 6년짜리 소형 종단 연구.
3. 그 밖의 캐나다, 영국, 이스라엘, 타이완, 유카탄 반도, 온두라스, 인도에 걸친 다양한 횡단 연구들.

발달단계들이 구조적으로 서로 연관되어 있는지에 대해서는, 50% 이상의 소년들이 항상 한 단계 만의 특징을 보였으며, 나머지는 한 단계에서 다음 단계로 진입하는 인접 단계에 있음을 점을 알 수 있었다.

정해진 순서대로 발달하는 지에 대해서는 3년 간격의 인터뷰에 참여한 학생들 모두가 3년 전과 같은 단계에 머물러 있거나 다음 단계로 진행하였음을 알 수 있었다. 터키와 미국에서 모두 이러한 특징이 나타났다.

단계들 간의 위계구조와 관련해서는 연구에 참여하는 소년들에게 여러 단계에 관련된 문장들을 보여 준 결과 자기 수준의 단계 혹은 그보다 낮은 단계와 관련된 문장은 제대로 이해하고 각자의 언어 수준에 맞게 답을 한 반면, 한 단계 이상을 넘는 수준의 문장은 이해하지 못했다. 일부 학생은 자신보다 하나 높은 단계의 문장을 이해하는 경우도 있었고 일부는 그렇지 못했다. 그리고 아이들은, 특히 높은 단계에 있는 아이들은 그들이 이해할 수 있는 최고 수준의 단계를 선호했다.

도덕발달단계를 이해하는데 있어서 한편으로는 논리나 지능발달단계와, 다른 한편으로는 도덕적 행위와 어떤 관계가 있는지를 명확히 할 필요가 있다. 먼저 IQ 또는 언어지능과 도덕판단능력의 상관관계를 조사한 결과 30점대로 변량의 10% 수준만을 차지할 만큼 낮은 것으로 나타났다. 상관관계가 낮다고 해서 인지발달이 도덕발달에 있어 중요하지 않은 것은 아니다. 피아제에 따르면 아이들이 말하는 것을 배운 이후 세 가지 사고발달단계, 즉 직관적, 구체적, 형식적 조작 단계에 따라 발달한다고 한다. 7세 정도가 되면 구체적인 논리적 사고를 할 수 있게 되어 구체적 사물에 대한 논리적 추론, 분류, 양적인 관계의 이해를 할 수 있게 된다. 청소년기가 되면 형식적 조작단계에 이르는데, 이 단계에서는 추상적인 사고가 가능하여 가설을 수립하고, 가설로부터 함축된 의미를 연역해 내고, 이를 현실에 비추어 검증해 볼 수 있게 된다.

도덕적 추론능력도 추론능력의 하나인 만큼 논리적 추론능력이 발달할수록 도덕적 추론능력이 발달할 수밖에 없다. 따라서 논리적 추론능력을 넘어선 도덕추론능력을 얻는 데는 분명한 한계가 있다. 인지발달이 구체적 조작 단계에 머물러 있는 사람들은 도덕발달이 전인습단계(1단계와 2단계)를 넘어서기 어렵다. 부분적인 구체적 조작 단계에 머물러 있는 사람들은 인습단계(3단계와 4단계)를 넘어서기 어렵다. 이렇듯 논리적 발달은 도덕발달에 있어 전제 조건이 되며 제약을 가하지만, 대부분의 사람들은 논리발달 수준에 비해 도덕발달 수준이 낮게 나타나는 경향이 있다. 한 예로 50% 이상의 청소년 후반기 또는 성인기에 해당하는 사람들이 형식적 조작을 할 수 있는 반면 이들 형식적 조작을 할 수 있는 사람들 중 10%만이 원리적 도덕 추론(5단계와 6단계)을 할 수 있는 것으로 나타났다.

도덕발달단계는 도덕 판단 혹은 도덕 추론의 구조라 할 수 있다. 도덕 판단의 '구조'는 도덕판단의 '내용'과 구분이 되어야 한다. 우리가 수행한 여러 연구들에서 도덕발달단계를 알아보기 위해 도덕적 딜레마를 주고 어떻게 반응하는지를 살펴본 적이 있는데, 이를 예로 들어 볼 수 있다. 그 딜레마는 죽어가는 여인을 구하기 위해 약을 훔칠 것인지에 관한 것이다. 약을 만든 사람은 원가에 비해 열배나 높은 가격으로 약을 판다. 그 여인의 남편은 그만한 돈을 벌지도 못하는데 판매자는 약값을 깎아주지 않고 돈을 낼 때까지 기다리기만 한다. 남편은 어떻게 해야 하나?

이때 실험에 참여하는 사람이 골라야 할 선택(훔친다, 훔치지 않는다)이 그 상황에서 그가 하게 될 도덕 판단의 내용이다. 그가 선택을 하면서 하게 되는 추론이 그의 도덕 판단의 구조가 되는 것이다. 이 도덕적 딜레마 상황에서 이루어지는 도덕 추론은 다음 10가지의 보편적 도덕 원리나 개인적 관심사와 관련되어 있다.

1. 처벌
2. 재산
3. 역할과 감정 여하
4. 역할과 권위 여하
5. 법률
6. 생명
7. 자유

8. 분배 정의
9. 진리
10. 성(性)

이때 이루어지는 도덕적 선택은 여기서 제시한 가치들 중 두 가지 혹은 그 이상이 구체적 상황에서 서로 갈등할 때 이들 중 하나를 선택하는 일이라 할 수 있다.

개개인이 제시하는 도덕 판단의 발달 단계 또는 구조는 다음 조건에 따라 규정된다: (1) 딜레마 상황에서 어떤 가치를 중시하며(생명 혹은 법률), 그 가치를 뭐라고 규정하는지, 그리고 (2) 왜 그 가치가 중요하다고 생각하는지, 어떤 근거로 그 가치가 중요하다고 생각하는지. 예컨대 1단계에서 생명이 소중한 이유는 관련된 사람이 어떤 권력과 재산을 가졌는지에 따라 달라질 수 있으며, 2단계에서는 내가 바라고 필요한 것을 충족시켜 줄 수 있는 지가 생명이 소중한 이유와 관련이 있다. 3단계는 다른 사람과의 관계, 그리고 그들이 자신을 어떻게 여기는지가 중요한 판단 기준이 되며, 4단계는 사회적 또는 종교적인 규율이 중요하다. 5단계와 6단계에서만 다른 조건이 아닌 생명 그 자체의 가치를 보고 판단한다.

2. 도덕 판단과 도덕적 행위

도덕 판단에 있어 발달 단계의 본질을 이해하기 위해서는 도덕 판단과 도덕적 행위의 관계에 대해 생각해 보아야 한다. 앞에서 살펴본 것처럼 논리적 추론 능력이 도덕 판단 능력을 기르는데 필요조건이지만 충분조건은 아니라면, 도덕 판단 능력 역시 성숙한 도덕적 행위를 이끌어 내는데 필요조건이지만 충분조건은 아닐 수 있다. 도덕적 원리를 이해하지 못하거나 중시하지 않는 사람은 도덕적 원리에 따른 행동을 할 수 없다. 그러나 도덕적 원리에 따라 생각할 수는 있지만 그 원리에 따라 살지는 않을 수도 있다. 리차드 크렙과 내가 조사한 바에 따르면 원리적 사고를 할 수 있는 학생의 15%가 시험에서 부정행위를 한 반면, 인습 단계 학생의 55%, 전인습단계의 70%가 부정행위를 했다. 비록 숫자는 상대적으로 적다하더라도 15%의 학생이 부정행위를 했다는 점은 도덕적 사고가 도덕적 행위로 온전히 이어지려면 뭔가 추가의 요소가 필요함을 말해 준다. 사고가 행위로 이어지기 위해서는 어떤 상황과 압력이 주어지는지가 중요하다. 그 사람이 어떤 동기와 감정을 가지고 있는지에 따라 어떤 행동을 할지 달라질 수 있다. 사람이 생각을 행동에 옮기기 위해서는 강력한 의지와 의도, 그리고 강한 자아를 가졌는지가 중요하다고 한다. 크렙의 연구를 통해 의지와 자아의 강도가 도덕적 행동에 있어 어떤 역할을 하는지를 살펴 볼 수 있다. 그의 연구에서 인습단계의 학생 중 50%를 약간 넘는 수가 시험에서 부정행위를 했는데, 이 학생들을 다시 의지가 얼마나 강한지에 따라 나누어서 살펴보았다. 그랬더니 인습단계의 학생 중 강한 의지를 가진 집단의 26%만이 부정행위를 한 반면 의지가 약한 집단의 경우 74%가 부정행위를 했다.

이렇듯 도덕적 추론 능력이 도덕적 행위를 하는데 있어 부분적인 요인에 불과하다면 인지적 도덕발달론자들은 왜 그토록 도덕적 추론능력의 중요성을 강조하는 것일까? 이에 대해서는 다음 몇가지 이유가 있다.

1. 도덕 판단이 도덕적 행위에 있어 한 가지 요인에 불과하지만, 도덕적 행위를 유도하는데 있어서 지금까지 알려진 것 중 가장 중요하고도 영향력 있는 요인이라는 점이다.
2. 다른 요인들도 도덕적 행위에 영향을 주지만, 도덕 판단만이 유일하게 도덕 행위에 영향을 미치는 '도덕적인' 요인이라는 점이다. 앞에서 예로 든 크렙의 연구에서 강한 의지를 가진 인습단계의 학생들이 약한 의지를 가진 학생들보다 부정행위를 거부하는 숫자가 많았지만, 전인습단계의 학생들에게 '의지'는 정반대의 효과를 나타냈다.

강한 의지를 가진 1단계와 2단계의 학생들이 약한 의지의 학생들보다 더 많이 부정행위를 했다. 이들은 자신이 가진 확신, 즉 부정행위를 하는 것이 들키지만 않으면 문제가 없다는 무도덕적인(amoral) 확신을 실행에 옮길 용기를 가진 학생들이라 할 수 있다. '의지'가 분명 도덕적 행위에 영향을 주는 중요한 요인이기는 하지만, 그 자체가 딱히 도덕적인 것은 아니며 성숙한 도덕 판단과 결합되었을 때만이 도덕적인 것이 된다.

3. 도덕 판단의 변화는 오랜 기간에 이루어지며, 퇴행하지 않는다는 점이다. 일단 높은 단계로 올라가면 더 낮아지지는 않는다. 그러나 도덕적 행위의 경우, 상황에 따라 퇴행하기도 한다.

3. 도덕교육과 시민교육의 목적

도덕 심리학에서는 경험적인 연구 결과에 바탕 해서 도덕발달이 실제로 어떻게 이루어지는지에 대해 설명하려고 한다. 그러나 도덕교육에 있어서는 도덕발달이 어떻게 이루어져야 하는지를 논의하는 도덕 철학 역시 고려해야 한다. 심리학이 도덕발달단계가 어떤 순서로 진행되는지에 답하려 한다면 도덕 철학은 뒤에 오는 단계가 더 바람직한 단계라고 말할 수 있는지에 대해 답하려 한다. 나이가 들수록 노화가 진행되고 죽음이 찾아오지만 노화와 죽음을 바람직하다고는 말하지 않는다. 가장 나중에 진행되는 원리적 도덕추론의 단계가 도덕적으로 더 바람직하다고 말하려면 도덕 철학의 사유에 기댈 수밖에 없다.

우리가 기대고자 하는 도덕철학은 자유주의 혹은 합리주의의 전통으로 특히 임마누엘 칸트에서부터 존 롤스로 이어지는 형식주의 혹은 의무주의의 전통과 관련이 있다. 이 전통의 핵심 주장은 "합당한 도덕성이란 원리화(principled)되어 있다"는 것이다. 즉 모든 인류에게 적용할 수 있는 보편적인 원리에 근거하여 판단한다는 의미이다. 이때 원리는 규범과 다르다. 전통적인 도덕성은 십계명에 나온 것처럼 "~해서는 안된다"식으로 행동을 규제하는 규범들에 근거하고 있다. 반면 원리는 보편성에 바탕해서 도덕판단을 이끌어 낸다. 그 예가 칸트의 '정언명법(categorical imperative)'인데, 두 가지 공식으로 이루어져 있다. 첫째가 인간의 인격을 존중하라는 행동원리로서 "다른 사람을 항상 수단이 아닌 목적으로 대하라"는 것이다. 두 번째가 보편화의 원리로서 "네가 처한 상황에서 다른 모든 사람도 그렇게 했으면 하는 선택만을 하라"는 것이다. 칸트가 제시하는 원리는 도덕적 선택이나 행위가 갖추어야 할 형식적인 조건을 담은 것이다. 약사가 돈이 부족하다는 이유로 약을 팔지 않아 여인을 죽어가게 한 것은 일반적인 도덕규범을 어기지 않았지만(그가 물건을 훔치거나 사람을 죽인 것은 아니므로) 도덕적으로는 잘못된 행동을 한 것이다. 그는 원리를 어겼다. 그 여인을 돈벌이 수단으로만 여겼으며, 자신이 그 상황에 처했다면 사람들이 다른 선택을 하길 바랐을 것이다(만약 그 약사가 그 여인처럼 죽어가는 상황이었다면, 돈이 부족해도 약을 팔기를 원했을 것이다). 그러나 대부분의 상황에서는 전통의 도덕규범에 입각한 선택과 원리에 입각한 선택이 같게 나타난다. 일반적인 상황이라면 원리도 훔치지 말라고 할 것이다(다른 사람의 물건을 훔치지 않는 것은 그 사람을 목적으로 대하는 것이며 다른 모두가 그렇게 행동하기를 원하기 때문이다). 그러나 훔치는 것이 생명을 살리는 유일한 길이 되는 상황이라면, 원리는 일반적인 규범과 모순되게 훔치라고 시킬 것이다. 사회적 권위에 따르는 규범과는 달리 원리는 개인이 스스로 도덕적 타당성을 판단해 자유의지로 따르는 것이다.

도덕적 원리에 따라 선택을 한다는 생각은 정의를 최고의 도덕원리로 설정한 자유주의 도덕철학과 맞닿아 있다. 이에 따르면 도덕적 갈등이란 본질적으로 사람들 간에 바라는 바의 갈등이며, 이를 해결하는 기본 원리는 "각자에게 합당한 몫을 주라"는 정의의 원칙이라 할 수 있다. 정의의 핵심 내용은 자유, 평등, 호혜로 구성된다. 각각의 도덕발달단계도 정의의 원리가 적용된다. 초등학생들이 선생님에게 가장 많이 호소하는 말이 "저 아이는 공정하지 않아요(he's not fair!)"이다. 단계가 올라갈수록 정의의 개념이 달라진다. 1단계에서 정의란 '눈에는 눈, 이에는 이' 방식으로 나쁜 사람을 처벌하는 것이다. 2단계에서는 똑같이 부탁을 들어주고 물건을 주고받는 것이 정의가 된다. 3단계와 4단계는 전통적인 규범에 입각해서 바람직하다고 생각되는 방식으로 다른 사람을 대하는 것이 된다. 5단계는 모든 사람의 동등한 권리를 보장하기 위해 통치자와 피치자 간에 맺은 사회계약이 정의의 원칙이며 법과 규범은 이로부터 도출된 것이라고 본다. 6단계는 개인들이 스스로 선택한 도덕원리가 정의의 원칙이 되는데, 즉 어떤 개인이 자신이 그 사회에서 어떤 위치를 차지하는지 모르며 또 자신이 그 사회의 최소 수혜자가 될지도 모른다는 점을 가정한 상태에서 선택하게 되는 원칙들이 정의의 원칙이 된다. 이렇게 해서 선택하게 되는 원칙들은 첫째, 다른 사람이 동등한 자유를 누리는 것과 충돌하지 않는 범위내에서 최대한의 자유를 누릴 수 있어야 하며, 둘째, 최소수혜자를 포함한 사회구성원 모두에게 이익이 되지 않는 재화와 지위의 불평등을 허용하지 않는다는 것이다.

정의를 지향하는 도덕 발달의 예로 사형제에 대한 판단을 생각해볼 수 있다. 사형제가 확실히 거부되는 단계는 원리적 사고를 하는 5단계와 6단계에서뿐이며, 이 시기는 복수나 앙갚음으로서의 정의 관념을 확실히 버릴 수 있는 단계이다. 6단계에서는 설사 사형제가 범죄 방지 효과가 있다 하더라도 이를 용인하지 않는다. 왜냐하면 누구나 보통의 준법시민으로 자랄 만한 환경에서 태어날 수 있지만 마찬가지로 범죄자나 살인자가 될 수밖에 없는 환경에서 태어날 수도 있기 때문에 사회 전체를 고려한다면 그런 형태의 처벌 방식을 선택하지는 않을 것이기 때문이다.

그렇다면 보편적인 정의의 원칙에 입각한 의사결정이 보다 나은 결정이라고 말할 수 있는 근거는 무엇인가? 그 답은 한마디로 도덕적 인간이라면 누구나 동의할 결정이기 때문이다. 전통적인 도덕규범에 의해 결정을 내릴 경우 그가 속한 문화나 사회적 지위에 따라 자신이 따르는 규범이 다르고 서로 상충할 수 있기 때문에 모두가 그 결정에 동의할 수는 없다. 역사적으로 보면 가까이는 베트남과 중동에서 그랬듯이 서로 다른 도덕규범과 가치관을 내걸고 인간은 수없이 서로를 죽였다. 진실로 도덕적이고 공정한 갈등해결이라면 보편화할 수 있는 원칙에 입각해야 한다.

4. 대안적인 접근 방법

앞에서 높은 도덕발달단계로 오르는 것이 어떻게 도덕교육의 목표가 될 수 있는지 그 철학적 근거를 살펴보았다. 이러한 철학적 근거를 통해 발달론적 도덕교육은 기존의 두가지 대표적 도덕교육 방법이 가지고 있던 문제점을 해소할 수 있게 되었다. 그 첫 번째가 교화형 도덕교육인데, 교사가 자신 혹은 기성세대가 가진 가치와 규범을 아이들에게 설파하고 주입하는 방식이다. 이러한 주입식 도덕교육은 미국에서 '인격교육(character education)'이라는 이름으로 체계화되어 발전해 왔다.

인격교육에서 도덕 가치는 이른바 '덕목꾸러미(bag of virtues)'라는 관점에서 가르쳐진다. 1920년대 후반 휴 하숀과 마크 매이 등의 연구에 바탕하여 정직, 봉사, 자기 통제 등의 덕목들이 선정되었다. 누가 개별 덕목들에 대해 자세히 검토하여 그 구체적 의미를 따져보지 않는 한 이 덕목꾸러미를 가르치는데 별다른 이의를 제기하지 않을 것이다. 그렇다고 굳이 연구까지 해서 내놓은 이들의 덕목꾸러미가 보이 스카우트 덕목꾸러미(보이 스카우트는 정직하고, 성실하며, 올바로 처신하고, 청결하고, 용감해야 하며...... 등등)보다 나을 것도 없다. 개별 덕목들이 무엇을 뜻하는지를 자세히 검토해 들어가면 구체적 의미에 대해 합의하기가 어렵다는 점을 알 수 있다. 정직이라는 것이 사람을 구한다며 물건을 훔치면 안된다는 것인지 다른 친구의 숙제를 대신해 주면 안된다는 것을 말하는지 모호하기만 하다.

인격교육이나 그 밖의 주입식 도덕교육 역시 보편적 가치를 가르치는 것을 목적으로 한다(정직이나 봉사 등의 가치는 사회 구성원 모두에게 요구되는 보편적 가치라는 것이다). 그러나 구체적인 의미는 상대적일 수밖에 없어서 교사 개인의 견해나 문화적 배경에 따라 달라질 수밖에 없으며, 어떤 의미해석을 내놓더라도 그 타당성은 교사의 권위에 의존할 수밖에 없다. 교사가 자신의 가치관에 대해 반성적으로 검토하지 않은 채 이를 주입하는 방식에 의존하는 인격교육은 그 학교의 잠재적 교육과정에도 영향을 미친다. 요즘은 교사들 사이에 주입식 도덕교육이 인기를 끌지 못하고 있으며 그 대신 이른바 '가치명료화'라는 접근법이 선호되고 있다. 가치명료화의 첫단계는 합리적 도덕교육의 방식을 따르고 있다. 즉 가치 갈등 상황에서 교사가 자신의 견해를 주입하기 보다는 아이들 스스로의 판단을 이끌어 내고자 한다. 그러나 가치명료화는 가치에 대한 자각을 이끌어내는데서 더 이상 나아가지 못하고, 아이들이 자신이 가진 가치를 스스로 깨달을 줄 아는 것 자체가 목적이 되고 말았다. 가치교육의 목적을 가치의 자각이라고 규정한 것은 이 모형을 제시한 사람들이 기본적으로 윤리적 상대주의(ethical relativism)에서 출발하고 있음을 보여준다. 예컨대 피터 엥겔은 "가치명료화와 가치주입은 구분되어야 한다. 가치명료화는 가치에 대해서는 어떠한 정답도 없다는 점을 원칙으로 하고 있다"라고 말한다. "어떠한 정답도 없다"는 것을 전제로 할 경우 아이들은 고작 서로 상이한 가치를 드러내고 그리고 서로 그 가치의 차이에 대해 얘기할 뿐이다. 그리고 교사는 "우리는 서로 가치가 달라요"라고 말하고 어떤 것이 더 나은 가치라고 말할 수 없다는 점을 강조한다. 이 프로그램에 체계적으로 따라가다 보면 학생들은 상대주의자가 되고 도덕적으로 어떤 정답도 없다고 믿게 된다. 예를 들어 학생이 시험에서 부정행위를 하다 들켜도 자신은 잘못한 게 없으며 다만 교사의 가치와 자신이 우선시하는 가치가 다를 뿐이라며 정당화하는 것이 가능해진다.

인지발달론적 도덕교육도 가치명료화와 마찬가지로 가치갈등에 대해 개방된 소크라테스식 토론을 강조한다. 그러나 그러한 토론에도 목적이 있다. 더 높은 도덕 추론 단계로의 발전을 도모하는 것이다. 또 가치명료화와 마찬가지로 발달론적 도덕교육도 주입이나 교화를 반대한다. 더 높은 도덕추론단계로 발전하도록 만드는 것이 가치주입이 아닌 이유는 다음과 같다.

1. 특정한 신념체계를 바꾸는 것이 아니라 추론하는 방식을 바꾸는 것이다.
2. 각기 다른 도덕발달단계에 있는 학생들 모두에게 하나의 공동된 형태의 사고방식을 갖게 하는 것이 아니라 각자가 자신이 속한 단계보다 하나 더 높은 단계의 추론능력을 갖게 하려는 것이다.
3. 교사의 견해가 강요되거나 권위적으로 전달되지 않는다. 여러 견해 중 하나의 의견으로 제시되며 그 중 상당수는 학생들이 가진 것보다 좀 더 높은 발달단계에 속하는 것들이다.
4. 분명히 어떤 판단이 다른 것들보다 더 적절하다는 것을 전달하고자 한다. 그렇다고 해서 학생에게 자신이 최선이라고 생각하는 입장을 명확히 내놓으라거나 다른 사람의 추론을 평가하라고 요구하지 않는다.

도덕발달론은 가치명료화에 비해 그 목적이 명확한 동시에 가치 교육을 도덕적인 내용, 구체적으로는 정의에 한정한다. 두가지 이유가 있다. 첫째, 개인적, 정치적, 종교적 가치 등 모든 가치가 보편적인 것인지 또 나름대로의 발달 방향을 가지고 있는지 불명확하다. 둘째, 공교육체계에서 학생에게 일반적인 차원의 가치발달을 시도할 권한이 있는지이다. 내 생각에 공교육에서 권한을 가진 가치교육의 영역은 정의, 그리고 우리 헌법이 보장하는 타자의 권리에 대한 의식을 일깨우는 것에 한정된다고 본다. 헌법의 인권규정이 종교적 신념이나 특정 가치 체계를 가르치는 것을 금지하고 있지만, 헌법 그 자체의 근본이라 할 수 있는 권리와 정의에 대한 의식을 일깨우는 것을 금지하는 것은 아니다.

도덕교육을 통상의 가치교육이나 정서교육과 차별화하여 정의를 중심으로 바라본다면, 도덕교육과 시민교육은 똑같은 것이 된다. 이 둘을 똑같은 것으로 보는 것은 플라톤·아리스토텔레서에서부터 듀이에 이르기까지 대표적인 고전 교육철학에서는 당연시되어 왔으며, 도덕교육에서 추구하는 바도 사회과교육의 목표 중 핵심을 이룬다고 보는 우리의 주장과 연결된다.

시민교육(civic education)이라는 용어가 지칭하는 바는 사회과가 단순히 사회과학, 역사, 공민의 개념과 사실에 대해 공부하는 교과가 아니라는 점이다. 보다 효율적인 민주주의를 실현하는데 있어서 민주 시민에게 요구되는 분석적 이해력, 가치 원리, 동기 등을 형성시키고자 하는 교육이라 할 수 있다. 이런 점에서 사회과는 그 자체가 정치 교육이다. 정치(혹은 시민) 교육이라는 것은 보다 발전된 형태의 추론을 통해 정치적, 사회적 의사결정을 내릴 수 있고 나아가 행동으로 실천할 수 있는 능력을 기른다는 것을 의미한다. 그리고 발달시키고자 하는 형태의 추론이란 도덕 추론을 의미한다. 우리들이 연구한 바에 따르면, 정치적 사안에 대한 의사결정은 넓은 의미에서 도덕 추론 및 도덕적인 의사결정에서 파생된다. 우리는 고등학생들과 대학생들을 상대로 주거에 있어서의 인종차별 금지, 베트남 평화를 위한 불복종 운동, 국익과 언론출판의 자유, 증세를 통한 부의 재분배 등의 정치적 이슈에 대해 인터뷰를 실시하였다. 그 결과 학생들의 정치적 의사결정의 수준도 도덕발달단계에 따라 차등화되며, 정치적 딜레마에 대한 개별 학생의 발달단계는 그 학생이 비정치적 딜레마(안락사, 가족의 신의를 지키기 위해 권위를 거부하는 문제, 죽어가는 아내를 위해 약을 훔치는 문제)에 대해 보인 발달단계 수준과 일치하였다. 추론 결과를 행동으로 옮기는 부분에 있어서도 똑같은 결과가 제시되었다. 1964년 캘리포니아 대학 버클리 캠퍼스에서 표현의 자유 운동이 전개될 당시 본부건물

점거에 참여한 학생들과 그렇지 않은 학생들을 대상으로 연구를 수행하였다. 그 결과 6단계에 속하는 학생들 중 80%가 점거 농성에 참여했으며, 당시 표현의 자유가 침해되었고 학교 당국과의 절충과 협상을 위한 모든 노력이 실패했다고 생각했다. 반면 인습단계(3단계와 4단계)의 학생은 15%만이 농성에 참여했고 5단계 학생의 참여 비중은 그 중간에 위치했다.

결국 심리적인 측면에서 볼 때, 정치적 발달은 도덕 발달의 한 부분이라 할 수 있다. 그리고 철학적인 측면에서도 마찬가지이다. 플라톤은 국가론에서 정치 교육이 넓은 의미에서 도덕적 정의를 세우기 위한 교육의 일환이며, 그러한 교육을 하는데 있어서 특정한 사회의 요구에 따를 것이 아니라 보편적인 철학 원리에 따라 그 근거를 삼아야 한다고 했다. 더 가깝게는 듀이도 같은 주장을 했다.

역사적인 관점에서 볼 때 미국은 인습단계의 도덕적 사고에서 흔히 내세우는 권위가 아닌 후인습단계의 정의 원칙에 입각해 정부를 세운 최초의 국가이다. 물론 정부를 세울 당시 후인습단계의 도덕적, 정치적 추론을 할 수 있었던 사람들은 소수에 불과했으며, 이는 오늘날에도 마찬가지이다. 오늘날 대부분의 성인들은 대부분이 인습단계의 사고를 하며, 특히 법과 질서를 따지는 4단계의 사고가 많이 나타난다. (갤럽은 매년 미처 채택되지 않은 권리장전에 대한 의견조사를 실시하지만 그때 마다 기각된다). 미국의 헌법을 창시한 우리의 선조들은 오늘날과 같은 첨단 조사기법을 동원하지 않고도 이 사실을 직관적으로 잘 알고 있었다. 그래서 원리적 사고를 할 줄 모르는 사람들이 권력을 잡더라도 정의의 원칙이 유지될 수 있는 형태의 정부를 구상하는 문건을 만들었다. 그 핵심 장치는 권력 분립, 사법부의 독립, 그리고 표현의 자유이다. 그리고 그 장치는 최근에 워터게이트에서 그 효력을 발휘하였다. 일찍이 트루만 대통령이 지적했듯이 닉슨의 비극은 그가 헌법을 이해하지 못한데서 비롯되었다. 반면 헌법은 닉슨을 잘 알고 있었다.

워터게이트 사건은 국가의 도덕적 퇴조를 나타내는 징후라기보다는 정의의 원칙을 이해하고 실천하는 사람들이 우리 사회에서 아직 소수에 불과하다는 점을 말해준다. 도덕적 퇴조가 있다는 것은 오늘날과 같은 사회갈등 국면에서 인습단계의 도덕이 약해지고 있다는 것을 말해준다. 이런 현상은 일부 청소년들을 전인습단계에 묶어두고 일부 학생들은 원리적 사고단계로 이동시키는 결과를 초래할 수 있다. 우리의 연구에 따르면 오늘날 원리적 사고를 할 수 있는 젊은 세대의 비중이 부모 세대에 비해 더 늘어난 것을 알 수 있었다. 동시에 전인습단계에 머물러 있는 비중도 늘어난 것으로 나타났다.

이런 점들을 고려할 때 학교교육에서 도덕교육과 시민교육의 필요성이 어느 때보다 시급해 졌다. 요즘 전인습단계에 있거나 인습단계를 벗어나고 있는 고등학생들은 학교에 대해 상당히 냉소적인 태도를 보인다. 정치제도는 5단계(민주적 과정을 통한 보편적 인권의 보장을 위한 여러 제도적 장치 등)에 이르렀지만 학교는 전통적으로 4단계 수준의 관행과 권위를 내세웠다. 어느 때보다 체계적인 시민교육을 실시할 수 있는 민주적인 학교가 필요하다고 할 수 있다.

우리가 제시하는 방식의 도덕교육 및 시민교육은 도덕적 딜레마에 대해 토론하고 이를 통해 도덕적 발달이 이루어지게 하는 민주적인 학교를 실제로 만들 수 있도록 제도적인 방안을 찾는 것과 연결되어 있다.

5. 도덕 교육의 계획

기존의 심리학자들은 도덕발달이 주로 가정교육 및 가정환경에 영향을 받아 이루어지는 것으로 생각했다. 특히 가정에서 정서와 권위가 어떻게 작용하는지가 중요한데, 자애로움과 엄격함이 적당히 균형을 이룰 때 최적의 도덕발달이 이루어진다고 한다. 그런데 이러한 생각의 바탕에는 부모가 자신들 임의대로 정한 규범과 문화를 자녀가 내면화하는 과정에서 도덕성이 형성된다는 가정이 깔려 있다. 또 부모의 규범을 받아들이는 이유는 그것이 합리적이기 때문이라기보다는 부모의 권위를 존중하고 그들과의 정서적 친밀감 때문이라는 것이다.

그러나 도덕발달단계와 가정환경 요인의 상관관계를 살펴보면 가정환경이 규범의 내면화에 영향을 미친다는 가설은 근거가 약함을 알 수 있다. 가정이나 학교나 도덕발달에 미치는 환경적 요인은 비슷하며, 이는 인지발달론의 설명과도 맥을 같이한다. 인지발달론에서는 도덕성이 타자의 입장을 이해하고 공감하려는 인간 본성의 산물이라고 본다. 아울러 인간에게 보편적으로 발견되는 정의감, 즉 다른 사람과의 관계에서 호혜와 평등을 추구하려는 성향의 산물이라고 본다. 실례로 나의 아들은 네 살 때, 단백질 섭취를 위해 고기를 먹어야 한다는 부모의 설득에도 불구하고 도덕적인 이유를 근거로 채식주의를 선택했다. 그 근거란 "동물을 죽이는 것은 나쁘다"는 것이다. 그러한 생각은 부모가 심어준 것도 아니며 이는 어린 아이들에게 보편적으로 나타나는 생물 혹은 타자의 소중함에 대한 의식이 투영된 결과이다. 내 아이가 선택한 채식주의는 그에게 읽어주었던 에스키모의 사냥여행 이야기에 대해 보인 그의 정의감과도 관련이 있다. "아빠 에스키모인들의 고기는 먹어도 될 것 같아! 그들이 동물을 먹는다면 나도 그들을 먹을 수 있어!" 자연스럽게 형성된 정의감 혹은 호혜성의 원리는 1단계의 '눈에는 눈, 이에는 이'의 관념에 해당된다. 내 아들이 생명의 가치에 대해 보인 반응은 1단계 수준에 머물러있고 인간과 동물을 구별하지 않았지만 스스로 우러나오는 자연적인 감정이었다. 물론 1단계 이후의 도덕발달은 스스로 발현되기보다는 정의에 대한 관념을 보다 적절한 방향으로 재구성해보는 과정에서 이루어진다. 그리고 그러한 재구성의 과정은 아이가 기존에 가진 도덕 체계를 그가 대면하는 사회적 혹은 도덕적 상황에 보다 잘 맞도록 조정하는 과정이라 할 수 있다. 이러한 조정이 이루어지는 조건은 두 가지로 나뉘어지는데, 하나가 도덕적인 주제에 대한 토론과 의사소통이며, 다른 하나가 아이 주변 전반의 도덕 환경과 분위기이다.

도덕적 토의와 의사소통를 통한 도덕발달의 중요한 조건은 다음과 같다.

1. 하나 더 높은 단계의 도덕 추론을 경험하게 한다.
2. 아이가 현재 가지고 있는 도덕 체계와 모순되는 상황을 제시하여 현재의 수준에 만족하지 않도록 유도한다.
3. 첫 번째와 두 번째 조건을 결합하여 상이한 도덕적 관점들을 자유롭게 비교하는 대화 분위기를 조성한다.

미국과 인도에서의 연구를 살펴보면 높은 도덕단계의 학생들은 부모의 도덕단계도 높은 것으로 나타났다. 즉 부모들이 자녀와 도덕적인 주제에 대해 자유롭게 대화하는 과정에서 높은 단계의 도덕추론을 경험하게 한다는 것이다.

대화가 도덕발달을 촉진한다는 점에 착안하여 모쉬 블랫은 중학교와 고등학교 네 학급 학생들을 대상으로 한 학기동안 갈등이 내재된 도덕 딜레마에 대해 토론하도록 하였다. 한 학급에서 학생들은 세 개의 상이한 발달단계에 있었는데, 서로 발달단계가 다르다보니 내놓는 주장도 서로 달랐다. 토론 중간에 교사가 먼저 가장 낮은 발달단계의 학생보다 한 단계 높은 수준의 주장이 옳다고 하였다. 즉 2단계의 학생이 가장 낮다면 3단계의 주장을 지지한 것이다. 학생들이 교사가 제시한 주장에 공감한다 생각될 때 다시 새로운 상황을 제시하여 그 주장에 문제를 제기하였다. 이런 과정을 반복하여 모든 학생들의 주장에 문제를 제기해보고 다시 생각해보는 과정을 경험시킨 결과 한 학기가 끝났을 때 비교집단에 비해 통계적으로 의미있는 단계 상승을 보였으며, 1년이 지난 후에도 단계가 유지되었다. 즉 실험 기간 동안 비교반에서는 단계변화가 거의 없었던 반면 실험반에서는 1/4에서 1/2의 학생들이 한단계 상승하였다.

도덕 토론이 도덕단계를 상승시킨다는 블랫의 연구결과를 보고 우리는 한 걸음 더 나아가 사회과 수업에서도 도덕 토론을 다룰 수 있는지를 알아보았다. 자신이 저술한 9학년, 그리고 11학년 사회과 교과서에 도덕 딜레마 사례를 집어넣은 에드윈 펜튼의 협조를 얻어 보스턴과 피츠버그 소재 24명의 교사에게 그 교과서에 나타난 도덕 딜레마에 대해 토론을 진행할 수 있도록 연수를 시켰다. 절반 정도의 교사가 자신이 토론을 시행한 학급에서 도덕 단계 상승을 이끌어냈다. 평균 1/4에서 1/2의 단계 상승이 있었다. 비교반에서는 같은 교사가 그 교과서의 도덕딜레마를 토론 없이 다루었는데 도덕단계의 변화를 이끌어내지 못했다. 나아가 도덕 토론이 저학년에서도 가능하다는 결과도 있다. 초등학교 2학년 학생들에게 슬라이드를 활용한 도덕딜레마 수업을 통해 도덕 토론을 진행할 수 있었으며, 비슷한 수준의 단계 상승을 이끌어 낼 수 있었다.

그러나 도덕토론 및 교과 수업은 도덕발달을 이끌어 내는데 있어서 단 하나의 요인에 불과하다. 보다 광범위한 생활환경, 즉 가정, 학교, 사회 전반에 걸친 도덕적 분위기를 살펴보아야 한다. 이러한 사회적 분위기에서 가장 기본이 되는 것이 그 사회가 어느 정도로 아이들에게 다른 사람의 입장을 수용해 보는 역지사지의 기회를 장려하는 지이다. 다른 사람의 입장을 수용하는 능력은 얼마나 자주 다른 사람들과 사회적인 교류 및 의사소통의 기회를 갖는지, 또 자신으로 인해 다른 사람의 태도가 바뀔 수 있다는 효능감을 어느 정도 갖고 있는지에 따라 달라질 수 있다. 사회 분위기의 또 다른 차원이 그 사회에서 제도적으로 혹은 환경적으로 정의가 어떻게 구조화되는 지이다. 한 사회에서 정의를 구조화하는 방식은 그 구성원들 간에 보상, 처벌, 책임, 특권 등을 배분하는 규칙이나 원칙을 어느 수준에서 인지하는지에 따라 달라진다. 예를 들어 전통적인 교도소에 대한 연구에 따르면 수감자들은 자신의 도덕단계가 몇 단계인지에 상관없이 교도소의 정의구조가 1단계에 따르는 것으로 인지하고 있다. 힘 있는 사람이 시키는 대로 복종하고 불복종시 처벌하는 것이 이러한 형태의 교도소에서 작동하는 정의의 방식이다. 복종에 따른 상점, 벌점제를 운용하는 교도소의 경우 2단계에서 발견되는 주고받기 식 정의가 작동한다. 3단계나 4단계의 수감자들은 이러한 형태의 교도소가 전통적인 교도소보다는 공정하지만 자신의 기준만큼 공정하다고는 생각지 않는다고 한다.

그밖에 연구들을 통해서 볼 때 제도 차원에서 작동하는 정의 수준이 높을수록 개인의 정의수준도 높아질 수 있다. 이러한 가정에 입각해서 조셉 히커리, 피터 샤프와 나는 여성 교도소에서 교도관과 수감자들과 함께 보다 정의로운 공동체를 만드는 작업을 시행하였다. 먼저 간수나 수감자나 각각 한 표의 지분을 가지고 함께 모인 자리에서 공정한 토론과 민주적 투표를 통해 규칙을 만들고 갈등을 해결하기로 사회계약을 수립했다. 이 프로그램이 수감자들의 재활에 장기적으로 어떤 효과가 있는지는 아직 말하기 어렵지만 현재까지 4년 동안 수감자들의 도덕단계 향상을 위한 프로그램이 지속되고 있다.

1년 전에는 여러 재단의 지원을 받아 펜튼, 랄프 모셔 등과 함께 보스턴과 피츠버그에서 각각 두 개의 고등학교를 대상으로 살아있는 도덕교육을 실천하기 위한 연구를 진행 중이다. 이 연구는 두 가지 과정으로 구성되는데, 첫 번째가 상담교사, 사회과 교사, 그리고 영어 교사들로 하여금 각각의 교과 교육과정에 도덕 토론을 도입하고 또 실제로 수업에서 도덕 토론을 실천할 수 있도록 연수를 하는 것이다. 두 번째 부분이 각각의 고등학교 내에 정의공동체를 세우는 일이다.

정의공동체 고등학교란 실제 생활 속의 도덕 관련 상황과 행동들에 대해 공정성이라는 관점에서 토론하고 민주적으로 해결하는 과정을 경험할 경우 도덕 추론은 물론 도덕 행위에도 긍정적 영향을 미칠 것이라는 이론에 기반하고 있다. 일종의 참여민주주의를 경험함으로써 다양한 역지사지의 기회를 갖게 되고 다른 어떤 사회조직보다 제도를 작동시키는 정의 수준도 높아진다. 대부분의 대안학교에서 민주적인 학교운영을 시도하였지만 아직까지 진정한 의미에서 참여민주주의가 성공한 사례는 보고되고 있지 않다. 반면 정의공동체 이론에서는 어떤 경우에서 성공하고 어떤 경우에서 실패할 것인지가 확연히 구분된다. 첫째, 제대로 된 민주주의를 실천하지 못하고 단순히 인간주의적인 요소만을 강조하는데 그칠 경우 실패가 예고되어 있다. 민주주의를 실천하는 것 자체가 도덕교육의 핵심 행위라 할 수 있기 때문이다. 둘째, 학생이 지루함을 느낄 경우에 실패 확률이 높다. 학생들은 길고 골치 아픈 회의에 참여하기보다는 교사들이 학교 운영의 전반적인 일에 결정을 내려주기를 좋아한다. 정의공동체 모형에서는 민주주의가 적용되어야 할 핵심 주제는 도덕성과 공정성이 관련된 실제 문제들이라고 본다. 약물 문제, 도난 문제, 수업 방해, 성적 등 학생 생활과 관련된 문제들을 공정성의 관점에서 다룬다면 학생들은 결코 지루해하지 않을 것이다. 셋째, 우리의 이론에서는 대규모 회의를 개최하기 전에 소집단별로 도덕 토론을 반드시 수행해야 하며, 그럴 경우에만 군중 심리에 의한 다수의 횡포를 피하고 고차적 사고에 의한 결정이 이루어질 수 있다고 본다.

지금 단계에서 우리가 말할 수 있는 것은 우리의 이론에 바탕을 둔 학교들만이 다른 학교에서는 실패했던 민주주의를 제대로 작동시킬 수 있다는 점이다. 다만 이러한 학교 공동체가 도덕 발달에 효과적인지는 아직 결론 지을 수 없다.

우리가 운영한 캠브리지 정의 공동체 학교는 공립 고등학교 내에 설치되어 여름 방학 동안 자원한 교사들과 학생, 학부모들끼리 짧은 준비 프로그램을 가동하면서 시작되었다. 가을에 학기가 시작되었을 때 작은 민주주의 실천 모임을 결성하고 영어와 사회과에서 다룰 프로그램의 기본 골격 정도를 마련했을 정도였다. 6명의 교사와 60명의 학생들로 학교가 시작되었는데, 20명은 교수 가정 출신, 20명은 노동계급 가정 출신, 나머지 20명은 중도탈락자와 각종 문제 학생들로 이루어졌다. 일반적인 초기 대안학교의 실수와 혼란이 이어졌다. 그러나 몇 주 지나지 않아 성공적인 공동체의 모습이 드러나기 시작했다. 수업방해, 약물, 도난 등의 당면 문제에 대해 규칙이 만들어졌으며, 학생 지도위원회와 배심원단이 결성되었다. 비교적 합리적인 규칙이 만들어졌고 이에 따라 효과적인 통제도 이루어졌다. 그러나 합리적인 규칙을 만드는 것 자체가 목적은 아니며, 이를 만들고 시행하는 과정에서 사려 깊은 도덕 토론이 이루어지고 나아가 공동체 의식이 형성되는 것이 최종 목적이다. 공동체 의식의 형성과 이를 통한 참여 의욕이 생기는 것이 성공의 첫 번째 표식이라 할 수 있다. 또 공동체 의식은 긍정적인 행동 변화를 이끌어 낼 수 있다. 우리 프로그램에 실없고, 공격적이며, 손버릇도 나쁘고, 가만히 앉아 있지 못하는 등 문제행동의 종합선물세트 같았던 15세 소년이 있었다. 이렇듯 공동체 모임 최고의 방해꾼에서 출발한 그가 점차 훌륭한 참여자로 변화하였고 종종 의장을 맡기도 했다. 여전히 자신은 규칙을 지키지 않으면서 남이 지키지 않는 것을 지적하는 버릇은 있지만, 학교생활에 참여함으로써 괴상한 행동이 꾸준히 줄어 갔다. 뿐만 아니라 수업과 과제 활동에도 적극성을 띠어 가면서 집중해서 듣고 질문도 하기 시작했다.

우리는 이러한 행동 변화가 동료 간의 압력이나 도덕 토론뿐만 아니라 그를 화나게 했던 여러 갈등들이 집단 속에서 민주적으로 공정하게 처리되는 과정을 겪으면서 자연스럽게 형성된 공동체의식과도 관련이 있다고 보았다. 학생들은 우리에게 흑인이건 백인이건 교수 아들이건 특별 학생이건 서로 끼리 끼리 갈리지 않았고 모두가 친구가 되었다고 말해 주었고, 이를 통해 학생들 간에 공동체 의식이 형성되었음을 알 수 있었다. 학생들에 대한 관찰을 통해서도 이들의 말이 사실임을 알 수 있었다. 읽기 수준이 초등학교 5학년 수준에서 대학생 수준까지 다양한 학생들로 이루어진 학급에서 공동체 의식은 필수불가결한 것이라 할 수 있다.

이제 나는 펜튼, 모셔, 그리고 캠브리지와 브루클린의 선생님들과 함께 도덕 토론과 역할 교환 및 의사소통 등을 핵심 내용으로 하는 4년짜리 영어와 사회과 교육과정을 준비 중이다. 여기에서는 학교의 운영 형태, 법, 정의 체계를 미국, 나아가 다른 나라 사회의 그것과 비교하는 것도 포함된다. 사회에 대한 수준 높은 이해를 목적으로 하는 지식적인 요소와 학교생활 속에 경험하는 민주주의와 도덕 판단 등 실천적인 요소를 통합하는 형태가 될 것이다.

우리가 하는 어떤 것도 새로울 것이 없다. 듀이는 이미 70년 전에 지적·도덕적 성장을 동시에 추구하는 민주실험학교를 구상했다. 듀이의 시대가 다시 도래한 듯하다.

생각해볼 문제

1. 정의의 원칙에 따라 옳고 그름을 판단하는 것이 왜 도덕적인 것일까?

2. 교화(가치주입)를 통한 도덕교육이 가진 문제점이 무엇일까?

3. 왜 콜버그는 도덕교육이 곧 시민교육(정치교육)이라고 보았을까?

제9장

의사결정과 가치탐구

Decision-Making and Value Inquiry

제임스 뱅크스 & 체리 뱅크스
James A. Banks & Cherry A. McGee Banks
1999

제9장
의사결정과 가치탐구
Decision-Making and Value Inquiry[13]

제임스 뱅크스 & 체리 뱅크스
James A. Banks & Cherry A. McGee Banks
1999

1. 탐구와 의사결정

과학적 절차를 통해 추출해 낸 사회적 지식은 의사결정 과정의 단지 한 축에 해당할 뿐이다. 다른 요소들에 대해 논하기 전에 우선 (1) 사회과학적 탐구가 의사결정과 어떻게 다른지, (2) 사회과학적 탐구가 필수적이기는 하지만 그것만으로는 숙고된 의사결정을 내리는데 있어 부족한 이유는 무엇인지를 지적할 필요가 있다. 이를 통해 사회과학적 탐구와 의사결정의 목적이 서로 어떻게 다른지 살펴보고자 한다.

주류 사회과학의 기본적 목적은 지식을 사실, 개념, 일반화의 형태로 추출하는데 있다. 그리고 가능한 많은 지식을 축적하는 것을 목표로 한다. 사회과학자들이 지식을 생산해 내는데 관심이 있는 반면, 의사결정을 내리는 사람이나 사회적 행동을 하려는 사람들은 사회과학자들이 추출해 낸 지식을 이용해 자신의 문제를 해결하거나 의사결정을 내리는데 관심이 있다. 변혁적 사회과학자들과 같은 사회적 행동가들은 행위를 안내하고 문

13) 출처: Teaching Strategies for the Social Studies: Decision Making and Citizen Action. Fifth Edition. Addison Wesley Longman, Inc. 제 1장(pp. 25-35)과 제 15장(pp. 435-447)의 내용을 발췌하였음.

제해결에 도움이 되는 지식을 구성하는데 관심이 있다.

사회과학적 탐구는 지식을 생산하지만, 의사결정 과정에서 지식은 선택되고, 통합되고, 적용된다. 그러나 반성적인 지식 소비자들은 전문 사회과학자들이 지식을 추출하는 방법에 익숙해야 하며, 그 방법을 활용할 수 있어야 한다.

사회과학적 지식은 전문화되는 경향이 있는 동시에, 간학문적 추세도 증가하고 있다. 각각의 사회과학자들은 각 학문 영역에서 중요하게 여기는 측면의 실재에 대해서만 연구한다. 중요한 사회 문제나 쟁점에 대해 잘 모를 수도 있으며, 한정된 관점에서만 접근하기도 한다. 사회과학자들은 실재를 쪼개서 이를 독특한 관점에서 연구하고자 한다. 반성적 의사결정가나 사회행동가들은 개인적 혹은 공적 문제를 해결하기 위해 다양한 사회과학의 지식을 활용해야 한다. 의사결정을 하는데 있어서 우리는 다양한 종류의 지식을 선택하고, 종합하고, 적용한다. 어떤 학문도 단독으로 시민 행동가들로 하여금 인류가 직면한 복잡한 문제에 대해 결정을 내리는데 있어서 도움을 줄 수는 없다.

반성적인 의사결정을 내리는데 있어서 지식만으로는 충분치 않다. 반성적 시민 행동가들은 그들이 다양한 소스로부터 얻은 지식을 종합하여 복잡한 사회문제에 적용하는 방법을 배워야 한다. 각각의 사회과학 분야에서는 사회문제를 한정된 시각에서 볼 수밖에 없지만 시민 행동가들은 다양한 학문 분야와 소스들로부터 얻은 지식을 종합하려 하며, 이를 바탕으로 문제해결을 위해 어떤 행동을 할 것인지 의사결정을 내린다. 물론 앞으로 자세히 논의하겠지만 의사결정에 있어서 가치 차원도 중요하다. 반면 사회과학자들은 이론을 구성하는 데에만 관심이 있다. 레드필드가 지적했듯이 "사회과학자들은 정확히 기술하는데 주된 목적을 둔다. 사회과학자들은 그것이 무엇이어야 하는지가 아니라 그것이 무엇인지에 대해서만 관심을 갖는다는 점에서 과학적이다." 그러나 시민 행동가들은 무엇인지 뿐만 아니라 무엇이어야 하는 지에도 관심을 둔다.

2. 의사결정의 가치 요소

반성적 시민 행동가들은 행동을 결정하기 전에 자신이 직접 수행했거나 다른 사람이 수행한 탐구로부터 고차원적 지식을 추출한 뒤, 여기에서 제시된 사실, 개념, 일반화를 자신의 가치와 관련지어보아야 한다. 의사결정 과정에 개입되는 요인들을 살펴보면 사람들이 지식을 어떻게 활용하는지는 자신이 가진 가치와 관련되어 결정되는 경우가 많다.

이와 같이 의사결정과정의 중요한 부분으로 가치 탐구가 자리한다. 가치 탐구는 의사결정가로 하여금 자신이 가진 가치의 원천을 파악하고 그것들이 어떻게 상충되는지를 명료화하며, 가치 대안을 찾고, 그 가운데 자유롭게 선택할 수 있도록 도와준다. 그러나 학생들은 자신의 도덕적 선택에 대해 인간존엄성, 정의, 평등과 같은 사회의 기본 가치에 비추어 정당화할 수 있어야 한다. 만약 학생에게 자신의 도덕적 가치를 고차원의 기본 가치를 기준으로 정당화하는 과정을 생략한다면 가치 교수가 자칫 상대주의적이며 윤리 중립적인 상황으로 변해버릴 가능성이 있다.

물론 학생은 자유롭게 가치를 선택할 기회를 보장받아야 한다. 그러나 개인의 선택은 기본 가치의 틀 내에서 이루어지고 정당화되어야 한다. 학생들이 각각의 가치대안이 초래할 수 있는 결과에 대해 예측하고 고려해 보도록 해야 하며, 서로 상충되고 혼선을 빚는 가치들을 명료화할 수 있도록 도와줘야 한다. 가치 갈등은 사회 전반에 걸쳐 발생하기도 하지만 한 개인도 다양한 가치관, 신념, 태도를 가지고 있을 수 있다. 형제애를 강조하는 종교에 적극적이면서도 다른 문화와 종교에 대해서는 관용하지 못하는 사람들이 많다.

개인이 건전한 의사결정을 내리고 사려 깊은 행동을 할 수 있으려면, 먼저 상충되고 혼선이 되는 가치들을 명료화 할 수 있어야 한다. 가치탐구와 명료화는 의사결정 과정의 가장 중요한 부분이다. 가치 쟁점들은 개인이나 사회나 가장 당혹스럽게 여기는 문제이다. 우리가 지적인 소양을 갖추고 문제를 해결하고자 하는 진심이 있다하더라도 그와 관련된 우리 스스로의 가치 입장을 명확히 하지 않거나 이를 해결하고자 하는 헌신이 없는 경우가 있다.

동물복제에 반대하는 시민단체에 가입하고자 하는 부부의 사례를 살펴보자. 최종 결정을 내리는데 있어서 가치가 어떤 중요한 역할을 하는지를 엿볼 수 있다. 이들은 동물복제의 다양한 측면에 관해 자료를 모았다. 그들은 책, 잡지를 통해 동물복제에 관해 서로 다른 견해를 가진 전문가들의 이야기를 들었다. 부부는 동물복제가 지속되어야 함을 주장하는 쪽이나 동물복제의 위험이나 문제에 대해 경고하는 쪽 모두 설득력이 있음을 알았다. 그리고 동물복제의 장기적 효과를 정확하게 예측하기에는 정보가 너무 복잡하고 서로 상충된다는 점을 발견했다. 부부는 인간존엄성을 중시하여 이러한 가치입장에 따라 의사결정을 내리기로 하였다. 즉 과학적 진보보다는 인간의 존엄성이 더 소중하다고 생각했다. 결국 부부는 동물복제가 인간의 존엄성을 위협할 수 있다고 판단했다. 그리고 동물복제를 반대하는 시민 모임에 가입하기로 했다.

부부의 경우 그들이 수집한 지식보다 그들의 가치와 태도가 의사결정 및 행동을 결정하는데 중요한 역할을 했다. 그러나 지식은 그들이 가치를 명료화하고 어떤 가치를 가장 중시할 것인지를 알게 해 주었다. 건전한 의사결정을 하는데 지식이 반드시 필요하지만 그것으로 충분치는 않다. 때로는 시민의 태도, 신념, 가치가 그들 행동의 가장 중요한 결정요인이 되기도 한다.

3. 의사결정과 사회과 교육과정

사회과의 핵심 목표는 학생들에게 반성적 의사결정 능력을 길러주고 나아가 개인적 혹은 공공의 문제를 해결하는데 필요한 행동을 할 수 있도록 도와주는데 있다. 이때 탐구 과정을 통해 추출된 지식, 그리고 가치 탐구 과정을 통해 분석되고 명료화된 가치가 의사결정 과정의 핵심 요소가 된다. 의사결정을 하는 사람은 다양한 사회과학 영역으로부터 얻은 지식을 선택하고, 종합하고, 적용하며, 오늘날과 같이 지구화된 사회의 복잡한 문제들에 대해 적절하고도 사려 깊은 행동을 할 수 있도록 사전에 스스로의 가치에 대해 명료화할 수 있어야 한다.

따라서 사회과 교육과정은 학생들이 탐구, 가치화, 의사결정 모두를 잘 할 수 있도록 설계되어야 한다. 탐구, 가치화, 의사결정은 상호 연관된 기능으로 여기에서는 논의의 편의와 체계적 교수방법을 설계하기 위해 일부러 분리하여 다루고 있다. 그러나 실제 사회과 수업에서는 각각의 기능들을 상호연관지어 다루어야 하며, 이를 통해 합리적인 의사결정, 사려 깊은 행동을 할 수 있는 학생을 길러낸다는 사회과 교육과정의 목표를 달성할 수 있다.

과거의 사람들이 내렸던 위대한 의사결정을 소개하는 역사 자료를 활용할 수도 있다. 여기에서는 토마스 제퍼슨 대통령이 루이지애나 영토에 관해 어떤 결정을 내렸어야 하는지를 사례로 들었다. 이 사례는 독립 전쟁에 관해 학습한 이후에 공부하는 것이 좋을 것 같다. 의사결정 능력은 기존의 교육과정 구도 내에서도 충분히 다룰 수 있다. 정규 사회과 단원 주제와 관련지어 의사결정 문제를 다룰 수 있으며 독자적인 단원 주제를 설정할 수도 있다.

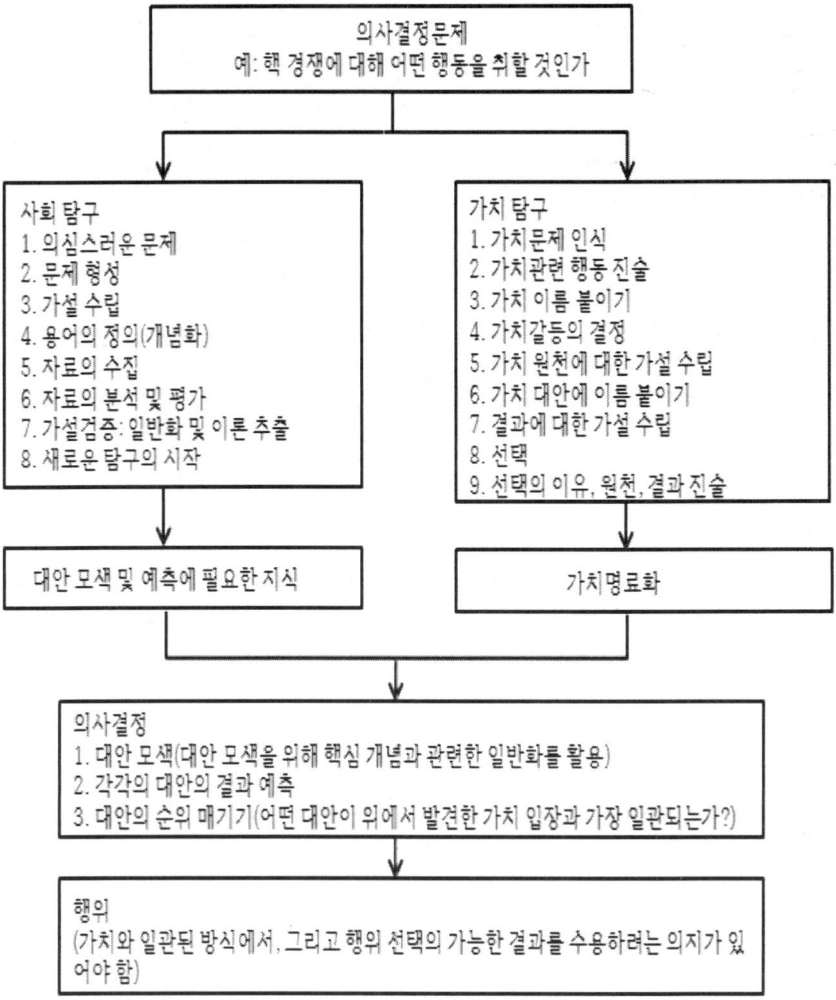
의사결정문제
예: 핵 경쟁에 대해 어떤 행동을 취할 것인가
사회 탐구
1. 의심스러운 문제
2. 문제 형성
3. 가설 수립
4. 용어의 정의(개념화)
5. 자료의 수집
6. 자료의 분석 및 평가
7. 가설검증: 일반화 및 이론 추출
8. 새로운 탐구의 시작
가치 탐구
1. 가치문제 인식
2. 가치관련 행동 진술
3. 가치 이름 붙이기
4. 가치갈등의 결정
5. 가치 원천에 대한 가설 수립
6. 가치 대안에 이름 붙이기
7. 결과에 대한 가설 수립
8. 선택
9. 선택의 이유, 원천, 결과 진술
대안 모색 및 예측에 필요한 지식
가치명료화
의사결정
1. 대안 모색(대안 모색을 위해 핵심 개념과 관련한 일반화를 활용)
2. 각각의 대안의 결과 예측
3. 대안의 순위 매기기(어떤 대안이 위에서 발견한 가치 입장과 가장 일관되는가?)
행위
(가치와 일관된 방식에서, 그리고 행위 선택의 가능한 결과를 수용하려는 의지가 있어야 함)

토마스 제퍼슨은 어떤 결정을 내렸어야 하나?

미국의 독립 전쟁에 대해 학습한 뒤 다음의 사례에 대해 읽게 한다. 그리고 학생들을 세 집단으로 나눈다. 한 집단은 루이지애나 영토의 매입에 대해 찬성하는 자료와 주장을 준비하고, 다음 집단은 제퍼슨이 제대로 된 결정을 내리기에는 준비가 부족했다는 점을 보여주는 자료를 준비하며, 마지막 집단은 제퍼슨이 루이지애나 매입을 하지 말았어야 한다는 주장과 자료를 준비한다.

딜레마 상황

제퍼슨 대통령은 루이지애나 영토를 매입했어야 하나? 그에게는 이를 결정할 어떤 권한도 없었다. 게다가 자칫 스페인과의 전쟁이 일어날 수도 있었다. 그러나 루이지애나를 사지 않는다는 것은 광활한 영토를 얻을 기회를 잃는다는 것을 의미했다.

1801년 토마스 제퍼슨은 미국 대통령이 되었다. 그리고 1803년 7월 4일 제퍼슨 대통령은 파리로부터 한통의 편지를 받는다. 그는 몇 달 동안 가슴 졸이며 이 편지가 오기를 기다렸다. 그런데 막상 편지를 뜯자니 망설여졌다. 좋은 소식일까? 나쁜 소식일까? 나라의 발전을 위해 그토록 기다렸던 내용이 들어 있을까? 아니면 그의 제안을 거부하며 미국의 미래에 먹구름을 드리울 문제를 담은 내용이 들어 있을까?

그 편지는 주 프랑스 대사 로버트 리빙스턴이 보낸 것이었다. 제퍼슨은 프랑스의 통치자 나폴레옹과 협정을 맺기 위해 그를 파리로 보냈었다.

제퍼슨은 편지를 열었다. 편지를 읽기 시작하면서 놀라움에 날카로운 한숨을 쉬었다. 읽어 내려갈수록 놀라움과 기쁨은 커져 갔다. 그런데 편지를 다 읽고 나자 안도의 마음은 사라지고 복잡한 생각이 찾아들었다.

편지 내용은 그가 원하던 답이 아니었다. 그가 최대한 기대하던 바를 훨씬 뛰어 넘는 것이었다. 리빙스턴이 기껏 주선한 협상을 거절할 경우 위험한 결과가 초래될 것이다. 이 협정을 맺지 않는다면 다시 마음의 평화를 찾을 수 있을 것인지 확신할 수 없었다.

리빙스턴이 주선한 협정의 내용대로라면 나라의 절반에 해당하는 땅을 매입하는 것이다. 어떤 사람도 그만한 크기의 땅을 샀다는 유래를 찾을 수 없을 정도이다. 북아메리카 대륙 중 백만 제곱마일이나 되는 땅을 사게 되는 것이다. 애초에 제퍼슨이 의도하던 바는 아니었다. 그가 리빙스턴을 시켜서 나폴레옹에게 사고자 했던 것은 겨우 뉴올리언스 항구 한곳이었다. 그런데 그의 대리인이었던 리빙스턴은 프랑스령 루이지애나 전체를 사는 협정을 맺어 왔다.

그러나 제퍼슨은 그에게 루이지애나를 구매할 아무런 권한이 없다는 것을 알았다. 대통령이라 할지라도 미 헌법은 외국 영토를 구매할 권한을 그에게 주지 않았다.

만약 그대로 밀어 붙이면 그의 정적들은 발톱을 세우고 그에게 달려들 것이다. 스스로가 정한 가장 소중한 원칙을 깨뜨린 사람이라고 비난할 것이다. 제퍼슨 자신이 헌법은 문장 그대로 정확히 지켜야한다고 강력하게 주장해 놓고 뻔뻔히 이를 어긴 사람이라는 오명을 얻게 될 것이다.

제퍼슨은 또 주의 권한은 강력한 중앙정부에 의해 위축돼서는 안된다고 주장해 왔다. 그래 놓고 이제 와서는 주의 권한을 줄이고 연방 정부의 권한을 어마어마하게 강화시키는 일을 도모하게 된 것이다.

제퍼슨은 또 긴축재정을 주장했는데 이제 와서는 수백만 달러의 돈을 거칠고 황량한 땅을 구매하는데 쓰겠다고 한다. 최악은 따로 있었다.

루이지애나의 매입은 자칫 또 다른 엄청난 골칫거리를 가져다 줄 수 있었다. 스페인과 전쟁까지도 이어질 수 있는 갈등이 제퍼슨의 눈앞에 아른 거렸다. 뿐만 아니라 국내에서도 불화와 분열이 세대를 거쳐 지속될 가능성이 있었다.

제퍼슨은 다시 마음을 다잡았다. 영토를 매입하는 것이 미국의 발전과 번영에 도움이 되었으면 되었지 방해가 되지는 않을 것이라고 생각했다.

그가 과연 엄청난 실수를 저질렀을까?

시간은 있었다. 매입을 취소할 수도 있었다. 그래야 했을까?

제퍼슨이 어떻게 했어야 했다고 생각하나? 그 이유는?

의사결정활동

제퍼슨이 협정 문제를 논의하기 위해 각료회의를 소집했다고 가정하여 시나리오를 작성한다. 학생들에게 각각 국무장관, 재무장관, 국방장관의 역할을 맡기고 역할놀이를 하게 한다. 각자가 제퍼슨에게 어떤 조언을 할 수 있을까? 그 사람들이 가진 가치는? 철저한 지방 분권주의자였던 제퍼슨이 협정을 받아들이고 대통령의 이름으로 영토를 매입한다면 그가 경멸하던 정적인 연방주의자들처럼 행동하는 것이 되고 만다. 제퍼슨은 어떻게 서로 모순되어 보이는 가치 입장을 정당화할 수 있을까? 어떤 위험과 결과가 도사리고 있을까? 가상의 대통령과 각료들은 생생한 토론을 벌이게 된다. 마지막으로 제퍼슨은 그의 최종 결정을 발표하고 그의 입장을 정당화한다.

4. 가치탐구: 본질과 접근방법

1) 의사결정에서 가치 관련 요소

의사결정에 있어서 지식이 중요하지만 그것만으로는 부족하다. 반성적인 의사결정을 내리기 위해서는 스스로가 가진 가치에 대해 파악하고 있어야 하며, 이를 지식과 연계시킬 수 있어야 한다. 즉 의사결정을 진행시키는 가운데 가치화의 과정이 중요하며, 어떤 가치를 지녔는지에 따라 어떤 지식을 선택할 것인지가 결정되기도 한다. 심지어 사회과학자들이 구성한 지식 역시 그 근저에는 가치가 개입되어 있다. 그리고 가치관의 혼란은 행위의 모순과 혼란을 낳는다.

2) 가치의 본질

사회과학은 물론이고 철학에 있어서도 가치가 무엇인지에 대해서 보편적으로 합의된 바가 없다. 제이리 등은 가치를 "개인 또는 사회의 핵심적인 신념과 목표"라고 정의하고 있다. 가치는 태도나 신념처럼 구체적인 사물이나 사람 혹은 집단을 대상으로 하지 않는 일반적인 것으로 대규모의 사물 또는 사람에 대한 한 개인의 행위에 영향을 미친다. 가치는 뭔가가 좋은 것인지 나쁜 것인지를 구분하는 기준이 되며 어떻게 행동할 것인지를 판단하는 기준이 된다. 신념이나 태도와 마찬가지로 사람들은 주변환경의 영향을 받아 가치를 형성한다. 그리고 대부분의 가치는 독자적으로 깊은 생각을 거쳐 형성된 것들이 아니다. 가치가 사회적으로 형성된다는 점은 같은 문화, 하위문화, 사회체제 속에서 성장한 사람들이 어떻게 서로 비슷한 가치를 가지고 있는지를 설명해 준다.

3) 개인과 사회의 가치 갈등

근대 사회에서 대부분의 사람들은 가치를 형성하는데 있어서 명료화 과정을 거치기보다는 서로 모순되는 가치들을 무비판적으로 수용하고 있는 경우가 많다. 이는 개인뿐만 아니라 사회 전체적으로도 마찬가지이다. 자유와 평등 모두 미국을 대표하는 신조이지만 실제에 있어서 이 두 가치는 자주 상충된다. 집주인이 임대의 자유를 앞세워 자녀가 있는 가족이나 통상적 범주에서 벗어나는 형태의 가족에게는 집을 빌려주지 않는다면, 그의 자유는 임대를 거부당한 사람들의 평등과 상충된다. 이렇듯 국가의 구성 가치인 자유, 정의, 평등은 실제에 있어 많은 경우 서로 상충된다.

근대 민주국가에서 청소년들이 겪는 가치문제는 특히 심각하다. 전통사회와는 달리 근대 사회에서는 가치 선택의 폭이 넓으며 가치관들끼리 상충되는 경우가 많다. 대중 매체의 발달과 교통통신의 발달로 다양한 삶의 방식과 신념 체계를 접하기 때문이다. 특히 청소년기는 짧은 기간 동안 아이에서 어른으로 성장하기를 기대하는 시기이기 때문에 종종 두 가지 다른 기준을 가지고 살아가게 된다. 어른들이 평소 말하던 바와 다른 행동을 보이는 경우 냉소적인 태도를 갖게 된다. 어른들이 겉으로 내세우는 가치와 어긋나는 행동을 하는 것을 보고 심지어 가치 그 자체를 부정적인 것으로 받아들이기도 한다. 사람들은 평등이니 정직이니 하는 가치를 바람직하게 여기지만 항상 그대로 행동하지는 않는다. 그러나 청소년들은 이러한 점을 이해하기가 쉽지 않다.

4) 학교에서의 가치교육

개인과 사회의 문제가 상당부분 가치 혼란에서 비롯되는 만큼 학교에서 아이들이 가치를 명료화할 수 있게, 그리고 지적인 과정을 거쳐 가치선택을 할 수 있도록 도와주어야 한다. 그러나 대부분의 교사들이 도덕적인 문제를 지적으로 다룰 수 있도록 가르치고 있는 것은 아니다.

어떤 교사들은 가치문제를 마치 없는 사람 취급하듯 다룬다. 존재 자체를 부정하는 것이다. 사실적 지식만 제대로 알고 있으면 모든 사회문제가 해결되리라 믿는 것이다. 이들은 일종의 객관성의 미신에 빠져있다. 또 어떤 교사들은 회피전략을 쓴다. 수업 시간에 가치문제가 등장하면 다른 주제로 화제를 바꾼다. 이들 회피전략형 교사들은 유전공학, 동성애자들의 권리, 정치 스캔들 문제가 등장하면 바로 이야기를 중단해 버린다.

초등학교와 중학교에서 가장 많이 사용하는 가치교육방법이 어른들 기준에 옳다고 믿는 가치를 주입하는 것이다. 정의, 진리, 자유, 정직, 평등 등의 가치를 전설적 영웅 이야기, 의례, 애국가 등을 통해 전수한다. 가치탐구를 하는 목적도 학생들이 미국의 신조인 자유와 인간 존엄성 등에 적극적인 태도를 갖도록 하는데 있다. 그러나 이러한 가치에 대해 깊이 생각해보게 하기 위해서는 가치 주입의 방법을 써서는 안된다. 가치 주입은 그 자체가 민주적 가치에 위배되며, 학생들이 스스로의 가치를 찾아내고 명료화하는 데에도 도움이 되지 않는다.

가치 주입식 교수 방법은 학생들이 좋고 나쁜 것을 구분하지 못할 것이라고 가정한다는 점에서 건전한 방법이 될 수 없다. 그리고 이는 사실과 다르다. 학생들은 생각보다 쉽게 이를 구분해 낸다. 그리고 가치문제가 발생하는 대부분의 이유는 두 가지 좋은 것들 중에 선택을 해야 하기 때문이다. 친구가 형편없는 자신의 그림에 대해 평하기를 청했을 때, 정직과 예의 사이에서 고민하게 된다. 정직을 선택하면 친구의 감정을 상하게 해서 예의 없는 사람이 되고 말기 때문이다. 서로 상충되지만 좋음의 측면에서 동등한 가치들을 다룰 때 주입식 방법을 쓰다보면 가치 갈등이 증폭될 수 있다.

주입식 방법은 또한 학생의 선택의 자유를 부정하고 학생들 스스로 도덕적 판단을 이끌어내고 명료화하며 정당화하는 과정을 가르치지 않는다는 점에서 건전하지 못하다. 학생들이 인간의 존엄성이나 평등과 같이 사회적으로 중요한 가치에 기대어 스스로의 도덕적 판단을 정당화할 수 있기를 바란다면 이러한 이상적 가치의 의미를 명확히 할 필요가 있다. 삶의 기준을 여러 가지 대안으로부터 자유롭게 선택하고 또 그 선택의 결과가 어떨지에 대해 신중히 생각해 볼 기회를 주지 않는다면 그 사람이 그러한 기준에 따라 인생을 살아가기를 바랄 수 없다. 그 사람으로 하여금 자신이 따르기로 결정한 삶의 기준을 자랑스럽게 여기도록 해야 한다. 교사와 성인들이 학생들에게 가치를 강요한다면 학생들은 그 가치를 소중히 여기지 않을 것이다. 강요된 삶의 기준은 권위를 갖지도 못하며 따라서 학생들의 행동에도 영향을 미치지 못한다.

5) 가치교육의 목표

가치교육의 중요한 목표는 학생들에게 일련의 일관되고 명료화된 가치를 개발하도록 하여 의미 있고 사려 깊은 시민적 행위를 이끌어 내는데 있다. 이러한 목표는 학생들에게 민주적인 교실 분위기 속에서 자신의 가치를 이끌어 낼 수 있는 방법과 과정을 가르칠 때 최선의 효과를 거둘 수 있다. 이러한 민주적 교실 분위기란 학생들이 자유롭게 자신의 가치 선택을 말할 수 있고, 가치 충돌 수준을 어느 선에서 조정할지를 결정하며, 가치 선택을 달리했을 때의 결과를 예측하고, 최종 선정된 가치 선택을 인간의 존엄성 및 기타 미국 민주주의의 기본원리에 비추어 정당화할 수 있는 환경을 말한다. 학생들이 인간의 존엄성, 평등, 기타 민주주의 핵심가치를 적극적으로 실현하려는 태도를 가지려면 스스로 자신의 가치를 이끌어낼 수 있는 기회를 가져야 한다. 즉 이러한 가치를 내면화하기 위해서는 자신의 가치 선택을 민주적 환경 속에서 반성적으로 검토할 기회가 주어져야 하는 것이다. 가치는 여러 가지 대안들 가운데 자유롭게 선택해야 하되 이를 내면화하기 전에 각각의 선택이 가져올 결과를 신중히 검토해야 한다.

5. 가치 탐구 모형

이상에서 가치의 본질과 반성적 탐구와 자유로운 가치 선택을 강조하는 가치교육의 입장에 대해 살펴보았다. 다음에서는 이 책에서 강조하는 사회과의 이론과 맥을 같이하는 가치화 모형을 소개하고자 한다. 이 모형은 가치 관련 수업에 활용될 수 있으며 학생들의 의사결정능력을 향상시킬 것으로 기대된다.

우리가 제시하는 가치화 모형은 앞에서 소개한 가치교육의 입장과 맥을 같이 한다. 이 모형은 학생들에게 자신들이 선택한 가치의 원천을 구체화하고, 가치들이 서로 어떻게 상충되는지 파악하며, 가치 대안을 찾고, 가치 대안이 초래할 결과를 예측하며, 자신이 찾은 가치를 자유롭게 선택하고, 선택한 가치를 인간존엄성, 평등과 같은 미국 민주주의의 기본원리에 비추어 정당화하는 활동을 포함하고 있다. 이 가치화 전략을 성공적으로 수업에 실천하기 위해서는 학생들이 자신의 가치를 자유롭게 선택할 수 있어야 한다고 확실히 믿어야 한다. 그리고 학생들이 서로 다른 가치의 결과를 탐구하고, 가치 선택에 일관성을 가지며, 인간의 존엄성 가치에 비추어 도덕 선택을 정당화할 수 있고, 결과를 수용하며, 신념대로 행동할 수 있도록 해야 한다.

가치탐구수업을 설계할 때 학생의 나이와 발달 수준을 고려해야 한다. 도덕발달단계를 뛰어넘는 수준의 추론을 요구해서는 안된다. 저학년의 학생들이 높은 수준의 도덕 원리를 요하는 복잡한 도덕 쟁점을 다루기는 어렵다. 정직, 진리, 충직 등의 가치를 다루는 단순 이야기나 딜레마는 이해할 수 있을 것이다. 사려 깊고 경험 있는 교사라면 학생들의 도덕·인지발달단계에 맞게 가치 수업을 조정하려고 노력할 것이다.

1) 가치문제의 인식 및 정의: 관찰 및 구별

가치에 대해 지적으로 반추해보고 쟁점을 해소하기 위해서 학생들은 의사결정 문제에 내재된 가치 요소를 찾아내고 용어상의 문제와 가치문제, 과학적 문제를 구별해 낼 수 있어야 한다. 사례연구, 소설 상의 예화, 사실 정보, 오픈엔딩스토리 등을 활용해서 의사결정 문제 속의 가치 요소를 찾는 훈련을 시킬 수 있다.

가치문제를 인식하고 정의하는 능력을 기르기 위해 Finders Weepers 라는 오픈엔딩스토리를 활용할 수 있다. 이를 통해 여기 이 상황에서 문제가 되는 것은? 이야기 속의 인물들에게 중요한 것은 무엇이지? 등의 질문을 던져 볼 수 있다.

> Finders Weepers는 샤프텔이 쓴 오픈엔딩스토리이다. 에디, 피트, 톰은 에디의 삼촌 집에 일주일간 방문한다. 로스 삼촌은 그 아이들에게 큰 호숫가에 가서 재미있게 놀되 보트는 타지 말라고 말했다. 에디와 톰이 수영을 하는 동안 피트는

로스삼촌의 말을 듣지 않고 호수 가운데로 보트를 저어 갔다. 에디가 피트를 나무랐지만 결국 아이들 모두 보트에 올라탔다. 그런데 삼촌집에 머무는 마지막 날 보트가 사라졌다. 1마일 밖에서 보트를 발견했지만, 심하게 부서져 있었다. 보트를 고치는데 20만원이나 든다고 한다. 아이들은 집에 갈 버스비를 제외하고는 3만원 정도 밖에는 가진 게 없었다. 그러다가 버스 정류장에서 현금 5만원과 수표 20만원이 든 지갑을 발견했다. 피트는 현금은 갖고 수표와 지갑을 분실물 센터에 돌려주자고 했다. 에디는 현금을 가져서는 안되며 지갑을 통째로 돌려주자고 했다. 결국 그 문제에 대해 투표를 하기로 했다. 톰은 어느 쪽을 선택할지 고민에 빠질 수밖에 없었다.

2) 가치 관련 행동의 진술: 기술 및 구별

이 단계에서는 문제가 되는 이야기, 사건, 상황 속 인물들의 행위에 이름을 붙인다. 모든 행동이나 제스처를 묘사할 필요는 없고, 논의 중인 문제의 핵심이 되는 행위에 한정한다. 파인더스 위퍼스를 예로 들면, 로스삼촌, 피트, 에디, 톰의 행동을 진술한다. 각각의 인물이 한 모든 말을 그대로 옮기기 보다는 한두 문장에 그들 행동을 요약한다. 예를 들면 피트의 행동을 "피트가 보트를 맨 처음 올라탔다. 정거장의 분실물 센터에 가져다주는 대신 돈을 지갑에서 꺼내자고 했다"는 식으로 요약한다. 문제 상황에서 핵심이 되는 행동을 정확히 기술하도록 학생들에게 질문을 던질 수 있다. "피트가 뭘 했지?" "에디와 톰이 한 일은?" 학생들이 행동을 기술할 때 가능한 추론은 피해야 한다. 관찰과 추론, 가치판단을 명확히 구분할 줄 알아야 한다.

3) 행동에 나타난 가치들에 이름붙이기: 찾기, 기술하기, 가정하기

이 단계에서는 앞 단계에서 기술한 행동들에 나타난 가치들에 이름을 붙여 본다. 이를 위해서 칠판 한쪽에 행동들을 위에서부터 나열하여 적고 다른 한쪽에 가치들을 적는다. 이 과정에서 학생들은 추론을 하게 되는데 행동에 나타난 가치에 대해 일치된 의견을 보여야 하는 것은 아니다. 대신 학생들은 스스로 독립된 생각을 하면서 그들이 찾아낸 가치에 대해 왜 그런지 이유를 대게 한다. 문제 상황 속의 인물들에 대한 정보가 충분한 것은 아니지만 가능한 정확하게 행동과 가치를 연관 지어 본다.

파인더스 위퍼스의 경우 다음과 같은 질문을 던져 볼 수 있다.

"피트의 행동으로 보아 피트가 중요시 여기는 것은?"

"피트는 정직과 위기의 모면 중 어떤 것을 중시하는가?"

"에디가 중시하는 것은?"

"로스삼촌이 중시하는 것은?"

"톰이 중시하는 것은?"

4) 행동에 기술된 가치 갈등 결정하기: 찾기-분석하기

학생들이 개인적으로 그리고 사회적으로 많은 가치 갈등이 있다는 점을 깨닫게 하려면, 특정한 개인이나 각기 다른 사람들에게서 발견되는 서로 갈등중인 가치들에 대해 이름을 붙여본다. 파인더스 위퍼스의 경우 에디가 어떤 가치들을 놓고 갈등하는지 찾아보게 한다. 그는 보트를 타는 일로 로스삼촌을 화나게 하고 싶지 않다. 그러면서도 재미있게 놀고 싶어 한다. 피트가 먼저 보트를 타자 에디와 톰 모두 따라서 보트를 탔고 다들 재미있게 놀았다. 이러한 욕망들이 서로 갈등하고 있는 것이다.

중간 학년의 학생들의 경우 역사적으로 중요한 결정이나 과거 지도자들이 경험했던 가치갈등을 공부하면서 갈등 중인 가치들을 찾아내는 훈련을 할 수 있다. 맥킨리 대통령은 1898년 스페인과의 전쟁 이후 필리핀을 독립시킬 것인지 미국의 식민지로 편입할 것인지를 놓고 고민을 했다. 그가 필리핀 편입 여부를 결정하기 위해 몇 날밤을 백악관을 거닐며 고민하고 기도한 이야기를 교회 사람들에게 들려준 자료가 있다. 이러한 의사결정

과정을 학습하는 동안 맥킨리의 결정에 영향을 미친 정치적, 문화적, 윤리적 요인들에 대해 분석할 기회를 갖는다. 물론 일부 사람들은 맥킨리의 결정에 대해 찬성하지 않았다. 새뮤얼 클레멘스(마크 트웨인)가 그 대표적 예이다. 학생들은 마크 트웨인과 맥킨리 대통령의 가치가 갈등을 빚었던 상황에서처럼 상충하는 가치를 놓고 토론을 벌일 수 있다.

5) 가치 원천에 대한 가설 수립: 가정해 보기

이 단계에서 학생들은 3단계에서 찾은 가치의 원천에 대해 가설을 수립해본다. 즉 어떤 이유에서 인물들이 그런 가치를 선택했는지 근거를 예상해 보는 것이다. 이때 가설은 단순한 추측이 아닌 이유와 증거를 바탕으로 제시되어야 한다. 이를 통해 사람들이 가진 대부분의 가치가 독자적인 반추의 과정을 통해 형성된 것이 아니라 주변 사람들의 영향을 받아 무의식적으로 받아들인 결과라는 점을 깨닫게 해준다. 학생들이 자신을 포함한 사람들의 가치가 어떻게 형성되었는지 그 원천을 깨닫는다면 다양한 상황 속에서 표출되는 여러 가치들의 적절성과 건전성을 평가해 볼 수 있게 된다.

앞의 이야기에서 왜 로스삼촌, 에디, 피트, 톰이 서로 다른 가치를 갖게 되었는지, 왜 맥킨리 대통령과 마크 트웨인이 필리핀 문제에 대해 서로 다른 가치를 갖게 되었는지, 그리고 결과적으로 왜 서로 다른 결정을 내리게 되었는지 가정해 본다. 가치의 원천에 대해 가정할 때 자신의 생각을 뒷받침할 예나 증거를 제시해야 한다.

6) 행동에 내재된 가치의 대안에 대해 명명하기: 회상

학생들은 우리가 선택할 수 있는 다양한 가치 대안이 있음을 알아야 한다. 스스로에게 중요한 가치를 선택하여 그 가치에 대해 소중히 여기는 마음을 가지려면 먼저 다양한 대안들을 꼼꼼히 살펴봐야 한다. 여러 대안들을 살펴보지 않은 상태에서는 제대로 된 선택을 할 수 없다. 이 단계의 가치탐구는 학생들에게 여러 가지 가치 대안을 찾아보고 따져 볼 수 있도록 하기 위해 설정된 것이다. 파인더스 위퍼스에서는 "에디는 다른 것보다 재미있게 노는 것, 꾸중 듣지 않는 것을 중시한다. 에디가 중요하게 생각해야 할 것으로 또 어떤 게 있을까?"와 같은 질문을 통해 학생들에게 다양한 가치 대안을 모색해보도록 할 수 있다. 맥킨리 대통령의 필리핀 복속 결정 문제에서는 "맥킨리 대통령은 필리핀인들에게 미국적 삶의 방식을 전수하는 것과 태평양 지역에서 미국의 군사력을 강화하는 것을 중시했다. 그가 중시하면 좋을 그 밖의 것들에는 무엇이 있을까?" 등의 질문을 던질 수 있다.

7) 가치의 결과에 대해 가정해보기: 예측, 비교, 대조

가치 탐구는 (1) 상이한 가치가 상이한 결과를 만들어 낸다는 것을 이해하며, (2) 자신이 선택한 가치가 초래할 결과를 수용하며, (3) 상이한 신념체계의 결과에 대해 예상할 수 있도록 하는 것을 목적으로 한다. 예를 들어 이야기 속의 아이들이 현금을 갖고 수표와 지갑을 돌려주는 선택을 했다면 그 결과가 어떠했을지 예상해 본다. 지갑이 주인에게 돌아간 후 일이 잘못되어 범죄혐의로 처벌을 받을 수도 있다. 지갑과 함께 돈과 수표를 돌려 준 뒤 부모들에게 돈을 빌리는 선택을 했을 경우, 그 돈을 갚기 위해 일을 해야 할 수도 있다. 맥킨리가 필리핀을 편입시킨 실제 결과(예: 미국에 대항한 폭동)를 살펴보고 독립을 보장했을 때의 결과를 예상해 본다.

8) 가치 선호의 선언: 선택

이야기 속 또는 역사적 사례 인물들의 행동에 대해 기술한 뒤 각자가 선호하는 가치에 대해 말하도록 한다. 이 단계는 아주 중요하면서도 조심스럽게 접근할 필요가 있다.

이 단계에서 교사는 자신의 가치와 위배되는 가치들에 대해 미리 부정적으로 말하지 않도록 조심해야 한다. 중립적 입장을 고수하라는 뜻이 아니라 학생들이 그들의 가치 선택에 대해 발표하기 전까지 교사의 가치 선호에 대해 밝히지 말라는 것이다. 학생들이 진심으로 믿는 바를 자유롭게 발표할 수 있는 교실 분위기가 만들어지지 않는 상태에서는 가치 탐구를 하더라도 학생들은 교사가 어떤 대답을 좋아하는지를 찾으려 애쓰기 마련이다. 교실이 아닌 친구들과 함께 있는 곳에서는 자신이 진짜로 생각하는 것을 자유롭게 말한다. 교사가 앞의 이야기에서 아이들이 지갑과 함께 돈과 수표를 돌려주어야 한다고 생각한다는 것을 학생들이 아는 순간 가치 탐구는 제대로 이루어질 수 없다. 민주적 교실 분위기 속에서 자신의 가치 선호를 자유롭게 말할 수 있어야 하며, 다만 이는 사전에 각각의 가치 선택이 초래할 결과를 신중히 고려해야 한다는 것을 전제로 한다.

9) 가치선택의 근거, 원천, 예상되는 결과 진술: 정당화, 가설수립, 예측

자신의 선호하는 가치를 자유롭게 선택하는 것도 중요하지만 학생들에게 그 가치의 원천이 무엇이며, 이를 선택한 근거는 무엇이며, 그 선택의 결과는 어떻게 예상되며, 이를 어떻게 미국 민주주의의 기본원리인 자유, 평등, 인간 존엄성에 근거하여 정당화할 수 있는지를 모색하게 해야 한다. 반성적인 민주 시민이라면 자신의 가치를 명료화할 뿐 아니라 가치 선택의 근거와 이유, 가치 선택의 원천과 결과에 대해서도 생각할 수 있어야 한다. 가치의 원천과 결과에 대해 잘 알고 있을 때, 앞으로 어떤 가치를 선택해야 할지를 알 수 있고, 또 선택한 가치에 따라 행동하려는 성향도 생긴다. 그리고 민주주의의 핵심 원리인 정의와 인간 존엄성 등의 가치에 동의하려는 성향도 커질 것이라고 본다.

학생들에게 가치 선호를 말하고 이를 정당화할 수 있도록 몇가지 질문 전략을 활용할 수 있다. 파인더스 위퍼스에서 "피트, 에디, 톰이 지갑을 어떻게 해야 한다고 보지? 왜? 그런 결정을 할 때 뭘 생각했지? 그런 결정을 했다는 것은 네가 이 상황에서 뭘 중시한다는 것을 보여주지? 네가 결정한 대로 행동할 수 있니? 그런 결정이 공정하다고 보니? 왜? 또는 왜 그렇지 않은데?" 등의 질문들이 활용될 수 있다. 이런 질문을 하면서 학생들이 괜히 자기 생각을 말했다 하는 감정이 들지 않도록 조심해야 한다. 가치 탐구가 성공하기 위해서는 자신의 태도, 믿음, 가치를 자유롭게 말할 수 있도록 하는 게 기본이 되어야 한다.

10) 가치 분석과 명료화

이상에서 제시한 모형을 활용해 학생들에게 가치화의 과정을 가르칠 수 있으며, 가치를 명료화하고, 도덕적 선택을 정당화하는 능력을 길러줄 수 있다. 각각의 단계가 별도로 제시되었지만 실제 수업에 있어서 모든 단계가 명확히 구분되지는 않으며 서로 밀접히 연관되어 있다. 예를 들어 가치 관련 행동을 진술하게 하고, 그 행동에 이름을 붙이는 활동을 동시에 진행시킬 수 있다. 굳이 단계를 구분한 이유는 각각의 활동이 가치를 명료화하는데 도움이 되기 때문이다. 학생들이 모든 단계의 활동을 경험해야 하지만 한 수업에서 몇 개의 단계를 다룰 지는 교사의 재량에 달려 있다. 각각의 단계가 하나의 소단원으로 다루어질 수도 있다. 여기에서는 하나하나의 단계가 학생의 가치탐구능력을 기르는데 도움이 된다는 점만 강조하고자 한다.

6. 가치화 전략

앞의 가치탐구모형을 실천하는데 있어서 다양한 교재를 활용할 수 있다. 사회과학 관련 읽을거리, 역사적 사건, 학교에서 벌어진 사건, 문학 작품, 예술 작품, 사진, 오픈엔딩스토리, 역할놀이, 동영상, 뉴스 기사 등이 그 대표적 예이다. 다음에서는 학년 급별로 활용할 수 있는 가치화 전략을 소개하였다. 이 방법들이 학생들의 가치탐구 기능을 향상시키는데 도움이 될 것으로 기대되지만 이것들은 예에 불과하며, 교사 재량으로 다양한 전략을 활용할 수 있다.

1) 저학년

1. 아이들은 길거리에서 유기견이나 고양이를 만났을 때 딜레마에 빠지는 경우가 있다. 예를 들어 다음과 같은 상황을 제시해 본다. 제리는 자신의 애완견을 데리고 산책을 하는데 길을 헤매는 작은 강아지가 다가와서 예뻐해 달라고 끙끙거린다. 우리 집 강아지도 그 강아지에게 킁킁거리고 핥는 것을 보아 좋아하는 눈치다. 그 강아지를 두고 발길을 돌리기가 싫다. 그러나 엄마는 애완동물을 더 키우는 것을 반대하신다. 그 강아지가 집 없이 헤매고 있는 것은 확실해 보인다. 어떻게 해야 하나?
2. 수지는 일 년 내내 카메라 살 돈을 모으고 있다. 용돈을 아껴서 한푼 한푼 모으고 있지만 카메라를 사려면 45,000원이나 더 모아야 한다. 생일 파티에서 꼭 사용하고 싶은데, 생일이 2주밖에 남지 않았다. 학교 마치고 운동장을 걸어 나오는데 빳빳한 5만 원짜리 지폐가 떨어져 있었다. 얼른 주어 호주머니에 넣긴 했는데, 어떻게 해야 하나?
3. 조는 지난 금요일 과학 시험 시간에 케이가 캐롤의 답안을 베끼는 것을 보았다. 월요일 아침 힌클 선생님께서 케이가 과학 시험에서 최고 점수를 받았기 때문에 반을 대표해서 과학경시대회에 나갈 것이라고 말씀하셨다. 조는 선생님에게 케이가 부정행위를 한 것을 말씀드려야 하나?
4. 아이들에게 "아기돼지 세 마리"이야기를 읽어준다. 첫 번째, 두 번째, 세 번째 돼지, 그리고 늑대의 가치에 대해 이름을 붙이게 한다. 그리고 이 가치들을 칠판에 적는다. 그리고 각각의 가치가 초래한 결

과에 대해 이야기 내용을 바탕으로 각각 말하게 한다. 그리고 이러한 이야기 속의 결과가 현실적인 것인지? 왜 그런지 혹은 왜 그렇지 않은지 묻는다. 그리고 다른 결말을 가진 이야기를 생각하게 하여 발표시킨다. 그리고 자신들이 바꾼 이야기 속의 인물들이 가진 가치가 무엇인지 말하게 한다.

2) 중학년

1. 학생들에게 가치를 발견하게 하기 위해 설명이 없는 그림을 활용할 수 있다. 하나의 가치입장을 담은 그림을 선택한다. 예를 들어 저항의 수단으로 시위의 중요성을 상징하는 피켓을 든 사람들의 사진을 보여준다. 베트남전 반대 시위 중 일부는 폭력적이다. 폭력시위와 평화시위 사진을 함께 보여준다. 학생들에게 (1) 시위를 하는 사람들, (2) 시위의 표적이 되는 사람들의 가치 입장에 대해 비교해 보게 한다.
2. 국방비를 증액해야 한다는 정치 지도자들의 주장과 복지나 교육에 비해 국방비를 너무 많이 지출하고 있다는 정치인들의 주장을 읽게 한다. 학생들에게 각각의 정치인들이 가진 가치가 무엇이며 그 가치가 초래할 결과가 무엇인지 예상하게 한다. 국방비 증액 여부에 대한 입장을 선택하고 각각의 입장을 정당화하도록 한다.
3. 목재는 빠른 속도로 고갈되어가는 자원의 하나이다. 나무와 산림자원의 적절한 사용에 관해 개인들이 선택할 수 있는 입장을 연속선의 형태로 제시한다. 예를 들어 한쪽 끝은 가용한 모든 목재를 주택건설, 가구 제작, 제지, 땔감 등으로 사용해야 한다는 입장이며 다른 한쪽 끝은 보존주의 입장으로 산불과 벌목으로 사라진 숲을 모두 복원해야 하며 합성 재질로 모든 목재를 대신해야 한다는 입장이다.
4. 미국사 시간에 1863년 노예해방선언과 관련된 링컨의 결정에 대해 읽게 한다. 이 선언으로 연방정부에 대항하는 모든 주의 노예들이 해

방되었다. 링컨의 결정에 영향을 미친 요인들은 무엇인가? 그의 결정은 어느 정도나 정치적인 것인 것이었으며, 어느 정도나 윤리적인 것이었나? 다음으로 1830년 앤드류 잭슨 대통령의 인디언 이주정책, 1945년 트루만 대통령의 일본 원자탄 투하 결정, 1961년 케네디 대통령의 쿠바 카스트로 정권 전복 시도 결정에 영향을 미친 윤리적, 정치적 요인들에 대해 검토해보도록 한다.

3) 고학년

1. 다음 상황에 대해 읽어준다. 몇 명의 학생들이 교내 막다른 곳에 모여 담배를 피운다. 학교에 담배를 가져와도 되는지 시험해 보는 듯하다. 담배연기를 마시는 것이 서투른지 연신 기침을 한다. 그 중 한 학생이 집에 돌아왔는데 아버지와 마주쳤다. 아버지를 지나치는데 아버지는 그 학생의 옷에서 담배 냄새가 나는 것을 알아차렸다. 그리고 아버지는 아들에게 담배 피웠는지 다그친다. 학생들에게 이후의 상황에 대해 역할 놀이를 하게 하고 이 이야기에 숨겨진 가치문제에 대해 논의하게 한다.
2. 1980년대 초반 사형제 문제가 국가적 쟁점으로 재등장했다. 표면상으로는 미국의 높은 범죄율에 대한 반응이었다. 몇몇 주는 사형제를 부활시켰다. 그리고 최소 한 개 주에서 사형선고를 받는 재소자에게 실제 사형을 집행했다. 학생들에게 사형제 찬반 입장을 검토하게 하고 각각의 주장이 담고 있는 도덕적, 정치적, 사회적 쟁점들을 찾아보게 한다. 쟁점을 둘러싼 각각의 입장을 선택하여 정당화해보도록 한다.
3. 미 대법원에서 다루는 대부분의 사건들은 가치 갈등을 내포하고 있다. 학생들에게 대법원에서 다루는 과거와 현재의 대표적 사건들을 찾아보게 하고 각각의 사건들 속에서 갈등하는 가치들과 대법원이 선택한 가치들에 대해 분석하게 한다. 또 판결에 대한 반대의견들을

살펴보게 하고 반대의견에 담긴 가치들을 분석하게 한다. 학생들에게 소개할만한 인종관련 판례로 세 가지를 꼽아 볼 수 있다. (1) 플레시대 퍼거슨 사건(1896)으로 대법원이 분리-평등주의는 합헌이라고 판결했다. (2) 브라운대 교육청 사건(1954)으로 학교 분리는 본질적으로 불평등하다며 과거 플레시 판결을 뒤집었다. (3) 캘리포니아 대학 평의회대 베이케 사건으로 소수인종우대정책이 합헌이기는 하지만 엄격한 인종 할당제는 잘못되었다고 판결했다.

생각해볼 문제

1. 의사결정을 하는데 있어 가치요소가 중요한 이유는 무엇일까?

2. 특정한 상황에서 특정한 인물이 선택하게 되는 가치의 원천을 어떻게 찾아낼 수 있을까?

3. 자신이 선택한 가치가 바람직한 것임을 확인하는 방법은 무엇일까?

제10장

학교 교육과정에서의 고급 사고

Higher Order Thinking in the School Curriculum

프레드 뉴만

Fred Newmann

1988

제10장

학교 교육과정에서의 고급 사고

Higher Order Thinking in the School Curriculum[14)]

프레드 뉴만
Fred Newmann

1988

학교는 학생들에게 생각하는 것을 가르칠 수 있을까? 가르치려고 할 필요가 있을까? 사고력 교육의 필요성을 강조하는 온갖 미사여구와 여러 가지 사고기능과 관련되어 넘쳐나는 각종 수업기법들, 그리고 관련 연구물들이 쏟아져 나오고 있지만, 이 질문에 대한 답은 아직도 오리무중이다.

여러 가지 점에서 의문이 제기된다. 아이들이 생각하고 추론하는데 먼저 충분한 교과 지식을 알고 있어야 하는지, 생각하는 데 필요한 기법과 태도를 기르는데 있어 과연 효과가 증명된 수업 방법이 있는지, 학생들 스스로 비판적인 사고를 하는 능력을 갖추다보면 자칫 사회를 삐딱하게 볼 수도 있는데 사회화를 담당하는 학교에서 그런 일을 할 수 있는지, 그리고 고급사고의 의미에 대한 개념의 혼란을 포함해서 풀어야 할 의문이 많다.

최근에 제시된 여러 가지 방안들과 연구들을 보면 그 내용도 다양하고 서로 관점이 모순되는 것들도 많다. 최근의 혼란상에 질서를 부여하고자 다음 세 가지 질문을 중심으로 논의를 정리해보고자 한다. 고급사고란 무엇인가? 왜 학교에서 가르치기가 어려운가? 학교 당국에서 무엇을 할 수 있을까?

---

14) 출처: NASSP Bulletin, 72(508), 1988, pp.58-64.

이 질문에 대한 답은 기존 연구의 검토, 다섯 개 학교의 사회과 교실 수업의 관찰, 그리고 이들 학교 학생, 교사, 교과주임, 교장을 대상으로 한 심층면접의 결과를 바탕으로 이루어졌다.

1. 고급사고란 무엇인가?

고급사고와 관련된 여러 가지 용어들이 사용되고 있다. 비판적사고, 추상적·연역적·귀납적 사고, 형식적 사고와 비형식적 사고, 피아제의 형식적 조작, 콜버그의 후인습적 도덕 발달 단계, 메타인지, 블룸의 분석·종합·평가, 확산적·창의적 사고, 비구조적 문제해결(ill-structured problem solving), 의미 구성 등 다양한 용어가 혼재되고 있다. 각각이 취하는 입장은 조금씩 다르지만, 이 가운데서 일반적인 개념을 찾을 수 있으며, 이를 통해 기존의 선행연구결과와 일관성을 유지하는 동시에 실천을 이끌어 갈 수 있다고 본다.

어떤 인간도 환경으로부터 주어지는 자극을 수용하다보면 생각을 하게 된다. 이때 생각이란 정보를 인지하고 저장하고 가공하는 뇌의 작용을 말한다. TV 광고를 시청하는 것에서부터 도로 표지를 읽는 것까지 대부분의 인지 과정은 신경학상 대단히 복잡하다. 그렇다면 고급 사고와 다른 형태의 사고를 구분시켜 주는 것은 무엇인가?

1) 정의

고급사고와 저급사고를 상식적인 차원에서 구분해 볼 수 있다. 학교교육이 추구하는 이상과 실제 수많은 교실에서 관찰되는 것을 비교하는 가운데 알 수 있는 것들이다. 대부분의 학생들은 뭔가를 생각해보도록 도전적인 자극을 받지 않는다. 이러한 현실 문제로부터 하나의 단순한 개념정의가 가능해 진다. 즉 고급사고는 정신을 사용하도록 자극하고 확장시키는 것을 의미하며, 저급사고는 의례적이고 기계적인 차원에서 제한적으로 정신을 사용하는 것을 말한다.

예를 들어 미지의 곳을 여행하는 탐험가는 기존에 습득한 지식(지도와 나침반의 사용법, 기후에 대한 지식, 생존기법 등)을 새로운 상황에 적용시켜야만 목적지까지의 여행을 완수할 수 있다. 성공에 필요한 사전 지식을 충분히 갖고 있다 하더라도 이를 새로운 상황과 과업에 적용시켜야하기 때문에 지식을 어떻게 적용할 것인지는 심각한 도전이 될 수 있다.

반면 저급사고를 하는 사람은 과거에 외웠던 정보를 떠올리거나, 공식에 숫자를 대입하거나, 몇 가지 알고 있던 알고리즘으로 상황을 해석하는 등 반복되는 틀에 의존해 대응한다.

고급사고의 결정적 특징은 기존의 정보를 문제해결을 위해 확장하여 사용하는지 여부이다. 이때 문제는 도전적인 것이어야 하는데, 교과에 따라 그 형태가 달라질 수 있다. 어떤 것은 하나의 확실하고도 정확한 답을 이끌어 낼 수 있는 것인가 하면 어떤 것은 여러 개의 모호하고 서로 대립하는 해결책이 존재하는 것일 수 있다. 이러한 도전은 여러 가지 종류의 탐구를 요할 수 있으며(논리적, 경험적, 심미적, 윤리적), 다양한 형태로 표현될 수 있고(구두, 문자, 기호 등), 다양한 형태의 지능을 요구할 수 있다(언어, 수학, 운동감각, 대인관계 등).

이런 방식의 개념 규정은 정보를 가지고 무엇을 해야 하는지(해석, 분석, 조작 등), 그러한 정보의 활용을 요구하는 경우가 무엇인지(도전적인 문제 상황)를 명확히 해준다. 물론 개인마다 도전을 느끼는 문제의 종류는 다르다.

버스 시간표를 이해하는 것도 어떤 사람에게는 고급사고를 요할 수 있으며, 어떤 사람에게는 틀에 박힌 일일 수 있다. 이런 의미에서 볼 때 고급사고는 상대적인 것이다. 그 사람에게 이 문제가 어느 정도의 고급사고를 필요로 하는 것인지를 알기 위해서는 그 사람의 이력을 알 필요가 있다. 그 사람이 정보를 분석, 해석, 조작하는 데 어느 정도로 노력을 경주하는

지는 그 사람의 머릿속에 들어가 주관적 상태를 살피지 않으면 안 된다.

물론 이를 실제로 실행하는 데에는 문제가 있을 수밖에 없다. 어떤 사람이 어느 정도로 고급사고에 몰입되어 있는지 알기가 쉽지 않기 때문이다. 교사는 여러 학생들을 동시에 상대해야하기 때문에 학생 개개인의 정신 상태를 진단할 기회가 별로 없다. 대신 학생 집단 전체를 상대로 선행 지식이 어느 정도이며, 어떤 과업을 통해 지적 기능을 촉진시킬 수 있는지 짐작에 의존하는 수밖에 없다.

결국 생각하는 것을 가르친다는 것은 부정확한 일이 될 수밖에 없다. 그러나 사고에 있어서 학생의 선행 경험이 중요하다는 점이 맞는 것이라면 학생이 도전을 느끼기에 적절한 문제를 제시하는 것은 가능하다. 우리 생각이 잘못되었을 수도 있지만 우리가 할 수 있는 최선은 그들이 도전을 느끼리라고 예측되는 문제를 제시하고 이를 해결하기 위해 정보를 다루어 보도록 하는 것이다.

여러 가지 실천상의 난관에도 불구하고 이러한 방식으로 고급사고를 규정했을 때 갖는 몇 가지 긍정적인 측면이 있다.

- 연령이나 선행 경험에 관계없이 누구나 고급사고를 시도해볼 수 있다. 학생마다 다룰 수 있는 지적 도전의 수준에 차이가 있지만 누구나 주어진 도전을 놓고 해석하고, 분석하고, 지식을 조작해볼 수는 있다.
- 학교교과 전반에 걸쳐, 심지어 비교과 활동에도 적용할 수 있다.
- 특정한 인지과정 관련 이론이나 교수이론을 전제로 하지 않는다. 사고의 촉진 기법에 관한 확고한 지식이 축적되어 있지 않다는 점에서 이는 상당한 이점이라 할 수 있다. 특정 기법의 효과라는 것도 어떤 과업이 주어졌는지, 학생의 특성이 어떤지에 따라 달라질 수밖에 없다. 게다가 이러한 개념규정방식은 사고의 내용, 기능, 성향을 강조하는 세 가지 상이한 관점들과도 서로 모순되지 않는다.

2) 내용, 기능, 성향

고급사고 및 그 교수법에 관한 연구들을 살펴보면 강조점에 따라 세 가지로 구분해 볼 수 있다. 내용을 강조하는 관점에 따르면 복잡한 사고를 한다는 것은 결국 무엇을 알고 있는지의 문제이다. 내용이 없는 생각은 없다는 것이다. 복잡한 지적과제를 제대로 수행하려면 그것이 무슨 물건을 살 것인지, 시의 의미를 어떻게 해석할 것인 지이든 그 주제에 관한 지식을 활용해야 한다는 것이다.

물론 지식을 가르친다고 해서 무조건 사고가 촉진되는 것은 아니지만 내용지식과 분리되어 사고를 가르칠 수는 없다. 내용에 대해 가르치게 되면 그 내용과 관련된 지적 도전에 대해서 해석하고, 분석하고, 지식을 활용할 수 있게 되므로 이는 곧 사고를 가르치는 것이 된다.

기능을 강조하는 관점에서는 사고란 특정한 내용 영역을 초월하는 것이며, 따라서 사고를 가르치기 위해서는 내용이 아니라 기술을 가르쳐야 한다고 본다. 생각을 잘 하는 사람이란 예컨대 문제를 발견하고, 대안을 제시하며, 증거를 제시하고, 논리적 일관성 여부를 판단하고, 편견을 찾아내고, 새로운 정보원을 찾아낼 줄 안다. 이러한 기능들은 여러 교과에 걸쳐 문제해결에 도움이 되기 때문에 일반적 사고기능이라고 불린다.

물론 영역-특수 기능이라는 것도 있다. 예컨대 수학의 2차 방정식 풀이, 과학에서 실험장비 사용, 사회과에서의 법리적 추론 등이 그 예이다. 요컨대 기능을 강조하는 입장에서는 내용만으로는 불충분하며, 내용을 해석하고, 분석하고, 조작하는 구체적인 기법들에 대해 배워야 한다는 것이다.

성향을 강조하는 입장에서는 고급사고가 단순히 지식이나 기능을 익힌다고 얻어지는 것이 아니며, 보다 근본적인 차원에서 사려 깊은 성향을 갖추는 것이 더 중요하다고 본다. 사려 깊음은 몇 가지 특징을 갖는데, 근거에 기대어 주장하려는 욕망(그 근거는 면밀히 검토된 것이어야만 한다), 반성적인 성향, 즉 충동적으로 생각하거나 타인의 관점을 기계적으로 수용하지 않고 시간을 두고 주어진 문제를 생각하려는 성향, 항상 새로운 질문을 찾아내려는 호기심, 여러 가지 대안을 거리낌 없이 고려할 수 있는 유연함 등이 그 예이다.

이와 같이 성향이란 태도, 개성 또는 성격, 지식에 대한 믿음 또는 세계관(지식은 사회적으로 구성되며, 언제든지 수정 가능하고, 때론 불명확하며, 결국 문제를 이해하고 해결책을 찾기 위해서는 생각을 해야 한다는 믿음)과 관련되어 있다.

특정한 지적 도전을 해결하기 위해서 이에 관한 내용과 기능도 중요하지만, 사려 깊게 생각하려는 성향이 없으면 내용과 기능을 단지 기계적이고 무의미하게 전수하거나 적용하는 형태가 될 가능성이 높다. 사려 깊음은 고급 사고에 있어 충분조건은 아니지만 필요조건으로서 강조되어야 한다.

각각의 관점들이 고급사고의 중요한 영역들을 차지하기도 하지만 교과지식, 기능, 태도를 가르친다고 하는 학교교육의 전통적 목표를 반영하는 것이기도 하다. 학교교육에서는 어느 영역도 소홀히 다룰 수는 없으며 학생들이 단지 정보를 습득하는데 그치지 않고 지적 도전을 주는 문제를 해결하기 위해 정보를 해석하고, 분석하고, 조작해 볼 수 있도록 해야 한다.

2. 고급 사고를 가르치기가 왜 어려운가?

학생들에게 생각하는 것을 가르쳐야 한다는 데에는 거의 모든 사람이 동의하지만 실제 학교교실에서 일어나는 것을 조사해 보면 대부분이 낮은 수준의 지적 작업에 매달리고 있어서 정보를 습득시키는데 치중하지, 정보를 가지고 복잡한 문제를 해결하도록 하는 것은 거의 이루어지지 않는다. 그래서 학생들이나 교사들, 심지어 학부모들에게 있어 사고의 촉진을 가로막는 장애요인이 무엇인지 알아보았다. 교육과정, 수업방법, 학교조직, 학교문화, 대략 네 가지 장애요인이 발견되었다.

1) 교육과정

주제에 대해 더 많이 알수록 고급 사고를 하게 될 가능성도 높아진다(지식이 많아질수록 정보를 해석, 분석, 조작할 능력도 높아진다는 것이다). 물론 학교에서 가르치는 지식의 양은 많지만, 문제는 많은 주제를 피상적으로 다루다보니 지식들끼리 서로 연결이 안 되고 산만하다는 것이다. 교과서 단원 수가 지나치게 많아서 주어진 시간 내에 각각의 주제에 대해서 피상적으로 가르칠 수밖에 없다는 것이다.

시험 역시 학생들에게 고립되고 분절된 지식을 묻지 주제에 대해 깊이 있게 생각하는 것을 묻지 않는다. 교사들은 항상 진도에 쫓긴다고 하소연하며, 따라서 주제에 대해 깊이 있게 생각해보고 지식을 해석, 분석, 조작해볼 기회가 거의 없다. 교과서 내용 전체를 다루어야 한다는 압박감 때문에 정보를 해석하고 조작하는데 필요한 기능을 연마할 시간도 없다.

2) 수업-학생의 수동성

전형적인 수업의 형태가 교사가 학생에게 얘기하고, 학생은 수동적으로 듣고, 지식을 익히기 위한 기계적인 연습을 하는 것이다. 고급 사고를 하려면 정보를 적극적으로 활용할 수 있어야 한다. 조용히 연구하는 것도 필요하지만 말이나 문장으로 표현하기도 하고, 육체적으로도 정보나 사물을 조작해보기도 해야 한다.

학생이 집중해서 뭔가를 해볼 때 학습이 이루어진다고 믿지만 우리가 쓰는 교수방법은 지식을 가지고 뭔가를 해볼 수 있는 기회를 거의 주지 않는다. 물론 이러한 수업방법을 쓰는 것은 상당 부분 지식을 활용하기보다는 전달하는데 치중하는 교육과정 탓이기도 하다. 다른 한편으로는 학급의 조직이 수동적으로 수업을 듣기에 편한 방식으로 되어 있는 탓이기도 하다.

3) 조직- 대량 처리

학생들이 정보를 제대로 해석, 분석, 조작할 수 있으려면 자신이 사용하는 문제해결 방법에 대해 실질적으로 도움이 될 수 있을 정도로 과제 수행 도중 혹은 이후에 상세한 지도를 받을 수 있어야 한다. 그러나 교사 한명이 적어도 한 학급에서 25명 이상의 학생을 가르치고, 하루에 5~6시간 수업을 하게 되면, 의미 있는 개별 지도를 할 수 있기를 기대하는 것은 무리이다.

또 문제해결을 해보는데 있어서 50분짜리 수업 한 단위씩 5일 동안 매일 나누어 한다면 해볼 수 있는 문제의 종류나 탐구 활동의 형태가 한정될 수밖에 없다. 실제 생활 속의 문제해결이라면 물론 시간 제약이나 기간 제한이 없는 것은 아니지만 그렇다고 학교에서처럼 엄격히 시간제한을 두는 것은 결코 아니다.

마지막으로 인터넷이나, 도서관, 지역사회 전문가 등, 교실 밖에서 학습자원을 구해야만 할 문제들이 있다. 그러나 학습활동을 교실로 묶어둔다면 고급사고의 가능성도 제한될 수밖에 없다. 이렇듯 학급 규모, 교사의 수업부담, 시간표, 수업의 공간적 제약 등 학습 조직상의 문제도 중요한 장애요인으로 작용한다.

4) 문화- 지적 한가함

교육과정, 수업방법, 학교조직 상의 장애에 대해 살펴보았다. 그렇다면 왜 이러한 장애들을 걷어내고 고급사고를 위해 적극적으로 나설 수는 없는지 묻지 않을 수 없다.

이유야 여러 가지가 있겠지만 학교교육의 다른 목표들과 비교해 보았을 때 한마디로 학교에서 생각하도록 가르치는 것을 원하지 않는다는 게 결론이다. 고급사고를 하려면 정신적 노력이 특별히 많이 필요하다. 관점들끼리의 갈등을 해소해야 하고, 모호하고 애매한 상황도 견뎌야 하며, 자기 비판, 독립된 판단(권위에 의존하기보다), 인습이나 지배 이념에 반하는 사상에 대해서도 심도 있는 검토를 해 보아야 한다. 지적으로 어려운 과업들을 수행해야 하는 것이다. 여러 이해관계에 비추어 이러한 일들이 항상 환영받을 수는 없으며, 학생들이 확실한 보상을 얻을 수 있는 것도 아니다.

대다수는 생각 없이 지식을 외워서 교사나, 고용주, 혹은 출제자의 요구대로 이를 재생해 내는데 만족한다. 일부 학생들은 주어진 지식을 열심히 익혀서 출세할 수도 있겠지만, 이들 역시 최소한의 정신적 노력으로 성공을 얻으려 하는 것은 마찬가지이다. 정신적 한가함을 중시하는 문화는 다음과 같은 메시지를 전한다. "그럴 필요도 없는데 왜 굳이 생각하려 하니?"

3. 학교에서 고급사고를 촉진하려면?

교육과정, 수업방법, 학교조직, 문화 모두 고급사고를 저해하는 쪽으로 작용한다면 어떻게 해야 하나? 쉬운 길은 없으며 오랜 기간의 노력이 필요하다. 교사들 가운데는 긍정적 태도를 보이는 사람들도 있겠지만 혼란스러워하거나 무관심하거나 심지어 격렬히 반대하는 사람들도 있을 것이다. 고급사고를 촉진하려 한다면 네 가지 차원의 노력이 필요하다.

1) 교육과정의 깊이를 추구하라(적게 그러나 깊이 있게 가르쳐라)

학생들이 적은 수의 주제에 대해 깊이 있게 학습할수록 고급사고가 촉진될 가능성도 높아진다. 이런 방향으로 나아가기 위해서는 광범위한 내용 영역의 학습을 요하는 학교 시험 방식이 바뀌어야 하며, 기존의 수박겉핥기식 교과서나 시험을 대체하는 학습 자료가 필요하다. 또한 과목의 숫자도 줄어야 하며 과목간의 중복을 피하고 연계를 강화해야 한다.

2) 수업 방식을 개선할 수 있도록 지원하라

학생들이 정보를 활용하여 뭔가 해 보는데 도움을 주는 수업 기법을 시험해 볼 수 있도록 충분한 시간을 주어야 한다. 다른 교사가 하는 수업을 관찰해보고, 서로 컨설팅을 받아 보고, 고급사고를 촉진하는 다른 학교의 수업을 참관해보기도 해야 한다. 그리고 고급사고를 촉진하는 수업을 하는지가 교사 평가의 공식 항목으로 선정되어야 한다.

3) 교사 업무 부담, 시간표, 학습 공간 등에 변화를 주라

이상적으로는 학교 전체가 교육과정과 수업이 지향하는 바대로 바뀌는 것이 좋다. 그러나 이는 학교 조직의 특성상 사실 상 어렵다. 그러나 일부 제약을 해소함으로써 고급사고를 촉진하는 방향으로 교육과정과 수업의 효율성을 높일 수 있다. 학교의 실정에 따라 다르겠지만 중요한 것은 새로운 기법에 맞게 학교의 조직과 문화를 변화시키려는 의지가 있는 지이다.

4) 사려 깊은 교실(학교) 문화를 만들라

사고란 때때로 고통스럽고 어려운 것이지만 다른 사람에게 어떻게 받아들여지는지에 따라 즐겁고 보람 있는 일이 될 수도 있다. 교실이야 말로 생각하는 문화를 만드는데 있어 가장 중요한 곳이지만 교사 한사람만으로 되는 것은 아니다. 학교 전체에 걸쳐 생각하는 문화를 조성해야 한다. 학교의 여러 문제를 심사숙고하여 결정하고 학생들이 단순히 교사의 말을 잘 듣고 성적이 올라갔다고 해서 칭찬할 것이 아니라 깊은 생각을 바탕으로 행동을 했을 때 이를 칭찬해 주어야 한다.

4. 결론

이상에서 선행 연구, 수업 참관, 교사 및 학생들과의 면담 등을 토대로 고급사고에 대한 나름의 정의, 가르치기 어려운 이유, 학교 당국의 역할

등에 대해 제시해 보았다. 당신은 어떻게 생각하는가?

생각해볼 문제

1. 고급사고와 반대되는 저급사고의 특징은?

2. 사고력을 기르는데 필요한 세 가지 특징에 대해 설명해 보자.

3. 학교에서 고급사고를 촉진하기 어려운 이유를 설명해 보자.

제11장

역사적 추론과 민주시민교육

Historical Reasoning and Democratic Citizenship Education

로날드 밴시클

Ronald L. VanSickle

2003

제11장
역사적 추론과 민주시민교육
Historical Reasoning and Democratic Citizenship Education[15)]

로날드 밴시클
Ronald L. VanSickle
2003

민주시민의 자질을 효과적으로 기르기 위해서는 시민에게 역사적 추론 능력을 길러 주어야 한다. 공적인 문제, 혹은 그 문제가 제기되는 방식은 오랜 세월동안 축적되어 왔거나 반복적으로 제기되어 온 역사적 현상들이기 되기 때문이다. 예를 들면 2001년 9월 11일 세계무역센터의 붕괴와 미국무성 건물에 대한 공격, 이후 이어진 탄저균 협박 등의 사건은 수백만의 시민들로 하여금 "도대체 왜 테러리스트들이 그러한 자살 테러를 저질렀을까?" "미국과 국제 사회는 이에 대해 어떻게 대응해야 할까?"라는 생각을 하지 않을 수 없게 만든다. 이러한 질문에 대한 생산적인 답변은 오직 역사적 관점을 통해서만 가능하다. 그 시대가 역동적인 때이든 변화가 없는 때이든 간에 공적인 문제에 대해 시민이 보이는 신념의 수준이 낮거나 무관심하다면 이는 지도자가 문제의 원인을 제대로 규명하고 이를 해결하기 위해 대안을 선택하는 데 있어서 여러 가지 제약을 가져다 줄 것이 분명하다. 때문에 시민이 지적인 행동과 의사를 표출하기 위해서는 역사적 추론을 할 수 있어야 한다. 그런데 대부분의 시민들에게 있어 역사적으로 추론하는 법을 배울 수 있는 유일한 장소는 바로 일선 학교의 역사 수업이다.

민주주의를 지향하는 사회의 시민으로 하여금 과거와 현재의 사건이나

15) 출처: 사회과교육. 2003. 42(2). 231-255.

공적인 쟁점들에 대해 제대로 사고할 수 있고 추론할 수 있는 종류의 역사교육이 무엇인지가 이 글의 주제라 할 수 있다. 두 가지의 질문을 해 볼 수 있다. 첫째, 역사적 추론의 본질이 무엇인지에 대해 역사학자들로부터 배울 수 있는 점이 무엇인가? 둘째, 어떠한 지적(知的) 문제가 시민의 역사적 추론 수준을 저하시키는가? 이 질문들에 대한 답을 통해서 역사적 추론을 가르칠 수 있는 교육과정의 개발 및 역사적 추론 프로그램의 실천 방안 등을 모색해 볼 수 있다.

1. 역사적 추론의 본질에 대해 역사가들로부터 무엇을 배울 수 있나?

레인하트 등은 과거의 주요 역사가들의 저작을 분석하거나 현재의 역사가들과의 인터뷰를 통해 역사적 추론의 모델을 제시한 바 있다. 이 모델은 두 가지 부분으로 구성되어 있는데 (a) 내러티브를 생산해내고, (b) 내러티브를 해석하는 부분이다. 캐롤이라는 14살짜리 아이가 보여준 역사적 사고의 예를 통해 그 모델과 관련된 특성들이 어떻게 나타나는지를 살펴볼 수 있다. 캐롤의 아버지는 얼마 전 한국을 방문했는데, 이때 그는 그 유명한 거북선의 작은 모형을 기념품으로 구입하게 된다. 그는 캐롤에게 이순신 장군에 대한 간략한 이야기를 들려주면서 그가 16세기 후반 일본 함대를 상대로 거둔 극적인 승리에 대해 말해준다. 캐롤은 세계사 선생님으로부터 역사 에세이 경연대회에 나갈 것을 권유받게 되고, 이 역사적인 해전의 승리를 그녀의 에세이 주제로 정하기로 한다.

1) 이야기(narrative)

레인하트 등에 따르면 역사적 내러티브를 구성하는 작업은 몇 가지 요소로 쪼갤 수 있다고 한다.

- 사건, 개인의 삶이나 행위, 사회구조, 제도, 사회적 주제, 트렌드 등 역사적 현상에 대한 실질적 질문을 한다.
- 질문과 관련된 증거의 원천을 찾는다.
- 증거의 원천을 평가하고, 서로 일관되지 못한 설명들 가운데 선택을 하며, 증거들을 종합한다.
- 역사적 현상이 일어난 시대, 그 전시대, 그 이후의 역사적 조건을 분석한다.
- 역사적 행위의 동기를 분석한다.
- 명료한 연대기, 내적 일관성, 명확한 분석틀, 설득력 있는 인과관계, 모든 가능한 증거의 활용 등을 토대로 하나의 내러티브를 생산해 낸다.

다음에서는 각각의 요소들에 대해 살펴보자.

① 사건, 개인의 삶이나 행위, 사회구조, 제도, 사회적 주제, 트렌드 등 역사적 현상에 대한 실질적 질문을 한다:

역사적 추론은 사건, 개인의 삶이나 행위, 사회구조, 제도, 사회적 주제, 트렌드 등 역사적 현상에 대한 질문으로부터 출발된다. 캐롤의 에세이는 1592년 토요토미 히데요시가 조선에 보낸 일본함대의 궤멸이라는 하나의 사건에 초점을 맞춘다. 그녀의 주된 질문은 어떻게 해서 이순신 장군과 조선 함대가 1592년에 일본 함대를 패배시킬 수 있었는지 하는 것이다.

이 사건을 조사하면서, 캐롤의 마음속에는 다시 인물에 대한 질문이 떠오른다. 히데요시는 무엇 때문에 조선을 침략하려고 했을까? 그 질문에 대한 답은 다시 16세기 일본의 사회구조에 대한 질문으로 이어지게 된다.

그녀는 제도나, 주제, 트렌드에 대한 질문은 하지 않는다. 한국의 제도, 즉 왕조에 대한 질문을 했을 수도 있다. 선조나 귀족에 대한 자료를 읽었지만, 그들은 그녀의 사고에 있어서 그다지 비중을 차지하지 못했고, 굳이 이들에 대해 설명할 필요가 없었다. 미국사의 경우로 옮겨 보면 서부개척, 이민, 남부, 북부, 서부의 갈등 등이 사회적 주제의 대표적 예라 할 수 있다. 미국에 있어서 트렌드의 대표적 예는 투표권의 확대, 도시화, 산업화, 세계화 등이 될 수 있다. 이러한 종류의 역사적 현상에 대한 질문에 대해 역사적 추론의 초점이 맞추어지며, 이는 각각 별도로 또는 조합으로 이루어질 수 있다.

② 질문과 관련된 증거의 원천을 찾는다:

캐롤은 1592년 일본의 침략, 이순신 장군, 거북선 등에 대한 자료의 원천을 찾았다. 학교 도서관에는 쓸 만한 게 없다는 것을 알고, 인근 종합대학의 도서관을 찾았다. 소스가 될 만한 것 몇 개를 겨우 찾았는데, 재미있는 것들이었다. 하나는 이순신 장군의 일기이다. 히데요시에 대해서는 두 권의 책이 있었다. 후버트의 한국사(Hubert's History of Korea)라는 한 세기 전에 쓰인 오래된 책도 찾았다. 그녀의 아버지는 한국에서 가져온 한국 역사에 관해 전반적으로 소개한 책을 보태 주었다. 이순신 장군, 히데요시, 그리고 1592년의 전쟁에 관한 하나의 원자료와 다섯 개의 이차자료 소스를 얻게 된 셈이다.

③ 증거의 원천을 평가하고, 서로 일관되지 못한 설명들 가운데 선택을 하며, 증거들을 종합한다:

캐롤의 자료를 종합하는 작업은 한편으로는 단순했지만 한편으로는 힘든 과정이었다. 단순한 이유는 그녀가 구한 자료들의 타당성을 의심할 만한 여지가 없었다는 것이며, 힘든 이유는 단기간 내에 많은 새로운 정보를 얻은 데다 몇가지 자료로부터 정보를 수집하고, 각기 다른 소스에서 얻은 자료를 조화시켜야 했기 때문이다. 각기 다른 소스들은 서로 다른 종류의 정보를 제시하고 있었지만, 정보 자체는 일관되고 있었다. 물론 하나 이상의 일차 자료를 접했다면, 설명의 불일치를 찾아낼 수도 있었을 것이다. 역사적 현상에 대한 서로 다른 설명은 역사가로 하여금 소스의 정확성을 판단하고 그 가운데 선택을 하거나, 복잡한 방식을 통해 결합하는 일을 요구한다. 캐롤의 경우 소스를 작성한 사람들을 전혀 알지 못했고, 따라서 그들의 동기나 신뢰성에 대해 전혀 판단할 수 없었다. 때문에 그녀가 수행한 자료의 종합 작업은 첨가적인 것일 수밖에 없었다. 즉 그녀가 가지고 있었던 소스들로부터 얻은 정보를 편집하는 수준에 머무를 수밖에 없었다.

④ 설명하고자 하는 역사적 현상의 동시대와 전시대, 그리고 후시대의 역사적 조건을 분석한다:

캐롤은 여러 가지 자료원을 통해 이순신 장군의 조선 해안의 방어, 철갑선인 거북선의 건조, 1592년 일본함대의 격퇴 등에 관한 정보를 수집하였다. 그녀는 또한 동시대 조선에서 일어난 여러 가지 사건들에 대해서도 알게 되었다. 동시대 사건이란 다음과 같은 것들이다.

- 충주에서 신립장군의 군대가 왜군에 의해 패한 사건
- 조선 왕실이 압록강 부근까지 피난을 간 일
- 폭동과 왕궁 및 왕실 자료의 파괴
- 진주성과 행주산성에서의 조선군의 승리
- 식량과 보급의 부족으로 인한 왜군의 붕괴

그녀는 또한 침략 이전의 사건, 즉 토요토미 히데요시의 명나라 정벌을 위해 길을 열어달라는 요청이 거절된 일, 조선 왕과 조정의 침공 위협에 대한 부적절한 대응에 대해서도 알게 되었다. 또 일본함대와 군대가 물러난 이후 히데요시의 재침공을 조선군과 명군이 함께 격퇴한 일 등에 대해서도 알게 되었다.

⑤ 역사적 행위자의 동기를 분석한다:

캐롤의 관심은 이제 히데요시의 인간적 특성과 동기에 맞추어 진다. 그는 왜 조선과 명나라를 침략하고자 했는가? 그러면서 캐롤은 히데요시에 대해 다음과 같은 것을 알게 된다.

- 일본의 통일
- 영주들의 충성에 대한 의심
- 주군을 제거할지도 모르는 영주들의 군사들에 대한 걱정
- 개인적 영광에 대한 야심
- 중국과의 유리한 무역관계를 강제하고자 하는 열망

그녀는 또한 중국의 명조를 침략하여 정복하고자 했던 그의 계획에 대해서도 알게 되었다. 히데요시는 중국을 침략함으로써 봉건 영주들의 군사들을 고향으로부터 멀리 보내 자신에 대한 위협을 제거하고, 중국에 대한 승리를 통해 개인적 영광을 누리는 한편, 중국을 무릎 꿇게 하여 막대한 무역 이익을 거두는 등 여러 가지 개인적 문제를 일거에 해소하고자 하였다. 조선은 히데요시와 중국 사이에 놓여 있는 반드시 제거해야만 할 장애였다 할 수 있다. 캐롤은 히데요시의 동기에 대한 이러한 분석을 통해 침략과 승리의 의미가 무엇인지 훨씬 더 실감 있게 느낄 수 있게 되었다.

⑥ 명확한 연대기, 내적 일관성, 분석틀, 설득력 있는 인과관계, 가용한 모든 증거의 활용을 바탕으로 한 내러티브를 생성해 낸다:

이제 캐롤은 조선 해안에 대한 이순신 장군의 성공적 방어 및 일본 함대 분쇄의 요인에 대한 자신의 설명을 쓴다. 좋은 역사 내러티브의 특징은 다음과 같은 기준을 통해 파악할 수 있다.

- 명확한 사건의 시간 순 배열
- 사건들 간의 명확한 연결 및 내러티브에 있어서 모순의 부재 (내적 일관성)

- 중요한 날짜, 결정적 사건 및 인물, 주제와의 일관성 (분석틀)
- 사건이 일어난 배경에 대한 믿을만한 설명 (설득력 있는 인과관계)
- 가용한 모든 정보원의 활용 (증거의 모든 소비)

캐롤은 가용한 모든 증거를 다 사용했다. 그러나 증거의 양은 많지 않았다. 그녀의 내러티브 속에는 하나의 분석틀로써 기능한 주제가 자리 잡고 있었는데, 즉 역사적 사건에 미치는 지리적 조건의 영향이라는 것이다.

이상의 내용에 비추어 볼 때, 그녀의 나이나 한정된 경험에 비해 만족할 만한 수준에서 기준들을 충족했다고 할 수 있다.

2) 해석 (Interpretation)

레인하트 등이 제시한 역사적 사고의 모형은 추가로 내러티브를 해석하는 것과 관련된 기준들도 포함하고 있다.

- 증거를 찾고, 증거와 증거원을 검토하고, 내러티브를 평가하는 작업을 안내해줄 역사적 현상에 대한 가설을 개발한다.
- 타 학문 분야로부터 개념이나 지식을 가져와 문제를 제기하고, 증거를 찾고, 사건의 서술을 해석하고 하는데 활용한다.
- 현재의 인간이 살아가는 시대의 맥락과 역사가 또는 사료의 저자가 살았던 시대의 맥락이 과거에 대한 해석에 어떻게 영향을 주는지 검토한다.
- 과거로부터 보존되어온 증거와 보존되지 못한 증거에 대한 역사적 서술의 함의에 대해 평가한다.

이러한 역사적 추론의 모형의 구성요소들은 역사적 서술에 대한 보다 사려 깊고 균형 잡힌 해석 및 역사적 현상에 대한 보다 적절한 설명을 가져다 줄 수 있다.

① 증거를 찾고, 증거와 증거원을 검토하고, 내러티브를 평가하는 작업을 안내해줄 역사적 현상에 대한 가설을 개발한다:

해석을 하는 작업은 캐롤이 가진 능력이나 자료의 한계를 넘는 것이다. 따라서 사건에 대한 서술을 해석하는 데에서부터 출발하였다. 사건에 대한 연구를 바탕으로 거북선이 주변에 섬과 같은 장애물이 많은 수심이 얕은 바다에서 잘 기동할 수 있었기 때문에 부분적으로 효과적일 수 있었다고 가설을 세웠다. 이러한 가설은 그녀의 사고를 안내했고, 그녀가 제시한 1592년의 침공이 실패한 원인에 대한 설명의 중요한 부분이 되었다.

② 타 학문 분야로부터 개념이나 지식을 가져와 문제를 제기하고, 증거를 찾고, 사건의 서술을 해석하고 하는데 활용한다:

역사가들은 그들이 중요시하는 학문영역(예: 법학, 경제학, 정치학, 철학 등)을 이용하여 그들이 수행하는 탐구의 모양을 만들어 간다. 미국사를 예로 들자면, 어떤 역사가들은 남북전쟁은 자유무역 대 보호주의, 임금노동 대 노예노동, 농업경제 대 산업경제 등의 구도와 같은 경제적 요인에 의해 촉발되었다고 주장한다. 그러나 또 어떤 이는 국가를 구성할 정치적 원칙에 대한 해석의 차이가 갈등의 원인이라고 주장한다. 그런가 하면 라이프스타일, 토지에 대한 의미부여, 사회 계층 등과 같은 문화적 차이가 갈등의 원인이라고 생각하는 사람도 있다.

③ 현재의 인간이 살아가는 시대의 맥락과 역사가 또는 사료의 저자가 살았던 시대의 맥락이 과거에 대한 해석에 어떻게 영향을 주는지 검토한다.

역사가나 사료를 제작한 사람이 경험한 시대는 과거를 인식하는 방식에 영향을 준다. 예컨대 19세기 후반 영국에 살았던 역사가의 작품이나 인도에 관한 서술은 당시 영국 제국주의의 문화와 정책에 영향을 받았을 것이다. 역사가에 대해 고려할 또 다른 문제는 그들의 작품이 그 작품이 쓰인 시대의 사회적 유용성을 포함했는지의 문제이다. 만약 그렇다면, 그 사회적 유용성이 어느 정도나 그들이 제시한 역사해석에 영향을 미쳤는지 하는 것이다. 선전선동과 같은 경우가 사회적 목적에 따라 명시적이고 의도적으로 역사적 내러티브를 작성한 예라 할 수 있다. 예컨대 세계 제 1차 대전 기간 중, 미국역사학회(American Historical Association)는 전국역사사업단(The National Board of Historical Service)을 결성하여, 3000여명의 역사가들에게 이 기구를 통해 전쟁을 지원하게 하였다. 오늘날에도 이익집단, 정당, 정부, 기업 등의 조직들이 그들의 목표와 활동을 지지할 사회적 환경을 조성하기 위해 특정한 역사적 해석에 힘을 싣는 노력들을 기울이고 있다.

오늘날의 역사가나 정치.사회 평론가들의 작업을 생각할 때, 시대가 그들이 과거를 해석하는데 어떤 영향을 미치는지를 잘 고려해야 한다. 역사적 내러티브를 만들어 가는데 있어서 무엇이 포함되고 무엇이 제외될 것인지를 결정하는데 있어서 어떤 영향을 받았는지 검토해야 한다. 9.11테러공격과 같은 극적인 사건은 사람들로 하여금 사건의 역사적 배경에 대해 생각하게 만드는데, 이 사건이 주는 정서적인 충격이나 즉각적인 대응의 필요성 등으로 인해 과거를 인식하고 그 사건의 의미를 해석하는데 많은 영향을 받을 수밖에 없다. 사람들은 이러한 참극을 빚은 행위에 대해 도덕적 책임을 물으려 하게 되며, 이를 통해 사건에 대한 자신들의 대응방식에 대해 정당화하려고 한다. 이런 요인들 때문에 사건을 제대로 이해하는데 방해를 받을 수 있다.

과거 역사가들이나 사료제작자들이 살았던 시대나 오늘날 사람들이 살아가는 시대는 역사 해석에 영향을 미칠 수 있는 그 밖의 몇 가지 특성을 가지고 있다. 레인하트 등이 제시한 두 가지 중요한 특성은 '이론'과 '학술적 유행(scholarly dialogue)'이다. 19세기에 유행한 다윈의 생물학적 진화론은 사회적 다위니즘이라고 불린 사회이론을 형성하는데 영향을 주었다. 역사가를 비롯한 많은 사람들이 이 영향을 받아 역사적 사건을 진화나 자연법칙의 관점에 따라 해석하였다. 물론 대부분의 이론들이 사회적 다위니즘과 같이 명백하지 않다는 점에서 그들의 사상에 어떤 이론이 영향을 주었는지 알기 어려운 경우도 있다.

'학술적 유행' 역시 역사적 사고를 형성하는데 영향을 준다. 예컨대 40여 년 전 미국 역사가들 사이에 활발했던 주제는 역사 연구에 대한 양적인 접근이었다. 많은 역사가들이 투표명부, 광고 기록, 세금 기록, 토지활용 자료 등 계량화할 수 있는 자료들을 이용하였다. 그러나 이러한 계량 역사는 미국 역사가들에게 왔다가 사라져간 하나의 유행이었다. 당시에 쓰인 역사적 내러티브를 읽는데 있어서 역사가의 방법론적 선호가 증거를 바라보고 내러티브를 구성하는 방식에 어떻게 영향을 주었는지 잘 고려해야 한다. 역사가들이 서로 주고받은 대화, 그리고 당시에 유행한 이론들은 역사가들은 물론 시민의 생각을 형성하는데 영향을 주며, 과거에 대한 그들의 이해를 형성하고 수정하는데 계기를 만들어 준다.

④ 과거로부터 보존되어온 증거와 보존되지 못한 증거에 대한 역사적 서술의 함의에 대해 평가한다:

많은 사료들은 족적도 없이 파괴되고 사라져 간다. 역사가들이 그게 존재했는지도 모를 수 있다. 그러나 때때로 역사가들은 어떤 사료가 사라진 것을 알아낼 수도 있다. 어떤 사료를 읽다가 이를 통해 지금은 남아있지 않지만 또 다른 사료가 존재했음을 알 수 있다. 그런 방식으로 유용한 자료가 사라졌음을 아는 것이다. 또 다른 경우 사료가 존재하나 그것이 오늘날까지 전해져 올 수 없는 형태의 것일 수도 있다. 예컨대 교육이나 정치권력에의 접근이 금지된 피억압계층들의 경우 그들 사회의 사람에 대한 자세한 기록을 만들어 놓지 않으려고 한다. 그들이 만든 기록 역시 지배그룹에 의해 경시되어 훗날까지 보존되지 않을 가능성이 높다. 결국 효과적인 역사 추론을 하기 위해서는 오늘날까지 남은 기록에 누구의 경험이 담겨있으며, 누구의 경험이 담겨있지 않은지를 고려해야 한다.

요컨대 레인하트 등은 실제 역사가들의 작업에 기반하여 모델을 제시하였는데, 즉 강력한 내러티브를 만들어 내기 위해 역사가들은 다음과 같은 일을 한다.

- 사건, 개인의 삶이나 행위, 사회구조, 제도, 사회적 주제, 트렌드 등 역사적 현상에 대한 실질적 질문을 한다.
- 질문과 관련된 증거의 원천을 찾는다.
- 증거의 원천을 평가하고, 서로 일관되지 못한 설명들 가운데 선택을 하며, 증거들을 종합한다.
- 역사적 현상이 일어난 시대, 그 전시대, 그 이후의 역사적 조건을 분석한다.
- 역사적 행위의 동기를 분석한다.
- 명료한 연대기, 내적 일관성, 명확한 분석틀, 설득력 있는 인과관계, 모든 가능한 증거의 활용 등을 토대로 하나의 내러티브를 생산해 낸다.

또 역사가들은 설득력 있고, 균형 잡힌 내러티브의 해석을 위해 다음과 같은 일을 한다.

- 증거를 찾고, 증거와 증거원을 검토하고, 내러티브를 평가하는 작업을 안내해줄 역사적 현상에 대한 가설을 개발한다.
- 타 학문 분야로부터 개념이나 지식을 가져와 문제를 제기하고, 증거를 찾고, 사건의 서술을 해석하고 하는데 활용한다.
- 현재의 인간이 살아가는 시대의 맥락과 역사가 또는 사료의 저자가 살았던 시대의 맥락이 과거에 대한 해석에 어떻게 영향을 주는지 검토한다.
- 과거로부터 보존되어온 증거와 보존되지 못한 증거에 대한 역사적 서술의 함의에 대해 평가한다.

이러한 모델에는 역사가들이 실제 수행하는 핵심 과업이 담겨 있으며,

동시에 역사가들이 아닌 보통의 사람들이 자신 만의 역사적 추론을 하는데 있어서 활용해야 할 기준들이 담겨 있다.

어떤 지적 문제가 시민의 역사 추론 수준을 저하시키는가?

역사적 추론은 역사가들에게도 쉽지 않은 일이다. 하물며 역사적으로 사고하는 것을 훈련받지 않은 일반 시민들에게는 더욱 어려운 일일 것이다. 역사적 추론의 질을 떨어뜨리는 일반적 문제들 몇 가지를 살펴보자.

- 잘못된 줄거리 설정
- 붙이기식 설명 (paste-up accounts)
- 도식적 이야기 틀 (schematic narrative templates)
- 비 학술적 역사 학습
- 현재주의 (presentism)
- 일차자료 활용에 대한 경험부족
- 맥락의 무시
- 미성숙한 인식론

역사적 추론은 민주 사회에서 시민적 자질로서도 중요하지만, 자신의 삶을 이해하는데 있어서도 중요하다 할 수 있다. 때문에 이러한 역사적 추론에 관한 일반적 함정들을 살펴볼 필요가 있는 것이다.

① 잘못된 줄거리 설정

인간은 자신이 경험한 바를 뭔가 말이 되게 이해하려고 노력한다. 자신이 경험한 바에 지적인 질서를 부여하는데 가장 많이 쓰이는 방법이 경험한 사건을 이야기의 형태로 짜 맞출 수 있는 내러티브 줄거리를 만드는 것이다. 사람들은 이야기를 좋아한다. 이야기를 통해 만족해 한다. 특히 개인적으로나 사회적으로 불확실하고 변화의 시기에는 심리적 필요를 느낀다. 월쉬는 이러한 행동을 기술하면서 이를 '줄거리 만들기(emplotment)'라고 명명했다. 사람들은 시작, 본론, 결말을 갖춘 줄거리를 추구한다. 그들은 행위자(또는 문학적 은유를 지속시켜줄 인물캐릭터)에 초점을 맞추는데, 이는 개인이 될 수도 있고, 집단이나 기관이 될 수도 있다. 그들은 줄거리와 인물캐릭터를 통해 행위자의 목표와 동기를 설정하고 행위자 간의 상호작용, 그들에 영향을 준 상황, 그리고 행위의 결과에 대해 묘사한다.

보통은 줄거리를 만드는 행위를 긍정적인 행동으로 볼 수 있다. 그러나 정보가 불완전하고, 부정확하고, 또는 일관성이 없을 때, 이를 바탕으로 줄거리를 만드는 것은 지나친 단순화나 오해를 불러일으킬 수 있다. 예를 들어 관련 지식이 충분하지 않거나 정보의 질에 문제가 있을 때, 사람들은 그럴싸한 이야기 줄거리를 만들어 부족한 지식의 골을 매우고 모호한 부분을 명료하게 하며, 정보의 일관성을 만들어 내려 한다. 그들이 그렇게 하는 이유가 스스로 설득력 있고 내적으로 일관된 이야기를 갈구하기 때문이라는 것을 미처 깨닫지 못하는 경우도 많다. 그들의 마음 바깥의 사회적 역사적 현실은 그들이 결론 맺고자 하는 이야기와 맞을 수도 있고, 그렇지 않을 수도 있다.

이순신장군과 거북선에 관한 캐롤의 이야기를 예로 살펴보자. 그녀가 만들어낸 이야기의 줄거리는 다음과 같다. 일본의 토요토미 히데요시가 그 자신의 문제를 해결하기 위한 수단으로 중국 정벌을 결정하였으며, 조선을 중국으로 진출하기 위한 교두보로 삼고자 했다. 그러나 이를 거부한 조선은 장애가 될 수밖에 없었다. 그래서 토요토미 히데요시는 그의 수군과 육군을 조선으로 보내 중국으로 가는 길을 열고자 했다. 조선은 저항했으나, 전세는 불리했다. 이순신장군은 작고, 전후좌우 움직임이 용이하며, 쉽게 파괴되지 않는 철갑 거북선을 만들었다. 이순신장군의 작은 거북선은 크지만 둔하고 잘 깨지는 왜군 함선을 조선의 해안에서 무찔렀다. 결과적으로 왜군의 침략은 격퇴되었고, 조선은 왜군의 점령으로부터 해방되었다.

명료한 줄거리기는 하지만 지나치게 단순화된 설명이라고 할 수 있다. 과연 조선의 조정이 전쟁을 승리로 이끄는데 아무런 역할도 하지 못했을까? 이순신 장군이 아무런 도움 없이 혼자서 전쟁을 이끌었나? 이순신 장군이 철갑 거북선을 얻게 된 과정은 무엇이며, 누가 전함을 만들었나? 조선에 상륙해 있던 왜군들이 격퇴된 이유와 과정은 무엇인가? 왜군들이 조선에 머물면서 약탈과 수탈을 통해 주둔을 지속할 수 없었던 이유는 무엇일까? 캐롤의 설명이 중요한 몇가지 질문에 대한 해답을 제시하고 있기는 하지만 여전히 대답해야 할 부분이 많다. 그럼에도 불구하고 캐롤은 단순하지만 하나의 완성된 이야기를 제시하고 있는 셈이다. 그것이 지나치게 단순화되었는지 여부는 학문적으로 검토해야 할 것이다.

② 붙이기식 설명 (paste-up accounts)

교과서 집필에 있어서 역사적 일관성에 주의를 기울이고 나아가 교실 수업에 있어서 교사가 교과서의 일관성 부분에 관심을 기울인다면 학생들의 일관성 없는 '붙이기식 설명' 만들기 성향을 줄일 수 있다. 붙이기식 설명의 문제는 역사 교실의 문제뿐만 아니라 광범위한 사회적인 문제이기도 하다. 테러리스트들이 세계무역센터와 펜타곤 일부를 파괴했을 때, 당장 미국 전역에 이러한 사건이 왜 일어났는지에 대한 설명이 필요하게 되었다. 뉴스매체들은 여러 가지 정보와 주장을 유포했으며, 이를 바탕으로 사람들은 오사마 빈라덴, 알카에다 조직, 펜실베이니아에 추락한 비행기에 타고 있는 영웅적 승객들, 탈레반, 아프가니스탄, 파키스탄, 이슬람, 사담 후세인, 이란, 팔레스타인, 미국 내에 잠입해 있는 테러리스트 등 많은 역사적 행위자들에 대한 이야기를 만들어 냈다. 이런 이야기들 중 상당수는 일관성을 결여한 파편화된 정보를 바탕으로 한 '붙이기식 설명'이다. 물론 이슬람 국가를 비롯한 타국의 사람들 역시 미국에 대한 충분치 않은 정보를 바탕으로 미국인의 행위에 대해 일관성 없는 이야기를 만들어내기도 한다.

③ 도식적 이야기 틀에 끼워 맞추기(schematic narrative templates)

월쉬는 사람들이 과거와 현재의 사건을 설명하기 위한 문화적 도구로서 일반적 이야기 구조를 어떻게 사용하는지에 대해 설명하면서 이를 도식적 이야기 틀(schematic narrative templates)이라고 명명하였다. 도식적 이야기 틀의 문제점은 그것이 증거에 우선한다는 점이다. 즉 이야기 틀이 사람들이 사용하게 될 증거와 그 증거의 의미를 사전에 결정한다는 것이다. 이야기 틀과는 달리 줄거리(플롯)는 상세한 설명을 바탕으로 하고 있다. 월쉬는 러시아의 도식적 이야기 틀을 예로 들고 있다. 러시아인들은 순수하게 살아오고 있었는데, 어느 날 갑자기 침략을 받게 된다. 그 침략자들은 초기에는 성공적이어서 러시아인들은 극심한 고초를 겪게 된다. 러시아인들은 침략자에 맞서 저항하지만 외부로부터 아무런 도움도 받지 못하였다. 결국 러시아인들은 많은 희생을 치르고 승리를 쟁취하여 침략자들을 완전히 물리친다. 월쉬는 러시아 학생들이 어떻게 이 이야기 틀을 이용해 나치 독일의 침략과 나폴레옹의 침략을 비롯한 러시아 역사상 존재하는 많은 사건들을 설명하는지를 기술한다. 도식적 이야기 틀은 증거를 소홀히 하게 되며, 결국 역사적 추론의 질을 떨어뜨림과 동시에 과거 사건에 대한 학습의 장애가 된다.

월쉬는 또 미국인들의 이야기 틀, 즉 '자유를 찾아서'에 대해서도 설명한다. 이 이야기 틀의 내용은 다음과 같다. 사람들은 어디선가 정치적, 사회적으로 억압을 받는다. 그들은 자신들의 주도로 그들이 생각하기에 최선의 삶을 살 자유를 추구하게 된다. 그 억압받는 사람들은 미국에서 기회를 찾게 되고 자유를 찾고 잘 살 수 있는 자원들을 얻게 된다. 왜냐하면 미국은 자유를 보호하고 추구하기 때문이다. 이러한 이야기 틀을 통해 많은 사건들을 설명하는데, 예를 들면

- 초기 영국 식민지시절 퓨리턴들의 매사추세츠 이주
- 영국으로부터의 독립을 위한 미국 혁명
- 서부 개척과 정착
- 몰몬 교도의 유타 이주
- 텍사스 공화국의 설립과 미국의 주로의 편입
- 19세기 아이리시의 이주
- 쿠바와 아이티로부터의 보트피플이 플로리다로 흘러온 이야기

이러한 도식적 이야기 틀이 역사적 타당성을 가질 수도 있다. 그러나 그것이 증거에 우선하고 가용한 증거의 사용을 가로막는다는 점에서 문제가 있다. 다음과 같은 사건들은 미국인의 자유 추구식 이야기 틀에 모순되는 것들이다.

- 초기에 투표권이 재산 소유자에게만 주어진 점
- 아프리카인들을 노예로 삼은 점
- 여성에게 투표권을 주지 않은 점
- 흑인의 시민적 권리를 극도로 제한한 점 등

이러한 명백한 모순에도 불구하고 자유 추구식 이야기 틀이 힘을 갖는 것은 그것이 증거에 우선하고 역사적 상황의 특수한 점에만 초점을 몰아가기 때문이다. 이렇듯 명백한 모순이 있는데도 불구하고 이야기 틀은 어떻게 사람들이 미국의 정치적 가치와 헌법에 호소했으며, 정부가 억압을 타파하고 미국을 보다 '미국식'으로 만들기 위해 행동했는지를 강조한다. 그러한 문제들이 어떻게 생겨났고, 그것이 왜 그토록 오랜 기간 동안 존속되었는지는 무시한다.

9.11 사태가 일어났을 때도 많은 미국인들이 "왜"라고 물었지만, 이러한 위기 속에서 "왜"라는 질문은 환영받지 못할 때가 많다. 미국적 이야기

틀은 1962년 쿠바 미사일 위기 때에도 사용된다. 미국인들은 소련이 미국을 사정거리로 하는 핵탄두미사일을 배치하려고 한다는 것을 알고 놀랐다. 그런데 미국인들은 왜 이러한 위기가 발생했는지에 대해서는 묻지 않았다. 미국식 '냉전' 이야기 틀이 즉각적으로 작동하여 그 위기에 대해 설명하고 있었기 때문이다. 즉 쿠바에 핵탄두 미사일을 배치한 소련의 행위는 평소 소련 지도자들에 대해 미국인들이 가지고 있던 생각과 위배되지 않았고, 따라서 그들이 왜 그랬는지에 대해 추가적 설명을 필요로 하는 사람들이 별로 없었던 것이다. 이러한 미국식 냉전 이야기 틀은 소련의 관점에서 소련의 안보에 위협이 되는 상황들에 대해서는 전혀 고려하지 않는다. 그래서 소련의 턱밑에 있는 터키에 배치된 미국의 핵탄두 미사일에 대해서도 그것이 '방어용'이지 '공격용'이 아니라고 생각하게 되는 것이다.

앞에서도 언급했듯이 도식적 이야기 틀은 상당한 문화적 의미와 역사적 타당성을 가질 수도 있다. 그러나 이 틀은 특정한 역사적 자료에만 관심을 맞추고 다른 자료들은 무시해버리는 선험적 기준을 제시한다. 결과적으로 이러한 이야기 틀들로 인해 역사적 추론과 이해의 질이 떨어질 수 있으며 종종 이러한 이야기 틀 자체가 역사 연구의 대상이 되기도 한다. 역사적으로 추론하기 위해서는 역사적 사료와 자신의 사고 사이를 가로막는 문화적 패턴과 지적 성향에 대해 주의해야 한다.

④ 비 학술적 역사 학습

학생들은 학교 역사 수업 시간 외에도 과거에 대해 배운다. 호기와 포스터는 학생들이 연대기, 변화, 역사발전 등에 대해 어떻게 이해하며 이러한 역사 이해가 어떻게 발달하는지를 연구하였다. 그들은 초등학교, 중학교, 고등학교 학생들을 대상으로 역사적 정보를 얻은 곳에 대해 인터뷰하였는데, 그것들은 다음과 같다.

- 조부모의 개인적 경험과 가족사

- 역사적 관심사에 대한 부모님과의 대화
- 텔레비전의 사극이나 시대물을 다룬 영화
- 가족과 함께 방문한 역사적 유적지
- 역사 소설

이상의 자료원들은 역사에 대한 다양한 수준의 줄거리, 인물, 이미지, 정보 등을 제공하며, 때때로 앞에서 살핀 도식적 이야기 틀을 적용하기도 한다. 사람들이 영화나 소설, 텔레비전 프로그램, 가족사 등을 만들어 낼 때, 정확성이나 지적인 완성도 등은 주된 관심사가 아니다. 이러한 곳을 통해 얻는 역사적 정보는 학생들이 수업시간에 배우는 역사와 경쟁 관계에 있다.

⑤ 현재주의 (presentism)

와인버그와 포우니어는 이른바 '현재주의'라 불리는 역사적 사고의 문제점을 찾아냈다. '현재주의'는 과거의 사건을 오늘날의 관점에서 판정하는 것을 말한다. 와인버그와 포우니어는 링컨대통령에 대한 서로 다른 시각들과 관련된 예를 들고 있다. 링컨은 한편으로는 노예제도의 비도덕성을 비난하고, 노예의 삶을 살아가고 있는 흑인들에 대한 동정을 표하고, 나아가 노예해방선언을 통해 수백만의 노예를 자유롭게 했다. 그러나 반대편에서는 링컨이 그렇게 한 이유가 남북전쟁당시 남부 연합의 정치적 안정성을 무너뜨리고 북부를 돕기 위해 노예를 해방한 것이라고 주장한다. 그러면서 링컨이 공개석상에서 백인 인종이 흑인 인종보다 우월하며, 그의 목적은 연방(Union)을 살리는 것이지 노예를 해방하기 위한 것이 아니라고 말한 사실을 들고 있다. 그들은 링컨이 진실하지 못했으며, 인종주의자라고 잘라 말하고 있다. 그러나 이렇듯 현재의 도덕적 관점에서 판단을 하는 것은 자칫 19세기 중반 미국의 지적, 사회적 맥락, 그가 극복하고자 했던 정치적 위기, 나아가 그가 인지하고 선택하고자 했던 도덕적 선택들을 소홀히 다룰 위험을 내포하고 있다. 링컨이 왜 그렇게 행동했는지를 이해하기 위해서는 그의 행위에 대한 평가와 설명에 있어서 이러한 요소들을 모두 포함시켜야 한다.

폰 보리의 연구에 의하면 과거를 도덕적 기준에 따라 판단하는 것은 역사적 추론에 방해가 된다는 점을 지적한다. 과거의 인물에 대해 도덕적 판단을 할 경우 그만큼 증거, 대안적 설명, 또 다른 해석들에 대한 관심이 줄어들 수밖에 없다고 한다. 좀 더 복잡한 설명은 배제시켜 버리는 도덕적 이야기들을 만들어 내게 되는 것이다. 물론 반복적으로 제기되는 공적 이슈와 관련해서는 과거에 대한 도덕적 판단이 수용될 수 있으며 필요하기도 하다. 그러나 성급한 도덕적 판단은 적절한 역사적 추론과 이해를 가로막는다.

렙스틱은 현재주의를 극복하기 위한 수단으로 과거의 사람들에 대해 감정 이입하는 방법을 배울 것을 주장한다. 그녀가 말하는 감정이입이란 다른 사람의 생각과 감정을 그들의 입장에 서서 상상해보는 것이다. 렙스틱에 따르면 역사적 감정이입을 통해 더 이상 존재하지 않는 세계관을 재구성하고 성찰해볼 수 있고, 시공간을 달리 하는 사람들 간에 현실·실재에 대한 의미가 달라질 수 있음을 깨닫고, 감정이 개입된 사건과 관점에 대해 한발 물러나서 생각할 수 있으며, 다양한 관점과 그 관점들이 초래할 결과들에 대해 증거를 바탕으로 검토해볼 수 있는 능력을 기를 수 있다고 한다.

⑥ 일차자료 활용에 대한 경험부족

바튼은 초등학교 고학년과 중학생 연령의 학생들이 일차자료와 이차자료를 어떻게 활용하는지를 연구하였다. 퍼펫티 등도 유사한 연구를 대학생을 대상으로 실시하였다. 양 연구 모두 다양한 연령대의 학생들이 일차자료를 활용하는 것을 즐겨했으며, 저자의 편향성에 민감했다는 점을 밝혀냈다. 흥미로운 점은 초등학교 고학년이나 대학생이나 마찬가지로 잘 모르는 저자이거나 교과서나 신문기사 등 공식적인 자료에 등장하는 인물이면, 그로부터 제시되는 정보를 편향되지 않는 것으로 판단한다는 것이다. 또 초등학교 고학년 학생들은 일차자료 생산자의 잠재적 편향성에 대해 대단히 비판적인 나머지 그들이 생산해낸 일차자료의 설명을 가공의 것으로 취급하는 경향을 보였다. 바튼은 자신의 연구 대상들이 정보는 중립적인 것으로 여기는 반면, 저자는 편향적인 것으로 여긴다는 결론을 제시하였다. 다양한 연령대의 학생들이 일차자료를 통해 작업하는데 적극성을 가지고는 있으나, 경험부족으로 인하여 일차자료 활용에 관한 비생산적 판단을 내리는 경우가 많다는 것이다.

⑦ 맥락의 무시

일부 연구자들은 미성숙한 해석의 경향 때문에 종종 역사적 사건을 잘못 이해하는 경우에 대해 보고하고 있다. 할덴은 역사적 현상은 보통 내러티브를 통해서만 가시화된다고 말한다. 일단 내러티브가 만들어지고 나서 이를 바탕으로 생각이 정립된다. 내러티브가 어떻게 인지나 해석을 형성하는지에 주의를 기울이지 않으면 최초의 내러티브도 증거에 입각해 평가되어야 하는 것임을 간과할 수 있다. 캐롤이 이순신 장군에 대해 알아보게 된 것은 그녀의 아버지가 한강에서 본 거북선에 대해 이야기해 주었고, 이순신 장군의 승전에 대한 간략한 설명을 해 것이 계기가 된 것이다. 그녀의 아버지가 만들어낸 간략한 내러티브는 그녀로 하여금 임진왜란을 연구하는데 있어 특히 이순신 장군에 관심을 집중시켰으며, 이는 좋은 영향이 될 수도 있고 나쁜 영향이 될 수도 있다.

카레테로 등은 내러티브적 해석과 구조적 해석을 비교하였다. 그들은 역사적 사고에 경험이 적은 사람들은 주로 개인과 그들의 행위에 초점을 맞추는 내러티브적 해석을 선호한다는 점을 발견했다. 반면 역사가들은 역사 해석에 있어서 사회, 경제, 정치 등 구조적 요인을 반드시 고려한다. 예컨대 16세기 일본의 정치 지배 체제나 사회구조 등은 히데요시가 그가 처한 문제에 대응할 수 있는 방식의 범위를 한정시켰다는 점을 고려해야 한다. 과거나 현재를 이해하는데 있어서 행위자의 인성은 중요한 요소가 된다. 그러나 역사적, 사회적 구조는 모든 사람의 행위를 제한하며, 그 속에서 소기의 목적을 달성할 기회를 만들어 내기도 하고 기회가 무산되기도 한다.

와인버그 등은 초등학교 고학년이나 중학생 정도 연령의 학생들은 역사적 사건을 설명하는데 있어서 개인의 인성적 특성에 치우친 나머지 역사적·맥락적 요인을 소홀히 다루는 경향을 보인다는 점을 보고했다. 이들의 발견은 카레테로 등의 연구와 유사한 것이라 할 수 있다. 와인버그 등은 PATHS(Promoting Argumentation in the Teaching of History and Science)라고 불리는 문서를 기반으로 하는 수업 프로그램을 개발했다(www.pathsproject. org). 학생들에게 1955년 앨라배마 주 몽고메리 버스 보이콧 사건과 관련된 문서들을 주고 로자 파크스라고 하는 어느 흑인 여성과 관련된 한 중요한 사건이 어떻게 버스 보이콧 사건과 이어지게 되는지를 질문하였다. 많은 학생들은 로자 파크스가 흑인인권운동의 영웅이었고, 그녀의 이야기가 전국의 학교에 매년 2월 Black History Months 주간을 통해 알려지게 된 것이 몽고메리 버스 보이콧 사건이 일어나게 된 배경이라고 설명한다.

학교에서 들려주는 로자 파크스의 이야기는 대략 이렇다. 로자 파크스가 몽고메리 시영 버스에 타게 되었는데 그녀는 법에서 정한 흑인 지정석, 즉 뒤편 좌석에 앉지 않았다. 버스에 사람들이 다 차자 한 백인이 그녀의 자리에 앉고자 하였다. 버스운전수는 그녀에게 자리를 옮길 것을 요구하였으나 고된 하루 일과에 피곤한데다 버스운전수의 요구가 부당하다고 생각하여 이를 따르지 않았다. 파크스는 경찰에 체포되었고, 버스에서 강제로 내려졌다. 그녀에 대한 이러한 이야기는 결국 그녀가 보인 불의에 대한 저항이 흑인들을 고무시켜 몽고메리 대중교통에 대한 보이콧이 일어나게 되었고, 이는 시의 재정난으로 연결되어 버스 좌석의 차별을 철폐하기에 이르게 되었다고 설명하고 있다. 이 보이콧이 다시 마틴 루터 킹 주니어를 유명하게 만들었고, 이에 따라 흑인인권운동에 보다 새롭고 효율적인 전기를 마련하게 되었다고 한다.

와인버그 등은 학생들에게 로자 파크스의 경험과 버스 보이콧 이전, 진행 중, 이후의 사건들에 대한 다양한 문서들을 주고 읽게 하였다. 그리고 학생들에게 다음과 같은 질문을 하였다. (1) 로자 파크스는 버스의 어디에 앉았나? (2) 왜 좌석을 양보하라는 버스 운전자의 명령을 거부하였나? 그리고 학생들이 토론하는 것을 관찰하였다. 일부 학생들은 즉각적으로 개인적 특성에 초점을 맞추었다.

- 파크스의 고된 일과 피로
- 버스 운전수의 비열하고 강압적 태도
- 좌석을 옮기라는 운전수에게 저항한 파크스의 용기
- 그녀의 사례를 통해 흑인들이 용기를 얻은 것

결국 학생들이 내린 결론 역시 예의 내러티브 구조와 일치하는 것이었다. 와인버그는 이어서 맥락적 정보가 담긴 문서들을 읽게 했다.

- 파크스는 시영버스의 차별적 좌석제에 대해 오랫동안 반대해 온 이력이 있다.
- 파크스는 '유색인처우개선을위한전국연합(NAACP: National Association for the Advancement of Colored People)'의 몽고메리 지부 회원이었다.
- 파크스는 NAACP 회원으로 수년 동안 적극 활동하면서 몽고메리의 흑인인권 개선을 위해 노력해 왔다.
- NAACP는 몽고메리 흑인 사회를 조직하여 시영버스 보이콧을 주도했고, 이들에게 대체 운송 수단을 마련하도록 하였다.
- 버스 보이콧은 수년 동안 계속되었고 마침내 미국 대법원의 버스 좌

석 차별 금지 판결을 받아냈다.

이상의 문서들을 읽고 토론하는 가운데 학생들은 로자 파크스의 개인적 저항 행위가 그토록 큰 반향을 일으킨 과정에 대한 보다 완전한 설명을 할 수 있게 되었다. 로자 파크스의 용기 있는 행위가 퇴색되지 않은 채 보다 광범위한 맥락 속에 그 행위의 의미가 놓여 질 수 있게 된 것이다. 보다 구체적인 자료나 교사의 안내가 없었다면 학생들의 해석은 개인적이고 개별화 된 것에 머물러 있었을 것이다.

⑧ 미성숙한 인식론

쿤 등 (1994)은 사람들의 역사 해석에 영향을 미치는 세 가지 인식론적 성향에 대해 말하고 있다.

- 절대주의자 성향 (the absolutist orientation)
- 다중주의자 성향 (the multiplist orientation)
- 평가자 성향 (the evaluator orientation)

이러한 성향들은 일련의 발달 순서를 갖는다고 한다. 첫째, 절대주의자 성향은 역사 현상에 대한 단 한가지의 올바른 해석만이 존재한다고 가정한다. 절대주의자 성향은 하나의 내러티브를 갖게 되면 일단 다른 내러티브를 결코 받아들이려 하지 않는다. 이러한 사람들은 그들이 가진 내러티브에 맞지 않는 증거들은 무시하거나 왜곡하는 경향이 있다.

둘째, 다중주의자 성향은 역사적 증거에 대한 복수의 해석이 있다는 점을 알고 있다. 그러나 다양한 해석이 있을 수 있다는 점은 인정하지만, 어느 하나를 선택하는 것은 꺼려한다. 한편 쿤 등에 따르면 절대주의자 성향에서 다중주의자 성향으로 진행하는 과정에 과도기가 존재한다고 한다. 절대주의 성향을 가진 사람들 중에도 다양한 해석의 존재를 인정하는 사람들이 있다는 것이다. 그러나 그 사람들 역시 사람들이 자신의 원래 생각과 다른 해석에 대해 말하는 것은 다른 사람을 속이기 위해 거짓말하는 것이라고 여긴다고 한다.

마지막 인식론적 관점으로 평가자 성향을 꼽을 수 있다. 평가자 성향을 가진 사람은 다양한 해석이 있을 수 있다고 생각하는 한편 그 중 다른 것들에 비해 가장 좋은 해석이 있다고 생각한다. 그리고 역사적 현상을 가장 잘 설명해 줄 해석을 고르기 위해 기준을 사용하여 불일치하는 증거가 최소한이고 일치하는 증거가 최대한인 해석을 선택한다. 역사학자들은 대부분 평가자 성향을 지녔다. 그리고 민주 사회에서 공공정책에 대한 의견을 갖거나 행동을 취하기 위해 여러 가지 판단을 해야 하는 시민에게도 평가자 성향이 필요하다.

2. 결론

사회과 교사들, 특히 역사 교사들은 민주시민 교육에 있어서 특별한 역할을 해야 한다. 학생들에게 역사적으로 추론하는 법을 가르침으로 해서 학생들이 그 사회가 직면한 다양한 공적 이슈에 대해 보다 사려 깊고 현명하게 생각할 수 있게 한다. 역사적 사고를 잘 하는 학생들은 현안 문제에 대해 비판적으로 바라볼 수 있으며, 그 문제를 역사적 맥락에 비추어 깊이 있게 이해할 수 있도록 질문을 던질 수 있다. 사려 깊은 시민들은 제대로 된 공공 여론을 형성해서 정치지도자들을 올바른 방향으로 이끌 수 있으며, 여러 부문에 걸쳐 공공정책의 형성과정을 주도할 수 있다. 사회전반에 걸쳐 민주 정치의 수준을 제고할 수 있으며, 국가의 미래를 이끌어 갈 리더십을 아래로부터 형성해 갈 수 있다. 역사적 추론을 하는 시민들은 세계 여러 나라의 사람들을 보다 잘 이해하고 상호 협조적인 관계를 형성해 가는데 필요한 통찰과 지혜를 갖게 될 것이다. 역사적 추론 능력을 기르기 위한 교육 프로그램을 개발하고 이를 학교에서 실천하는 것이야말로 민주시민의 자질을 중요하게 생각하는 사회과 교사들의 우선 과제라 할 수 있다.

생각해볼 문제

1. 다양한 미성숙한 역사 인식이 어떻게 민주주의의 발전을 저해하는가?

2. 다양한 역사 해석이 있을 수밖에 없는 이유에 대해 설명하고, 단 한가지의 올바른 역사해석이 있다고 믿는 개인적 성향이 어떻게 합리적 의사결정을 저해하는지 설명해 보자.

3. 역사적 추론 능력이 어떻게 사려 깊은 시민의 중요한 자질이 되는지 설명해 보자.

제12장

스탠다드 개혁운동이라는 폭주 열차

The Runaway Train of Standards Reform

로날드 에반스
Ronald W. Evans
2004

제12장

스탠다드 개혁운동이라는 폭주 열차

The Runaway Train of Standards Reform[16)]

로날드 에반스
Ronald W. Evans
2004

1970대 중반 이후 정치, 학교교육, 미국 문화 전반에 걸친 보수화가 진행되면서 사회과교육, 특히 진보적 쟁점중심교육 진영은 위축되기 시작했다. 1960년대와 70년대에 걸쳐 진행되었던 개혁은 이미 종적을 감추었지만, 1980년대에 들어서도 이들 개혁운동을 대상으로 하는 직접적인 공격이 여전히 이루어지고 있었다. 당시까지만 해도 교육에 있어서만큼은 진보(liberal)가 대세였는데, 두 가지 형태의 보수주의가 주목을 받기 시작했다. 하나는 헤리티지 재단의 지원을 받은 뉴 라이트(New Right)진영이었고, 다른 한 쪽은 워싱턴을 기반으로 하는 몇 명의 보수적 학자들로 구성된 싱크탱크였다. 뉴 라이트 진영은 교육에 대한 연방정부의 역할을 축소할 것을 주장하는 한편 '세속적 인간주의(secular humanism)'를 몰아내기 위해 교과서를 검열하고 창조론을 가르칠 것을 주장하였다.

뉴 라이트의 관점에 의하면 학교 교육의 거의 모든 문제가 지나치게 중앙 집권화된 연방의 의사결정구조 때문에 비롯된 것이다. 교육계의 주류와는 달리 이들은 교육에 있어서 선택의 자유와 다양화를 강조했다. 이들은 또 교육계의 기득권 세력이 세속적 인간주의에 입각한 획일적 교육과

16) 출처: The Social Studies Wars: What Should We Teach the Children, 제7장, pp.149-174, Teachers College Press, 2004.

정을 일방적으로 강요하고 있다고 주장하였다. 뉴 라이트는 나아가 다양한 조직, 회원 주소, 전국 단위의 우통망을 가진 잡지, 신문, 뉴스레터, 40개의 TV 방송국과 1,000개의 라디오 방송국으로 구성된 기독교 방송을 이용해 자신들을 관점을 유포하기 시작했다. 주된 내용은 창조론의 설파, 교과서 내용의 문제점, 세속적 인간주의에 대한 반대, 자유 시장 논리의 설파 등이었다.

뉴 라이트 진영은 미국교육연합회(NEA), 공교육체제, 세속적 인간주의, 교육부, 교과서 집필자들을 희생양 삼아 교묘하게 선전선동을 펼쳐 나갔다. 마침 공교육이 중도탈락율의 증가 및 고비용 저효율 체제의 문제 등으로 대중의 신뢰를 잃어가던 터라 이들의 공격은 주목받기 시작했다. 사실 당시에 학생 훈육문제, 교사들의 무능, 느슨한 승급제도, 평가의 객관성 문제, 지나치게 유행을 좇는 교수법 등의 이유를 들어 학교교육의 총체적 실패를 지적하는 목소리가 높았다.

세속적 인간주의는 뉴 라이트들에게 있어서 상대편을 낙인찍기 위한 상징어로 사용되었다. 극단적 기독교 근본주의자들에게 있어서 인간주의란 너무도 사악한 것이어서 인간성 타락의 핵심 원인이 될 만큼 사회에 만연된 문제라고 보았다. 이들이 제작한 한 팸플릿에는 "혹시 인간주의가 당신의 아이를 희롱하고 있지는 않나요?"라고 묻고 있다. 그러면서 다른 쪽으로는 학생들에게 가치에 대해 토론하지 말고 주어진 계율에 따르게 할 것, '사회과' 혹은 '미래탐구(future studies)' 관련 수업을 듣지 않게 할 것, "너라면 어떻게~~" 혹은 "너의 생각에는~~"이라는 말로 시작되는 학급 토론에 참여시키지 말 것, 역사·지리·공민으로 확실히 구분되는 교육과정을 제시할 것 등의 방침을 제시하고 있다. 또 뉴 라이트들은 여러 가지 학습 교재를 대상으로 금지, 퇴출, 심지어는 소각하는 운동을 전개해 갔다. 주로 부적절한 용어 사용을 이유로 들었지만, 기저에는 결혼 제도, 진화론, 인종관계, 종교, 정치, 애국주의, 자유 시장 경제, 공산주의 등의 주제에 대해 자신들과 상반되는 견해를 공격하려는 의도가 있었다.

뉴 라이트보다 결속력은 약하지만 보다 광범위한 신보수주의 교육자, 정치가, 기업인들 집단이 이른바 '온건 보수주의자'들인데, 이들은 연방의 정책이 평등에서 수월성 쪽으로 무게 이동을 해야 한다고 보았다. 몇 가지 쟁점에서는 뉴 라이트와 같은 목소리를 냈지만, 학교교육의 역할과 교육에 대한 정부의 역할에 있어서는 근본적인 관점의 차이가 있었다. 온건 보수주의자들은 학교교육의 역할을 세 가지로 꼽았다. 즉 국가 경제 성장의 촉진, 핵심 문화의 보존, 교육의 상향평준화 및 인종에 관계없는 학생 선발이 그것이다. 그리고 교육의 표준성취수준을 높이고, 숙제를 더 많이 내주고, 생활교양용 선택과목을 줄이고, 자동 승급제를 폐지하고 졸업과 입학요건을 강화할 것을 주장했다. 나아가 전통적인 교실 생활지도, 교사 질의 향상, 교육에 대한 연방 역할의 축소 및 한정, 그리고 산학 협력을 강조했다.

온건 신보수주의 철학은 1980년대와 1990년대 교육 관련 의제의 배경이 되었으며, 당시의 교육개혁을 주도했던 여러 보고서들의 추동력이 되었다. 이러한 보수주의 운동은 상당부분 60년대 민주화 운동의 유산 및 정치적 과오들에 대한 반발이었으며, 일부는 교육의 하향평준화가 이유가 되었다.

뉴 라이트와 결합한 신보수주의 운동의 핵심 내용은 기초복귀운동 속에 녹아들었다. 신사회과 혹은 신신사회과(the Newer Social Studies: 60년대 후반의 쟁점, 가치, 행동중심의 사회과)를 포함한 1960년대 개혁의 상당수는 내용을 중시하고 질서 있는 교실분위기를 중시하던 전통적 교사들의 입장을 무시했다. 시험 성적의 하락을 우려하는 대중의 목소리는 느슨한 성취기준, 그리고 읽기, 쓰기를 게을리 하는 수업을 탓하더니, 결국 3Rs로 대표되는 기초중심 수업을 요청하기에 이르렀다. 이러한 요청에 부응하여 1977년까지 38개주의 의회에서 최소한의 기초기능을 측정하는 시험을 실시하도록 하는 법안을 통과시켰다.

그런데 기초복귀운동은 상당부분 미디어의 창작품이었다. 기초복귀운동을 시행하는 학교를 칭찬하거나, "왜 조니는 쓰질 못하나?(Why Johnny Can't Write?)"식의 불평을 늘어놓는 기사들이 전국단위 중앙지에 자주 게재되었다. "원하든 아니든 미국의 교육 체제는 반문맹자들을 양산하고 있다"라는 식의 기사 제목이 1975년 당시 단골로 등장하였다. 1974년 10월, 뉴스위크지는 "전국의 학부모, 학교위원회, 심지어 학생들까지 학교가 이제 실험을 중단하고 읽기, 쓰기, 셈하기, 그리고 바른 생활을 강조하는 기본으로 돌아갈 것을 요구하고 있다"라고 쓰고 있다. 영작, 역사, 과학, 외국어 등 전통의 어려운 과목을 배우는 대신 열린교육(교실), 사회적·개인적 적절성을 중시하는 교재, 민주적인 훈육 태도, 느슨한 성취기준이 그 자리를 대신했다는 것이다. 전문 교육학자들도 비난의 대상이 되었다.

사회과는 또다시 공격 대상이 되어 중등학교 사회과에서 재미와 (사회적·개인적) 적절성을 중시한 나머지 학생들이 지역사회, 국가, 국제 문제에는 정통한 반면 영어로 세 문장 이상을 연속해서 쓰지 못한다고 비난을 받았다. 이에 대해 사회과 교육계는 기초 기능과 내용을 가르치는 것은 이미 교육과정에서 비중 있게 다루어지고 있으며, 다양한 주제를 다루는 가운데 자연스럽게 읽고 쓰는 것을 익히게 함으로써 학생의 학습에 도움이 될 수 있다고 반박하였다.

1970년대 후반, '사회교육(Social Education)'지는 두 번의 특집호를 기초복귀 문제에 할애했다. 1980년에 이르러 NCSS는 "기초지식과 기초기능에 관한 대중의 관심은 타당하다"며 본질 교육을 지지하는 주요 교육단체의 대열에 합류했다. '사회과의 본질(Essentials of the Social Studies)'이라는 제목의 NCSS 성명서는 사회과 교육계 역시 보수화의 영향을 받고 있었음을 잘 보여주고 있다. 이 성명서에서는 전통의 학문 내용과 민주적 가치의 주입에 중점을 두어야 한다고 말하고 있다. 이제와 보건대 이 성명서는 상당히 흥미로운 것으로, 기초복귀운동에 대응하는 한편 이를 사회적 효율성이나 비판적 사고와 조화시키려 했으며, 보수주의의 강화 속에서 사회과의 활로를 모색한 것이라 평할 수 있다.

이처럼 질풍이 휘몰아치는 가운데도 기초복귀운동에 대한 비판이 제기되었다. 대표적인 사람이 리차드 오맨(Richard Ohman)이라는 영문학 교수인데, 읽기·쓰기 능력의 위기는 사기가 아니면 허구라며 여러 가지 자료들이 현재의 청소년들이 1930년대나 1960년대의 같은 연령대 아이들보다 읽고 쓰는 능력이 모자라지 않음을 말해 주고 있다고 하였다. 그는 자신의 주장을 뒷받침하는 여러 연구결과, 특히 표준성취시험을 치르는 학생 수가 오히려 증가했다는 사실 등을 제시하고 있다. 그 밖의 연구들에서도 읽기 능력이 떨어졌다는 증거가 어디에도 없음을 말해 주고 있으며, 읽고 쓰는 능력이 떨어 졌다고 말하는 사람은 최소한 무식하거나 최악의 경우 거짓말을 하고 있다고 주장하였다.

1. 개혁 이야기

1980년대 초반에 이르러 학교교육의 현황과 미래에 관한 보고서들이 쏟아지면서 보수화 추세는 강력한 추진력을 얻게 된다. 그 분기점이 된 것이 레이건 대통령이 지명한 '교육의 수월성을 위한 전국위원회(the National Commission on Excellence in Education)'가 내놓은 '위기에 처한 국가: 교육개혁의 시급성(A Nation at Risk: The Imperative of Educational Reform)'이라는 제목의 보고서이다. 보고서에 새로운 연구결과가 담긴 것도 아니고 단지 기존 연구를 짜깁기 해놓은 수준에 불과하지만 적절한 타이밍과 자극적인 표현이 결합되어 미디어의 집중 조명을 받으며 사회적 분위기를 뜨겁게 달아 올렸다. 보고서의 핵심 논지는 말 그대로 국가가 위기에 처해 있다는 것이다. 위원회는 국제 경제 경쟁력 하락에 학교교육의 책임이 있음을 비난하면서 학교교육의 하향평준화로 경제, 산업, 과학, 기술이 추월당하였고, 국가의 미래가 위협받게 되었다고 주장하였다.

그밖에 몇몇 보고서들도 '위기에 처한 국가'와 핵심 논지를 함께 하면서 국제 산업 경쟁에서의 우위 회복을 위한다며 서로 유사한 처방들을 제시하였다. 그중 한 보고서는 단호하고도 태연한 논조로 새로운 국제 경쟁 시대에 필요한 고도로 숙련된 인간 자본을 길러내는 쪽으로 교육의 개념을 확대 해석해야 한다고 주장했다. 학교교육이 하향 평준화되어 있고 수월성 쪽으로 나아가야 한다는 점을 일깨우고자 한 것이 위원회의 의도라고 볼 수도 있겠지만, 위원회의 주장에 대한 교육계의 반응은 좋지 않았다. 국가적인 교육의 위기는 정치권과 재계가 가공해낸 것이라는 게 교육계의 시각이었다. 또 교육계는 보고서의 주장이 근거가 미약하고, 증거자료가 충분치 않으며, 논리적이고 이성적으로 사안을 다루기보다는 단지 논란을 일으키는데 목적이 있는 정치적 자료라고 비판하였다. 보고서는 전반적으로 교육을 인간 자본을 훈련하고 세계 시장에서 미국의 우위를 되찾기 위한 수단으로 좁게 규정하고 있다. 결국 보고서의 주장은 그릇된 문제의식과 부정확하고 불완전하며 잘못 해석된 자료를 바탕으로 하고 있었으며, 교육의 폭넓은 의미를 제대로 이해하지 못하고 있었다.

한마디로 전국위원회의 보고서는 사업의 논리로 학교교육을 바라보고 있으며, 인간 자본의 개발을 위해 전통적인 방식의 교육을 해야 한다고 보았다. 이는 사회적 효율성을 전혀 다른 방식으로 해석한 것으로 진보주의 교육의 이상을 부정하고, 학교교육이 가진 잠재적 구원의 힘을 외면하는 것이었다.

1) 사회과의 대응과 추세

보수화 추세, 기초복귀운동, 그리고 경영논리에 입각한 수월성 압박이 진행되는 동안 사회과는 한동안 주춤거렸다. 신사회과 시대가 끝난 이래 한동안 이렇다 할 개혁운동도 나타나지 않은 상태였다. 게다가 신사회과, 나아가 신신사회과가 교실 현장에서 기대했던 변화를 이끌어내지 못하면서 여러 가지 불길한 징후들이 나타나기 시작했다. 1970년대 후반까지 사회과는 아직 스스로 무엇을 해야 할지 찾지 못하고 헤매는 중이었다. 'Social Education'지를 비롯한 당시의 여러 학술지에 이러한 방황의 모습이 잘 나타나 있다. 1960년대 후반부터 'Social Education'지에는 어떤 사람의 표현대로 "하나 지나면 하나 꼴로 시답지 않는 것들을 내놓는" 식의 이것저것에 관한 특집호가 난무했다. 처음에는 러시아 특집, 다음에는 일본 특집, 기초복귀운동 순으로 끝없이 특집호가 이어졌다. 물론 그 중에는 제법 고민한 흔적이 보이는 글들이나 특집호가 있었지만, 1970년대 후반, 그리고 1980년대 초반의 학술지 내용은 개념적 일관성을 결여하고 있었다. 누구나 제 나름대로 사회과는 이런 교과라고 한마디 할 수 있는 지경이 되어 버렸다.

사회과가 1970후반에서 1980년대 초반에 이르기까지 정체성 혼란으로 어려움을 겪는 동안 외부 주도의 변화가 초래될 여건이 성숙해 갔다. 1980년 Social Education지에 "사회과 교육과정에 대한 새로운 제안과 이에 대한 토론과 논쟁"이라는 제목의 특집호가 게재되었는데, 특집호의 표지에는 사회과가 겪고 있던 어려움을 꼭 집어 표현한 만화가 실려 있었다. 만화에는 7명의 사회과 전문가가 테이블에 앉아 직소 퍼즐을 풀고 있는데, 각각이 들고 있던 그림 조각에는 사회과의 여러 전통과 접근 방식이 새겨져 있었다. 그 직소 퍼즐의 조각들에는 각각 사회과학, 역사, 의사결정, 개념들, 다문화 학습, 국제 인권 교육, 일반화들, 사회적 행위, 지구교육, 지리, 미래학습, 진로 교육, 소비자 교육, 도덕 교육, 법교육, 시민성, 약물 교육, 사실적 지식, 기능, 사회화 등의 용어가 적혀 있다. 만화 중 한 사람은 "이게 어떻게 생겼는지 퍼즐이 다 맞춰진 그림을 볼 수 있으면 좋으련만"이라고 말하고 있다.

게다가 1980년대에 들어서면서 사회과를 변화시키기 어렵다는 인식이 확산되고 있었다. 이론의 보급이 교육과정의 변화로 이어지지 않는다는 것이며 이론과 실천의 괴리가 사회과의 핵심 문제로 떠올랐다. 실제의 사회과와 이상의 사회과 간의 모순, 그리고 '보급이 곧 변화'를 의미하지 않음을 지적하는 목소리가 현장에서 들려왔다. 래리 큐반이 작업한 '교사들은 어떻게 가르쳐 왔나'에 따르면 수업의 질을 개선하려는 노력이 전국의 학교에서 진행되었지만, 여전히 교사들은 말하고 학생들은 책상에 앉아 듣는 교과서 중심의 수동적인 전통식 수업이 행해지고 있다는 것이다.

요컨대 사회과는 한동안 표류하는 모습을 보였으며, 이는 신사회과 진영이나 진보주의 진영이 이렇다 할 새로운 주도력을 이끌어내지 못한데 기인한다. 이들이 주도해 왔던 개혁운동은 시들었고, 폭넓은 변화를 이끌어내는데도 한계가 있었다. 보수주의의 회귀, 전통적인 방식으로 복귀하는 교사들 앞에서 개혁운동 진영은 단결된 모습을 보여주지 못했다. 그러나 결국 사회과 개혁 운동이 활력을 상실한 가장 큰 원인은 시대 여건이 제공했다. 레이건 정부, 그리고 이어지는 정부들을 거치면서 사회과의 진보주의 세력은 격류를 거슬러 오르며 헤엄쳐 가야만 했다.

2. 전통 역사의 부활

사회과가 방향을 잃고 표류하는 동안 시대 분위기에 편승한 새로운 운동이 그 틈을 비집고 들어 왔다. 역사 부활 운동이 그것이다. 역사를 부활시키자는 주장은 그 필요성의 근거가 기초복귀운동과 같은 내용의 생각에 기반하고 있었다. 한편으로는 보수 회귀 진영 내에서 시민성 교육을 주장하는 분파로도 볼 수 있다. 전통 역사를 가르쳐야 한다는 입장은 사실 한 번도 사라진 적이 없었으며, 다만 탐구와 쟁점을 중시하는 신사회과와 신신사회과의 시대에 잠시 후퇴해 있었을 뿐이었다. 신사회과의 시대에는 몇몇 인사들만이 전통 역사로 돌아가자고 주장했으나, 1970년대 중반에 들어서면서부터는 학교교육과정에서 역사의 위상이 퇴조하고 있으며 그 결과로 대학에서 역사 전공을 선택하는 학생이 줄어들 것이라는 우려가 증가하였다.

당시에 가장 잘 알려진 조사가 리차드 커켄달을 대표로 하는 미국역사학자단체(the Organization of American Historian)의 한 위원회가 수행한 것이다. 이 조사를 통해 일선 학교와 대학에서의 역사의 위상을 점검하여 "역사가 위기에 처해 있다"고 결론지었다. 위원회는 또 중등 교사 자격 기준이 제각각임을 지적하였다. 몇몇 주에서 사회과 교사자격에 역사과목 수강과목 수를 줄이는 개정이 이루어지고 있다는 것이다. 요컨대 교사자격기준에 관한한 상황이 '유동적'이며, 따라서 역사의 존재감이 위협받고 있다고 보았다.

위원회의 보고서에 따르면 교육과정에서 차지하는 역사의 위상도 하락하고 있다고 하였다. 또 대부분의 개혁운동에서 역사가 소홀히 취급되고 "구식 과목이자 구식으로 가르쳐지는 것"으로 여겨지는 상황을 지적했다. 다학문적 접근이 선호되는 경향에 따라 역사가 사회과의 일부 단원으로 취급되었으며, 연대기적 접근은 탐구식, 즉 교과 내용을 사회가 직면한 문제들과 연관 지어 구성하는 접근 방식에 대체되고 말았다는 것이다.

물론 이 보고서는 여러 방면에서 심각한 비판을 받았다. 일부는 이 보고서가 중등학교에 대한 제대로 된 정보를 바탕으로 쓰인 것이 아니라고 공격했다. 또 일부는 이 보고서가 폐기해 마땅한 과거식 역사 교수법을 염두에 두고 있다고 비판했다. 커켄달을 비롯한 이들 역사학자들은 역사의 실패가 사회과 탓이라고 주장하였다. 이는 과거 1940년대 알란 네빈스와 같은 뉴욕타임스 논객들의 주장을 연상시키는 것이었다. 미국역사학회지에 게재된 이들의 조사 결과는 그러나 일선 학교 교육에서 역사의 위기를 증명해 줄만한 결정적 증거를 제시하지 못한 채 대부분 단편적 사례에 의존하고 있었다.

몇몇 신보수주의 논객들이 역사학자, 정치권, 일부 교사들 사이의 전통역사 부활 지지 활동에 활력을 불어 넣었다. 사회과에 대한 전쟁과 역사의 대대적인 부활을 위해 이번에도 뉴욕타임스가 활용되었고, 그 전면에는 위기론이 내세워졌다. 1985년 11월 17일, 뉴욕타임스 주간호에 '역사 교육의 퇴조와 몰락'이라는 제목의 기사가 실렸고, 그 제목 아래 다이안 래비치(Diane Ravitch)라는 교육사학자의 이름이 등장했다. 래비치는 역사가 학교교육에서 어려움을 겪고 있으며 그 주범은 사회과라고 주장했다. 해가 이어지면서 래비치, 린 체니, 폴 개그넌, 체스터 핀 등이 여러 저술을 통해 학교교육에서 역사를 부활시켜야 하며, 역사·지리를 중심으로 한 시민교육의 형태로 되돌아가야 한다고 주장했다. 이들 학자들은 왕성한 활동을 펼쳤는데, 체니의 '미국의 기억: 우리나라 공립학교에서의 인문교육에 대한 보고(1987),' 개그넌이 아틀란틱 먼슬리지에 투고한 '왜 역사를 공부하는가?' 핀과 래비치 등이 공저한 '우리의 17세 아이들은 무엇을 알고 있나? 역사와 문학에 대한 최초의 국가 시험 보고서'라는 책 등이 그 결과물이다. 1980년대 말에 이르기까지 이 운동을 주도한 핵심 인물은 단연코 래비치였다.

역사교육에 관한 래비치의 저작에 나타난 첫 번째 논지는 역사가 어려움을 겪고 있다는 것이다. 역사가 정체가 모호한 사회과와 시수를 공유하면서 이수 요건이 약화되었으며, 이로 인해 학생들이 미국사의 가장 기본적인 사실에 대해서도 모르는 채 방치되었다는 것이다. 둘째, 역사를 이야기로 보는 관점이 밀려나고 대신 역사학자를 훈련하듯 탐구하는 법을 강조하는 과정 중심 접근이 등장하면서 역사의 학문적 정체성이 내적 일관성을 갖지 못하게 되었고, 결과적으로 역사의 내용과 사실에 대한 학습에 소홀하게 되었다는 것이다. 셋째, "역사에서 가장 중요한 것은 과거에 일어난 일을 다시 말하는 것"이며 따라서 내용지식을 강조하고 상상력과 감정이입을 통해 다른 시대와 장소에 대해 경험할 수 있도록 해야 한다는 것이다.

래비치는 20세기 초반을 역사의 황금기로 묘사하면서 교과서, 연대기, 이야기 중심의 전통 역사를 교육과정의 모델로 내세웠다. 그리고 이러한 역사교육의 원형이 '적절성과 학생의 흥미'를 중시하는 '사회적 효율성'

지향의 사회과 프로그램에 의해 퇴출되었다고 보았다. 대신 그녀는 '캘리포니아 역사/사회과학 프레임웍'을 국가적인 역사 교육의 부활을 향한 역사적 발걸음이라며 대안으로 제시했다. 프레임웍은 사실상 모든 학년에 역사를 포함시켰으며, 학생이 배워야 할 지식의 레퍼토리를 연대기적으로 배열했다. 그리고 교육과정 전반에 걸쳐 민주 정부의 민주적 가치와 원리를 강조했다. 기저에 깔린 의도는 역사를 통해 미국 민주주의의 가치를 주입하고, 이를 통해 국가적 정체성과 핵심 문화에 대한 감수성을 기르겠다는 것인데, 이는 1940년대 네빈스가 추구했던 것을 약간 변형시킨 것이었다. 래비치의 생각대로라면 문제의 소재가 사회과이며, 따라서 그 해결책은 사회과 탄생 이전인 1890년대로 시계를 되돌리는 것이고, 기초복귀형 전통 역사 교육과정을 다시 수립하는 것이 될 수밖에 없게 된다.

래비치, 개그넌, 그 밖의 역사학자들은 '학교 역사에 관한 브래들리 위원회(the Bradley Commission)'를 구성하였다. 브래들리 위원회는 린드·해리 브래들리 재단에서 재정지원을 받아 1988년에 그들이 구상하는 프로그램의 개요를 담은 '역사 교육과정의 건설(Building a History Curriculum)'이라는 제목의 팸플릿을 내놓았다. 위원회는 모든 학생에게 역사를 배우게 할 9개의 방안을 담은 정강을 채택하였다. 유치원에서 6학년까지 역사를 중심으로 하는 사회과 교육과정을 배우고, 7학년에서 12학년까지는 최소 4년 이상 역사를 배우는 것이 그 핵심 내용이다. 정강에는 쓸 만한 제안도 있었지만 다른 사회과학 분야에 비해 극단적으로 역사를 강조하는 입장을 취하고 있었다. 또한 학교에서 역사 교사들이 직면하고 있던 가장 핵심적인 문제를 외면하고 있었다. 즉 학생들에게 역사가 왜 필요하고 무슨 의미가 있는지를 어떻게 깨닫게 하느냐의 문제이다.

이어 브래들리 위원회는 1989년 '역사적 소양: 미국 역사 교육을 위한 방안'이라는 제목의 교육과정 안내서를 출간하였다. 이 보고서는 개그넌이 편집을 하고 브래들리 위원회 소속 위원들이 각각의 부분을 작업하였다. 그러나 단 한명의 교육이론가나 교육과정 전문가도 저자에 포함되지 않은 것은 널리 알려진 바이다. 저자에 포함된 극히 일부의 교육학 분야 교수들도 역사 중심의 교육과정을 선호하는 입장을 분명히 하는 사람들이었다. 그러나 이 책은 한마디로 다른 사회과학 분야의 입장은 전혀 고려하지 않은 채 역사를 더 많이 잘 가르쳐보자는 식의 논쟁을 불러일으킬 소지가 다분한 주장들을 내놓고 있었다. 심지어 여타 사회과학 분야들도 역사에 포함시켜 가르쳐야 한다고 주장하였다.

1) 비판

사회과교육계는 자신들의 위상에 대한 이 같은 도전에도 불구하고 무기력하게 대응 했다. 리차드 그로스(Richard E. Gross)는 "학교 교육과정에 역사와 지리의 우위를 도모하려는 이익집단은 비록 적지만 자신들을 확실히 드러냈고, 결의가 있었으며, 재정 지원도 많이 받았다"고 당시의 상황을 묘사했다. 그러나 그로스는 과거 역사와 지리가 영향력을 행사했을 때가 있었지만 당시의 교육이 오늘날의 지지자들이 주장하는 그런 결과를 만들었다는 증거를 거의 찾을 수 없다고 비판하였다.

로날드 에반스(Ronald E. Evans)는 역사 부활 운동과 그 주동자인 다이안 래비치를 직접 겨냥하여 비판했다. 에반스는 래비치가 사회과를 희생양으로 삼고 있으며, 사회과 운동의 역사와 목적을 잘 알지 못한 채 생각 없이 비난을 일삼는다고 주장했다. 그는 말하기를 실상 "역사가 사회과에서 지배적인 위치를 놓쳐 본 적이 거의 없으며, 사회과 운동의 한가지 목표는 이들 역사와 사회과학을 보통의 시민에게 의미 있게 가르치는 것이었다"고 하였다. 그는 또 래비치와 그 주변 인물들이 마치 연대기적 내러티브, 즉 역사를 이야기 식으로 가르치는 것이 문제의 해답인 것처럼 여기는데, 그 전통적 방식이야말로 이미 대부분의 교실에서 아무런 제지 없이 지속적으로 행해져 왔으며, 학생들에게 흥미와 교육적 의미를 주는데 있어 오랫동안 실패를 거듭해 온 방식이라고 비판했다.

스티븐 쏜튼(Stephen J. Thornton)은 "과연 역사를 더 가르쳐야 하나"라고 의문을 던지며 역사부활운동에 비판을 제기하였다. 과연 이 개혁운동이 충분한 근거를 가지고 진행되는 것인지, 또다시 내용 지식의 습득을 강조한다고 해서 과연 래비치가 향수를 가지고 있는 그 좋았던 시절(golden age)로 데려다 줄 것인지 의문스럽다는 것이다. 또 래비치의 개혁 운동을 지지해 줄 연구문헌 상의 증거는 부족하며, 역사를 사회과로 대체한다고 하더라도 기존에 뿌리박힌 교수-학습 방식을 함께 바꾸지 않는 한 아무런 효용이 없다고 비판하였다.

샌 호제 주립 대학의 시드 레스터(Sid Lester) 교수는 캘리포니아 프레임웍이 사회과학을 소홀히 다루었으며, 교육과정 위원회가 일방적으로 구성되었음을 지적했다. 그는 "거기에는 경제학, 사회학, 인류학, 심리학, 정치학 분야 교수가 한명도 없었다. 단 한명도!!! 아예 전무였다. 권위를 가진 대부분의 전문가가 사회과는 역사, 지리, 인류학, 경제학, 정치학, 사회학, 심리학, 일부 인문학, 철학이 하나로 어우러지게 만들어야 한다고 말한다"며 강하게 비판했다. 같은 캘리포니아 소속 듀안 캠밸(Duane Campbell) 새크라멘토 주립대 교수는 Social Education지에 이 프레임웍이 채택 과정에서 관련 학계와 교육계 대표들의 강한 반대를 무시하고 비민주적 수단을 동원해 통과된 교육과정이라고 비판하였다. 즉 이들의 비판 요지는 역사 부활 운동이 시계를 거꾸로 돌려 그동안 학생의 흥미와 요구를 반영해 보고자 교육계가 역사와 사회과학 진영 간에 중재를 서서 수십 년 동안 타협을 유지해 왔던 것을 하루아침에 뒤집으려는 시도라는 것이다.

확실히 역사 부활 운동은 전통, 향수, 좋았던 시절 등에 호소하면 쉽사리 흔들리는 역사학자들과 일반 대중의 민감한 부분을 잘 건드려 기회를 만들어 냈다. 역사부활 운동은 그러나 사회과를 향한 반복적인 전쟁 도발의 또 다른 에피소드에 불과한 것이다. 그렇지만 이번의 도발은 중요한 점에서 달랐다. 그들의 주장에 논쟁의 소지는 많았지만 이전의 공격들에 비해 호소력이 강했다. 또 래비치와 그 동료들은 저명한 역사학자들의 지지를 이끌어 냈고, 유력 단체로부터 조직적·재정적 후원도 풍부하게 받았으며, 가장 인구가 많은 캘리포니아 주에서 모델 교육과정을 개발함으로써 확고한 교두보도 마련하였다. 상당기간 동안 사회과를 흔들어 놓기에 충분한 개혁 운동이었다.

3. 전국 사회과 공동 위원회(The National Commission on Social Studies)

신사회과 이후 사회과가 직면한 정체성 딜레마는 사회과 교육계로 하여금 사회과가 막다른 골목에 다다랐으며, 뭔가를 하지 않으면 안된다는 공감대를 형성하게 하였다. 그러나 한 전임 NCSS 회장의 말대로 "작금의 정치적 분위기에 서로가 움츠려 든 나머지" 주요한 교육과정 개혁을 시도하는 게 불가능해 보였다. 1970년대 후반 몇몇 사회과 교육계 대표 인물들이 사회과 교육과정을 면밀히 검토할 전국 공동 위원회를 구성하자는 의견을 내놓았지만, 한동안 표류하였다.

아서 린크는 미국역사학회(AHA) 회장 취임사에서 학교교육에서 역사가 차지하는 위상을 검토하기 위한 영향력 있는 위원회를 구성할 필요가 있다고 주장했다. 또 1985년 NCSS 회장이었던 도날드 브레고우(Donald Bragaw)는 운영위원회에 K-12까지 학교교육 전반에 걸쳐 사회과 교육과정의 현황에 대해 검토할 태스크포스를 만들 것을 요청했다. 1985년 사회과 공동위원회가 구성된 것은 이 두 가지 제안에 영향을 입은 것이며, 결국 네 개의 단체, 즉 미국역사학회(AHA), 교수법 개선을 위한 카네기재단, NCSS, 미국역사학자단체(OHA)가 사회과 수업의 개선이라는 목적 하에 결합하게 되었다.

위원회 및 산하 교육과정 태스크포스는 역사학자, 사회과학자, 사회과 교육계, 일선학교 인사들로 다양하게 구성되었지만, 후원 조직의 구성비를 반영하여 역사학 쪽으로 무게 중심이 쏠릴 수밖에 없었다. AHA와 OAH에서 참여한 역사학자들은 이후 브래들리 위원회의 방안에 대해 지지를 표명했으며, 따라서 이들의 철학적 지향점도 브래들리 위원회와 중첩되었다.

'진로의 설정: 21세기를 위한 사회과 교육(Charting a Course: Social Studies for 21th Century)'이라는 제목의 공동위원회 보고서에는 교육과정 권고안이 포함되었는데, 상당 부분 전통 역사 진영의 입장에 우호적인 것들이었다. 즉 보고서는 "역사와 지리가 사회과를 위한 모체 혹은 체계를 제공"해야 하며, 다른 사회과학 분야로부터 개념과 내용을 가져와 통합시킬 것을 제안했다.

보고서가 내놓은 방안 중 가장 혁신적인 것이라면 미국사와 세계사를 통합하여 고등학교에서 세 개의 과목으로 편성하고, 과거로부터 문제, 쟁점, 주제 등을 가져와 깊이 있게 지구적 시각에서 학습하도록 한 것과, 중학교 과정을 지역사회와 지역의 이슈, 주변의 문제들을 중심으로 구성하도록 한 것이다. 그러나 이러한 방안들 역시 일선에서 행해지는 방식과는 거리가 먼 것들이었다.

공동위원회의 작업에 대한 여러 비판들이 Social Education지에 게재되었다. 셜리 엥글(Shirley Engle)은 "스코프와 시퀀스를 바꾸는 것만으로 사회과가 개혁될 수 있는가?"라며 의문을 제기하고, 위원회의 보고서가 "좋은 시민을 기르는데 있어 역사가 가진 가치를 당연시"하고 있다고 지적했다. 또 그는 위원회가 "생각의 위치를 단정적인 태도에서 잠정적인 태도로 이동시켜야 한다"고 주장했다. 잭 넬슨은 위원회의 보고서가 "편협하고 보수적이며," "오늘날의 이슈와 여러 가지 대안적인 생각들을 충분히 고려하지 않았다는 점에서 반지성적"이라고 규정했다. 그리고 넬슨은 위원회의 "보고서는 가급적 빨리 잊어버리는 게 좋다"고까지 말했다.

한편 위원회 보고서의 이면에 미국의 역사학을 대표하는 이익 집단이 네 개의 후원 단체 중 두 개를 차지하고 있다는 점을 보지 않을 수 없다.

위원회의 구성은 사회과의 다양한 입장을 대변하지 못했으며, 철저히 역사의 부활을 지향하는 시각에서 선택된 인물들로 구성되었다는 점이 명확하다. 사회과 내의 다양한 진영과 오래된 이해관계를 균형 있게 반영하는 구성을 하지 못하였다는 점에서 위원회의 영향력은 제한적일 수밖에 없었다. 그리고 얼마 지나지 않아 다른 사안들에 밀려 대부분 잊히고 말았다.

4. 반대 조류

1980년대 중반까지 쟁점지향사회과의 퇴조가 뚜렷해졌고, 대신 전통역사에 대한 새로운 관심이 유행을 탔다. 학교교육에서 진보주의는 죽은 듯 보였으며, 교육계의 주된 얘깃거리도 국가적 '위기'에 관한 것들이었다.

1980년대 후반까지도 공교육의 담론은 보수화의 핵심의제에 관한 것이었으며, 학계의 전반적 좌편향성에 대한 대응, 즉 이른바 보수진영이 '정치적 교정'이라고 부르는 일련의 움직임이 있었다. 교육에 관한 책이 베스트셀러가 되는 경우는 드문데, 두 권의 책이 같은 해에 그런 반열에 올랐다는 것은 전례가 없는 일이었다. 1987년에 발간된 알란 블룸(Allan Bloom)의 '미국 정신의 종말(The Closing of American Mind)'과 이디 허쉬(E.D. Hirsch)의 '문화적 기초소양: 미국인이라면 누구나 알아야 할 것들(Culturla Literacy: What Every American Needs to Know)'은 교육에 대한 대중의 강한 관심을 자극하여 성공을 거둔 책들이다. 블룸의 핵심 주장은 미국의 고등교육이 평등이라는 제단 위에 위대한 문명의 금자탑들을 희생의 제물로 바치고 있으며, 개방성과 상대주의, 자문화중심주의의 극복을 추구하면서 민주 체제를 지지하고자 하는 시민들을 잘못 교화시키고 있다는 것이다. 그리고 철학과 기초교양학문의 퇴조를 안타까워하며, 고전적인 서구적 기본 규범과 전통 역사의 부활이 필요하다고 주장하였다.

'문화적 기본소양'에서 허쉬는 공교육에 대해 블룸이 말한 것과 같은 내용의 죄목을 씌웠다. 그리고 사회과에 대한 공격에 상당한 지면을 할애했다. 허쉬 책의 논지는 첫 번째 문장에 잘 나타나 있다. 즉 "문화적 소양을 갖추기 위해서는 현대 세계를 살아가는데 필요한 기본적 정보를 가지고 있어야 한다"는 것이다. 그리고 듀이와 진보주의 교육자들이 경솔하게도 아이들에게 정보를 채워주는 것을 거부했다며 비난했다.

사회과 교육과정에 대해서는 과정을 중시하고 분절화되었으며, 내용이 결여된, 한마디로 타락한 교과로 묘사하고 있다. 사회과를 일종의 희생양으로 삼고 있다는 점에서 대체로 래비치의 주장과 비슷하다 할 수 있다. 또 허쉬는 래비치와 마찬가지로 구체적이고 결정적인 증거에 근거하기 보다는 이데올로기에 사로잡혀 피상적이며 빈약한 해석들을 늘어놓았다.

1980년대와 90년대의 교육 담론은 다양한 관점에서 비롯된 다양한 목소리를 담고 있다. 그중 오랜 기간 동안 교육과정에 대한 세력 확장 투쟁을 벌여온 진영의 목소리가 있었는데, 바로 사회 재건주의자들이었다. 20세기 후반의 사회재건주의는 상당부분 외부에서 수입된 비판적 시각을 뒤쫓아 가는 입장이었지만 급진적 성향에 있어서만큼은 비슷했다. 교육 분야의 비판이론가들은 결코 하나로 묶일 수 없는 집단이었으며, 재개념주의 교육과정 이론, 문화 연구, 페미니즘, 기타 다른 형태의 의제로 분화된 다양한 학자들로 이루어졌다. 이들 비판교육학자들은 듀이와 강하게 연결되는 것을 꺼려했고, 대신 사회재건주의 이론과 직접적 연관을 만들어내고자 했다. 비판교육학자들은 종종 유럽 사상가들의 작업에 의지했다. 그들이 설정한 의제는 궁극적으로 사회재건주의자들의 것과 유사했지만, 구체적 실행의 초점은 주류 교육에 비판적이며, 비판이론에 정통하고, 교육·정치·사회체계의 상호연관성에 대해 인식하고 있으며, 막대한 부와 권력으로 학교교육을 자신들의 이익 실현의 수단으로 삼고자 하는 주류 집단에 저항할 수 있는 지식인 공동체를 건설하는데 있었다.

최초의, 그러면서도 가장 영향력 있었던 학자가 브라질의 교육사상가 파울로 프레리(Paulo Preire)였다. 프레리는 그의 역작 '페다고지(Pedagogy of the Oppressed)'에서 이른바 은행이론(banking theory)으로 설명될 수 있는 전통식 교육, 즉 지식을 가진 교사로부터 무지한 아이들에게 일방적으로 지식이 전달되는 교육과 이러한 위계적 방식을 거부하는 문제제기형 교육을 명확히 구분했다. 그에 따르면 '교육(education)'은 이른바 '내레이션(narration) 병'에 고통 받고 있다. 전통 교육 방식의 핵심이라 할 수 있는 내레이션은 학생을 교사에 의해 채워지는 저장고나 그릇으로 만들어 버린다. 반면 문제제기형 교육은 교사-학생 간에 상호 학습을 자극하는 대화 체계를 만들어 낸다.

그러나 비판이론은 그 정치적 입장으로 인해 적을 만들어 내지 않을 수 없었다. 많은 학자들이 학교와 교사를 사회 변혁의 주체로 본 것은 비현실적이고, 순진하며, 비이성적이라고 보았다. 교사와 학교행정가들의 다수는 생각에 있어 주류를 대변하고 있으며, 일반 대중의 정서를 반영하고 있었다. 일부는 사회재건주의가 잠재적으로 학생에게 이념을 주입하거나 의식화·선동의 위험이 있다고 보았다.

1980년대 후반과 1990년대의 교육 담론에 중요한 영향을 미친 또 다른 하나가 바로 다문화 교육을 둘러싸고 전개된 토론이다. 시민인권운동의 결과로 일선 공립학교는 물론이고 대학, 특히 사범대학을 중심으로 다문화 교육이 중점적으로 성장해 왔다. 사실 20세기 후반의 다문화 교육은 시민인권운동의 영향을 반영하여 2차 대전기의 간문화교육(inter-cultural education), 1960년대와 70년대의 초기 다문화 교육, 그리고 1990년대에 이르기까지 오랜 동안 진화를 거듭해 온 결과이다. 이들 진영은 오랜 동안의 배제를 극복하고 이제 교육과정을 둘러싼 쟁투에 새로운 참가자로 등장하게 된 것이다.

다문화교육의 지지자들은 유색인종과, 여성, 그리고 노동계급의 관점이 기존의 역사, 문학, 인문 교육에서 제외되어 왔다고 주장한다. 주류 사회는 다문화 집단이 이 사회에 공헌해 온 점, 그리고 그들이 겪은 억압의 역사를 외면하고 있으며, 이러한 외면이 불관용과 편견, 증오를 증폭시켜 왔다고 주장한다. 다문화 교육은 다양한 집단의 이야기와 문학, 역사적 관점을 학교교육과정이나 교과서에 의도적으로 포함시킴으로써 학생들에게 보다 넓은 관점을 갖게 하고 나아가 보다 더 평등한 사회를 만드는데 도움이 될 수 있다는 것을 전제로 한다.

그러나 다문화교육에 대한 비판자들은 다문화교육이 미국 사회의 공통의 유산과 문화를 소홀히 하고, 인종, 계급, 성별 갈등과 차이를 지나치게 강조하여 갈등을 조장하고 나라를 분열시킨다고 주장한다.

5. 스탠다드 운동

스탠다드 운동을 목표로 하는 교육개혁은 1983년 '위기에 처한 국가'의 출간을 계기로 널리 퍼진 정치적 보수주의와 교육 재정 긴축의 시대에 이미 진지하게 논의되기 시작했다. '위기에 처한 국가'가 촉발한 이 개혁운동은 'American 2000'과 'Goals 2000' 프로그램으로 이어졌고, 이를 통해 위에서 아래로 스탠다드를 내려 누르는 작업이 진행되었다. 특히 'American 2000'과 'Goals 2000'에는 '역사, 지리, 공민'을 구분하여 가르칠 것을 강조한 반면 사회과에 대해서는 아무런 언급이 없었다.

스탠다드 운동은 이렇듯 학교교육이 심각한 지경에 이르렀으며 이 때문에 미국의 국제경제경쟁력이 하락되었다는 가공의 국가 위기 상황에서 출범하였다. 상당수의 교육자들과 대중들은 상황을 개선하기 위해 개혁이 필요하다는 점에 동의하였다. 그러나 가공의 위기에 대한 의미 있는 논의가 이루어지지 못했고, 그 결과 학교 교육을 고쳐야 한다는 국가적 강박관념이 생겨났다. 역사, 지리와 같은 기초 교과로 돌아가고, 국가표준교육과정을 만들고, 학생의 지식을 측정하기 위한 표준시험을 보자는 방안이 제시되었다.

그러나 이러한 개혁 방안의 효과를 그다지 낙관하지 않은 사람들이 있었다. NEA(미국교련)의 정책분석가 제랄드 브레이시(Gerald W. Bracey)는 학교교육이 실패하고 있다는 전제는 교육에 대한 '큰 거짓말(Big Lie)'에서 비롯된 것이며, "압도적인 증거가 미국의 학교교육이 지금보다 더 많은 성과를 내고 있는 적은 한 번도 없었다는 것을 말해 주고 있다"고 주장했다. 또 '위기에 처한 국가'는 "교육과는 아무런 관련이 없는 외국 혐오의 장광설"에 불과하며 벨 위원회(Bell Commission)가 말하는 교육의 하향평준화는 그저 존재하지 않는 것일 뿐이라고 비판했다.

브레이시의 주장은 교육에 관한 주요 연구 결과에 기반한 것으로 특히 첫 번째 부시 정부에서 위촉한 산디아 보고서(The Sandia Report)가 대표적 예이다. 뉴멕시코의 산디아 국립연구소(The Sandia National Laboratories)는 미 에너지부 산하 기관이다. 산디아 보고서는 부시 정부에서 떠들던 교육에 관한 여러 주장들과 확실히 배치되었다. 브레이시와 마찬가지로 산디아의 연구자들은 미국의 학교가 저소득층 및 소수인종 중심의 학교들을 제외하고는 성취도가 높다는 강력한 증거들을 제시했다. SAT 점수가 하락한 것은 응시자 수가 대폭 증가한 데 기인하며, 국제비교도 심각한 오류를 담고 있는 전형적인 불공정 문화 비교의 사례라고 하였다. 보고서에 따르면 미국의 상위권 학생들을 다른 나라의 상위권 학생과 비교할 경우 더 우수하거나 최소한 뒤지지 않는 것으로 나타났다. 무엇보다도 미국의 고등교육은 의문의 여지없는 최고였다.

1) 사회과에서는

America 2000에서는 학교교육에 관한 6개의 국가적 목표를 제시하고 있는데, 사회과에 관해서는 아무것도 찾을 수가 없었고, 모두 역사, 지리에 대체되었다. 초기 수월성을 강조하던 시기 만해도 사회과를 핵심교과의 하나로 포함시키고 있었지만 여기에는 아예 빠져 버렸다. 1990년대 개혁운동이 고조되자 사회과를 광역교과의 하나로 포함시키는 것을 중단해 버린 것이다.

여러 정황 증거들이 사회과에서 역사·지리로의 이동이 신보수주의적 역사 부활을 꾀하는 집단과 그 밖의 교육에 대한 보수적 관점을 가진 사람들이 힘 있는 자리를 차지하게 된 결과임을 말해 주고 있었다. 전통 역사의 지배권 복원과 인간자본론을 강조하는 각종 위원회들이 서로 연계되어 정부 내 연줄을 만들어 내었고, 그 힘을 바탕으로 역사-지리를 모체로 하는 교과 구성을 시도하게 된 것이다. 당시 래비치는 첫 번째 부시 정부의 교육부 차관보로 일했는데, 1991년 각 주의 사회과 담당 장학관들의 전국 모임에 참석하여 "기차가 이미 역을 떠났다"며 이러한 조치에 대한 장학관들의 항의와 문제제기가 아무런 소용이 없음을 표현했다.

이러한 진행 상황에 대한 사회과 리더들의 반응은 혼합되었다. 1990년대 초반만 해도 NCSS의 리더들은 정책 입안자들에게 사회과(social studies)가 여러 분야를 아우르는 '우산 용어(umbrella term)'로서 여전히 유용하며, 역사, 지리, 사회과학 분야들이 이 틀에서 공존하더라도 서로 영향을 주지 않는다는 점을 설득하려고 했다.

이러한 풍조 자체를 비판하는 사람들이 많았지만, NCSS는 역사의 부활과 사회과에 대한 비판에 대해 과거 시도된 바 있었던 사회과에 대한 새로운 정의를 세워 이에 합의하고, 독자적인 표준성취기준(스탠다드)들을 개발하는 방법으로 스탠다드 운동에 합류하기로 하였다. 구체적인 목적은 여러 사회과 과목들로부터 내용을 가져와 통합적인 표준성취기준을 만든다는 것이다. NCSS 리더들의 생각에는 어차피 스탠다드 중심 개혁과 고부담 시험 쪽으로 미래의 조류가 흘러갈 것이므로 여기에서 빠진다는 것은 학회 조직과 광역 교과로서의 사회과의 생존에 치명적인 결과를 초래할 것이라고 본 것이다. 그리고 또 스탠다드를 개발하여 보급함으로서 사회과가 일선에서 사용될 스탠다드와 시험 프로그램에 영향을 미칠 수 있으며 교사들이 각 주 및 지역의 여러 가지 스탠다드를 운용하는데도 영향을 미칠 수 있다고 본 것이다.

1990년대 초반 NCSS 회장 마지 맥과이어와 운영위원회는 사회과의 새로운 정의를 다듬기 위한 프로세스를 진행시켰다. 운영위원회는 간결하면서도 명확하고 민주주의 및 시민 참여의 핵심 원리, 기존의 NCSS의 입장과 일관성을 갖는 정의를 세우기를 원했다. 1992년 1월, 운영위원회는 모임을 갖고 하나의 안을 가지고 검토를 했는데, 여기 제시된 문안에는 "사회과는 시민 역량을 기르기 위해 역사, 사회과학, 인문학을 통합한 교과"라고 하였다.

회원 및 관련 전문가의 검토의견을 거쳐 1992년 운영위원회는 두 부분으로 구성된 다음과 같은 정의를 채택했다.

사회과는 시민 역량을 기르기 위한 사회과학과 인문학의 통합 교과이다. 사회과는 학교 교육과정에서 인류학, 고고학, 경제학, 지리, 역사, 법, 철학, 정치학, 심리학, 종교, 사회학, 기타 필요한 인문학, 수학, 자연과학의 일부 내용을 조화롭고도 체계적으로 학습하도록 안내한다. 사회과의 가장 중요한 목적은 청소년으로 하여금 상호 의존하는 세계 속 문화적으로 다양하고 민주적인 사회의 시민으로서 공공의 선을 위하여 지적이고도 이성적인 의사결정을 내릴 수 있는 능력을 기르도록 돕는 것이다.

1992년 여름 운영위원회는 검토의견과 제안을 받아 작업하는 가운데, 위의 정의에서 구체적인 학문 분야의 이름을 빼고 소외되는 영역이 최소화될 수 있도록 타협안을 만들기로 했다. 또 사회적 쟁점, 사회문제, 반성적 탐구 등의 용어를 포함시키지 않기로 했다.

보다 명확한 정의와 목표 진술을 위한 의미 있는 노력들에도 불구하고 이들이 내세운 '시민 역량'은 '사회 개선,' '사회 정의,' '사회 변혁'등 진보주의, 사회재건주의, 비판교육가들이 오랫동안 추구해 왔던 목표에 비추어 보면 한참 부족한 것이었다. 따라서 이러한 입장은 많은 사회과교육계

인사들로부터 수년 동안 배척받아 왔다. 그럼에도 불구하고 어느 정도 영향력을 지니고 있었다. 1992년 NCSS 운영위원회가 채택한 사회과 정의는 사실 1930년대부터 있어 왔던 "사회과는 교육적 목적에 따라 단순화된 사회과학"이라는 웨슬리 식의 정의를 좀 부드럽게 바꾼 것처럼 보인다. 1992년 NCSS 운영위원회는 사회과 스탠다드를 위한 태스크포스를 구성했으며, 새로운 사회과의 정의에 맞는 스탠다드를 개발하도록 했다.

1994년 'Goals 2000: 미국을 교육하라(Educate America Act)법'이 의회에서 통과되자 전국의 주지사들이 동의하고 첫 번째 부시정부가 입안했던 6개의 교육목표가 공식화되었다. 당초의 America 2000과는 차이는 좀 있었지만 핵심 내용은 그대로 유지되었다.

제 3목표가 눈여겨볼만한 데, 포함된 과목의 범위가 좀 넓어졌다는 것이다. 사회과 관련 영역에서는 '공민 또는 정부론'과 '경제'가 포함되었다. 그리고 Goals 2000에서는 각 주와 지역 학구에서 각자의 교육목표와 스탠다드를 만들 책임이 있으며, 새로 만드는 대신 국가에서 역사, 지리, 공민 등으로 나누어 제시한 스탠다드를 자발적으로 선택할 수도 있도록 하였다. 선택할 수 있는 과목의 스탠다드로 역사, 지리, 공민을 특정하여 언급하였으며, NCSS가 개발한 사회과 스탠다드에 대해서는 언급도 없었고 사회과(Social Studies)라는 용어도 전혀 찾을 수 없었다.

6. 논쟁의 소용돌이

1990년대 초반 교과별 전국단위 스탠다드 개발 작업을 마무리하느라 여러 그룹의 학자들과 교사들이 분주히 움직였다. 1994년 국가 역사 스탠다드가 제시되었는데, 많은 역사학자들이 스탠다드가 이왕 만들어질 것이라면 적극 참여해서 뭔가 영향력을 행사해 보자는 생각으로 작업해 만들어 낸 결과라 할 수 있다.

그런데 미국사 분야 국가 스탠다드가 배포되기 전 월 스트리트 저널에 전 국립인문학기금의 회장인 린 체니가 기고문을 실으면서 엄청난 논쟁이 벌어졌다. 체니는 교육과정이 정치적으로 문제가 없는 인물, 장소, 사건에 대한 정당한 평가를 유보하고 있다는 점에서 그 의도가 다분히 의심스러운 것으로, 다문화주의의 지나친 강조, 맥카시즘(19번 언급)과 인종주의(KKK에 대해 17번)에 대한 과도한 언급, 주류 국민의 비하, 미국사의 핵심 사건과 인물에 대한 소홀한 취급 등 한마디로 편향되었다고 주장한다.

토크쇼 진행자 러쉬 림바우는 체니의 주장을 앵무새처럼 반복하더니 심지어 역사 학습의 방법에 대한 자신만의 기준을 제시하기에 까지 이른다.

> 뭐 역사가 탐구라고? 여러분 제가 한마디 하겠습니다. 역사란 게 아주 단순합니다. 역사라는 게 말이죠. 그냥 과거에 있었던 일입니다. 그 이상 뭐가 있습니까? 이런 친구들(주저자 Gary Nash)이 "여기 적혀있는 진실이 마음에 안드니까 과거의 일에 대해 한번 해석해 보자. 그리고 우리가 원하는 쪽으로 과거의 일이 바뀌도록 해석을 좀 바꿔보자"라는 식으로 역사를 왜곡하려는 겁니다. 역사는 그냥 과거에 있었던 일이고 그 이상이 되면 안되는 겁니다. 그 일이 왜 일어났는지까지는 괜찮은데, 그것도 그냥 과거에 무슨 일이 있었는지를 건드리지 않는 수준에서 끝내야죠.

체니와 림바우의 주장이 있고 나서 이내 중등학교 역사 시간에 어떤 역사를 가르치고 어떻게 가르쳐야 하는지를 둘러싼 정치적 논쟁의 차원에서 스탠다드 문제를 묘사한 기사들이 쏟아져 나왔다. 비판자들은 스탠다드가 미국사에 대한 어두운 그림을 던져주고 거기에 유럽 출신 미국인들을 사악하고 폭압적인 존재로 그리고 있다고 주장했다.

논쟁의 불길은 미 상원으로까지 번져 공화당 소속 워싱턴 주 상원의원인 슬레이드 고튼은 스탠다드를 폐기하는 법안을 제출했다. 그리고 상원은 99대 1로 스탠다드를 폐기하는 안을 통과시켰다. 의회 연설에서 고튼은 "이 스탠다드는 역사를 가장한 이데올로기"라며 "이 괴상한 주장이 통과되어 사실상의 국가 교육과정이 되기 전에 의회가 이를 공식적이며 공개적으로 거부하여야 한다"고 주장했다.

이 역사 스탠다드는 캘리포니아 대학 로스엔젤리스 캠퍼스(UCLA)의 전국 초중등학교 역사교육센터에서 개발한 것으로 두 개의 큰 범주, 즉 역사적 사고기능과 역사적 이해 부분으로 구성된다. 개발 보고서는 학생이 단지 날짜, 사실, 개념을 수동적으로 받아들이는데 그치지 않고 역사적 쟁점을 분석하고 의사결정을 내리는 쪽으로 이동할 수 있도록 하는데 강한 강조점을 두고 있다. 한마디로 이 스탠다드는 적용 가능한 탐구 중심의 모델을 구축하기 위해 열심히 노력한 결과라 할 수 있다. 스탠다드의 일부 내용은 연대기적 사고, 역사적 이해, 역사적 분석 및 해석, 역사적 연구 방법, 역사적 쟁점 분석 및 의사결정과 같은 역사적 사고 기능에 초점을 두고 있다. 그리고 이들 역사적 사고는 교육과정의 다양한 역사적 주제들과 관련되어 스탠다드 전체에 녹아들었다.

비판자들은 단순히 예시로 제시한 수업 사례를 두고 이것이 마치 가르쳐야 할 내용을 열거한 리스트인 것처럼 확대 해석했다. 교육과정 보고서의 책임자인 내쉬와 던은 비판자들이 예시로 제시된 활동 사례에 있는 이름을 열거하여 세는 방식으로 이 교육과정 안내서가 마치 실제 가르쳐질 교과서인 것처럼 여겨지게 교묘히 조작했다고 항변했다. 또 실제 스탠다드는 대표적 사상, 운동, 전환점, 인구 변동, 경제적 변환, 전쟁, 혁명, 종교운동 등 큰 그림에 초점을 맞추었기 때문에 제시된 내용 요소들 속에는 구체적인 이름이 거의 포함되어 있을 수가 없다고 설명했다. 이들은 또 비판자들이 스탠다드가 마치 이를 통해 미국의 정체성을 부정하려는 좌파들의 상징적 도구인 것처럼 대중의 인식을 왜곡하고 있다고 보았다. 자기들 입맛대로 스탠다드의 성격을 규정하고 거짓 정보를 유포시키는 졸렬한 싸움을 걸고 있다는 것이다.

그러나 내쉬와 그의 동료들은 보통의 학자들이 그러하듯이 수정안을 제시하는 방식으로 대응했다. 수정된 국가 역사 스탠다드는 미국사 스탠다드와 세계사 스탠다드, K-4 스탠다드를 하나로 묶었고, 과거 논쟁을 불러일으켰던 부분은 뺐다. 수정판에서는 또 논쟁이 될 만한 요소들은 제거하고 교수-학습 사례도 제시하지 않았다. 공격의 가능성을 제거한 무색무취의 교육과정이 만들어진 것이다. 바라던 대로 예전의 공격은 무뎌지고 긍정적인 반응이 늘어났다.

1) 다양한 스탠다드 문건들

각종 스탠다드들이 개발되던 시기 범 사회과적으로 세 개의 스탠다드 개발 프로젝트가 동시에 진행되었고, 각각의 프로젝트는 미 교육부로부터 예산을 지원받았다. 그 프로젝트들은 공민/정부론, 지리, 그리고 역사 스탠다드 개발 프로젝트였다. NCSS 스탠다드에 대해서는 연방의 예산 지원이나 간섭, 어느 것도 없었다.[17]

공민/정부론 국가 스탠다드는 공민교육센터가 개발을 담당했고, 미교육부와 퓨(Pew) 자선기금으로부터 예산지원을 받아 1995년에 출간되었다. 이 교육과정은 내용요소, 내용 선정 근거, 내용 요소에 대한 설명 등으로 이루어졌는데, 표준내용요소(스탠다드)들은 다섯 개의 큰 질문을 중심으로 시민 생활, 미국 정치 체제, 시민의 역할과 관련된 중요한 개념들을 탐구해갈 수 있도록 구성되었다.

지리교육스탠다드 프로젝트는 미 교육부와 몇몇 지리교육단체의 지원을 받아 '삶을 위한 지리: 국가 지리 스탠다드'라는 제목으로 출간되었다. 이 책에는 각 학교와 학구별로 각자의 교육과정을 개발하는데 활용할 수 있는 몇 개의 선택형 가이드라인을 제시했다. K-4, 5-8, 9-12학년 급별로

---

17) 역자 주: NCSS는 미 정부에서 공민, 지리, 역사에 투입한 700만 불의 예산을 자체 또는 모금을 통해 마련하였다.

가르칠 수 있는 18개의 지리 표준내용요소와 지리적 기능 및 성취목표를 제시했다. 이들 두 개 영역의 스탠다드는 역사 스탠다드에 비해 정책입안자들이나 대중으로부터 긍정적인 반응을 받았다. 내용요소의 숫자도 적고, 학생의 학습결과를 측정하는 기준도 구체적으로 제시했다.

NCSS의 사회과 스탠다드의 경우 교육과정 스탠다드 태스크포스가 1993년에 초안을 배포하였는데 반응은 엇갈렸다.

스탠다드 개발에 참여했던 사람들은 대개 이 스탠다드가 분과형 스탠다드의 강력한 대안이 될 수 있을 것이라고 생각한 반면 개별 학문분야로 명확히 구분할 수 있는 주제들을 제시하는 타협을 해버렸으며 쟁점중심이나 간학문적 접근 방식이 제대로 이루어지지 못했다는 비판이 일부에서 제기되었다. 결국 NCSS 스탠다드는 다음해 '수월성의 기대: 사회과를 위한 교육과정 스탠다드(Expectation of Excellence: Curriculum Standards for Social Studies)'라는 이름으로 출간되었다.

1990년대 중반까지 사회과 영역 내에 여러 개의 국가 스탠다드들이 발표되었다. 사회과 내의 여러 조직들은 스탠다드에 대해 다양한 반응을 보였다. 일부는 개발과정에 참여해서 목소리를 내는 게 좋다고 보았는가 하면 일부는 반대한다는 이유로 참여를 거부했다. 다양한 모임으로부터 복수의 스탠다드가 나온다는 것은 그 이면에 이 교육과정의 내용에 대한 일반적 합의가 부족하며 결국 교과가 끊임없는 분절과 혼란 상태에 놓여 있다는 것을 의미하는 것이었다.

사실 여러 종류의 스탠다드들은 서로 모순되는 것도 많았다. 1995년 봄 당시 네가지 스탠다드의 총 페이지를 합하면 1,292페이지나 되었다. 역사와 지리 모두 5-12학년에 각각 독립 교과로 가르칠 것을 요구했으며, 역사는 최소 6년 동안 매 학기 가르칠 것을 요구했고, 지리는 2년은 필수로 하고 고학년에서는 선택과목으로 가르칠 것을 요구했다. 또 두 영역 모두 K-4년에서는 통합된 내용 속에 온전히 포함되어 가르쳐야 한다고 주장했다. 교육행정가, 교육과정 담당 장학관, 그리고 교사들은 한정된 사회과 배당 시간에 분야별로 쏟아지는 요구들을 어떻게 일관되게 수용할 것인지를 두고 고민에 빠질 수밖에 없었다.[18)]

1994년 미국사 스탠다드를 둘러싼 파동을 겪으면서 단일 버전의 전국 단위 스탠다드나 평가를 시행하려는 움직임은 사라졌다. 무게 중심은 각 주로 이동할 수밖에 없었다. 대부분의 교과에 있어서 1990년대 후반까지 지역별 교육과정의 개발과 주 단위 평가를 위한 준비가 완료되었는데, 대부분 전통 교과별 표준성취시험(일제고사)의 형태를 띠었다.

한편 누구나 스탠다드 운동을 지지하는 것은 아니었다. 스탠다드를 반대하는 최초의 목소리는 일선 학교에서 나왔는데, 이런 식으로 대규모로 시행되는 사업이 자신들에게는 필요치 않다는 것이다. 사회과를 포함한 교육계의 많은 사람들이 스탠다드 운동에 저항했다. 비판적 견해를 담은 문헌들도 발표되었는데, 알프레드 콘의 '우리 아이들에게 합당한 학교(The Schools Our Children Deserve, 1999),' 수잔 오하니한의 '한 사이즈로는 대부분을 맞출 수 없다(One Size Fits Few, 1999)'가 그 대표적 예이다. 대중의 저항도 커졌는데, 상당수가 학부모와 교사단체였으며, 학생들도 스탠다드가 과연 필요한 것인지 그리고 고부담 일제고사를 강요하는 게 옳은지 등의 문제를 제기하였다. 일부 학생들은 시험을 거부했다.

사회과교육학자들도 스탠다드 및 고부담 시험에 대한 비판을 제기하였다. 페드릭 라이징어(C. Federick Risinger)와 지저스 가르시아(Jesus Garcia)는 스탠다드가 내용의 파편화를 촉진하며, 평가에 대한 구체적 지침을 줄 수도 없다고 비판하였다. 웨인 로스(E. Wayne Ross)는 스탠다드가 연방정부의 지원을 받는 보수적 재단과 학자들의 영향을 받아 민주주

---

18) 역자 주: 각 주에서 NCSS 사회과 스탠다드의 영향력은 정부가 권고한 공민/지리/역사 스탠다드의 영향력을 훨씬 능가하였다. 전국 역사교육 네트워크에서 1996년~1997년 사이 각 주의 스탠다드를 조사한 결과에 따르면(출처: The History Teacher, 31(2), pp. 221-234), 31개 주에서 NCSS 모형에 따른 사회과 스탠다드를 사용하였다. 위스콘신 등 몇몇 주는 NCSS 스탠다드를 거의 그대로 가져다 썼다.

의에 대한 관심을 분산시키는 결과를 초래할 것이라고 주장했다. 또 이들 진영은 유럽중심의 문화를 보존하려는 이데올로기적 분위기를 조성하려는 목적을 가지고 있다고 주장했다. 머리 넬슨(Murry R. Nelson)은 스탠다드 운동이 사회적 쟁점을 소홀히 하고 단순한 속성 해결책만을 추구한다고 비판했다. 그리고 내용에 대해서만 관심을 갖고 교사, 학생, 그리고 교육적 변화의 본질에 대해서는 관심이 없다고 비판했다. 그는 또 20세기 초 교육의 사회적 효율성을 강조한 보비트(J. Franklin Bobbit)와의 유사성을 지적하며 스탠다드 운동이 결국은 실패할 수밖에 없다고 단언했다. 케빈 빈슨(Kevin D. Vinson)은 교육계와 정치계의 좌파 진영으로부터의 저항 운동도 커지고 있음을 지적했다.

스탠다드 운동이 전국 단위에서 주 단위로 변모되었음에도 역사, 지리, 공민에 집중하여 초당적이며 전폭적인 지원을 받으며 성장을 거듭하는 가운데, 그 밖의 다양한 교육적 트렌드도 지속되었다. 컴퓨터와 테크놀로지를 활용한 교육, 구성주의, 도덕·인격교육, 글로벌 교육, 참평가(authentic assessment), 쟁점중심 접근법 등에 대한 새로운 관심이 증가되었으며 사회 정의를 위한 교육에 대해서도 관심이 생겨나기 시작했다.

역사, 지리의 부활과 함께 교과중심교육의 흐름이 주류를 이뤘다고 하지만 1980년대 후반과 1990년대는 사회과에서 쟁점중심 교육을 재개하기 위한 노력이 이루어진 시기이기도 하다. 셜리 엥글(Shirley H. Engle)과 애나 오초아(Anna S. Ochoa)는 사회개량주의와 쟁점중심의 전통을 잇는 역작, '민주시민의 자질을 위한 교육: 사회과에서 의사결정(Education for Democratic Citizenship: Decision Making in the Social Studies)'을 1988년에 내놓았다. 이 책은 반성적 사고와 의사결정을 중심으로 한 교수, 그리고 주제 중심의 교육과정 구성을 제시한다.

그 이후에도 해를 거듭하며 쟁점중심 교육 및 관련 주제에 대한 학회 발표회, 논문 게재, 저서 출간이 계속되었다. 월터 파커(Walter Parker)

의 '민주 정신의 교육(Educating the Democratic Mind, 1996)', 웨인 로스(Wayne Ross)의 '사회과 교육과정(Social Studies Curriculum, 1997)', 존 윌리암스(John A. Williams)의 '갈등의 교실(Classroom in Conflict, 1994)'이 출간되었다. 이러한 일련의 움직임의 정점은 NCSS 특집 '사회적 쟁점의 교수를 위한 핸드북(Handbook on Teaching Social Issues, 1996)'이라 할 수 있다. 그러나 이러한 재개 노력에도 불구하고 쟁점중심 사회과 및 사회개량주의 진영은 상대적으로 소수의 위치를 점할 수밖에 없었다.

1980년대 후반과 1990년대 쟁점중심·사회개량주의 전통의 재개 움직임은 주류의 트렌드와는 배치되는 것이었다. 전통 역사의 부활에는 그 핵심에 헌신적으로 노력하는 집단과 개인들이 있었다. 그리고 사회과의 수업을 개선할 수 있을 것처럼 보이는 강력한 대안을 제시했다. 그러나 이러한 노력과 모순되게 어느 정도 이상의 관심을 끌어내는 데는 실패했다. 1990년대는 사회과를 둘러싼 쟁투의 한축을 차지해 온 비판적 사회재건주의 진영이 '사회 정의를 위한 교육'이라는 타이틀을 내건 여러 문헌들을 통해 폭발적인 관심을 받기 시작한 시기이기도 하다. 역사, 지리의 부활이 이끈 보수 회귀의 대척점에서 진영의 부상을 맞이하게 된 것이다.

7. 보수 회귀의 원인에 대한 설명

세기가 바뀔 무렵 각 주의 스탠다드들은 형식적 패턴에 있어서는 1970년대나 80년대의 틀을 유지했지만 그 내용은 주마다 다양했다. 물론 사회과 교육과정의 폭은 전반적으로 좁아졌다. 미국사는 거의 모든 고등학교에서 공통으로 요구되었으며, 모든 학생들에게 최소한 1년 이상 배우도록 했다. 미국사는 또한 중학생들에게도 가르치도록 했는데, 보통 8학년에 포함되었다. 또 대부분의 고등학교에서 12학년에 정부론을 한 학기동안 가르쳤으며, 세계사 시수의 실질적인 증가가 있었다.

전반적으로 전통 교과의 과목 증가가 일어났고, 특히 Goals 2000과 America 2000의 승인과 지원을 받은 과목들이 그러했다. 역사, 지리, 정치, 경제의 요구 시수가 실질적으로 증가했다. 이들 과목의 증가는 다른 사회과학 분야의 감소를 동반했으며 소규모 선택 과목도 통합되거나 없어졌다. 결국 역사·지리의 부활과 전통 교과중심 교육의 회귀를 촉진한 국가적 개혁운동이 학교 교육과정에 상당한 충격을 준 셈이다.

그렇다면 학교교육과 사회 전반의 보수회귀가 초래한 역사·지리의 부활, 그리고 반성적, 쟁점중심의 사회과에 대한 관심의 퇴조가 일어난 것을 어떻게 설명해야 할까? 우선 기초복귀, 수월성의 추구, 역사의 부활이 교육계 외부의 정치, 경제, 교육 관련 세력들에 의해 주도되었다는 점에 주목할 필요가 있다. 이는 상당부분 가공된 위기론에서 촉발되었으며, 권력과 함께 정부와 민간으로부터 받은 재정적 힘을 바탕으로 잘못된 의제 설정, 오류투성이의 가정들을 밀어붙였다. 뉴 라이트와 신보수주의 개혁가들은 잘 조직되었고, 정신적으로 고무되었으며, 효과적으로 자신들의 주장을 드러냈으며, 구체적이었고, 돈도 많았다. 물론 1960년대와 70년대의 과도해 보이는 개혁들에 대한 반대급부로 보수 회귀의 정치적 트렌드가 초래된 측면도 있다.

둘째, 보수 회귀는 미국의 학교 교육에 대한 허구적 이미지의 확산, 그리고 있지도 않았던 좋았던 시절의 창출을 바탕으로 이루어졌다. 학교교육이 총체적으로 실패했다고 위에서 누르듯 단정해 버렸다. 이를 바탕으로 기초복귀, 성취기준의 상향 조정, 보수적인 교육 전통으로의 회귀를 요구했다. 역사의 부활을 위해서는 가상의 '좋았던 시절'론이 '역사를 위기로 몬 것은 사회과'라는 식의 희생양 만들기와 결합되었다. 좋았던 시절로 돌아가자는 것은 구태의연한 학교교육으로의 관행으로의 회귀, 진짜 사회교과는 전통 역사밖에 없다는 믿음을 의미했다.

셋째, 1960년대와 70년대의 개혁에 대해서 이 개혁이 작동하고 있지 않다는 매우 현실적이고 사실적 평가에 기반한 반대가 제기되었다. 신사회과, 그리고 신신사회과에서의 개혁 실패는 뉴 라이트나 신보수 진영, 그리고 역사학자들에게 손쉬운 공격 타겟을 제공하고 말았다. 그러나 이들이 개혁에 실패한 진짜 이유는 학교의 변화를 가로막는 조직적 장애 요인에 대해 충분히 고려하지 않았기 때문이다. 사회과 교실에서 고급 사고를 촉진하는데 장애가 되는 요인들이 학교 현장에 고질적으로 자리 잡고 있었다. 수업을 지식 전달 활동이라고 여기는 인식의 만연, 수박 겉핥기식 교육과정, 학생에 대한 낮은 기대, 다인수 학급, 수업 준비 시간의 부족, 교사 간의 의사소통 부족 등이 그 예라 할 수 있다. 그밖에도 한 차시 수업의 길이, 가용할 수업 자료의 부족, 반드시 가르쳐야 할 내용 등 교실 밖에서 주어지는 문제들도 있었다. 교사가 학급 배치, 학생 조직, 학급 토의, 교구, 수업 활동 등을 잘 통제하더라도 학급질서를 유지해야 하고 주어진 교육과정 상의 내용을 커버해야 한다는 기본적 요구 사항을 무시할 수는 없다. 이런 제약들로 말미암아 특히 중등을 중심으로 교사 중심의 강의식 수업이 지속될 수밖에 없게 된 것이다.

게다가 학교 교육의 일상적 관행들은 학교 개혁에 구조적인 제약을 가했다. 고등학교를 예로 들자면 강좌별로 교실을 옮겨 다른 선생님을 찾아가야 하며, 분과별로 교사와 과목들이 분리되어 있어 각 분과에서 하루에 학생 150명 정도를 대개 다섯 반 정도로 나누어 가르치는가 하면, 학생들은 평점을 받고 이수 학점을 채우게 된다. 이렇듯 시간과 공간을 배분하고, 학생을 구별하여 학급에 배치하고, 지식 분야를 나누고, 성적을 매기는 학교 운영의 관행에는 변화가 거의 없었다. 이렇듯 판에 박힌 학교의 일상이 지속되어 온 것은 부분적으로는 교사의 업무를 예측 가능하고 효율적인 방식으로 수행하게 하려함이라고 설명할 수 있다. 이러한 제도적 형태는 나름대로의 생존 근거를 찾아 인습의 형태로 고착화되고 법으로 제도화 되면서 느끼지 못할 정도로 뿌리 깊게 자리 잡은 문화적 신념이 되어 버렸다. 타이악과 쿠반 말대로 “그것은 학교의 전형적 모습”이 되어

버렸다.

넷째, 철학적인 측면에서 볼 때, 보수 회귀와 역사의 부활은 전통적인 교육 목적에 부합하는 것이었다. 학교의 문화에 대해 보수적인 입장을 갖는 사람들과 대중들은 보다 전통적인 형태의 학교교육을 선호한다. 신사회과 시대에는 학생들에게 사회 구조에 대해 의문을 품도록 가르쳤다. 그러나 이제는 사회 비판이나 독립적 사고보다는 사회화, 사회 통제, 인간자본의 창출을 위한 교육이 중요시되고 있다. 많은 미국인들은 미국 사회를 개혁하기 위한 교육을 원하지 않으며 단지 과거의 영광을 재현해주기를 원하는 것으로 보인다. 고용주들은 시간을 엄수하고, 지시에 잘 따르며, 질문을 많이 하지 않는 노동자들을 길러 내주기를 원한다. 그 근저에는 공교육이 기회의 확대 보다는 계급 구조를 유지하는데 더 많은 역할을 하기를 바라는 마음이 있다. 사회과교육의 권위자인 셜리 엥글이 말한 것처럼 "우리가 생각하는 것보다 많은 국민들이 학교에서 자신의 아이들에게 생각하는 것을 가르치기를 원하지 않는다."

한편 스탠다드 운동이 사회과 역사에 몰고 온 현상 중의 하나가 정부의 개입이 과거에 볼 수 없었던 수준으로 증가하였다는 점이며, 이를 통해 학교교육과 미국인의 생활에 있어 신보수주의적 비전을 실현해 줄 기술적 기반이 조성되었다. 학교가 하나의 기계라면 스탠다드 운동은 미국의 학교교육이라는 정원을 가로지르는 폭주 열차라 할 수 있다. 그리고 이 폭주 열차가 방향을 선회할 가능성은 점점 더 희박해져 가고 있다.

스탠다드 운동은 시험이라는 기술적 장치를 가지고 있지만 사려 깊은 시민을 길러내기 위한 다양한 사회과의 접근 방법을 제약하고, 역사와 기타 사회과학 지식 중심으로 교육과정의 폭을 좁히는 결과를 초래할 것이다. 스탠다드가 학교교육을 통해 미국의 국제 경쟁력을 높인다는 잘못된 가정을 실현해 주는 방안인 것처럼 단정되고 있다. 이는 겉으로는 박애주의 단체를 표방하는 헤리티지 재단, 허드슨 연구소, 미국 기업 연구소, 후버 연구소, 그리고 사회과의 브레들리 재단 등 보수적인 이익 집단의 강한 입김을 받은 결과이다. 극우, 그리고 신보수주의 세력이 단합하여 인간 자본 이데올로기, 전례 없는 위기 조장, 희생양 삼기, 이기주의의 망령, 미국 개인주의의 신화, 증거의 조작(거짓말, 선동, 증거의 무시, 단순화된 분석, 미성숙하고 무책임한 언론의 보도)등을 활용한 왜곡을 통해 스탠다드 중심 개혁을 밀어 붙이고 있다.

이러한 개혁 방식은 사회과의 다른 진영에게는 죽음의 전주곡처럼 들린다. 새로운 실험이나 사고를 촉진하는 수업을 시도하기에는 제약이 주어질 수밖에 없게 된다. 또 민주주의가 위협받는 상황이 초래될 수 있다. 그리고 전통 교과의 지배가 지속되어 고착화될 수 있다. 교육과정 상에 나타나는 이념적 스펙트럼이나 목소리의 다양성을 극도로 좁혀서 시험 문제로 출제할 수 있는 것들만 강조하는 현상이 초래되는 것이다. 그러나 사회과를 둘러싼 경쟁에서 지분을 가진 다른 목소리들은 결코 쉽게 사라지지 않을 것이다. 오랫동안 반성적·쟁점 중심의 사회과를 옹호해 온 엥글의 말을 빌자면 "우리의 날은 다시 올 것이다."

생각해볼 문제

1. 보수적 교육개혁론자들이 역사 · 지리 중심의 교과구조를 선호하는 이유가 무엇인가?

2. 스탠다드 중심의 교육이 가지는 문제점은 무엇인가?

3. 신사회과 혹은 반성적 · 쟁점중심 교육이 현장에서 제대로 정착하지 못한 이유는 무엇인가?

제13장

사회과 교실에서 효과적인 '사회적 학습'으로서의 협동학습

Cooperative Learning as Effective Social Study within the Social Studies Classroom

로버트 스탈, 로날드 밴시클, 로버트 슬라빈

Robert Stahl, Ronald VanSickle & Robert, E. Slavin

1992

제13장

사회과 교실에서 효과적인 '사회적 학습'으로서의 협동학습

Cooperative Learning as Effective Social Study within the Social Studies Classroom[19]

로버트 스탈, 로날드 밴시클, 로버트 슬라빈

Robert Stahl, Ronald VanSickle & Robert, E. Slavin

1992

많은 교육자들과 학부모들이 갖고 있는 교육에 대한 잘못된 태도 하나를 지적하자면 아이들에게 이기적인 태도와 행동을 장려하거나 때때로 칭송한다는 것이다. "강한 자만이 살아남는다," "먹고 먹히는 게 세상이다," "경쟁만이 세상을 돌아가게 한다" 등의 표현들이 이와 같은 생각을 드러내 주고 있다. 졸업 후 학교 밖에 존재하는 살벌한 현실의 경쟁 세계에 학생들을 준비시킨다는 의도이다. 그런데 우리가 망각하고 있는 게 실은 학생들은 학교 밖에서나 학교 안에서나 매순간 현실의 세계를 살아가고 있다는 점이다.

또 다른 환상이 강력한 개인의 이미지이다. 즉 개인은 강하고, 자족적이고, 독립적인 존재로서 현실의 세계를 살아가며, 온갖 역경을 딛고 위대한 일을 혼자서 해낸다는 착각이다. 찰스 린드버그, 제인 아담스, 마르틴 루터 킹 주니어, 조지 워싱턴 등이 그 예로 이들이 마치 함께 노력해준 동료나 지지 세력 없이 혼자서 자신의 꿈을 이루어낸 것처럼 칭송된다. 개인에 초점을 둔 나머지 그들이 마치 스스로의 노력만으로 뭔가를 한 것처럼 여

19) 출처: Cooperative Leaning in the Social Studies Classroom, NCSS Bulletin 87. 1992. pp. 1-7, 21-24에서 발췌한 내용.

기는 것은 이들이 실제 목표를 이루어나가기 위해 노력한 과정 중 중요한 부분을 간과했거나 잘못 표현한 것이다. 어떻게 찰스 린드버그가 논스톱으로 대서양을 건널 수 있었을까? 어떻게 해서 제인 아담스가 시카고의 헐 하우스를 성공시킬 수 있었을까?라는 질문에 답하다 보면 이들 개인들의 성공에 관련된 협동 지원 조직이 있었음을 자연스럽게 발견하게 된다.

사회과교육 종사자들은 학생들이 현실의 세계에서 성공할 수 있도록 배우고 능력을 갖추게 하도록 노력한다. 또 학생들은 개인과 집단의 행동, 사상, 결과물들을 공부하여 사회과의 지식과 능력을 길러야 하며, 이를 통해 사회과 교실 내에서 또는 밖에서 제 몫을 할 수 있어야 한다. 학교의 목적이 마치 생존능력을 기르는 것으로 오도하여 죽든 살든 학생 스스로에게만 맡겨두는 것이 전문 교육자로서 우리가 할 일은 아니다. 그보다는 학생들이 언제 무엇을 하든 스스로 또는 다른 사람과 함께 성공할 수 있도록 도와주어야 할 것이다.

아래에서 이러한 문제에 대한 대답을 해보고자 한다. 그 대답을 통해 협동 학습 집단은 적절하게 구성만 한다면 많은 학생들이 사회과 교실 내에서 또는 밖에서 우리가 기대하는 바를 잘 해나갈 수 있도록 도움을 줄 것이라는 점을 보여줄 것이다.

특히 다음에서는 협동학습을 하나의 대안적인 수업방법으로 이해하는데 필요한 개념 틀을 제공할 것이다. 학습자에 대한 여러 가지 가정들, 여러 가지 모형, 또 성공적 실천을 위해 교사가 해야 할 일들에 대해 살펴볼 것이다.

1. 가정들

학생들은 사회과 수업을 들으면서 단지 살아남는 정도가 아니라 성공하기를 바란다. 배우는 내용이 이해가 되고, 자신에게 뭔가 의미가 있기를 바란다. 학교에 가면 새로운 지식, 능력, 그리고 삶의 방향을 얻어 학교생활, 수업시간 뿐 아니라 현실 세계에서도 제 몫을 해낼 수 있기를 바란다.

우리가 가정하는 것은 실질적으로 모든 학생들이 사회과 교육자들이 필요하다고 생각하는 거의 모든 지식, 기능, 관점들을 학습할 수 있다는 것이다. 적절한 수업환경이 주어진다면 학생들은 뭐든 배울 수 있다는 것에 대해서 낙관적이다. 학습자를 바라보는 이러한 관점은 다시 말하면 학생들의 학업능력을 향상시키고 사회과에서 요구하는 주제, 내용, 기능에 대해 의욕을 갖게 하는 학습 환경을 만들 수 있다는 것을 의미한다. 나아가 이러한 관점은 모든 학생들이 사회과에서 목표하는 바와 요구하는 능력들을 달성할 수 있다는 것을 의미한다. 즉, 학생들은 학교 밖에서의 한계에도 불구하고 성공의 잠재력을 갖춘 개인들이라는 것이다.

또 학생들은 한번 성공하게 되면, 그러한 성공을 지속시켜줄 행동들을 하게 된다. 사회과의 어느 한 분야에서 잘하는 학생은 이 분야에 관련된 다른 분야나 자료에 대해서도 관심을 갖기 마련이다. 전 단계에서 지식과 기능을 잘 갖춘 학생은 보다 더 복잡하고 어려운 내용, 지식, 기능에 대해서도 더 흥미를 갖고 잘 해낼 수 있다. 반대로 전 단계에서 잘 못한 학생들은 다른 분야에 대해 흥미를 갖기가 쉽지 않다. 선수학습요소가 부족한 학생들이 내용이나 활동, 교사의 개인적 특성만 보고 저절로 동기 부여되어 몰두하거나 공부에 흥미를 갖으리라고 기대를 해서는 안된다. 따라서 학생들의 흥미도나 성취 수준에 관심이 있는 교사라면, 학생들의 성공을 용이하게 해줄 방법을 찾아서 사용할 줄 알아야 한다. 그런 교사들은 또 이러한 성공의 방법들을 적절하게 사용할 때, 학생들의 학업에 진전이 있음을 물론 '사회적 학습'에 대한 흥미와 참여수준도 높아짐을 알게 될 것이다.

우리는 또 학생들이 교사들에게 지식과 기능, 태도를 성공적으로 익힐 수 있도록 도와주기를 바란다고 가정한다. 이러한 기대는 교사들이 현재 학생들이 처한 위치에서 그들이 최대한 달성할 수 있는 높이까지 끌어올려주기 위해 최선을 다하리라는 기대이다.

2. 협동학습이 필요한 이유

협동학습이 필요한 이유는 두 가지로 생각해볼 수 있다. 첫째, 이 방법이 공식교과과정에 있어서의 학생들의 학력을 제고하는데 효과가 있다는 것이고, 둘째, 정의적인 목표를 달성하는데도 도움이 된다는 점이다. 여기에는 시민적 덕목을 기른다거나 다른 문화나 시대의 사람들에 대해 공감을 갖는 등 전통적으로 중요시되어온 정의적 목표들도 포함된다. 반드시 사회과와 직접적으로 관련되는 것은 아니라도 예컨대 교과에 대한 긍정적 태도를 가진다든가, 새로운 내용을 학습할 때 자신감을 갖는다거나, 학생들 간의 인간관계를 개선한다거나, 소수민족의 학생들이 주류학생들에게 친근한 감정을 갖게 한다거나, 친사회적 가치, 친절함, 이타심, 다른 사람과 생산적으로 일할 수 있는 능력을 기르는 등 여러 가지 목표를 달성하는데 효과가 있다.

요컨대 협동학습이란 이러한 지적, 사회적, 정의적 목표를 동시에 추구한다. 그러나 단순히 학생들끼리 함께 모아 공부시키는 것만으로 되는 것은 아니다. 지난 20년간 학교현장에서 이루어진 실험연구들을 보면 교사들이 어떻게 협동학습을 조직하고 실천하느냐에 따라 그 결과는, 특히 학업성취도면에서 달라진다고 한다. 사회과에서 효과를 거두기 위해서는 '사회적(social)'인 측면과 '학습(study)'의 측면을 고루 고려해야 한다. 다음에서는 사회과에서 가장 많이 활용되고 또 연구되고 있는 방법들을 중심으로 이들 방법들의 핵심원리와 요소들에 대해 알아보기로 한다.

3. 여러 가지 협동학습방법들

협동학습은 사회과에서 오래전부터 사용되어 온 방법이다. 1920년대 특히 사회과에서 유행하던 존 듀이의 프로젝트법(Project Method)에서도 이 방법이 사용되었는데, 그것도 처음은 아니었다. 최근에 들어서는 놀랄 정도로 다양한 방법들을 여러 교사들이 사회과수업에서 사용하고 있고, 급속히 확장되는 추세이다. 대략 12~3개의 협동학습 방법들이 여러 가지 학습교재나 교사용 지도서, 기타 책들을 통해서 소개되고 있는데, 이들의 변종 만해도 수백 개는 된다. 그중에 특히 사회과 수업과 관련하여 전통의 수업방법과 비교, 연구된 방법들만 몇 가지 고르면 다음과 같다.

1) STAD(Student Teams-Achievement Divisions)

STAD(Slavin이 개발)에서는 교사가 학생들을 네 명씩 짝 지워서 학습 집단을 만들어 주는데, 각 집단은 학업성적, 성별, 성격 등에 따라 이질적으로 구성된다. 수업은 크게 구분하여 먼저 교사가 한 주제에 대해 수업을 하고, 다음에 학생들이 배운 내용을 그룹 활동을 통해 서로 도움을 주는 가운데 확실히 자기의 것으로 만들고, 마지막으로 모든 학생들이 다른 사람의 도움 없이 개별적으로 주어진 형성평가를 받게 된다.

교사는 학생들의 시험점수를 과거시험의 평균점수와 비교하여 과거에 비해 향상된 정도에 따라 점수를 부과한다. 이 점수들을 더한 평균으로 팀 점수를 만든다. 사전에 정한 기준에 비추어 합격된 팀은 자격증을 받게 되고 기타의 보상을 받는다. 교사의 수업에서부터 형성평가에 이르기까지 보통 3~5차시의 수업이 소요된다.

STAD는 수학, 국어, 사회과 등 다양한 교과에서 활용되어 왔고, 초등학교 2학년에서부터 대학생에 이르기까지 광범위하게 활용되어 왔다. 예컨대 지리에서 지지(地誌), 지도법, 역사에서의 사건, 경제원칙, 정부조직 원리 등 정답이 확실하고 학습목표가 명확히 제시될 수 있는 내용들을 다룰 때 유리하다.

2) TGT(Team-Games-Tournament)

TGT는 존스 홉킨스 대학이 내놓은 최초의 협동학습모형이다. STAD에서와 마찬가지로 교사가 수업을 하고 그룹 활동을 하는데, 마지막에 형성평가 대신에 조별 토너먼트를 하는 것이 다르다. 각 집단별로 성적이 비슷한 학생들을 하나씩 뽑아 서로 토너먼트를 하여 각각이 거둔 점수를 합하여 팀 점수를 만들고 이를 비교하는 게임을 한다.

3) 직소(Jigsaw)

엘리엇 애론슨과 그의 동료들이 1978년 최초로 직소를 고안해내었다. 애론슨의 직소방법에서는 6명의 학생들이 한 조를 이루는데, 교사는 하나의 학습 자료를 여러 개로 나눈다. 예를 들자면 한 위인의 전기를 공부하는데, 어린 시절, 최초의 성공담, 역경, 인생 후반, 역사에 끼친 영향으로 나누어 이를 각 조원에게 나누어서 하나의 주제씩 읽게 한다. 하나의 주제에 대해 읽은 학생은 다른 조에서 자신과 같은 주제에 읽은 사람들과 만나서 전문가집단을 별도로 구성하고 같은 주제에 대해 심도 있게 논의한다. 전문가집단에서 주제별로 학습을 한 조원들은 원래의 조에 돌아와서 그들이 속한 전문가집단에서 공부한 내용들을 서로에게 들려준다. 읽은 내용을 전부 파악하기 위해서는 서로 다른 전문가집단에 참여한 서로 다른 학생의 얘기를 잘 들어야 하므로 서로 도우려는 의욕도 생기고, 다른 사람이 하는 일에도 많은 관심을 갖게 되는 것이다.

슬라빈은 직소를 수정하여 직소Ⅱ(JigsawⅡ)를 고안해내었는데, TGT와 STAD에서처럼 4~5명으로 조를 만든다. Jigsaw처럼 각 집단별로 서로 다른 내용을 나누어주는 것이 아니라 처음에는 공통된 학습자료, 예컨대 책의 한 단원이나, 단편 소설, 전기 등을 함께 읽고 나서 이를 다시 하위주제로 나누어 전문적으로 공부한다. 똑같은 주제에 대해 공부한 학생들끼리 전문가 집단에서 만나 주제별로 논의를 하고, 다시 원집단으로 돌아가 전문가집단에서 배운 내용들을 다른 조원에게 들려준다. 그리고나서 학생들은 개인별로 형성평가를 받는데, STAD에서처럼 향상점수에 따라 팀 점수를 계산하는 체제로 운영된다. 사전에 책정된 기준에 도달하는 조에게는

자격증이 수여되고 별도의 보상이 따른다. 이외에도 직소에는 많은 변종이 있다.

4) 함께 배우기(Learning Together: Johnson & Johnson Model)

데이비드와 로저 존슨 형제는 미네소타 대학에서 함께 배우기 모델을 개발했다. 이들이 주로 조사해온 방법은 4~5명으로 구성된 이질적 집단들이 배당된 학습주제에 대해 함께 활동하는 것들이다. 그룹 활동을 한 장의 종이에 종합하여 제출하고, 그룹 활동의 결과에 따라 보상과 칭찬을 받게 된다. 여기에서 중요한 것은 실제 그룹이 활동하기 전의 팀을 형성하는 과정과 집단 내에서 그룹 활동의 성패를 평가하기 위한 정기적 토의과정이다.

5) 집단조사모형(Group Investigation)

텔 아비브 대학의 슐로모 샤란이 다듬어 놓은 집단조사모형은 하나의 학급조직방법으로서 학생들이 소집단활동을 하며 협동탐구, 집단토의, 협동과제수행 등을 하게 된다. 이 방법을 이용하여 학생들은 2~6명으로 이루어진 팀을 만들게 된다. 공부하고 있는 단원에서 소주제를 고른 뒤, 다시 그 소주제를 개인별 과제로 나누어 그룹보고서를 작성하는데 필요한 여러 활동들을 하게 된다. 그리고 나서 전체 학생 앞에서 발표한다. 한편 케이건은 집단조사모형을 발전시켜 Coop-Coop 모형을 제시하였다.

4. 사회과 교실에서의 '사회적 학습' : 함께 잘하기

사회과 수업은 늘 개인과 집단 활동으로 이루어진다. 효과적인 사회과 수업의 요소가 무엇인지 관심을 갖다보면 주로 특정한 교과내용이나 시민으로서 갖추어야 할 지식, 능력, 태도에 대해 주목하게 된다. 결과적으로 이러한 내용, 지식, 능력, 태도를 가르치는 것이 곧 사회과를 가르치는 것이 된다. 교실 활동에 있어서 그룹 활동이 핵심이 되는 경우가 많다. 그룹 활동에 참여하는 과정 속에서 학생들은 효율적인 시민성을 갖추는데 필요한 능력을 기르게 된다. 교사들은 또 학생들이 서로 정확한 의사소통을 할 수 있고, 사회적·집단적 상호작용 능력을 발휘하여 배당된 집단과제를 함께 완벽하게 해내기를 기대한다. 즉 효과적인 사회과 수업은 적절한 '사회적 학습'을 수반하는 것이다.

이러한 맥락에서 '사회적'이라는 말은 우리가 교실에서 사용하고 있는 단어들이나 언어규칙들이 우리 문화의 일부분이라는 것을 의미한다. 우리는 한 사회 내에서 우리가 사용하고 있는 언어의 핵심부분이 되는 용어, 상징, 문법, 의미를 통해 사고하고 표현한다. 물론 학생들은 궁극적으로 스스로 지식을 구성하고 창출할 수 있어야 하지만 그러한 일도 사회 혹은 하위집단 내에서 언어를 사용하며 서로 영향을 주고받는 가운데 이루어진다. 또 학생들은 사회세계 내에서 타인이 사용하는 음성적, 비음성적 언어를 통해 의미들을 사용하고 공유하고, 협상하고, 수정해 간다.

또, '사회적'이라는 말의 의미는 서로 협력 관계를 맺어 의미 있고 목적지향적인 과업을 수행할 필요성이 있다는 것을 뜻한다. 이러한 사회적 과업과 환경은 비교적 자주, 그리고 오랜 기간 동안 계속되어야 한다. 이러한 환경 속에서 개인은 그들의 참여로 도움을 받게 될 공동체의 핵심부분이 되어 이 공동체에 보다 적극적인 공헌을 할 수 있게 된다. 이러한 사회적 환경 속에서 성공하기 위해서는 학생들은 사회집단과 공동체 속에서 효과적으로 기능하는데 필요한 지식, 기능, 태도를 익혀야 한다. 개인은 또 그들이 속하는 단수 혹은 복수의 집단이 스스로에게 의미 있는, 그리고 살아있는 공동체가 되도록 소속감을 갖고 참여해야 한다.

'사회적'이라는 의미를 이렇게 보았을 때, 교실에서 간헐적으로 만나거나 일을 하는 정도로는 부족하다. 교실에서의 개인은 그들이 의미 있는 공동체를 이루고 있으며, 그 속에서 나름대로 수용 가능한 또 수용 불가능한 행동이나 태도가 무엇인지 정도는 뚜렷이 알고 있어야 한다.

다음으로 '학습(study)'이라는 말이 뜻하는 바는 체계적이고 일관되게 지식을 찾고, 그 찾은 지식을 필요한 곳에 적용하는 활동을 말한다. 학생들은 필요한 지식과 능력을 얻기 위해 탐구활동에 전념해보기도 하고, 적절한 연구기법을 적용해 보기도 하는 등 여러 방법을 사용해 볼 수 있어야 한다. 이때, 혼자서건 그룹을 통해서이건 단순히 프로젝트를 끝내는 정도만 되어서는 안된다. 결과적으로 학생들이 그들의 '학습활동(study)'을 끝마침과 동시에 그들이 이전에 할 수 없었던 것을 할 수 있게 되어야 한다.

'사회적 학습(social study)'이 사회과 수업의 중요한 요소로 자리 잡기 위해서는 학생들이 살아있는 사회적 공동체를 만들고 그 속에서 새로운 지식과 능력을 얻기 위해 협동을 통한 체계적 활동을 할 수 있도록 교사는 방법을 찾지 않으면 안된다. 멤버들이 이러한 그룹 활동이 자신은 물론 그룹을 위해서도 이득이 된다고 생각할 수 있게 해야 한다. 즉 개인의 학습에도 도움이 되고 집단의 성취수준도 높은 것이 되어야 한다. 이를 위해 교사들은 여러 가지 교실활동과 보상, 그리고 학생들의 역할을 구조화하여 학생들이 하나의 사회공동체를 만들고 그 속에서 학습목표를 함께 추구함과 동시에 그 공동체의 효과적인 성원으로 참여할 수 있도록 해야 한다.

협동학습은 사회과 교사들이 이를 통해 그들 학급에서 '사회적 학습'을 준비하고, 촉진하고, 이에 대해 보상을 줄 수 있는 중요한 수단이다. 학생들이 적절한 사회적 학습활동에 전념할 수 있을 때, 그들은 단지 학업향상의 효과뿐만이 아니라 다양한 사회적 상호작용의 기능도 숙달할 수 있게 된다. 이러한 협동학습 집단의 이점을 잘 나타내주는 말이 "함께 좋아진다(getting better together)"라는 표현이다.

그러나 이러한 전략들은 교사가 협동과 협동학습에 대해 제대로 된 관점을 가지고 있지 못하는 한 성공하기 어렵다.

5. 학습을 위한 협동과 협동학습 집단에 관한 개념 틀

협동학습을 통해 사회과에서 긍정적인 효과를 거둘 수 있다는 생각은 결코 새로운 것이 아니다. 교사들은 이미 학생들이 그저 함께 모여서 앉아 있는 정도가 아니라 서로 도와가며 그들의 협동의 증거로서 하나의 작품을 함께 내놓는 정도가 되어야 한다고 생각하고 있다. 즉, 학생들은 단순한 집단의 성원으로서가 아니라 하나의 끈끈한 집단으로 행동해야 하는 것이다.

슬라빈은 협동학습을 다른 여타의 단순한 집단 활동과는 구분되는 독특한 수업모델이라고 설명한다. 슬라빈에 따르면 교사들은 4~6명의 이질적인 학생들이 하나의 지식과 기능을 익히는데 있어서 서로 책임을 지는 활동이라고 한다. 집단의 성원들은 각각이 속한 집단의 성취도에 따라 칭찬, 보상, 때때로 성적을 보상받게 된다. 물론 모든 협동학습의 모델이 똑같은 기준과 목표, 가이드라인을 갖는 것은 아니다. 그러나 모델들 간에는 많은 공통점이 있어서 협동학습이라고 말할 수 있는 만큼 통합성을 유지하고 있다.

순간순간 또 매시간 마다 필요한 협동학습의 전략을 정확히 사용하기 위해서는 적절한 개념 틀을 가지고 있어야 한다. 이러한 개념 틀은 현재 우리가 협동학습이나 협동집단에 대해 가지고 있는 오개념을 잡아주고 미래에 발생할 수 있는 오개념을 잡아주는데 도움이 된다. 다음에서 협동학습의 확실한 특성이 될 만한 점들을 제시하였다.

(1) 모든 협동집단이 수업에 있어서 효과적인 것은 아니다. 협동학습이 단순히 학생들이 모여 그룹프로젝트나 문제풀이를 하는 것은 아니라는 생각이다. 학생들이 집단으로 모여서 공부를 한다고 해서 반드시 협동집단은 아니며, 협동학습의 긍정적 효과가 자동적으로 얻어지는 것은 더더욱 아니다. 요컨대 모든 협동집단이 똑같은 것은 아니라는 것이다. 협동학습

에 필요한 기준과 가이드라인을 충족한 것만이 소기의 효과를 거둘 수 있다.

(2) 협동학습이 무조건 모든 형태의 경쟁에 반대되는 것은 아니다. 협동학습을 주창하는 사람들은 모든 형태의 경쟁에 반대하는 것이 아니라 부적절한 형태의 경쟁에만 반대한다. 예컨대 TGT와 같은 모델은 한 단계 속에 일부러 경쟁 단계를 집어넣기도 한다. 협동집단 자체가 집단적 효율성이나 개인적 성공의 질을 보장하지는 않는다. 협동 자체가 기적을 가져다주는 활동이라고 할 수는 없다. 똑같은 유니폼을 입고 있다고 해서 다섯 명의 농구팀이 제대로 팀플레이를 하는 것은 아니다. 각각이 혼자서만 활동할 경우 협동이라고 말할 수도 없을 것이다. 협동집단이 성공적이려면 우선 각자가 서로를 하나의 팀으로 생각해야 하며, 다음 두 가지를 명심해야 한다. 첫째, 집단 전체의 성공과 그 내에서 개인성취의 극대화, 둘째, 각자가 서로를 학업의, 또는 사회적 동지로 생각하고 똑같이 노력하고 똑같이 나눈다는 생각이다.

(3) 협동학습으로 다른 모든 사회과 수업방법을 대체하는 것은 안된다. 협동학습은 교수학습 과업을 구조화하기 위한 하나의 대안일 뿐이다. 여러 가지 수업의 목표에 따라 수업의 방법은 다양해질 수밖에 없다. 학생들은 또 자신이 관심 있는 분야에 대해 개인적인 능력을 기를 수 있는 활동도 해야 한다. 즉 경쟁상황 속에서 경쟁에 대한 적응력도 높이고 라이벌 관계를 즐기는 법도 배워야 한다. 협동학습을 사용하여 수업방법에 일부 변화를 주는 것이지 전체적인 대체를 하는 것은 아니다. 또 협동집단은 여러 가지 형태를 띠되 공통점은 소집단 내에서 서로 필요한 지식, 태도, 기능을 익히는데 도움이 되기 위해 기본적으로는 개인적으로 활동을 한다는 것도 유의할 필요가 있다.

(4) 협동학습은 수업 방법이나 교육과정의 가이드라인은 아니다. 협동

학습전략은 교실에서의 학습 환경을 구조화하는 방법이다. 잘못된 교육과정을 보완하는 장치는 아니다. 또 이미 내려진 교육과정 상의 결정을 개선해줄 수도 없다. 이미 만들어진 교육과정에서 정한 지적, 정의적, 사회적 목표를 달성하는데 도움을 줄 수 있는 방법이다. 그러니까 교육과정이 결정되고 나서 사용되는 방법인 것이다.

(5) 협동학습은 수업 목표나 교재의 종류에 관계없이 사용될 수 있다. 그러니까 협동학습은 학생들이 배우게 될 어떤 자료이든 즉, 교과서이든 유인물이든 간에 사용할 수 있는 방법이다. 교사가 교과서에만 의존해서 가르치든 또, 단순 암기만을 목적으로 수업을 설계하든 상관이 없다. 모든 협동학습의 전략들은 제대로만 사용한다면 비단 교과서 중심의 사실 암기에서 머무르지 않고 그 이상의 효과를 거둘 수 있으며, 지식과 기능의 전이력도 높아질 수 있다.

(6) 협동학습은 교실활동을 일정한 방식으로 구조화한다. 협동학습방법이 뛰어난 점은 각각의 모델들이 학습, 학습과업, 또는 학습역할을 구조화할 수 있는 독자적인 방법을 상정하고 있다는 점이다. 이러한 구조들은 구체적 내용과는 상관없이 모든 학생들을 성공으로 이끌 수 있도록 사회적 상호작용을 조직화해준다. 또 이들 구조들은 학생들이 명확하게 설정된 목표를 최대한 달성할 수 있도록 일련의 절차, 가이드라인, 요구사항 등을 설정한다. 직소, Coop-Coop, TGT를 이용하는데 있어서도 여러 가지 주제, 내용, 학년 수준에 걸쳐 광범위하게 반복적으로 사용할 수 있다. 물론 이들 각자의 모델들은 인지과정, 지적, 정의적, 대인적인 강조점, 소요시간, 교사·학생의 역할, 선정된 내용에 대한 효과, 복잡도 등에서 다르다.

(7) 각각의 협동학습전략들은 단순한 활동이 아니라 교실 내에서의 학습행위들을 구조화하는 방식이다. 학습의 구조와 단순한 활동의 차이는

중요하다. 보통의 활동들은 하나의 단원이나 수업시간에 학생들에게 요구하는 내용의 것들이다. 협동학습 집단의 일반적 기준과는 상관없이도 이러한 활동을 통해 과제를 끝낼 수 있다. 이름을 협동학습 집단이라 붙인다고 되는 것이 아니라 일련의 조건에 맞게 구조화되어야만 협동학습이라고 할 수 있는 것이다. 그렇게 해야만 협동학습을 마치고 나서 보다 높은 성취를 할 수 있게 되는 것이다.

(8) 각각의 멤버들은 필요한 협동학습 집단의 행동에 대해 익혀야 한다. 학생들은 여러 가지 긍정적인 집단행동방식에 대해 배워야 하며, 이러한 기능과 태도를 통해 집단 구성원으로서 잘 활동할 수 있어야 한다. 그러나 집단 활동을 하게 하는 것만으로 이러한 기능과 태도가 길러지지는 않는다. 집단을 만들고, 집단 활동을 전개하고 또 마치는 동안 드러난 생산적 측면과 역기능적인 측면을 파악하는 데는 시간이 좀 걸린다. 지식 내용이나 기능을 익히는 것과 마찬가지도 이러한 과정도 하나의 집단적인 학습의 과정이다. 즉 협동학습을 통해 집단의 목표 지향적 노력에 공헌할 수 있는 법을 배우는 것이다.

(9) 적절한 협동학습의 구조와 가이드라인은 결코 실천하기에 단순하거나 쉽지는 않다. 과거에 집단 활동 방법을 활용해본 교사라 할지라도 협동학습전략을 제대로 활용하려면 시간과 노력, 그리고 기준의 철저한 준수가 요구된다. 물론 협동이라는 말 자체는 쉬워 보이지만, 높은 수준의 협동이 쉽게 이루어지리라고 생각해서는 안된다. 일반적인 교수방법으로서의 협동학습은 특히 아주 복잡한 시술방식이다. 특히 교사에게 숙달하는데 시간을 요하는 새로운 행동을 여러 가지 요구한다. 효과적인 협동학습의 운영과는 반대되는 관념도 많다. 이러한 과거의 관념과 행동은 협동학습을 운영하는데 있어서 버려야 할 것들이다.

(10) 협동학습은 이를 실천하는 교사가 단 한 사람이더라도 제대로 작동할 수 있다. 많은 교사들이 자신만이 협동학습을 실천하고 있다고 생각하면 이를 포기하는 경향이 있다. 그래서 다른 몇 사람이 이를 사용하기 시작할 때까지 기다린다. 협동학습은 그러나 사회과의 중요한 목표를 달성하는데 있어서 그 효과가 증명되어왔다. 그렇기 때문에 본인이 최초로 협동학습의 실천자가 되는 것을 주저해서는 안된다. 본인이 성공해 보일 경우 다른 사람들도 따를 것이며, 그 의미와 전략, 적용대상도 확대될 수 있다.

6. 나는 지금 협동학습을 제대로 하고 있는가?

교사들 중에 집단 활동 방법을 사용하고 있는 사람들은 자신들이 이미 협동학습을 실천하고 있다고 생각할 수 있다. 그러나 제대로 된 협동학습을 실천하고 있는지를 알기 위해서는 여러 가지 기준과 가이드라인을 활용해 보아야 한다. 학생들이 협동학습의 구조와 요구사항들을 얼마나 정확히 따르고 있는지 관찰해보는 것이 좋은 방법 중의 하나이다. 모든 학생들이 이 규칙을 따를 때 제대로 된 협동학습이 이루어지고 있다고 볼 수 있다.

또 다른 방법이 대다수의 학생들이 기대된 만큼의 성취도를 보이고 있는지를 여러 가지 체계적이고 객관적인 자료를 통해 확인해 보는 방법이다. 예컨대 일정 기간 동안 협동학습을 하고 있는 집단은 다음과 같은 특징을 보여야 한다.

- 시험성적의 향상
- 다양한 상황에서 다른 학생들과의 자발적 접촉횟수 증가
- 강한 집단 소속감

- 공동의 목표를 달성하기 위한 소집단에서의 협동 활동
- 다른 사람과 효과적으로 일하는데 대한 긍정적 태도
- 집단 내의 다른 사람들에 대한 긍정적 태도
- 학업과 집단 내의 사회적 관계의 통합
- 이질적 성격을 가진 성원들과의 관계 개선
- 여러 사람 앞에서 자신의 의견을 발표하는 태도
- 장애학생이나 다문화 학생에 대한 태도 개선
- 동료의 긍정적 측면 발견하기
- 좋은 인성을 바탕으로 한 자발적 우정의 발현횟수 증가
- 긍정적 자아개념 발견 및 자존감
- 긍정적인 방향으로의 심리적 적응
- 내적 동기의 극대화
- 동료를 배울만한 점이 있는 학습자원으로 인정
- 비판적 사고기능이나 전략의 풍부화
- 불필요한 행동의 제거 및 과제 중심적 행동의 증가
- 과제에 집중하는 시간의 증가
- 교사 및 교장, 교직원에 대한 긍정적 태도 증가

7. 사회적인 것(the Social)과 학습(the Studies)의 조화

사회과와 타 교과에서 협동학습이 어떻게 활용되는지에 대한 연구들을 살펴보면, 이 방법들이 사회성과 사회적 스킬을 기르는 것은 물론이고 사회과의 다양한 내용들을 가르치는데도 효과가 있다는 것을 알 수 있다. 그러나 학생들을 집단으로 묶어주고 서로 함께 활동하게 하는 것만으로는 부족하다. 사회성을 기르는 데는 대체로 어떤 방법이든 효과가 있지만, 학업의 효과는 집단 목표가 얼마나 확실한지 그리고 개인이 얼마나 책임감

있게 자기 몫을 하는지에 따라 차이가 크게 난다. 즉 집단의 성공 여부는 집단 전체가 어떤 결과를 만들었는지 보다는 개개인이 뭘 배우고 뭘 할 수 있는지에 따라 달라지는 것이다.

협동학습은 특히 사회과와 관련이 있는데, 그 첫째 이유는 사회과의 핵심 목표들 중 사회성을 기르는 것과 관련 있는 것이 많다는 점이다. 민주시민의 핵심 가치라는 것이 책상에 앉아서 선생님의 말씀을 듣는다고 해서 길러지는 게 아니라는 것이다. 협동학습이 사회과에서 특히 중요한 또 다른 이유는 사회과의 목표가 광범위하고 다양하다는 점과 관련이 있다. 기초적인 지식과 기능을 가르치는데 STAD나 LT모형을 활용할 수 있으며, 읽기자료를 활용하는 능력을 기르는 데는 JIGSAW가 좋을 수 있다. 그리고 그룹과제나 레포트 작성에는 GI가 활용될 수 있다. 창의적인 교사라면 이들 모형들을 다양하게 조합시켜 사회과의 다양한 목표를 달성하는데 효과적으로 활용할 수 있을 것이다.

협동학습은 이를 충분히 숙지하여 신중하게 사용한다면 학생들이 토론이나 탐구, 질문을 통해 적극적으로 수업에 참여하게 되고 또 서로 가르쳐 주고, 평가해보고, 경험을 나누는 가운데 사회과에서 추구하는 사회적(the social)인 목표와 학습(the studies)의 목표를 동시에 달성할 수 있게 된다.

생각해볼 문제

1. 협동학습의 효과를 'Social+Study'라는 말로 축약하여 설명해 보자.

2. 앞에서 소개된 각각의 협동학습의 모형들이 어떻게 학생들에게 협동을 하지 않으면 안 되도록 만드는지 주요한 특징을 제시해 보자.

3. 협동학습에서 왜 집단 구성을 능력별로 하지 않고 이질적으로 하는지 설명해 보자.

제14장

쟁점중심 교육과정에서 활용될 수 있는 여러 가지 토론법

Discussion Methods in an Issue-Centered Curriculum

제프 패시, 로날드 에반스
Jeff Passe & Ronald Evans

1996

제14장

쟁점중심 교육과정에서 활용될 수 있는 여러 가지 토론법

Discussion Methods in an Issue-Centered Curriculum[20)]

제프 패시, 로날드 에반스
Jeff Passe & Ronald Evans
1996

토론은 쟁점중심 사회과를 실천하는데 있어 하나의 핵심 요소라 할 수 있다. 윌렌과 화이트는 토론을 "교사와 학생 간에 지적으로 고차적인 수준에서 이루어지는, 교과에 대한 교육적이면서도 구조화된 집단 대화"라고 규정한다. 토론을 통해 학생들은 깊이 있는 지식을 습득함은 물론 합리성, 공정성, 비판적 사고능력, 표현력, 이해력을 발전시킬 수 있고, 자신과 타자의 소중함에 대한 통찰의 기회를 갖고, 나아가 민주적 과정을 경험할 수 있는 등 많은 교육적 효과를 거둘 수 있다. 토론을 빼놓고 쟁점중심교육과정을 운영한다면 결국 여러 가지 주제에 대해 대충 살펴보고 한번 가볍게 생각해 보는 수준을 절대 넘어설 수 없다.

학교교육의 수단으로서 토론은 꾸준히 논의되어왔지만 논쟁문제를 다루는 수단으로만 여겨져 온 것은 아니다. 논쟁문제를 강조하여 다루고자 하는 교사들은 다음 요인들을 고려해야 한다.

- 교사의 불편부당성(impartiality)
- 토론이 가능한 분위기 조성
- 주제 선택 문제

20) 출처: Handbook on Teaching Social Issues. NCSS Bulletin 93. 1996. pp.81-88.

- 배경 지식
- 교사의 역할
- 교사의 발문
- 토론의 관리
- 토론 형태
- 토론의 정리

제대로만 이루어진다면 토론은 학생의 성장을 돕는 수단이 될 수 있을 뿐 아니라 궁극적으로는 민주 시민을 육성하는 핵심 수단이 될 수 있다. 그러나 반대로 낮은 수준에서 이루어지는 토론은 오히려 냉소적, 비관용적 태도, 나아가 생각에 깊이를 갖지 못하고 남의 의견에 순응해버리는 태도마저 낳을 수 있다. 환언하면, 이를 통해 강화하려고 하는 목표를 오히려 후퇴시킬 수 있다는 것이다.

1. 교사의 불편부당성

민감한 주제에 대해 토론할 때 교사가 반드시 엄격한 중립을 유지해야 한다는 것은 많은 교육자들이 믿어 의심치 않아 온 바이다. 사회적 쟁점에 대한 토론을 중시하는 쟁점중심사회과에서도 그러한 교사의 역할이 기대된다고 할 것이다. 그러나 켈리는 이와 같이 중립적 자세를 취하는데 있어서 필연적으로 발생할 수밖에 없는 몇 가지 문제점을 제기하고 있다. 즉 과연 교사들이 예컨대 낙태, 인종차별, 교사봉급수준 문제 등 자신이 가슴으로 느끼고 있는 주제들에 대해 자신의 감정이 몸짓이나 목소리 톤, 단어 선택을 통해 묻어나지 않도록 철저히 배제시킬 수 있는가 하는 문제이다. 성인이라면 대부분이 그렇게 할 수 없다는 쪽에 동의할 것이다. 게다가 그렇게 할 필요가 있는가라고까지 반문할 것이다.

중립성을 유지해야 한다는 한 가지 근거는 바로 교화의 위험 때문이다. 교사란 원래 학생에게 영향을 주기 마련이지만 때로는 과도할 수가 있다. 물론 정치사회화에 관한 연구들이 학교가 학생들의 정치적 이슈에 대한 태도에 얼마나 영향을 주는지에 대해서는 아직 밝혀내지 못하고 있다. 가정의 역할은 반대로 특히 나이가 어릴수록 강력한 것임이 분명하다. 매스미디어나 종교의 영향도 무시할 수 없다. 여하튼 정치사회화가 다양한 요인에 의해 결정되는 복잡한 과정이라는 데는 이견이 없다. 또 학생들이 그들 인생에 걸쳐 만나게 될 여러 교사들 하나하나는 학생들에게 심각한 수준까지 영향을 주려고 하지는 않을 것이다.

그래서 교사의 영향을 아예 없애 버리려고 노력하기보다는 민주적인 모델을 수립하는 것이 더 중요하다. 켈리는 주장하기를 학생들은 책임 있는 방식을 통해 자신의 주장을 제시하는 것을 배워야 하며, 교사들은 이를 제대로 하는 방법에 대해 보여줄 필요가 있다고 한다. 교사의 권력으로 학생들의 의견이 불공평하게 개진될 가능성이 있으므로 켈리는 교사가 중립성보다는 불편부당에 더 치중해야 한다는 주장을 한다. 중립성이란 어느 한쪽의 입장에 서기를 거부한다는 의미로 이는 자칫하면 소신 있게 자신의 의견을 개진하려는 학생에게 좌절감을 안겨줄 위험이 있다. 반대로 불편부당성(impartiality)은 교사가 자신의 의견을 말하되 학생으로 하여금 이를 앵무새처럼 따라하게 하지 않고 오히려 반대의견을 개진할 수 있도록 장려하는 것을 말한다. 교사가 불편부당성을 발휘함으로써 학생들에게 교사의 의견에 동조하게 만들 것이라는 우려와는 달리 오히려 학급토론의 기법을 익히는 최선의 조건을 제공할 수 있게 된다. 중요한 것은 교육과정의 목표를 얼마나 진실 되게 달성하느냐의 문제이다.

2. 토론이 가능한 학급분위기의 창조

불편부당성의 한 측면으로 교실 내에서 개개 학생의 의견이 존중되는 분위기를 꼽을 수 있다. 만약 학생들이 자신들이 말하는 내용이 조롱, 감정폭발, 혹은 차별의 대상이 될 거라고 생각한다면 분명 토론에 참여하길 꺼려할 것이다. 아무도 의견을 표시하지 않는 허깨비 같은 토론(토론을 준비한 교사에게는 악몽과 같은 상황이다)을 피하기 위해서는 기본 원칙이 세워져야 하고 반드시 실천되어야 한다. 물론 이들 원칙의 대부분이 상식에 해당하는 것이자 학급통제의 기본 수단에 해당하는 것들이지만 종종 무시됨으로 해서 학생들이 학급토론 하면 불만부터 표시하게 만들고 있다.

어떤 집단 토의라도 가장 기본적 규칙이 되는 것이 한 번에 한사람씩만 말해야 한다는 것이다. 이러한 기본 에티켓을 통해 말하는 사람의 의견을 다른 모든 사람이 들을 수 있고, 따라서 다른 사람이 한 얘기를 반복하거나 혹은 말하지도 않은 내용을 비판하는 등 비효율적 상황을 피할 수 있게 되는 것이다. 또 다른 사람이 반대되는 주장을 한다고 해서 말꼬리를 자르고 끼어드는 행위도 방지할 수 있게 된다. 손을 들고 말할 허락을 받음으로 해서 대규모 토론이 무질서하게 흐르는 것을 방지할 수 있다.

두 번째 핵심규칙이 절제이다. 학생 간의 일대일 토론에서 절제 없이 토론이 이루어진다면 순식간에 옆길로 새서 토론이라기보다는 무식하게 소리 지르기 경연이 되어버릴 수 있다. "로버트의 질서유지법"과 같은, 물론 제대로 하기가 쉽지 않지만 일련의 규칙들이 불편부당한 분위기를 창출하는데 도움이 된다. 교사는 단순히 중재자의 역할에 머물지 않고 토론의 리더로서 가끔 핵심적 질문을 던지기도 하고 배경지식을 설명해주기도 하는 등 여러 가지 교육적 역할을 하게 된다. 일정한 시점에서 학생에게 중재자의 역할을 맡김으로 해서 스스로의 리더십을 기를 기회를 주고 또 교사는 다른 역할을 맡을 여유를 가질 수도 있다.

세 번째 규칙이, 물론 실천하기가 가장 어렵지만 째려보기, 야유하기 등 상대방을 비하하는 행동 등을 금지하는 것이다. 많은 학생들의 경우 이러한 행동들이 이미 그들 인성에 깊이 자리 잡고 있지만 그렇더라도 교사들은 이러한 행동을 불법시해야 한다. 그러한 행동이 개인의 자존심에 상처를 줄 수 있으며, 제대로 된 토론을 방해한다는 점을 미리 얘기함으로써 학생들에게 공정한 게임을 할 마음가짐을 미리 만들어 주는 것이 가장 좋은 대책이라고 할 수 있다. 무엇보다도 교사가 이러한 원칙을 확고히 지키고 어기는 자를 철저히 토론에서 배제시킴으로 해서 학생들이 보다 더 규칙을 존중하고 지키게 만들 수 있다. 궁극적으로는 긍정적 교실분위기가 형성됨으로 해서 학생들이 편안한 가운데 토론을 할 수 있고, 그 편안함이 다시 규칙을 지키겠다는 마음가짐을 낳게 할 수 있다.

3. 주제의 선택

즉석에서 이루어진 토론이 성공하기는 어렵다. 대부분 교사가 철저히 준비함으로써 성공하는 경우가 많다. 그 가운데 특히 쟁점중심교육과정에 있어서는 제대로 된 주제를 선정하는 것이 교사의 중요한 역할이다. 필시 모든 토론이 학생들이 이미 관심을 보이는 주제를 바탕으로 이루어질 것이다. 그렇다 하더라도 최고의 담론이 이루어질 수 있도록 몇 가지 점들을 고려해야 하는 것이다.

토론은 반드시 학생들이 궁금해서 뭔가를 알아보고 싶다고 생각되는 주제에 대해 이루어져야 한다. 어느 정도의 지적 호기심 없이는 토론이 제대로 진전될 수가 없다. 효과적으로 토론을 시작시킬 수 있는 주제를 찾고자 하는 교사들은 피아제의 '비평형(dis-equilibration)'이라는 개념을 떠올릴 필요가 있다. 사람들은 그들이 기대했던 바와 잘 맞지 않는 상황을 마주치게 되면 그러한 편차를 해소하려고, 즉 비평형 상태에서 균형을 찾으려고 한다. 토론에서도 비평형상태에서 출발하여 여러 가지 관점들을 교환함으로써 이를 해소할 수가 있다.

토론에서 비평형상태를 만드는 것은 그다지 어렵지 않다. 해결하기 어려운 주제들이 너무도 많기 때문이다. 왜 사람들은 그렇게 행동할까: 범죄자, 폭력배, 박애주의자, 정치지도자, 혹은 교사가 되는 것일까? 전쟁, 기아, 공해, 노숙, 결식 등의 문제를 해결하기 위해서는 어떻게 해야 할까? 새로운 보건정책, 혹은 재정적자 축소, 혹은 교내정학의 효과는 무엇일까? 등 많은 주제가 있다.

즉 성공적 토론을 위한 핵심 요소가 바로 민감한 주제에 대한 토론이다. 학생들의 의견이 엇갈림으로 해서 자신이 한 번도 들어보지 못한 주장에 대해 알 수 있고 그럼으로 해서 '비평형상태'를 경험하게 되는 것이다. 의견이 다른 상대와 대화함으로써 비판적 사고모델의 핵심부분인 자기성찰과 분석을 해볼 수 있게 된다. 또 같은 의견이라도 찬성하는 이유가 서로 다른 경우도 이러한 목표를 달성하는데 도움이 된다. 토론을 계획하는데 있어 교사는 학생들이 얼마나 다양한 반응을 보일 것인지를 예상하여 충분한 비평형상태가 일어날 수 있도록 해야 한다.

어떤 주제들은 로비가 말하는 '항구적 퍼즐'에 해당하는 것들이다. 이들 주제들은 학문이 초기에 발생했을 때부터 지속적으로 학자들에 의해 논의되어 온 것들이다. 정의, 진리, 인간 본성이 무엇인가 등과 같이 결론이 개방형인 것도 있고, 타고나는 것이냐 길러지는 것이냐와 같이 상반되는 두 가지 대안이 있는 경우도 있다. 콜버그나 길리간 등이 연구한 가치갈등의 문제도 항구적 퍼즐의 좋은 예이다. 생명을 보존하기 위해서라면 도둑질을 해도 되는가? 선의의 거짓말을 허용할 것인가? 등의 문제가 그 예다. 셔크와 크로그는 저학년의 어린이들이 특히 혼란스러워 할 수 있는 가치 갈등 상황이 담긴 예화들을 많이 개발했다.

쟁점중심교육과정의 대부분의 주제들이 의사결정의 과정을 내포하고 있다는 점에서 결국 가치에 대한 토론으로 이어질 수밖에 없다. 어떤 의사결정이라고 하더라도 갈등을 빚는 여러 가치들을 고려하지 않으면 안 되기 때문이다. 예컨대, 학교에서는 언제나 학생들에게 규칙을 강조하고 있지만, 반대로 그만큼 학생들의 자유는 침해된다. 어느 공동체이건 사유재산권의 보호 문제와 평등의 문제가 상충되는 것을 경험한다. 개인들은 장기목표를 위해 단기적 손해를 감수해야만 한다. 이와 같이 교사들은 각각의 쟁점들에 포함되어 있는 가치갈등상황을 잘 감지해냄으로써 수준 높은 토론을 이끌어 낼 수 있다.

4. 배경지식

학생들이 특정 주제에 대해 높은 수준에서 토론을 할 수 있으려면, 먼저 배경지식을 필요로 한다. 예컨대 중동문제에 대해 토론을 한다고 할 때, 그 지역의 역사, 지리, 정치, 문화에 대해 모르면 나름대로의 대안을 제시하기가 어렵다. 또 19세기의 상황에 대해 자세히 모르고서 당시 노예주들이 어떤 생각과 믿음을 갖고 있었는지를 깊게 파들어 갈 수가 없다. 학생들의 토론 수준에 대해 실망한 교사들이 있다면 학생들이 그 주제에 대해 높은 수준에서 토론할 수 있을 만큼 준비되어 있는지 여부를 현명하게 살펴보아야 할 것이다. 물론 토론의 과정에서 많이 배우겠지만, 토론 전에 교사가 직접 설명해줄 필요도 있다.

5. 교사의 역할

쟁점중심교육과정을 운영하는 데 있어 교사가 가장 신경 써야 할 것이 쟁점에 대해 정직하고도 공정한 토론이 이루어지느냐의 문제이다. 교실담화에 관한 문헌들을 통해 교사가 담당할 수 있는 몇 가지 역할, 즉 조정자, 중개자, 반대역할담당자, 혹은 이들 역할이 동시에 수행되는 경우 등을 확인할 수 있다. 하나의 토론이 진행되는 동안 대부분의 교사들이 몇 가지의 서로 다른 역할들을 수행하게 된다.

교사들은 시기별로 어떤 역할이 가장 잘 맞는지를 스스로 잘 감독해야 한다. 주의 깊은 자기 성찰 없이는 목표를 달성하는데 필요한 역할을 게을리 하거나 그리하여 목표달성에 지장을 초래할 수도 있다. 예컨대 한 학생이 그들이 가난하다는 이유 하나 만으로 없는 사람들을 비난하는 등 다른 이들로부터 강한 반발을 살만한 표현을 했다고 하자. 많은 학생들이 손을 들어 반박하는 주장을 하려 할 것이고, 이때 교사는 수동적인 태도로 한 사람 한 사람 지명하면서 철저히 조정자의 역할을 하려할 것이다. 그러나 최고의 시나리오는 교사가 어떤 범위 내에서 어떤 관점이 제시될 것이라는 것을 미리 예상하고, 학생들의 쏟아지는 의견에 대비하는 것이다. 여기서 제시되는 관점들을 결론 부분에서 다시 정리해 줄 수도 있다. 핵심은 교사가 중요한 포인트를 잘 감지해 논의가 어떤 방향으로 흘러가는지를 예상할 수 있어야 한다는 것이다.

교사가 빠질 수 있는 또 다른 유혹은 오히려 학생들을 독려하여 긴장수준을 높이는 것이다. 이 경우 토론에 활기를 더해줄 수도 있지만 반대로 건강하지 못한 분위기를 조성하여 합리적 토론을 방해할 수도 있다. 상황을 잘 파악하는 교사라면 한편으로는 수업목표가 잘 달성되도록 촉진하는 역할도 하지만, 동시에 스스로나 혹은 학생들이 반대의견을 개진하는 가운데 분위기를 해칠 수 있는 종류의 토론에 빠지지 않도록 주의할 줄 알아야 한다.

6. 교사의 발문

토론 중에 교사의 전략적인 발문은 교육과정의 목표를 달성하는데 있어 효과를 발휘한다. 효과적인 쟁점중심 토론을 위해서는 핵심적으로 고려해야 할 두 가지가 있는데, 하나는 누가 준비한 답변이 토론을 지배하느냐이고 다른 하나는 누가 토론을 리드하느냐의 문제이다. 교사가 이미 토론을 리드하고 교사가 준비한 답변만이 이루어진다면 이는 하나의 퀴즈 쇼가 되어버리며, 진정한 토론이 이루어질 수 없다. 반면 교사가 리더십을 발휘하지도 않고 준비된 답변도 없다면 잡담과 같은 토론이 이루어질 것이며, 깊이 있고 초점 있는 토론을 기대하기가 어렵다. 이상적으로는 교사가 토론의 리더십을 갖되, 어느 한 사람 위주로 토론이 흘러가지 않도록 하는 것이다. 그렇게 함으로써 교사는 학생들이 고차적 수준의 사고를 하도록 이끌어 줄 수 있다.

토론의 과정에서 제기되는 질문들은 고급 사고를 유발하는 방향으로 이루어져야 한다. 여러 가지 답이 제기될 수 있는 예컨대 "이를 위해 어떤 일을 해야 할까"와 같은 식의 선택을 강요하지도 않으면서 창의적 문제해결을 기대할 수 있는 질문이 좋다. 하나의 의사결정에 깔린 가치문제나 개인이나 집단의 감정 문제와 같은 부분에 관한 정서적 질문은 자연스럽게 도출되도록 해야 하며, 어느 한 개인의 감정이 지배하지 않도록 하여 결국 학생들로 하여금 자기 성찰의 기회를 갖게 하고, 타인의 신념체계에 대한 통찰을 얻을 수 있게 하도록 한다.

강력한 토론을 가능하게 하는 사려 깊고 의미 있는 종류의 담론을 만들어 내기위해서는 '대기시간'이라는 것을 이용하는 것이 좋다. 하나의 질문이 던져지고, 이에 답하기 까지 더 많은 시간을 가질수록 학생들의 토론에 관한 성취도는 높아진다고 한다. 쟁점중심토론에 있어서 무엇보다도 중요한 것이 얼마나 사려 깊은 토론이 이루어지느냐의 문제이다. 얕은 생각을 바탕으로 내뱉어진 말들로 인해 학생들이 핵심쟁점을 바라보지 못하게 될 뿐 아니라 종종 서로 간에 적의를 드러내기도 한다. 토론에 있어서 사려 깊음을 강조함으로써 말하기를 망설이는 학생들이 할 말을 준비하는데 있어 보다 많은 시간을 갖게 되고 나아가 토론에 대한 참여도를 높일 수가 있게 된다.

7. 토론의 관리

교사가 원하는 대답을 학생들에게 확인시키는데 있어서 발문은 상당히 효과적이다. 그러다 보니 교사들이 이를 과용하는 경향이 있다. 질문을 하는 교사는 대개 답을 갖고 있으며, 그러다 보니 학생들은 토론 시에 필요한 창의적, 비판적 질문을 하거나 다른 학생들의 말을 주의 깊게 듣는 등의 행동을 게을리 하게 된다. 교사가 학생들이 하는 말에 일일이 질문을 던지기 보다는 '대기시간'을 통해 보다 자연스러운 분위기의 대화를 이끌 수 있다.

클린씽 등은 추천하기를 교사가 학생들의 답변에 일일이 대응하지 말고 다른 학생이 대응하도록 내버려 두라고 한다. 모든 학생들의 말에 대응하게 되면 권력이 교사의 수중에 집중되고 토론의 흐름을 교단 쪽으로 집중시킨다는 것이다. 이는 결국 학생간의 자유로운 의사 교환이라기보다는 하나의 심문과 같은 형태가 되어 버린다. 교사가 너무 말을 많이 함으로써 진정한 의미의 대화 분위기가 흐려지게 된다. 게다가 토론을 하는 궁극적 목적은 학생들이 개인적 혹은 사회적으로 이익을 얻을 수 있도록 강화해 주려는데 있다. 중재자의 개입 없이 다른 이의 말을 잘 들을 수 있다는 것 자체가 개인 간에 혹은 정치적 영역에서 요구하는 최고의 능력을 갖추고 있다는 것을 의미하기 때문이다.

물론 교사가 아무 말도 하지 않아야 한다는 의미는 아니다. 토론과 잡담의 선을 분명히 구분하려면 교사는 논의의 수준을 높이기 위해 적절한 기회를 잘 포착해야 한다. 어느 시점에서 학생이 내뱉은 말에 대해 잘 따져보는 질문이나 대조하는 질문을 통해 토론을 보다 긍정적인 방향으로 이끌 수 있다. 따져보는 질문을 통해 학생들이 자신의 아이디어를 명료히 할 수 있고, 또 확대할 수 있게 되며, 결국 학생들의 성취도를 높일 수 있게 된다. 이러한 종류의 질문은 특히 쟁점 토론에 있어서 효과적이다. 공론의 장에서도 종종 불명확한 진술들이 많으며, 특히 어린이들과 같이 경험이

미숙한 사람들의 토론에서 많이 발견된다. 꼼꼼히 따져보는 질문을 통해 오해를 피할 수 있고, 의사소통을 원활히 할 수 있는 것이다.

이러한 종류의 질문 중에 종종 간과되는 것 중 하나가 특정한 아이디어를 지지해주는 증거를 묻는 질문이다. 학생들에게 관련 증거가 무엇인지를 물어봄으로써 그들의 주장을 보다 탄탄히 해줄 수 있다. 물론 나중에 학생들은 자신들끼리 그런 질문을 통해 증거를 묻게 됨으로써 교사의 중재가 필요 없게 된다. 어느 쪽이든 이러한 전략을 통해 높은 수준의 논쟁 능력을 가질 수 있게 된다.

교사의 코멘트는 고차적 사고 이외에도 다른 역할을 한다. 때때로 유머 있는 코멘트를 통해 긴장을 완화할 수도 있는 것이다. 길고 복잡한 주제에 대한 토론은 중간 중간에 정리와 요약을 해줄 필요가 있다. 또 부차적으로 배경지식을 제공해야 할 필요가 있다고 할 때는 적절한 개입이 필수적이다. 그러나 일반적으로는 교사가 말을 적게 하고 학생이 말을 많이 하는 것을 목표로 해야 한다.

8. 토론의 형식

하나의 토론이라 하더라도 부분마다 다른 형식을 취하는 것이 효과적이라고 많은 교사들이 말한다. 다음에서는 소규모와 대규모 토론 모두에서 교사들이 생각하기에 효과적이라고 하는 형식들에 대해 설명하고자 한다. 소집단 토론은 집단 활동이나 협동학습 등 다양한 형태를 취할 수 있다. 소집단 토론은 짧은 동안 이루어지는 것이 보통이다. 예컨대 둘이나 셋이서 전체 토론이나 다른 활동 전에 잠시 얘기를 나누는 것이 보통이다. 집단 활동은 수업시간 중 15분에서 길게는 40여분에 걸쳐 이루어지는데 이는 논의하고자 하는 질문이나 필요한 시간에 따라 달라질 수 있다. 협동학습 집단을 만들어 한 단원의 학습이 끝날 때까지 길게는 한 학기 혹은 그 이상도 함께 활동할 수 있다.

다른 토론과 마찬가지로 집단 활동도 몇 가지 가이드라인을 따르면 보다 효과적일 수 있다. 코헨에 따르면 멤버의 수가 4내지 5명으로 한정될 때, 구성원의 특성이 성별, 인종별, 학업 능력별로 이질적일 때, 활동 내용이 개인이나 집단 모두에게 도움이 된다고 판단될 때, 학생들이 흥미를 가질 만한 문제를 해결하거나 의사결정을 내릴 때 소집단 토론이 가장 효과적이라고 한다.

대집단 토론도 패널 토의나, 모의재판, 시뮬레이션 등과 같은 다양한 형태를 취할 수 있다. 그 형태는 역할이 주어지는지 여부, 모든 학생이 동시에 참여하는지 여부, 토론을 이끄는 구조 등에 따라 달라질 수 있다. 토론 주제는 과거, 현재, 미래에 걸쳐 문제가 될 만한 다양한 내용이 될 수 있다. 소크라테스식, 위원회식, 퀘이커식 등은 엄격한 가이드라인 하에서 모든 학급멤버들이 참여할 수 있는 것이다. 어떤 것이 되었던 잘 구조화된 전체집단 토의가 발표나 질문에 이어질 수 있다.

9. 토론의 유형

1. 소크라테스식: 학생들이 가능한 한 말굽모양으로 앉고, 가운데 교사가 앉되, 교사는 자유롭게 돌아다닐 수 있다. 사고를 유발할 만한 내용에 대해 교사가 개개인의 학생에 대해 질문을 던지는 방식을 통해 특정 문구의 의미를 설명하게 하거나, 쟁점을 정의하고, 작가에 대한 입장을 취하게 하고, 다른 학생에 대한 의견을 묻거나 증거를 제시하게 하는 등의 활동을 한다.
2. 위원회식: 학생들이 커다란 원을 만들어 앉는다. 발언권을 상징하는 막대기가 학생마다 돌아간다. 각 학생은 말할 기회를 갖되 막대기가 주어질 때만 말한다. 원칙은 정직하게 말하고, 간략하게 말하고, 마

음으로 말하라는 것이다.

3. 퀘이커식: 큰 원을 만들어 앉는다. 한 학생씩 서서 한가운데로 나온다. 할 말을 끝낼 때까지 말한다. 한 사람이 말하고 있을 동안 다른 학생들은 조용히 앉아서 질문이나 코멘트 없이 조용히 듣는다. 학생들은 상징되는 물건을 통해 주제에 관련한 의견을 말할 수 있다. 예컨대 남녀평등문제의 경우, 바비인형이나 야구공 등을 활용할 수 있다.
4. 어항식: 소집단별로 모여 쟁점이나 문제에 대해 토의하는데, 집단별로 대표를 뽑아 어항 내부(교실 가운데 조그만 원을 만들어)에 앉게 한다. 어항 내부에 앉는 대표들은 쟁점이나 문제에 대해 토론하여 하나의 합의점을 도출하기 위해 노력한다. 어항 밖의 학생들은 쪽지를 주고받으며 대표와 의견을 교환한다.
5. 패널 토의: 몇 명의 학생들이 교실 앞에 앉아서 주제나, 이슈, 또는 문제를 놓고 토론한다. 중재자 혹은 교사에 의해 토론이 진행된다. 토론팀의 경우처럼 철저히 형식화되어 있지는 않으며, 비형식적인 토론이 전개된다.
6. 토론팀: 두 팀의 학생들이 학생들(청중들) 앞에서 하나의 주제에 대해 반대의 입장에 서서 토론한다. 각 팀은 똑같은 시간동안 자신들의 주장을 준비한다. 각 팀에서 한명씩 오프닝 주장을 하고, 서로에게 질문과 논쟁이 쏟아지는데, 각 팀의 선수들은 도중에 교체할 수 있다.
7. 역할 놀이 토론: 역사적 인물이 되어보거나 상황적 역할이 주어진 상태에서 하는 토론이다. 특정 범위의 사람들 예컨대 자본가와, 노동자 또는 실업자 대표 간의 토론도 있을 수 있다.
8. 사회적 가치를 위한 역할놀이: 몇 명의 학생들이 풍자적이면서도 다루기 힘든 가치갈등 문제를 준비한다. 학생들은 이 주제를 놓고 이 문제에 대해서는 어떤 선택이 있을 수 있는지를 토론하고, 각각의 선택별로 어떤 일이 벌어질지를 실연해 보인다.
9. 모의재판: 학생들이 판사(여러 명이 될 수 있음), 변호사, 증인, 법정

간수, 배심원 등이 된다. 역할이 주어진 뒤 모의재판과 배심원 평결을 한다.

10. 시뮬레이션: 과거나 현재의 특정 사회적 상황에 맞춘 환경을 가상으로 창출한다. 개인이나 집단의 의사결정에 관해 그 입장에 서서 해본다.

10. 토론의 결론

대부분의 공론의 장에서는 토론을 견해차를 해소하는 수단으로 사용한다. 대부분의 정치지도자들은 하나의 대안을 놓고 투표를 하고 이를 이행할 역할을 수행한다. 학급토론의 경우 그렇게까지 할 것이 요구되지는 않는다. 학교교육, 특히 쟁점중심교육과정에서는 과정에 초점을 맞춘다. 따라서 학생들이 단지 찬성하고 반대한다는 이유만으로 어떤 해를 입지는 않는다(종종 간과되는 사실이지만). 많은 경우 학급토의는 끝 종이 쳐야 끝나게 된다. 이는 결국 토론이 열정적으로 이루어져 많은 학생들이 손을 들어 발표를 했고, 그러다 보니 시간가는 줄 몰랐다는 증거이다. 그러나 시간이 다되어서 토론을 마친다는 것이 예외가 되어야지 원칙이 되어서는 안된다. 교사에게는 학습을 최대화하는 방향에서 토론을 끝마칠 책임이 있다.

토론에서 많은 의견이 제기되었다면 서로 다른 관점을 한데 묶을 필요가 있다. 대부분의 학생들은 토론의 윤곽을 파악하지 못하고 특정 주장이나 문제에 대해 집착한다. 교사들은 학생들이 주제의 공통점과 차이점을 발견하도록 분석적 질문을 던져야 한다. 학생들이 말한 내용을 요약해 보게도 해야 한다.

이러한 기능을 교사가 아닌 학생들 스스로 해보게 하는 것이 중요하다. 학생 스스로 이 스킬을 연습해보는 것이 중요한데, 교사가 대신한다면 그럴 이유가 없게 된다. 물론 어린 학생들은 이 과정에 도움을 필요로 할 것이지만 일일이 할 말을 대신해주는 것은 피해야 한다. 학생들에게 분석하라든지 요약하라든지 시켰을 때, 이를 해보는 학생들의 느낌은 교사의 그것과 전혀 다르다. 또 이 과정은 학업성취도에 대한 공식 평가를 해볼 수 있는 완벽한 기회이기도 하다.

요약과 분석을 모든 학생들을 대상으로 실시할 필요는 없다. 많은 경우 나머지는 가만히 있고 가장 똑똑하거나 말이 많은 학생들이 대신 요약과 분석을 한다. 짝을 짓게 하거나 소집단 별로 똑같은 과정을 해보게 하는 것이 참여율을 높이는 방법이다. 노트에 요약이나 분석을 써보게 하면 참여율을 최대한 높일 수 있고 노트필기 기술을 높일 수 있는 방법이기도 하다. 학생들은 교사가 그렇게 하라고 시키지 않는 한 토의 중에 노트 필기를 하지는 않는다(그렇다 해도 토론 중에 얻는 지식이 강의를 노트로 받아 적는 것보다 소중할 때가 많다).

반추노트를 쓰게 하는 것이 토론을 반성해보게 하는 최고의 전략이라 할 수 있다. 다양한 관점을 정리해보고 토론에 참여했던 자신의 역할에 대해 반성해보는 동안 자신과 주제에 대해 보다 깊은 이해를 할 수 있게 된다. 여러 연구들도 한번 써봄으로써 많이 배울 수 있음을 알리고 있다.

요약, 분석, 반성 이외에도 차후의 행동계획을 수립하게 해볼 수도 있다. 토론을 계속해야 하는지? 모종의 해법이 이미 제시되었는지? 사회적·정치적 행동이 필요한지? 즉 토론한 내용에 대해 학생들은 무엇을 해야 할 것인지의 문제이다. 물론 이 질문은 또 하나의 새로운 토론을 요구한다. 토론이 토론 자체만을 위해 있는 것이 아니므로 이 문제에 대한 생각이 소중하다고 하겠다.

이상에서 논의한 정리 방법은 시간을 요한다. 결론을 맺기에 충분한 시간이 주어지지 않을 때는 다른 시간의 앞부분으로 미룰 수 있다. 그렇지 않을 경우 학생들은 토론의 핵심 주제나 함축된 의미, 느낌 등에 대해 충분히 정리할 시간을 갖지 못한다. 교사들이 시간 관리에 신경을 써서 토론을 통해 최대한 배울 수 있도록 해야 한다.

생각해볼 문제

1. 켈리는 왜 토론에서 교사가 중립을 취하기보다 불편부당성(impartiality)을 바탕으로 한 민주적 모델을 수립하는 것이 중요하다고 보았을까?

2. 토론에서 왜 비평형 상태를 조성하는 것이 중요하며, 어떻게 비평형 상태를 만들 수 있을가?

3. 학생들의 사고를 자극하는데 있어서 '대기 시간'이 중요한 이유는?

제15장
강력하고도 효과적인 강의법
- 사회과 교사를 위한 안내 -
How to Give Powerful and Effective Lectures:
A Guide for Social Studies Teachers

가이 라킨스
A. Guy Larkins

1996

제15장
강력하고도 효과적인 강의법
- 사회과 교사를 위한 안내 -

How to Give Powerful and Effective Lectures:[21] A Guide for Social Studies Teachers

가이 라킨스
A. Guy Larkins
1996

1. 강의는 필수 불가결한 것

말 그대로 불가피하다. 모든 교사들은 강의를 하기 마련이다. 모든 교사들은 학생들에게 뭔가를 설명해야만 한다. 강의법을 싫어하는 교사들도 강의를 해야 하며, 그렇기 때문에 명쾌하고, 강력하며, 내용 있고, 설득력 있게 강의하는 법을 배워야 한다.

그러나 많은 경우 사회과 교수법 강좌나 교재들에서는 강의를 아주 저급스러운 것처럼 취급한다. 왜 그럴까? 이는 틀림없이 우리가 지나치게 강의법에 의존하고 있거나 아니면 강의를 아주 잘못하고 있기 때문일 것이다. 불행히도 교수법 교재의 저자들은 이러한 강의법의 약점에 대해서 과민반응하고 있다. 교사들이 강의를 더 잘할 수 있게 도와주기보다는 다른 종류의 교수기법을 활용하게 하는데 에너지를 쏟고 있는 실정이다.

교사들이 강의법을 활용하는 횟수를 줄이고 다른 기법을 보다 많이 활용해야 하는 것은 맞는 말이다. 그러나 강의를 하지 않으면 안 될 중요한 이유가 있으며, 교사들이 강의를 잘하는 법을 배워야 한다는 것도 맞는

---

21) 출처: 저자가 조지아대학교에서 수행한 강의 원고를 번역한 것임.

말이다. 때문에 강의법을 쓸 것인가 아니면 다른 기법을 사용할 것인가 하는 식의 선택을 강요해서는 안 된다. 이는 잘못된 대립 구도이다. 강의법을 배울 것인가 아니면 다른 교수기법을 배울 것인가 하는 식의 선택보다는 어떻게 하면 여러 가지 수업기법들을 잘 조화시켜서 사용하는 법을 배울 것인가 하는 식의 선택이 더 적절하다.

2. 어떤 강의가 문제인가?

교사의 효율성에 관한 연구에 따르면 더 열정적인 교사로부터 학생들은 많은 것을 배운다고 한다. 자신의 일을 사랑하는 교사들은 자신의 열정을 학생들에게 전달하는 여러 가지 방법을 터득한다. 그들은 활동적이다. 교실을 돌아다닌다. 학생들에게 가까이 다가선다. 제스처를 쓰기도 하고 손가락으로 뭔가를 가리키기도 한다. 또 눈을 마주친다. 목소리 톤을 달리하기도 하고 얼굴 표정을 지어보이거나 몸짓을 통해 아이들로 하여금 지금 배우는 지식과 생각이 중요하며, 교사가 학생들과 가르치는 내용을 사랑하고 있다는 것을 깨닫게 한다.

그렇다면 어떤 강의가 문제인가? 내가 아는 가장 나쁜 예로 의자에 걸터앉아 책상에 발을 얹고 학생들을 멀찍이 바라보며 그저 강의노트를 읽는 교사가 있었다. 그 교사는 전혀 움직이지 않고 학생들과 결코 눈을 마주치지도 않으며, 제스처도 취하지 않고, 목소리 톤도 한결같으며, 학생들과 의사를 교환하기 위한 어떤 시도도 하지 않았다. 그냥 거기 팔짱을 끼고 앉아서 몇 십 년 된 강의노트를 읽는 것이 고작이었다. 그가 우리에게 전혀 신경 쓰지 않고 있다는 것이 역력했고, 우리 또한 그를 신경 쓰지 않았다.

즉 이와 같이 형편없는 강의자는 침체되어 있고, 열정적이지도 않다. 또 어떤 것이 있을까?

교사의 효율성에 관한 연구에 따르면 명확한 설명을 하는 교사로부터 학생들은 많은 것을 배운다고 한다. 학생들에게 수업 내용을 명확하게 이해를 시키는 교사들은 몇 가지 특징이 있다. 우선 그들은 지난 내용을 리뷰 해준다. 지난 시간의 내용과 지금의 내용을 연결 지어 설명하며, 여러 강의들이 서로 연관을 가진다. 즉 학생들에게 확실한 연결고리를 제시해 준다. 또한 그들은 강의 주제에 대해 단순하면서도 명확한 개관을 제시한다. 그리고 수업내용의 얼개가 되는 추상적 개념에 대해 그에 따른 구체적이고도 풍부한 예를 제시한다. 학생들의 기억을 돕고 다양한 방법을 통해 학습할 수 있다는 점을 잘 알아서 시청각 교재를 잘 활용한다.

3. 강의란 무엇인가?

강의란 한 수업시간에 교사가 모든 혹은 대부분의 이야기를 도맡아 하는 경우를 가리킨다. 즉 교사는 학생들에게 **대중연설(public speech)**을 하는 것이나 마찬가지이다. 때때로 강의를 '전체수업 (whole-group instruction),' 또는 '발제 (making a presentation)'라고 부르기도 한다. 이 정의에 따를 것 같으면 강의는 짧을 수도 있고 길수도 있다. 한 시간 내내가 될 수도 있고, 단 몇 분이 될 수도 있다. 보통 교사가 서서 학생들을 바라보는 형태를 띤다. 내가 기억하는 최고의 강사는 서있기에는 너무 뚱뚱했고, 최악의 강사는 너무 게으른 사람이었다. 즉 교탁 뒤에서 한 발짝도 움직이지 않고, 학생 편으로 절대 다가서지 않으며, 지도를 가리키거나 하지 않은 채 교탁 뒤에 앉아 그냥 할 말을 되뇌는 것이다.

그렇다면 강의는 좋은 것인가? 어떤 것은 그렇다. 다른 어떤 것은 나쁘다. 그러나 좋은 것이든 나쁜 것이든 대집단 수업이 불가피할 때가 있다. 내가 들은 최고의 강의는 "나는 강의법을 사용하지 않으며, 신봉하지도 않는다. 모든 수업은 학생중심으로 이루어져야한다"는 강의였다. 예컨대 브루스 윙고는 강의법의 폐단에 대해 훌륭한 강의를 한 바 있다. 또 브루스가 열정을 갖고 있는데다 많이 알고 있는 주제인 남북전쟁에 대한 그의 강의는, 중학교 학생들을 대상으로 전국방송을 통해 방영된 바 있다.

강의를 해야만 할 때가 있다. 학생들이 할 일을 명확히 지시할 때, 복잡한 개념에 대해 가르치고 설명할 때, 광범위하게 펼쳐지는 역사적 사건 전개에 대해 간결하게 요약해주거나 미리 설명해주어야 할 때, 학생 스스로가 많은 정보를 찾아내기에는 시간이 부족할 때가 그 때이다.

대부분의 교사들이 지나치게 강의법에 의존하고 있는가? 그렇다. 일반적으로 학생들은 교사들과 혹은 동료 학생들과 얘기를 나누거나, 독립적으로 도서관에서 자료를 찾거나, 소집단 활동을 하거나 게임이나 역할놀이를 하거나, 야외학습을 하거나, 지역사회인사들에게 그들을 경험을 듣거나 할 기회가 부족하다. 단적으로 말해 수업의 다양성이 부족하다.

중등 사회과에서 지나치게 많은 강의가 이루어지고 있다는 것은 명확한 사실이다. 그러나 더 나쁜 것은 너무 많은 나쁜 강의가 이루어지고 있다는 사실이다. 그 해결책으로는 수업방법에 다양성을 가져오는 것 이외에도, 강의법을 아예 없앨 것이 아니라 더 좋은 강의를 하는 것이 있다.

4. 페이스, 간결성, 내용범위

1924년 봄, 나는 네 살 된 아이였다. 백악관 안에서 아버지와 함께 줄을 서서 캘빈 쿨리지 대통령을 만나기 위해 기다리고 있었다. 우리가 그에게 가까이 갔을 때, 그가 각각의 방문자와 악수를 하며 뭔가를 말하고 있는 것이 보였다. 얼마 지나지 않아 긴장되는 순간이 다가왔다. 나는 나의 작은 손을 그에게 내 밀었다. 그리고 그는 내게 언제고 잊지 못할 말을 했다. "멈추지 말고 계속 가세요(move along)." (잭 선다인, 침묵의 캘빈, 리더스 다이제스트, 1996년 5월호, 40쪽).

"침묵의 캘빈"이 말한 "멈추지 말고 계속해서 가세요!"는 강의에 관하여 여러 가지를 시사해 준다. 그저 그렇게 진행된 강의들에 대해 반추해보면 때때로 가장 큰 문제가 페이스, 내용범위, 단순성의 문제와 관련이 되어 있다는 것을 알 수 있다. 많은 경우 가장 취약한 부분이 강의를 적절한 페이스로 끌고 가지 못한다는 것이다. 물론 적절한 페이스를 유지하는 것이 강의의 모든 것은 아니며, 때로 중요한 부분에 대해서는 깊이 있게 다루어 줄 필요가 있다. 어떤 내용들은 반드시 언급해주긴 하되 지나치게 많은 시간을 소비할 필요가 없으며 또 어떤 내용은 아예 언급할 필요가 없을 때도 있다. 학생들에게 자기가 아는 모든 얘기를 다 해줄 필요는 없다. 또 시간제약 때문에 불가능한 경우가 많다. 모든 내용에 똑같은 시간을 소비할 절대적 필요는 없다. 페이스를 잘 유지하기 위해서는 가르치는 내용을 단순화할 필요가 있으며, 깊이 있게 언급할 내용을 잘 선택할 줄 알아야 한다.

월트 디즈니사는 미국에서 가장 우수한 교사들을 다룬 프로그램을 방영한 바 있다. 거기에서 방영된 한 사람이 매사추세츠 주 뉴턴 시에서 8학년 사회과를 담당하고 있는 머조리 몽고메리이다. 인터뷰에서 몽고메리는 적은 수의 주제를 다루되 이들 주제를 잘 가르칠 것을 강조한 바 있다. 그녀는 다음과 같이 말했다.

25년간의 교사 생활동안, 매년 나는 보다 적은 내용을 다루려고 노력했다. 수업은 잘 진행 되었고, 학생들은 잘 배웠고, 우리는 더 가까워졌다. (디즈니 채널 "미국의 교사에게 경의를 표하다" 중)

물론 몽고메리가 언급한 부분은 전체 교육과정의 스코프, 시퀀스 문제로 귀착되지만 이 원리는 한 시간의 강의에도 적용될 수 있는 것이다. 우리는 너무도 많은 내용을 가르치려고 하고 있으며, 그렇기 때문에 잘 가르치지도 못하고 있다. 한 예를 떠올려 보자. 최근 나는 공립학교 어린이들의 권리에 관한 1차 수정조항을 다룬 45분짜리 두시간분 강의를 참관한 적이 있다. 2시간동안 교사는 10개의 미대법원 판례와 그 배경에 대해 요약 설명하고, 세권의 추천 서적에 대해 요약하여 설명했는가 하면, 지난 시간에 배운 5개의 법 개념과 새로 등장한 5개의 법 개념을 가르쳤으며, 1차 수정조항 및 교육에 관련된 8개의 역사적 사건들을 설명하고, 미국 공교육의 탈종교화 과정을 개관한 뒤, 마지막으로 학생들에게 1차 수정조항에 비추어 현재의 공립학교 생활을 생각해보도록 하였다.

그 두 시간의 강의가 그렇게 나쁜 것만은 아니었다. 나는 그보다 더 나쁜 수업을 수도 없이 보아 왔다. 그러나 그 교사의 교과에 대한 지식, 강의 노트 작성에 들인 시간과 노력, 주제에 대한 열정을 감안하면, 그 이상의 결과를 기대해야 했었다.

무엇이 잘못되었을까? 세 가지를 말할 수 있다. 첫째, 이 교사는 단순성의 원칙을 잊고 있었다. 그는 그 주제에 대해 많은 지식을 갖고 있었고, 그래서 시간 내에 될 수 있는 한 많은 내용을 다루려고 했다. 그 결과는 개념, 날짜, 사건, 사람들의 사태가 되어 학생들이 학습할 수 있는 수준을 넘어서고 만 것이다. 둘째, 단순성의 원칙과 함께 일부 내용만을 선택해야 한다는 점을 망각하고 말았다. 만약 적은 수의 주제를 다루었다면 훨씬 좋은 강의가 되었을 것이다. 셋째, 페이스에 대해 현명하지 못했다. 보통 페이스를 잘 유지하기 위해서는 중요하지 않은 내용에 대해서는 대충 언급하고 중요한 내용에 대해서는 깊이 있게 언급하는 요령을 터득해야 한다. 그런데 이 수업에서는 모든 주제에 똑같은 양의 시간이 투입되었으며, 그러다 보니 보다 많은 시간을 요하는 중요 내용을 깊이 있게 다루지 못했을 뿐 아니라 시간이 부족해 언급하지 못한 내용도 많았다.

10개의 대법원 판례에 시간을 많이 쓸 게 아니라 대충 열거하고 간단한 소개만 해야 옳았다. 그리고 나서 그 중 한두 개를 골라 자세히 설명해 주는 게 나았다. 그 사건들을 둘러싼 사람들의 감정대립 상을 생생하게 보여주었다면 학생의 흥미를 유발시킬 수 있었을 것이다. 10개의 판례들 하나하나를 이러한 방식으로 설명할 수는 없기 때문에 범위와 페이스에 다양한 변화를 주면서 한두 개의 사례를 통해 자세한 설명을 해줄 수 있었을 것이다.

물론 내용범위를 경시하는 것은 아니다. 광범위하게 다루어줌으로써 학생들에게 큰 그림을 파악할 수 있게 해줄 수 있다. 그러나 그 강의가 흥미와 의미를 가지려면, 큰 그림과 세세한 설명이 조화를 이룰 수 있도록, 어렵지만 내용 중 일부를 선택해야만 하는 것이다.

5. 말솜씨

메리 벤스 블리겐은 1997년 올해의 교사로 선정된 사람이다. 이와 같은 영예를 안은 교사들은 다음 몇 가지의 공통된 특징을 보인다고 한다.

(1) 풍부한 경험: 블리겐은 52세로 29년을 가르쳤다. 대학을 갓 졸업한 초임교사가 곧바로 위대한 교사가 되는 경우는 거의 없다. 훌륭한 교수능력은 시간이 지남에 따라 학습되는 것이다. 여러 가지 경험을 해보고 그러면서 반성해보고 하는 과정을 통해 얻어지는 것이다.

(2) 노력: 좋은 교사를 보고 있노라면 질리게 된다. 그들은 대단한 정력과 과중한 업무를 소화할 수 있는 능력을 가지고 있다. 블리겐은 영어, 역사, 인문학, 작문, 외국인을 위한 영어 과목을 혼자서 가르친다. 혼자서 한 해 동안 이 많은 과목을 이해하고 잘 가르치기란 결코 쉽지 않다.

(3) 가르치는 일, 자기 과목, 학생들에 대한 애정: 훌륭한 교사들은 따뜻하며 열정적인 사람들이다. 이 정서적인 측면이 밖으로 표출될 수도 있고 또는 잘 드러나지 않을 수도 있지만, 분명히 존재하며 아이들도 느낀다. 블리겐은 말하기를, “저는 제 일이 좋습니다. 또 아이들이 좋습니다. 저는 아이들이 공부와는 별도로 스스로를 이해하고 소중히 여길 줄 알기를 바랍니다.” 위대한 교사들은 공부하기를 게을리 하지 않고, 본질적으로 학생 중심이다. 학생이 우선이다.

(4) 활동중심, 학생중심의 교수방법: 그들은 학생들이 육체적으로, 정서

적으로, 지적으로 고루 발달되게 한다. 유에스에이 투데이는 블리겐이 학생들을 수업에 참여시키는 다양한 수업전략을 조사한 바 있다. 예컨대 라오스에서 온 로키라는 아이는 블리겐의 인문학 시간에 3년 동안 초대되어 백인학생들 앞에서 워싱턴에서 라오스인으로 살아간다는 것이 어떠한 것인가를 말하게 한다. 한 역사시간에는 소위 "바파-바파"라고 불리는 간문화 게임을 통해 가상으로 하나의 문화를 설정해 놓고 그 문화의 규칙을 배우게 하는 활동을 하기도 한다. 작문시간에 불리겐은 마지막 세 시간 동안 학생들이 그동안 쓴 내용을 큰소리로 읽게 하였다. 그 시간에 17세의 임신한 소녀는 그녀의 방황했던 인생사를 들려주기도 했다.

이상에서 언급한 네 가지 특징들이 우리시대의 최고 교사들의 본질적 특성이라는 데는 의심의 여지가 없다. 이러한 종류의 교사들에 관한 보고서들을 십 수 편 접한 바 있는데 앞에서 언급된 특징들은 이들 보고서들에 반복해서 등장한다. 제이미 에스컬란트와 같이 지식중심의 이기적이고 공부 많이 시키는 교사에게도 이상의 특징들이 나타난다.

그런데 당황스러웠던 것은 이들 보고서들이 말솜씨의 위력에 대해서는 언급하지 않고 있다. 강력한 강의를 통해 학생들의 관심을 끌어 모으는 교사의 능력에 대해 칭송하는 것을 들은 적이 없다. 뭔가 이상하다. 각 학교에는 분명 선천적으로 뛰어난 강의자가 있을 것이다. 학생들의 눈에 눈물이 글썽이게 하고, 교사의 한마디 한마디를 숨죽여 듣게 하기도 하고, "아하!"하며 뭔가를 깨달을 만큼 명확한 해답을 주기도 하고, 대립되는 관점들이 어떻게 충돌하는지를 생생히 보여줌으로써 학생들이 지적으로 몰두할 수 있게도 할 수 있는 그런 누군가가 분명히 있을 것이다. 오늘날 각 학교에 이러한 위대한 대중연설가가 한명도 없단 말인가?

없을 수도 있다. 그러나 달리 생각해보면 블리겐과 같이 뛰어난 교사로 수상까지 한 교사들은 이미 때때로 위대한 강의를 하고 있었는데, 이러한 측면이 부각되지 않았을 수도 있다.

교사교육을 담당하는 사람들 사이에 강의에 대한 강력한 문화적 편견이 자리 잡고 있는 것 같다. 이 문제를 명확히 해보자. 교사교육 담당자들은 실제로는 강의를 하고 있으며, 많은 경우 형편없이 강의하고 있는데도 마치 일선학교 교사들은 강의를 하지 않을 것이며, 해서는 안되는 것처럼 가르치고 있다. 일반적으로 사범대학에서는 강의법을 가르치지는 않는다. 사회과교사들을 위한 교수법 책에서는 심지어 강의법이 교수기법의 하나라는 점을 무시하고 있으며, 폄하하거나 한두 페이지에 걸쳐 피상적으로 언급하기도 한다.

실제로 대부분의 교사들이 교단에 서서 학생들을 바라본 채로 설명식의 수업을 하고 있다는 점을 감안했을 때, 이는 대단히 이상한 현상이다. 왜 강의 잘하는 법에 대해서는 가르치려 하지 않는 것일까?

게다가 학교 밖에서는 최고의 강사 혹은 연설가를 널리 칭송할 뿐 아니라 강사료도 많이 준다. 빌리 그래험은 도시를 순회하며 수만 불씩 벌어들일 뿐 아니라 세계적으로 그의 청중을 확보하고 있다. 로널드 레이건은 최고의 화술가로서 대통령에 두 번이나 당선되었다. 마르틴 루터 킹 주니어, 존 에프 케네디, 프랭클린 루즈벨트 등이 죽은 지 삼사십년이 지난 오늘날에도 우리는 그들을 통해 전달된 말의 효과를 실감할 수 있다. 또 수천 명의 남녀 강사들이 전업 연사로 활동하며 비즈니스계 사람들을 가르치기도 하고 영감을 불러일으키기도 하고 있다.

그렇다면 다른 분야에서는 효용이 있고 매력이 있지만 유독 학교에서만은 그 영향력이나 효용성이 떨어지는 것일까? 그렇지 않다.

6. 무대공포증

지난 일요일 나는 교회 단상에서 한 젊은이가 처음으로 말할 기회를 갖는 것을 본적 있다. 꽤 괜찮은 편이었다. 그의 연설은 짧고, 내용 있고, 마음을 움직일만한 것이었다. 그런데도 그는 극심하게 위축되어 있었다. 드문 현상은 아니다. 아마 모든 사람이 한두 번쯤은 대중 앞에서 위축되어 본 경험이 있을 것이다. 초임 교사치고 학생들 앞에서 한두 번 위축되어 보지 않은 사람은 없을 것이다. 만약 주임교사나 교장, 지도교수가 뒤에 앉아 있다면 그 긴장됨은 훨씬 더 할 것이다.

이때 뭘 어떻게 할 것인가?

무대에서 떨리는데 가장 좋은 치료약은 '준비'와 '연습'이다.

아마사 햄블린은 성인이 된 이후 일요일마다 거의 빠짐없이 예배시간에 오르간 연주를 해온 사람이다. 그는 아직도 찬양이 시작될 때마다 떨린다고 한다. 수년에 걸쳐 그가 터득한 무대공포증 퇴치 방법은 연주할 마디마디마다 철저히 마스터하는 것이라고 한다. 다른 사람이 들어 대충 만족할 만큼으로는 부족하다. 그가 깨달은 것은 스스로 만족할 만큼 찬양 연주를 마스터 하지 않으면, 전체 예배시간에 반드시 실수를 하거나 뭔가 약점을 드러내기 마련이라는 것이다.

강의도 마찬가지이다. 강의노트를 철저히 준비하고 숙달될 때까지 그 내용을 가지고 강의 연습을 해야 하는 것이다.

이때, '숙달'이란 '외우는' 것과는 다른 의미이다. 아주 옛날의 웅변가들은 그들의 연설 내용을 미리 외웠다. 필요하지도 않을 뿐 아니라 외워서 하는 말은 뭔가 이상할 때가 많다.

연습은 여러 가지 형태로 이루어질 수 있다. 이상적으로는 청중을 앞에 두고 하는 연습이 가장 좋다. 그게 불가능할 때는 혼자만의 공간에서 방해받지 않고 마음껏 큰소리로 연습하는 것도 좋다. 그것도 불가능할 때는 속으로 혼잣말로, 머리를 빗다가, 또 차를 운전하고 갈 때, 혹은 재미없는 모임에 갔을 때, 즉 언제 어디에서든 연습할 수 있다.

이때, 시간을 정해 놓고 연습하는 것이 중요하다. 초임교사들은 대부분 강의 길이의 중요성을 간과할 때가 있다. 30분짜리를 준비했는데 15분 만에 끝나기가 일쑤이다. 경험 있는 교사들은 그 반대가 문제될 때가 많다. 경험 있는 교사들에게 한 시간의 강의는 할 말을 다하기에는 언제나 부족할 따름이다.

경험 있는 교사들도 수업지도안이나 수업자료를 준비하느라 연습하는 데는 전혀 시간을 쓰지 않는 과오를 범하기도 한다. 전문가들은 수업 준비하는 시간이나 연습하는 시간이나 똑같이 시간을 배분해야 한다고 말한다. 이러한 전문가의 조언을 교사들이 지키기에는 비현실적일 수도 있다. 그렇지만 연습 없는 준비만으로는 일급의 강의를 하기는 아주 어렵다는 점을 알아야 한다.

철저한 준비와 연습으로 무대공포를 어느 정도 줄일 수는 있지만 아주 사라지게 할 수는 없다. 다른 몇 가지도 고려해야 한다.

- 수업이 시작되기 전에 교실을 한 바퀴 돌며 학생들과 간단한 대화를 나누면 마음을 느슨하게 하는데 도움이 된다.
- 큰 숨을 쉬어 마음을 진정시켜라.
- 학생 하나하나와 눈을 마주쳐라. 웃으며 그들의 몸짓에 반응한다.
- 학생들에게 질문을 던지고 대답해보게 하는 식으로 학생들을 강의 내용에 끌어들인다. 만약 학생들의 질문에 답을 모르면, 모른다고 말하라. 모든 것을 다 아는 사람은 없다.
- 학생들도 당신이 초임임을 안다는 사실을 기억하라. 그들이 당신을 좋아하면 조그만 실수는 눈감아 준다. 조그만 실수가 인생을 끝장내지는 않는다.
- 말의 흐름을 놓치거나 갑자기 아무것도 생각이 나지 않을 때 두려워하지 말라. 잠시 쉬면서 강의 노트를 다시 살핀 후 강의를 계속하라. 매순간마다 쉬지 않고 이것저것 허겁지겁 말을 할 필요가 없다.

목소리

어떤 교사들의 목소리는 교실 뒤편의 학생들에는 잘 들리지 않을 때가 많다. 교사의 나긋나긋한 목소리 때문에 그런 현상이 벌어지는데, 그래서 종종 학생들은 크게 말해달라고 부탁한다. 그러면 교사는 목소리가 들릴 때까지 소리를 높여 외친다. 그러나 대부분의 교실에서, 심지어는 대형 강의실에서도, 나긋나긋한 목소리라도 다 들리게 되어 있다. 문제는 목소리의 크기가 아니라 발음의 정확함이다.

최근 나는 대형 홀에서 세 명의 강사가 수업하는 것을 참관한 적이 있다. 첫 번째 교사는 목소리가 커서 강의실 뒤편 상단까지 충분히 들릴 정도였고, 나머지 두 사람은 여린 목소리의 여자들이었다. 그들의 여린 목소리가 큰소리의 강사만큼 잘 들리는 것이 놀라울 정도였으며, 그들의 음성은 정확하고 음절 하나하나가 또렷했다. 이후 음향시설이 좋지 않은 교실에서 목소리가 큰 강사의 수업을 들은 적이 있다. 목소리의 힘은 좋았으나 학생들은 그의 말을 잘 알아듣지 못했다. 빈약한 음향시설 때문에 음절이 조금만 또렷하지 못해도 알아듣는데 많은 어려움이 생긴 것이다.

실제 강의하는 자신의 목소리를 녹음하라. 말의 명료함을 점검하라. 학생들이나 동료들에게 의견을 물으라. 목소리 크기가 아니라 정확한 발음을 위해 노력하라.

7. 임기응변 상황

비디오를 보려했는데 고장이 났다. 무엇을 할 것인가?

쉐런 나이트는 그녀의 정치 시간에 헌법 1차 수정조항에 대해 가르치고 있었다. 그녀는 "국내에서 벌어진 전쟁"이라는 제목의 베트남 전쟁 시 미국인의 언론의 자유를 둘러싼 갈등 내용을 담은 비디오 한편을 대여해 놓고 있었다. 쉐런은 미리 비디오를 보고 학생들이 관심을 가져야 할 내용들이나 비디오 내용의 잘 요약할 수 있는 질문들을 미리 준비했다. 단적으로 그녀는 충분히 수업준비를 한 셈이고 비디오가 돌아가기만 하면 되었을 참이다. 그런데 비디오가 돌아가지 않는다.

앤 토드는 어느 날 학교주차장에서 남편 차에 내려 떠나보내려는 순간 갑자기 느낌이 이상했다. 차를 보내고 돌아서는데 그녀가 준비한 수업자료를 넣은 서류가방이 남편 차의 뒷좌석에 남겨져 있는 것을 알았다.

앤은 남북전쟁이 보통의 가정에 어떤 영향을 미치는지에 대해 강의하기 위해 지난밤 늦게 까지 강의 자료를 준비해 놓았던 것이다. 당시 사람들이 먹을 것이 부족해 어떤 고초를 겪었는지를 예시하기 위해 일기 내용을 복사해 둔 것도 있다. 처자식을 걱정하는 병사들의 편지도 가지고 있었다. 잘 정리된 강의 노트를 반복해서 보고 연습까지 해 둔 상태이다. 그런데 그렇게 잘 준비된 수업계획이 15마일 떨어진 남편의 사무실로 달려 가버린 것이다. 15분 후면 첫 시간 시작종이 울릴 것이다.

어반 스튜와트는 다른 이유로 긴장해야만 했다. 마지막 시간에 수업이 있는데 중간에 빈 시간이 있을 때 준비를 할 생각이었다. 그런데 갑자기 동료교사가 급한 전화를 받고 집에 가버렸고, 그 대신 대강을 해야만 하게 되었다.

모든 교사들은 이와 같이 때때로 임기응변식 수업을 해야만 할 때가 있다.

8. 임기응변식 수업

임기응변식 수업이란 사전에 예고 없이 해야만 하는 수업을 말한다. 즉 준비할 시간이 거의 주어지지 않는 수업을 말한다.

모든 교사들은 이렇게 임기응변으로 가르쳐야 할 때를 만난다. 즉 예상도 못한 채 꼼짝할 수 없는 경우가 생긴다. 장비가 말썽일 수도 있다. 예컨대 비디오 프로젝터의 전구가 나가 버릴 수 있다. 비디오가 돌아가지 않을 수도 있고 테이프가 감기지 않을 수도 있다. 캐비닛에 넣어둔 녹음기가 사라져 버릴 수도 있다.

때때로 수업 준비해 놓은 게 어디론가 여행을 떠나버릴 수도 있다. 얼마 전 집사람이 학교까지 차로 태워준 적이 있다. 교실에 들어섰는데, 수업노트가 집사람 차에 있다는 것을 깨달았다. 고속도로를 타고 15마일 밖으로 달려가는 모습이 눈에 선했다. 수업시작까지는 10여분 밖에 남지 않았다. 아내를 찾아 수업노트를 찾아오기에는 턱없이 부족한 시간이다.

학교에서 비상사태가 벌어질 수도 있다. 마지막 시간에 있는 수업은 보통 그날 빈 시간에 준비하는 경우가 많다. 그런데 교장이 불러 다른 선생이 아프니 대신 때우라고 말한다거나 갑자가 학부형이 찾아와 아이에 대해 얘기하자고 할 수가 있다.

인정하기는 싫겠지만 그냥 수업준비를 안한 경우도 있다. 전날 밤 늦게까지 수업준비는 안하고 야구 경기를 보았다든지, 아이의 발표회에 갔다든지, 잔디를 깎았다든지 했을 수 있다. 이유야 어떻든, 준비 안 된 수업을 몇 분 뒤 시작해야 한다는 현실에 직면해 있다.

물론 습관적으로 준비를 안 하는 교사들이야 동정의 여지가 없다. 그런 사람들은 그만두고 다른 직업을 알아보는 편이 낫다.

그러나 어떤 교사도 매시간 완벽히 준비할 수는 없다. 완벽한 준비를 하려면 몇날며칠도 부족하다. 그렇게 하려면 교사 생활이 스트레스로 가득할 것이다. 아무리 준비를 잘해도 어떻게 될지 모르는 것이 인간사이다.

그렇다면 이런 상황에 어떻게 임기응변할 것인가?

1. 자신의 능력을 믿어라. 두려워 말라. 짧은 동안 간략하게 할 얘기를 떠올려 보아라. 스스로가 5분 동안 할 수 있는 것들을 확인하면 아마 놀랄 것이다.

내가 그랬던 것처럼 만약 수업 자료가 사라졌다고 가정해 보자. 그러나 그 핵심 내용은 아직도 머릿속에 남아 있다. 적어놓은 종이는 사라졌지만 준비하면서 배운 지식은 아직 사라지지 않았다. 아직 당신과 함께 있다. 느긋하게 마음을 먹고 그것을 떠올려라.

내가 그랬던 것처럼 기억하고 있는 몇 가지 핵심 포인트를 중심으로 재구성된 임기응변의 강의가 원래 준비했던 것보다 훨씬 재미있을 수도 있다.

2. 연습하라. 비상시를 대비해 평소에 임기응변을 훈련하라. 매주 학생들에게 사회과 교과서에 등장하거나 시사문제로부터 따온 단어들을 쪽지에 적게 하고, 모자 속에 섞은 뒤 뽑아 들고 그 주제에 대해 이삼분에 걸쳐 임기응변으로 말해보라.

그게 자신 없거나 번거로우면 집에서 혼자서 해보라. 항아리에 쪽지를 놓고 하나씩 뽑아 빈방에서 혼자 말하는 것이다. 집사람이나 친구들과 게임으로 해보는 것도 좋다. 약간의 연습만으로도 자신의 생각을 정리할 수 있고 논리정연하고 흥미 있는 임기응변식 강의를 할 수 있게 된다.

3. 평소에 임기응변식 강의 거리를 많이 만들어 두라. (모순적으로 들리겠지만)

9. 강의의 목적

강의를 하는 목적은 정보를 전달하기 위해, 혹은 설득하기 위해, 혹은 둘 다일 수도 있다. 대대분의 교사들이 전자의 목적에는 동의하면서도 후자의 목적에는 선뜻 동의하기 어려울 것으로 생각된다. 예컨대 미국독립전쟁에 대한 강의를 한다고 할 때, 이 강의가 몇 가지 방법을 통해 학생들에게 독립전쟁의 원인, 핵심 인물, 승리의 요인 등에 대해 지식을 전달하기 위한 것이라는 데는 이견의 여지가 없어 보인다. 그런데 그 역사수업을 통해 학생들을 어떤 방향으로 설득한다고 한다면 똑같은 교사라도 뭔가 불편한 생각을 가질 것이다. 그러나 내가 생각하기에는, 그 역사시간에 독립전쟁이 반드시 공부해야 할 중요한 주제이며, 흥미있는 주제이며,

아직 논란의 여지가 있는 부분이 있으며, 오늘날의 사건을 이해하는데 큰 도움이 된다는 점을 교사들은 학생들에게 설득하고자 할 것이다.

그렇다면 강의를 준비하는 과정에서 이러한 강의의 목적 중에, 즉 정보를 전달할 것인가, 설득을 할 것인가, 아니면 둘 다인가 중에, 어느 목적을 얼마만큼 강조할 것인가의 문제를 결정해야 한다. 뒤에 이러한 목적을 달성하기 위해 강의를 조직하고 전달하는 방법에 대해 소개할 것이다.

역사와 관련하여 생각해볼 때, 사회과 강의의 다른 측면에 대해서도 생각해 볼 필요가 있다. 역사를 가르치는데 있어서 가장 곤란한 문제가 내용범위이다. 어떻게 하면 적절한 수준에서 역사의 내용범위를 결정할 것인가? 일반적인 해답은 강의를 통해 전체상을 보여주는 것이다. 특히 가르칠 내용이 많을 때 이보다 좋은 해답이 없을 듯싶다. 그러나 명심해야 할 점은 강의를 통해 역사의 생생한 장면을 묘사시켜 살아있는 역사수업이 될 수 있게 해야 한다는 것이다.

강의를 준비할 때, 사회과학적 개념이나 연대기를 통해 전체상을 보여줄 것인지 아니면, 관념적인 역사대신 생생하면서도 흥미를 끌 수 있는 역사수업을 할 것인지를 결정해야 한다.

정보를 전달할 것인지 아니면 설득을 할 것인지를 선택하는 문제처럼 포괄적인 관점을 전해 줄 것인지 아니면 한정시켜 구체적 장면을 보여줄 것인지의 문제를 선택해야 한다. 물론 역사나 사회과학을 가르칠 때 전체상을 보여주는 것이 중요하다는 것은 알지만 붕 떠 있는 추상적 얘기를 계속하는 것만큼 학생들의 흥미를 빼앗기 쉬운 것도 없다는 점을 알아야 한다.

한 가지 방법은 역사의 전체의미를 명료히 하기 위해 전체상을 보여주는 방법을 쓰되 구체적 접근을 통해 이를 보완하는 것이다. 학생들은 역사를 구성하는 개별 사건들을 가까이서 만지고, 맛보고, 냄새 맡고, 보고 느낄 필요가 있다. 동시에 교과의 포괄적 이해를 위해서는 역사적 사건의 구조와 관계에 대해 설명해줄 강의도 필요하다.

간단한 고장 수리법

내가 대학에서 강의를 시작할 때 느꼈던 절망감이 생각난다. 몇 시간에 걸쳐 강의 노트를 준비했는데도 강의의 전달은 물론 학생들의 반응도 형편없었다. 설명은 불규칙한 속도로 진행되었고, 제시된 예들은 밋밋하기만 했다. 시간도 제대로 맞추지 못했다. 학생들은 싫증을 내고 화까지 나 있었다. 좌절할 수밖에 없었다.

무엇이 잘못된 지를 발견한 것은 놀라우리만큼 오랜 뒤였다. 바로잡는 방법은 정말로 단순했다. (1) 늘 그랬듯이 준비시간은 길었지만 연습을 하나도 하지 않았다. 나는 이전에 고등학교, 그리고 대학 시절 토론 팀의 멤버로 활약했을 정도이지만, 대학 교수로서 그 시절에 배운 것을 하나도 강의에 활용하지 못했던 것이다. 대학 토론 시합에 연습 없이 나간다는 것은 상상조차 할 수 없는 일이다. 토론이나 강의를 하는 것이나 대중연설이라는 점에서는 매 한가지인데 그때 배운 수사학의 기법을 이쪽에서는 사용하지 않았던 것이다. (2) 모든 중등학교 학생들은 모든 에세이가 서론, 본론, 결론으로 구성되었다는 것을 배운다. 연설이나 강의도 마찬가지이다. 그런데 교수가 된 나는 서론과 결론 부분은 무시하고 대부분의 시간을 본론, 즉 본 내용을 준비하는데 모든 시간을 다 써버렸다. 내 강의는 사고를 이끌어낼 수 있는 도입부분이 잘 이루어지지 못했을 뿐 아니라 결말도 간결하고 우아하게 맺지 못했다.

(연습이 반드시 모든 형식을 갖춘 리허설일 필요는 없다. 믹은 매시간 수업 전에 강의 노트를 집중해서 마음속으로 읽으며 연습하곤 했다)

(많은 전문가들이 강의의 도입, 전개, 결말을 구성하는 여러 가지 방법을 제시한 바 있다. 대일 카네기는 어느 시골 목사에 대해 소개한 바 있는데 그 시골목사의 설교비법은 "먼저 내가 말하고자 하는 것에 대해 말하고, 다음 말할 것을 말하고, 마지막으로 말한 것에 대해 말한다"는 것이다. 카네기에 따르면 도입부에서는 본내용의 구조를 미리 암시하는 '선행

조직자'가 제시되어야 하며, 결말부에서는 요약이 제시되어야 한다고 한다. 즉 그가 중요시하는 것은 명료함이다. 다른 전문가는 '낚시 바늘, 줄, 추'의 용어를 통해 설명한다. 낚시 바늘은 시작하면서 관심을 끌어 모을 만한 얘기를 말하며, 줄은 말하고자 하는 본내용을 말하고, 추는 들은 내용을 바탕으로 청중이 해야 할 것을 말해주는 결말부분을 말한다.

10. 목표를 높게 세우라

학교 시절 훌륭한 선생님을 몇 분이나 만난 적이 있는가? 얼마나 많은 분의 선생님들이 여러분의 학구열에 불을 댕기셨는가? 얼마나 많은 분들이 매일 매일 새로운 관심을 불러일으키며 항상 명쾌하고 열정적인 수업을 해주었으며, 그 수업에 빠질 수 없게 만들었는가?

솔직히 내 경우는 체육시간을 제외하고는 그 정도의 선생님을 한분도 만난 적이 없다. 내게는 두 분의 레슬링 코치가 계시는데 그 분들이 부르시면 나는 언제든 먼 길을 달려갈 준비가 되어있을 정도였다. 또 한분의 축구 코치가 계시는데 그 분의 말씀을 듣기 위해서라면 맨발로 달려갈 준비가 되어 있을 정도였다. 다른 과목의 경우는 심지어는 악몽과 같았던 경우에서부터 그저 그런 수준정도 밖에 없다. 심지어 고등학교 시절 토론 팀 담당 선생님도 지루한 분이셨다.

대학 2학년이 되어서야 나는 재능 있는 선생님을 만날 수 있었다. 그의 강의는 우리의 머리를 많이 쓰게 만들었을 뿐 아니라, 잘 조직되었으며, 흥미 있는 읽을거리를 많이 제공해주는 그런 것이었다. 그의 과목에 대한 열정이 대단했고, 풍부하고 강렬한 음성이 살아있는 분이었다. 그는 욕심이 많았다. 기억하기를 그는 매 수업시간이 시작될 때 전날 밤 읽은 책에 대해 간략히 소개해주었다. 학생들은 한마디 한마디에 매달렸다. 교수의 아이디어에 용기 있게 반대의견을 제시해보는 학생들이 꼭 몇 명씩 있었다.

그 선생님이 바로 제닝스 올슨이다. 내가 이름을 잘 외우지 못하는 사람인데도 그 분의 이름을 기억하지 못할 일은 없을 것 같다. 잊지 못할 이름들이 또 있다. 릴랜드 몬슨, 찰스 몬슨, 왈디머 리그, 스털링 맥머린, 그리고 제임스 셰이버이다.

어떤 교사도 처음부터 그렇고 그런, 또는 그보다 못한 교사가 되려는 사람은 없다. 내가 함께해온 수천 명의 초임교사들 중 꾀죄죄한 교사가 되겠다고 말한 사람은 한명도 없지만, 그들 중 많은 수는 그렇게 된다. 참 안된 일이다.

그러나 당신은 예외가 될 수 있다. 뛰어난 강의를 하는 법을 배울 수 있다. 당신도 35년 뒤 학생들에게 명확히 기억되는 그런 교사가 될 수 있다. 처음부터 타고난 선생도 있겠지만 대부분은 그렇게 되려고 노력해야 한다. 다행스러운 점이 최고로 가르친다는 것은 우리가 학습할 수 있는 몇 가지의 기술들로 이루어졌다는 점이다.

스티브 테리는 뛰어난 선생이 타고나는 것이 아니라는 것을 보여주는 살아있는 증거이다 (스티브에게 미안하지만). 테리 박사는 교외에 있는 큰 고등학교에서 사회과를 가르친다. 몇 년 전 교사수가 2,000명 이상인 어느 교육청 관내에서 훌륭한 교사로 선정된 바 있다. 상을 받고 얼마 지나지 않아서 나는 그에게 어느 대학을 나왔느냐고 물었다. 그런데 조지아대학교를 다녔다는 것이 아닌가. 교생실습은 어디에서 했는지, 지도 교사는 누구였는지를 물었다. 모두 내가 아는 이름을 대답했다. 그리고 나서 누가 대학시절 지도교수였는지를 물었다. 그는 아주 겸연쩍게 "선생님이요"라고 말했다.

스티브는 선생들이 학생들의 두뇌에 양분을 제공하는 사람들이라고 주장한다. 그러나 내 생각은 다르다. 스티브가 가르치는 모습을 본 사람이라면 그를 결코 잊지 못할 것이다. 학생들이 그의 수업에 몰려든다. 그 수업을 듣기 위해 서로 다툼을 할 정도이다. 몇 년 뒤에 그 수업에 대해 감사의 말을 하게 된다.

그런데 스티브는 학생시절 그렇게 뛰어나지도 또 못하지도 않은 학생이었다. 둘 중 하나였으면 아마 내가 기억했을 것이다. 그냥 보통수준의 보통 학생이었다. 그와 다른 사람의 차이는 그가 인턴 교사기간 동안 많은 향상을 이루어 냈다는 점이다. 거기서 그는 자신을 우뚝 서게 해준 기술들을 배운 것이다. 다른 사람들은 그저 생존하는 정도를 배우지 보통을 뛰어넘는 법을 배우지는 않는다. 나쁘지 않은 정도에서 출발해 결국 그 수준에서 하나도 나아지지 않는다.

아마 가르치는 법을 절대로 배울 수 없는 사람도 몇 명 있을 것이다. 지난 30여 년 동안 한 두 사람 정도를 만난 적 있는데, 그 이상은 결코 아니다. 진실은 강의하는 법을 배우는 것은 대중 연설을 하는 법과 같다는 것이다. 몇 가지 규칙을 배우고 열심히 연습하면 실질적으로 누가 되었던 배울 수 있는 것들이다.

11. 너무 많은 것을 얘기하지 말라

데일 카네기는 너무 많은 것을 말하려는 사람에 대해 몇 가지 좋은 예를 들고 있다. 첫째가 옐로우 스톤에 다녀와서 그곳이 가볼 만한 곳이라고 말하려는 사람의 예이다. 그 사람은 그녀가 가본 경치 좋은 곳 전부를 예기해주려고 하였다. 폭포의 물안개, 온천, 간헐천, 산들, 곰, 강, 깎아지른 계곡들, 습지, 개척지, 사슴, 새들. 너무 많아 듣는 사람들은 이들 중 거의 기억하는 것이 없을 정도였다. 예컨대 옐로스톤의 야생 동식물과 같이 한 가지 주제를 설정하고 몇 가지 생생한 예를 보여주었다면 아마 훨씬 좋았을 것이다.

두 번째 예가 기원전 500년 아테네에서 한국전쟁까지를 커버하려고 했던 한 젊은이였다. 한 시간 동안 다루기 불가능한 주제였다. 2,500년 동안의 주요 사건들을 열거하기 불가능하다기 보다는 하나의 강의를 통해 전달되는 정보가 청중에게 제대로 전달되기 어렵기 때문이다. 보다 나쁜 것은 아예 듣지 않는다는 것이었다.

카네기는 짧은 연설은 하나나 두 개의 주제만을 다루어야 하며, 30분 정도의 수업에서는 서너 개 정도가 적당하다고 한다. 일부 전문가들은 대부분의 강의가 내내 집중하기에는 너무 길어서 처음 10분 이후에는 딴 생각을 많이 한다고 한다. 몸은 거기에 있지만 마음은 딴 곳에 가있는 셈이다. 이 분야의 연구들에 따르면 수업 방법을 다양화하는 것이 아이들을 집중하게 하는 데 좋다고 한다. 따라서 강의를 짧게 하고 변화를 다양화하는 것이 좋으며, 한 시간을 여러 개의 강의로 쪼개어 딴 곳에 가있는 마음을 계속해서 다시 집중시킬 수 있는 지혜가 필요하다.

한정된 주제를 다루더라도 짧은 동안의 형편없는 준비로는 최고의 강의가 될 수 없다. 존 군터는 주장하기를, 논문을 쓰거나 강연을 준비할 때 “내가 실제로 사용하는 지식은 내가 아는 것의 10분의 1도 안되며, 또 어떤 때는 백분의 일도 안 된다”고 한다. 그가 정신병원에 관한 연구를 수행할 때 그를 수행했던 사람이 군터가 살펴보지 않은 것은 한 가지도 없다고 할 정도이다. 여러 시설들을 방문하고, 보고서들을 읽고, 또 전문가들을 인터뷰했다. 마지막에 그가 모은 메모들만 해도 20파운드가 넘을 정도였다.

그래서 뛰어난 강의의 핵심요소중 하나가 말할 것보다 훨씬 많이 알아야 한다는 점이다. 많이 알고 있어야 연사는 자신감을 가질 수 있으며, 예상치 못한 질문에 대답할 수 있으며, 발표를 재미있게 만들 수 있는 여러 가지 풍부한 예화를 제시할 수 있다. 카네기는 이렇게 철저히 준비하는 것을 “말할 권리를 획득하는 것”이라고 표현하고 있다.

보통의 교사에게 있어서 사회과의 모든 내용을 철저히 안다는 것은 불가능한 일이다. 그러나 각각의 내용에 대해 충분한 배경지식을 갖는 것은 지상의 목표라고 할 수 있다. 특히 교사생활을 시작할 때는 우리가 잘 모르고 있는 부분에 대해 가르쳐야만 할 상황이 오게 되며, 그 상황에서 최선을 다해야만 한다. 그런 상황이라고 하더라도 소홀한 준비에 결코 만족해서는 안된다. 이상적 상황에서 수업이 이루어지지 않는다고 해서 낙심할 필요까지는 없다. 단기간에 달성할 수 있는 합리적 목표를 세우고, 장기간에 걸쳐 뛰어난 수업을 할 수 있을 때까지 노력해야 한다.

12. 강의를 어떻게 조직할 것인가?

도입과 결말 부분이 없는데도 아주 훌륭했던 강연을 들은 적이 있다. 머리와 꼬리는 없이 몸통만 있는 강의였다. 빌 힐튼이 그런 강의를 아주 잘하기로 유명하다. 그는 한번은 자기 아버지를 즐겁게 해주기를 간절히 원하는 한 소년의 이야기를 통해 백여 명의 청중들이 최면에 빠지듯 한 적이 있다. 이야기 끝부분에 그는 그 소년과, 마음을 다해 예배를 주관하고자 하는 목사가 똑같은 처지라는 점을 보여주려 했다. 그 소년은 아버지의 인정을 얻기 위해 완벽에 도달할 수는 없지만 온 마음을 다해 노력했다고 한다. 소년과 마찬가지로 목회자 역시 실수를 저지르지만 그가 잘못된 마음을 먹어서나 노력을 게을리 해서 그런 것은 아니라는 것이다.

빌 힐튼의 강연은 원칙에서는 벗어난 것이다. 대부분의 강의는 보통 세 부분으로 이루어졌다: 도입, 본론, 결론. 앞에서 언급했듯이 이 부분은 낚싯바늘, 줄, 그리고 추로 비유할 수 있다. 바늘은 청중의 관심을 끌기 위한 서론에 해당하며, 줄은 잘 조직된 하고자 하는 말의 본론에 해당한다. 추는 결론으로 청중에게 앞으로의 비전에 대해 알려준다.

이러한 강의의 구조가 어떻게 작용하는지 보자. 크리스 캔트렐은 고등학교 학생들에게 성교육에 관한 강의를 하려고 한다. 그의 낚시 바늘은 대충 이런 것이다: "십대 미혼모가 나은 아이들의 아빠들은 대부분이 성인 남자들!"이라는 기사 타이틀이다. 이런 사실을 얘기해준다면 십대임신의 문제점에 관하여 학생들의 관심을 끌 수 있다. 크리스가 사용한 낚싯줄,

즉 강의의 본론은 다음 세 가지에 관한 것이다. (1) 십대미혼모의 상대가 십대 소년들일 것이라는 전문가의 견해는 잘못된 것이다. (2) 성교육이 필요한 집단이 따로 있다. (3) 성인 남자와 미성년 소녀가 성관계를 맺는 것은 심각한 윤리적·법적 문제이다. 이 강의의 추는 앞으로 무엇을 할 것인가의 문제로 강의를 끝낼 것이다. 크리스는 학생들에게 다음 질문을 던질 것이다: 어떻게 하면 성인남성에 의한 십대임신을 줄일 수 있을 것인가? 강의에 이어 학생들의 토론이 이어질 것이다.

"낚싯바늘, 줄, 추"의 다른 예를 들어 보자. 마가릿 래미지는 1차 세계대전에 관한 강의를 하려고 한다. 그녀가 사용한 낚싯바늘은 사이먼 스케이마의 "참호속의 플로바"에서 따온 다음 인용구이다.

"1916년 7월 1일 아침, 좀 강에서 벌어진 전투의 처음 30분 동안 삼만 명의 영국병사 들이 죽거나 다쳤다. 그날 하루 시체와 죽어가는 병사들의 무덤이 되어버린 참호에서 겨우 네발로 기어 나올 수 있었던 것은 12만 명중 반밖에 되지 않았다."

낚싯줄, 즉 강의의 본론은 1차 세계대전에서 최초로 사용되었던 전쟁발명품 서너 가지에 관한 것들로 짜일 수 있다. 추는 학생들에게 "서부전선 이상 없다"의 일부분을 읽게 하는 것으로 대신할 수 있다.

서론부분의 낚싯바늘을 반드시 말로 할 필요는 없다. 30년이 넘게 매년 아마사 햄블린은 미디어의 감정적 효과에 대해 설명하는 강의에서 기아에 허덕이는 아이들의 사진을 사용했다. 그 사진이 실패한 적은 한 번도 없다. 학생들은 그 사진에 대해 항상 감정적으로 예민하게 반응했으며, 햄블린의 강의에 있어 완벽한 오프닝을 만들어 주었다.

13. 왜 최선을 보여주어야만 하는 것인가?

왜 그저 그런 수준에 머물면 안 되는가? 최고보다 못하면 안 되는가?

우리가 항상 최고의 동기를 가지고 가르치는 것은 아니다. 나는 매년 예비교사들에게 교사가 되려는 최고의 이유를 말해보라고 시킨다. 매년 꼭 한두 명은 "방학이 있잖아요!"라고 말한다.

이제야 털어놓는다. 젊은 아빠로서 내가 직업을 교사로 바꾸었던 이유는 결코 이상적인 것이 아니었으며 상당히 현실적인 이유 때문이었다. 미숙련공으로 일했는데, 월급은 공립학교 교사수준이었지만 작업환경이 나쁜데다 미래가 뻔했다. 보스에게 쓸모없는 물건 취급받으며, 지루하기 짝이 없이 퇴근 시간만 기다리는 그런 일을 앞으로도 40년이나 할 것을 생각하니 끔찍했다. 먼지와 뜨거운 것이 싫었고 무엇보다도 일의 단순함이 싫었다. 깨끗하고, 흥미 있고, 좀 존경받을만한 직업을 갖고 싶었다. 공부를 계속할 수 있는 직업이면 더욱 좋겠다고 생각했다. 그래서 교사가 된 것이다.

어떤 이유에서 교사가 되었건 이 일의 중요성을 깨달아야 한다. 많은 어린이들이 부모보다도 많은 시간동안 교사와 얼굴을 마주하고 있다. 더들리 리빗은 주장하기를 가르치는 일은 부모가 되는 것을 빼놓고는 가장 중요한 평생 소명이며, 그래서 우리는 이 직업을 신이 부여한 소명으로 생각해야 한다고 한다. 이는 우리가 신비로운 경험을 통해 신으로부터 계시를 받아야 한다는 그런 얘기는 아니고, 우리의 일을 함에 있어서 일종의 경외감, 존경, 헌신, 결의를 가지고 해야 한다는 얘기이다.

그렇게 할 수 없다면 교직을 떠나야 한다. 다른 일을 찾아봐야 한다. 그들이 나의 아이들, 손자들과 함께 하는 것을 보고 싶지 않기 때문이다.

교사들은 큰일을 해낼 수 있다. "학교 밖의 이야기" 저자의 말을 빌자면 훌륭한 선생님들은 세상에 족적을 남길 수 있다. 탐 셀렉은 그의 인생을 바꾸어 놓았던 한 선생님을 기억한다. 중학교 시절 셀렉은 학생회에서 활동하던 한가락 하는 존재였다. 학교당국에서 그를 학생회에서 내몰게 되는 바람에 그의 그러한 부풀려진 환상은 깨지고 말았다. 그때, 평소에 깐깐하기로 유명한 한 선생님이 나타나서, 대신 그녀의 학생조교자리를 맡지 않겠냐고 하는 바람에 그의 체면이 살게 되었다. 마이클 랜든은 훗날 그때 그 선생님이 계속 활동할 수 있도록 기회를 주는 바람에 그의 인생 진로가 바뀌게 되었다고 주장한다. 학교를 졸업한 지 반백년이 지난 뒤 전 대법원장 워렌 버거는 한 역사교사가 준 영향을 회고한 적 있다. 버거는 그 교사가 시킨 프로젝트를 아직도 보관하고 있다고 한다. 나이가 지긋한데도 버거는 그 프로젝트를 하며 배운 사실들을 아직도 기억하고 있다. 앤 무디는 흑인인권운동에 참여했는데 이는 남부 작은 마을의 한 흑인교사의 영향이다. 그 교사는 다른 사람들은 두려워 말 못하는 백인에게 당한 한 소년의 죽음과 흑인인권단체의 역할에 대해 용기 있게 설명해주었던 것이다.

왜 최고가 되려고 노력해야 하는가? 당신의 인생이기 때문이다. 가능하다면 최고의 삶을 사는 것이 좋지 않은가?

14. 실패

내가 지금부터 말하려 하는 것에 너무 불쾌해 하지 마시라. 그 말은 바로 "당신은 실패할 것이다"라는 말이다.

모든 교사들은 실패하기 마련이다. 대부분의 교사들은 성공할 때보다 실패할 때가 더 많다. 때로는 최고의 교사들도 실패한다.

하루를 잡치거나, 수업을 망치거나, 잘못된 결정을 내릴 수도 있다. 계획했던 대로 일이 안될 수도 있다. 집에 돌아올 때 찝찝하고, 우울하고, 또 자신에 대해 화가 나 있을 수도 있다. 내가 왜 그렇게 바보 같았는지, 왜 그것을 똑바로 못했는지 하는 생각이 들 것이다.

일부 학부모에게 오해를 받고 봉변을 당할 수도 있다. 교장, 교감이 내 편을 들기는커녕 전혀 도움이 안되는 말만 할 수도 있다.

그러나 이러한 모든 것이 교사 일을 그럭저럭 해도 된다는 변명거리는 못된다. 성공하고 발전하는 것과 마찬가지로, 실패하는 것도 인생살이의 중요한 일부분이다. 중요한 것은 계속 노력하느냐의 문제이다. 한명 한명의 아이들 중 어떤 아이들은 제대로 대해주지 못하고 또 제대로 가르쳐주지 못한 아이도 있겠지만 반대로 감동을 준 아이들도 있을 것이다. 수년이 지나 그 아이들이 감사의 말을 전하려 여러분의 문을 두드릴 것이다. 여러분이 발전을 거듭한다면, 설혹 무서운 선생이라는 소문이 나 있다 하더라도 아이들은 여러분의 수업을 듣기 위해 노력할 것이다(뉴멕시코의 어느 선생처럼). 부모들은 자기 아이들이 여러분의 반에 들어가게 해달라고 아우성일 것이며, 여러분에게 잘 보이려고 갖은 미소를 다 지어보일 것이다(내 아내가 그랬듯이). 언제고 누군가 "그 선생님이 내 인생이 바꾸어 놓았어!"라는 말을 하게 될 것이다. 당신이 세상에 족적을 남기는 순간이다.

15. 현실적인 목표를 세우라

발령 첫해의 교사는 자신을 혹사하는 경향이 있다. 최고의 교사가 되기로 작정했는데 한두 번 실패하게 되고, 이에 죄의식을 느껴 더 열심히 했는데 또 실패하고, 그래서 종종 포기하기도 한다. 문제는 그들이 장기 목표와 단기 목표를 혼동한다는데 있다. 그들은 모든 수업이 최고가 되어야 한다고 생각한다. 그런데 대부분의 수업이 보통 이하라면 죄의식이 스며들고, 침체 감을 느끼게 된다. 계속적으로 뛰어난 수업을 하는 것은 교사의 장기 목표가 되어야 한다. 경험이 부족한 교사의 대부분에게 있어서 계속해서 최고의 수업을 한다는 것은 당장 이룰 수 있는 목표로 보기에는 무리가 있다.

겨우 6개월간 레슨을 받고 전문연주자처럼 피아노를 연주할 수는 없다. 수년에 걸친 헌신적 노력이 필요한 것이다. 여러 가지 연주기법에 대해 부지런히 연습해야할 뿐 아니라 많은 곡들을 레퍼토리로 갖고 있어야 한다.

대부분의 교사들은 6개월이 채 안 되는 인턴기간 동안 교사로서 필요한 기술들을 배운다. 이 기간 동안 뛰어난 교사가 보유하는 기법들을 모두 익힌다는 것은 불가능하며, 또 하룻밤에 뛰어난 수업 레퍼토리를 만들기를 기대하는 것도 무리이다.

피아니스트들이 합리적인 장단기 계획을 세우듯이 초임교사들도 마찬가지이다. 초보 피아니스트들은 처음에는 한 소절씩 한 소절씩 연습을 해 나간다. 또 처음에는 쉬운 곡들을 연습하다가 점차 어려운 곡들을 연습하며, 장기의 목표를 염두에 두고 정진해 나간다.

초임 교사들에게도 똑같은 마음자세가 필요하다. 교사의 일은 피아니스트의 일보다 더 어려울 수 있다. 교사들은 첫해부터 수백 개의 좋은 수업을 해 내야 한다. 보통의 젊은 사회과 교사가 하는 일을 생각해보자. 보통 1년에 180일 이상의 수업일수가 있다. 보통 하루에 두세 시간 많게는 네댓 시간을 수업한다. 180일 중 150일을, 하루에 두 시간씩 수업한다고 하면 벌써 300시간을 수업해야 한다.

정말 좋은 수업을 준비하려면 얼마의 시간이 필요한지를 보자. 내 경우는 최소 두주가 필요하다. 잘 모르는 주제를 준비할 때는 더 걸릴 수 있다. 대부분의 교사들이 전공이외의 과목을 가르쳐야 한다는 사실을 기억하라. 예컨대 역사 전공의 교사가 경제 과목의 일부분을 맡을 수도 있고, 사회문화 담당 교사에게 세계사를 가르치라고 할 수도 있다.

일급의 전문 연사라고 할지라도 하루 이틀의 준비만으로 중요한 강연에 임하지 않는다. 또, 고등학교 경제 수업이 전문 기업가들을 대상으로 하는 강연보다 결코 쉬운 것이 아니라는 것을 알아야 한다.

그렇다면 젊은 교사들이 명심해야 할 것은 무엇인가? 다음에 내가 믿어 의심치 않는 지극히 평범한 방법들을 소개한다. 우선 단기에 이룰 수 있는 자기 발전 목표를 세우라. 그렇다고 해서 최고의 교사가 된다는 장기 목표를 한 시도 잊지 말라. 초기의 실패에 대해 지나치게 자책감을 갖지 말라. 언제나 나아지려고 노력하라. 실수로부터 배우라.

첫해가 지날 때, 겨우 10에서 15개 정도의 잘 조직된 수업을 할 수 있을 것이다. 즉 2주나 3주에 한번 씩 썩 괜찮은 수업을 한 셈이다. 그 정도도 성공인 셈이다. 다음해에는 그 수업들을 기억해 반복하고 또 다른 10개에서 15개의 좋은 수업을 하도록 노력하라. 나아지려고 열심히 노력했건 아니면 그저 그렇게 지냈건 세월은 간다. 한 5년쯤 지나 한해에 50에서 70개 정도의 좋은 수업을 했다면 이제 걸출한 교사가 되어가는 제 궤도에 오른 셈이다.

만약 여러분의 능력이 한 해에 겨우 10시간 정도만 좋은 수업을 할 수 있는 것이라면 나머지 시간의 수업에서는 무엇을 할 것인가? (1) 노력이 적게 드는 교수 기법에 대해 배우라. 나라면, 비디오나 초청 강의, 토론 등을 하겠다. (2) 연구 프로젝트나 보고서 작성 등 학생 스스로 배울 수 있는 기회를 많이 제공하는 것도 방법이다. (3) 수업 시간의 일부분을 쪼개어 적은 준비만으로도 할 수 있는 짧은 강의를 해보라. 아주 저급의 강의를 매일 매일 시간 내내 하는 것만을 제발 삼가라.

나는 강의를 믿는다. 좋은 것이라고. 무엇보다도 오랜 기간 노력해야 좋은 강의를 할 수 있다는 점이 내가 강의법을 교수법의 으뜸이라고 보는 이유이다.

16. 수업 준비는 인간자본

믹 호킨스는 나를 초라하게 만든 적이 있다. 그는 내가 보았을 때는 전혀 말이 안된다고 생각했던 몇 조각의 압축된 강의 노트를 가지고 놀라운 강의를 해 보였다.

나는 그가 강의 준비하는 것을 여러 번 지켜보았다. 한번은 믹이 파일 캐비닛을 샅샅이 뒤지더니 고무 밴드로 묶여진 다섯 장의 카드 중 세 개를 꺼내들고 한 10여분을 유심히 바라본 후 교실에 들어가 아주 훌륭한 강의를 하는 것이었다.

나는 그렇게 할 수 없다. 나는 그렇게 이미 식어버린 강의노트를 가지고 가르치지는 못한다. 나는 보통 오래된 노트는 버려버린다. 내가 보관해둔 것인데도 다시 보면 그 의미를 다시 완벽하게 재생할 수가 없다. 그래서 나는 모든 수업을 새롭게 준비한다. 매 강의마다 몇 시간씩 걸려 새로운 강의노트를 만들고 내가 많이 가르쳐본 주제에 대해서도 그렇게 한다.

새로운 강의노트를 준비하는 것의 좋은 점은 항상 새롭고 생생한 내용을 가르칠 수 있다는 점이다. 그러나 나쁜 점은 내가 매일 강의 준비하느라 인간자본을 낭비하고 있다는 점이다. 그 시간을 옛날 노트의 의미를 재생하는데 쓸 수도 있다.

내 버릇의 또 다른 약점은, 인간의 기억이라는 게 완벽하지 못하다는 것이다. 즉 과거 노트에 담긴 좋은 내용들이 내 기억력의 불완전함 때문에 새 노트에는 빠질 수 있다는 것이다. 언젠가 훌륭한 수업 아이디어에 대해 적어놓은 쪽지가 책갈피에 끼워져 있는 것을 발견했는데, 놀라웠던 것은 내가 그것을 썼다는 기억이 전혀 나지 않는다는 점이다.

내가 옛 노트를 버리는 나쁜 습관을 갖게 된 데에는 두 가지의 이유가 있다. 첫째는 내가 정리를 잘 못하는 사람이다 보니 보관해둔 것을 잘 찾지 못한다. 두 번째, 내가 만족할 만큼 잘 만들어진 강의노트가 몇 개 안된다는 것이다. 오류 있고 불완전한 노트를 보관해야할 이유가 없다고 보았다.

그러나 이는 초보교사가 피해야 할 실수이다. 불완전한 노트의 부분이라도 이는 노력의 결과이다. 불완전하고 오류가 있는 것이라도 그 나름대로의 가치가 있다. 매년 새로운 노트를 만드는 수고를 덜어주는 것들이다.

그것들의 가치를 살리려면 이 노트를 잘 저장해서 필요할 때 꺼내 쓰되 잘 가려서 써야 한다. 내게 있어서 노트를 보관하는 일은 그리 어려운 일이 아니다. 그냥 여기 저기 아무데나 보관한다. 최신 컴퓨터는 읽지 못하는 옛날식 플로피 디스크, 라벨을 잘못 붙인 파일 폴더, 심지어는 옛날 텍스트북의 갈피에도 끼워 놓는다.

에피 버틀러는 이렇듯 정리에는 젬병인 나에게 하나의 방법을 알려주었다. 링이 세 개 달린 바인더를 사서 매학기 강좌마다 하나씩 사용하는 것이다. 강의 노트, 수시 시험, 학점 용지, 유인물 등 한 학기동안 사용한 이것저것을 모두 모아 한 바인더에 묶어두는 것이다. 또 나는 매 시간이 끝날 때마다 메모를 해두는 습관이 있다. 잘된 점은 무엇이고 잘 안된 점은 무엇이며, 다음 시간에 고쳐야 할 점은 무엇이고 등의 느낌에 대해 적어둔다. 똑같은 강좌를 다시 가르칠 때, 내가 과거에 어떻게 했는지를 다시 되돌아볼 수가 있는 것이다.

이상의 것은 나의 방법이고 여러분은 믹 호킨스처럼 카드 다섯 장 정도로 단순하게 할 수도 있다. 무엇이 되었든 과거의 기록으로부터 도움을 얻을 수 있는 방법을 개발하는 것이 좋다.

17. 너의 청중을 알라

대중 연사들에게 종종 요구되는 것이 "너의 청중을 알라"이다. 나는 이 말을 별로 심각하게 생각하고 있지 않았었는데, 다이안 부룩이 내 생각을 바꾸어 놓았다. 그녀에 따르면 교사란 "나는 학생들이 무엇을 알고 있고, 이 강좌가 그들에게 의미가 있으려면 무엇을 해야 하는가, 그들은 강의의 아웃라인을 이해할 수 있을 것인지, 요구하는 대로 노트 정리를 할 수 있을 것이며, 충분한 사회과의 선수 지식을 가지고 있는지, 핵심 개념을 이해할 수 있는지?"하는 질문을 항상 염두에 두어야 한다고 한다. 이러한 질문을 스스로 해봄으로써 강의에 변화를 가져온다든가 별도의 강의를 준비한다든가를 판단할 수 있다. 단지 잘 조직된 강의를 학생들이 잘 따라올 것이라고 막연히 생각해서는 안되는 것이다. 글로 썼을 때는 명확하고 논리적인 생각도 그것이 말로 옮겨졌을 때는 생각만큼 그렇지 않을 수 있다. 강의시작 시 학생들에게 강의의 윤곽을 알려주어야 할 수도 있으며, 수업 중에도 그 전체 윤곽에 비추어 볼 때 강의가 어디쯤 와 있는지를 수시로 알려주어야 할 수도 있다. "자, 이제 네 번째 주제에 대해 알아볼 차례죠?" 라든지 "지금 이 이야기는 3번째 주제를 잘 설명해주고 있습니다" 등의 설명이 효과적이다.

18. 예외

아무리 좋은 방법이라 할지라도 예외는 있다. 중요한 원칙을 어기면서도 여전히 훌륭한 강의를 하는 사람들이 있다.

최근 나는 그 내용이나 전달방식에서나 나를 매혹시킨 강의를 들은 적이 있다. 강의 주제는 "대공황기 엘리노 루스벨트 여사에게 보내진 어린이들의 편지"였다.

몇 가지 점에서 강사는 내게 충격을 주었다. 때로는 말이 명확하지 못했고, 손으로 입을 막고 말하기도 했는가 하면, 또 말을 너무 빨리 했다. 심지어 말을 조금 더듬기도 했다. 앉아서 강의를 했으며, 많은 부분은 종이에 적힌 것을 그냥 읽어 주었다. 그는 루즈벨트 여사를 지지하거나 공격했던 신문 만화를 복사해 가지고 왔었다. 이것을 한두 권의 책들과 함께 돌려보게 했다. 청중들은 강사가 얘기를 하고 있는 동안 이것들을 돌려보았다.

이상에 언급한 내용들은 한마디로 "아니다." 그럼에도 불구하고 그 강의는 예전의 그의 강의처럼 히트를 쳤다. 청중들 중 많은 사람들은 다음에 또 그의 강의를 들으려고 할 것이다.

어떻게 그렇게 할 수 있었을까? 어떻게 전문 강사들이 부정적으로 생각할 행동들을 했는데도 불구하고 성공적인 강의를 할 수 있었을까? 첫째, 그 강자는 자신의 주제에 대해 신이 나 있었으며, 청중은 그의 목소리와 표정, 몸짓에서 그것을 느낄 수 있었다. 하루 저녁에 다 얘기하기에는 재미있는 주제들이 너무 많았는데, 그는 될 수 있는 대로 많은 것을 얘기해 주려고 했다.

둘째, 그가 준비한 자료들은 구체적이고 실감나고 생생한 것들이었다. 편지 하나 하나의 부분들을 읽어주었는데, 모두가 대공황이 어느 한 가정에 미친 영향들을 묘사하는 것들이었다. 입고 갈 옷이 없어서 학교에 못가는 아이가 있는가 하면, 신발이 없는 아이, 어머니의 생계를 돕기 위해 빨래를 배달할 자전거가 필요한 아이가 있다.

이 강사는 대공황을 경제학, 정치학, 사회학의 이론을 통해 설명하지 않았다. 대신 어린이들의 입을 통해 전해진 이야기들로 설명해 주었다. 뉴딜에 관한 시시콜콜한 사항들을 늘어놓아 우리를 지루하게 만드는 일도 하지 않았다.

단적으로 말해 그는 두 가지의 본질적인 것을 행함으로써 성공적일 수 있었다. 그는 우선 그가 강의 주제에 대해 신이 나 있다는 것을 보여 주었고, 두 번째, 그의 강의는 구체적이고도 흥미 있는 예들로 가득 차 있었다. 즉 그는 아주 준비가 잘 된 강사였다. 그가 그 주제에 대해 잘 알고 있다는 것을 한눈에 알 수 있었다.

이와 같은 '예외'를 두고, 우리는 열의와 철저한 준비 이외의 것은 무시해도 좋다는 의미로 해석할 수 있는가? 그렇지 않다. 이 강사는 물론 그대로도 훌륭했지만, 더 잘할 수 있었던 것은 분명하다. 최고가 되면 좋지 않은가?

19. 목소리 톤

강사의 목소리는 강력한 무기이다. 폴 하비의 경우, 그의 라디오 청취자들에게 손짓이나 표정, 판서, 슬라이드 등을 보여줄 수는 없지만, 그의 목소리만으로도 그에 상응하는 효과를 낸다. 그는 그의 목소리를 이용해 청취자의 관심을 집중시키는데 있어서 달인의 경지에 올랐다. 순간 잠시 정지하거나 톤과 소리를 극적으로 바꾸는 등의 방법을 통해 분노에서부터 무관심에 이르기까지, 흥분에서 비아냥거림까지, 경멸에서 경외까지 감정의 폭을 자유자재로 넓힐 수 있다.

물론 보통의 교사가 폴 하비까지 될 필요는 없다. 루즈벨트나 레이건 대통령처럼 위대한 화술가로서의 타고난 목소리를 갖지 못했지만, 우리가 배우려고만 한다면 우리가 가진 목소리만으로도 충분한 효과를 낼 수 있다. 다음 두 가지의 단순한 원칙을 따르도록 해보자. 첫째, 강의도중 자신의 감정을 느낄 수 있어야 한다. 둘째, 목소리에 자신의 감정이 자연스럽게 흘러들어갈 수 있도록 한다. 만약 가르치는 주제에 대해 신이 났다면 말하는 동한 스스로 그 흥분을 느낄 수 있도록 하고, 또 그 느낌이 목소리에 나타날 수 있게 한다. 강의 내용이 분노와 기쁨을 느끼게 할 때도 마찬가지이다.

강의 도중 감정을 통제하려고 하는 것은 잘못된 시도이다. 자칫 자제력을 잃거나 체면을 구기거나 할 것을 두려워해서 그럴 수도 있다. 그러나 우리가 청중을 움직이려 한다면 우리 스스로 움직여야 하는 것은 당연하다.

아마사 햄블린은 지난 25년간 매년 똑같은 강의를 한번 씩은 해왔다. 이 강의 때, 그는 자신의 다섯 살 된 딸이 경련을 일으켜 둘러업고 병원에 운전해 가던 얘기, 병원에 닿기 전에 죽을까봐 두려웠던 얘기, 차를 길가에 세우고 도움을 청하기 위해 손을 흔들던 얘기를 한다.

햄블린이 이 이야기를 할 때면 그때의 기억이 생생히 떠올라, 그 순간의 감정이 그의 얼굴과 목소리에 드러난다. 그가 아이를 잃게 될까봐 두려움에 떨었던 때의 감정이 다시 되살아난 것이다. 그 얘기를 할 때면 햄블린은 눈가에 눈물이 맺히는 것을 어찌할 수 없게 된다.

햄블린의 강의에 청중은 숨을 죽인다. 수백 명의 청중이 귀를 쫑긋 세우고 의자를 당겨 앉게 만든다. 강의가 계속되는 순간 햄블린은 그 자리에 있는 한 사람 한 사람의 마음을 사로잡고 있다. 그들을 자기 손바닥 위에 올려놓을 수 있게 된다. 그 감정이 진실 되고 공감을 얻고 있기 때문에 가능한 일이다.

그건 그렇고, 그의 딸은 살았다.

20. 강의원고를 그냥 읽어도 되나?

나도 몇 번 그래 본 적이 있다. 그런데 내겐 별로 통하지 않은 방법인 것 같았다. 내가 마지막으로 그랬을 때이다. 학생들은 귓속말을 하고, 낄낄대거나 이상한 눈초리로 나를 쳐다보았다. 이후, 그들은 내게 "어떻게 하면 못 가르치는지를 보여주는 거냐?"고 까지 물었다.

기분이 몹시 상했다. 내 생각에는 알차고 명확할 뿐 아니라 감동적인 강의 내용을 들려주었다고 생각했다. 그런데 내가 그들에게 준 영향이란 열 받아서 소매를 걷어붙이게 한 것뿐이었다.

내가 강의노트를 읽을 때 많은 것이 잘못되고 있었다. 목소리는 평범했다. 얼굴은 자연스러운 표정을 만들어내지 못했다. 아무것도 없는 백지와 같았다. 나는 꼼짝도 하지 않고, 교탁에 놓인 강의 원고에 묶여 버렸던 것이다. 강의실을 돌아다니며 학생들의 얼굴을 바라보고, 그들과 눈을 마주치는 일을 생략해버린 것이다. 제스처를 지어보이고, 실제 예를 보여주고, 손으로 가리키고 하던 나의 자연스러운 습관이 어디론가 가버린 것이다. 내 목소리와 눈, 얼굴이 그랬듯이 그것들도 생명을 얻지 못하고 말았다. 긴장한데다가 말도 빨랐다. 때로는 읽던 데가 어딘지 놓쳐버리기도 했고, 읽고 있는 내용이 무슨 말인가 헷갈릴 때도 있었다. 종이를 뒤적이며 다음 읽을 장을 찾고 있노라면 마치 내가 바보처럼 느껴졌다.

그런데 어떤 강사들은 원고를 큰소리로 잘도 읽는다. 이는 학습이 가능한 기능이다. 모든 연극배우들이 그러하며, TV 평론가들, 라디오 아나운서들이 그러하다. 정신없이 죽어있듯이 읽는 경우가 다수이지만, 정치인들도 잘 읽으려고 노력한다.

또 원고를 큰소리로 읽는 데는 몇 가지 장점이 있다.

- 한자 한자 잘 쓰인 원고를 보관함으로써 그 강의 내용이 평생 내 것이 될 수 있다.
- 일단 적어둠으로써 다음에 더 다듬고 향상시킬 수가 있게 된다.
- 강의원고를 미리 적을 때, 읽기에 편하게 말도 바꾸고 시간도 맞추고 또 여러 번 읽어봄으로써 제시간에 강의를 마칠 수 있게 된다. 강의가 너무 길어지거나 짧아질 염려를 하지 않아도 된다.
- 다음에 적어둔 강의 원고를 시청각 자료를 통해 보완할 수 있다. 즉 이미 강의노트를 만들어 놓았기 때문에 강의 준비할 시간을 슬라이드나 OHP를 준비하는데 쓸 수가 있다. 교사에게 있어 시간은 귀중한 것이다. 수업준비에 시간이 넉넉한 경우는 절대 없다. 적어둔 강의노트를 갖고 있음으로 해서 많은 시간절약을 할 수 있게 되는 것이다.
- 일부에게는 수업도중 학생들이 빤히 쳐다보고 있으면 갑자기 말할 내용이 생각이 안나는 경우를 대비해 강의 노트가 일종의 안전망, 또는 보험과 같은 역할을 한다.
- 많은 교사들이 특히 사회적으로 민감한 주제에 대해 얘기할 때 학생들이 본뜻을 오해해서 들을까봐 걱정한다. 강의노트를 적어둠으로써 하고자 하는 말을 정확히 했다는 증거를 갖게 된다.
- 반드시 읽어주거나 혹은 외워서 말해주어야 할 내용이 있다. 헌법 전문이나 링컨의 게티즈버그 연설 내용에 대해 가르칠 때, 원문을 말해주는 것이 중요하다. 이 글들을 크게 읽어줌으로써 그 글들이 쓰일 때와 같은 아름다움과 힘을 느낄 수 있게 된다.

만약 강의원고를 읽기로 작정했다면 다음을 참고하라.
- 연습하라. 크게 읽는 것과 속으로 읽는 것은 전혀 다르다.
- 연습하면서 읽기에 편하도록 글을 수정하라. 문장으로 표현하듯이 말을 하지는 않는다. 소리 내어 읽으면서 문장을 말하는 스타일에 맞게 고치는 것이다. 물론 다른 사람의 글을 따온 경우 윤문이 필요 없겠지

만, 그렇다 하더라도 숨 쉴 곳, 띄어 읽을 곳, 강조할 곳을 표시해둘 필요가 있다.

- 읽은 것을 녹음해 두고 한번 들어봐라. 목소리가 학생들을 졸리게 만들 만한 것이라면 좋은 결과를 기대할 수 없다.
- 멀리서 봐도 잘 보일만큼 글자 크기를 크게 하고 줄 간격도 띄우라.
- 소리 내어 읽어나가더라도 계속해서 청중과 교감을 유지해야 한다. 청중 하나하나를 바라보고, 눈을 맞추고, 미소를 짓거나 고개를 끄덕이면서도 자신이 어디를 말하고 있는지를 알 수 있을 만큼 원고에 익숙해져야 한다.
- 전문가의 도움을 구하라. 화법 강사가 있을 것이다. 가서 비평과 충고를 얻으라. 물론 쉽지 않은 일이겠지만, 레이건도 원고 읽는 법을 배웠다는 사실을 기억하라. 프랭클린 루즈벨트도 마찬가지이다.

21. 강의법과 교수법 교재

중등학교 사회과 교사들이 강의법을 가장 많이 활용하고 있다는 것은 주지하는 바이다. 25년이 넘게 중학교 사회과 수업 현장을 참관해왔지만, 교생들을 제외하고 교과담임 선생님들이 강의와 교과서 문제를 풀게 하는 것 이외의 일을 하는 것을 본 적이 별로 없다. 한두 편의 연구물들을 통해서, 또 교수들이나 경험 있는 교사들과의 대화를 통해서도 그런 인상을 확인할 수 있었다.

딜런은 지난 1986년까지 3개년동안 27명의 중등 사회과 교사들을 관찰한 적이 있다. 딜런에 따르면 이들 교사들은 수업시간의 대부분을 강의와 암기를 요하는 지식을 묻는데 보냈다고 한다. 평균적으로 각 교사들은 시간당 80회의 질문을 했다고 한다. 질문과 답변은 간단한 것들이었다. 답변에 이어 계속 토의하는 경우는 거의 없었다고 한다.

또 다른 몇 가지 연구들은 대부분의 사회과 교사들이 교과서에 절대적으로 의존하여 가르치고 있음을 보고하고 있다. 수퍼카, 호우크, 모리셋에 따르면, 교과서의 과도한 사용이 초중등 사회과에서 전형적으로 발견되고 있으며, 학년이 올라감에 따라 그 사용정도가 증가한다고 한다. 알멘토의 연구 그리고 셰이버, 데이빗, 헵번의 연구도 앞의 연구결과를 지지해주고 있다. 게다가 EPIE, 즉 교과서와 교과서 이용 상태를 감독하는 기관에서는 보통의 교실에서 교과서에 관련된 활동이 수업시간의 3분의 2 이상을 차지한다고 발표한 바 있다.

강의, 암기, 교과서 관련 활동에 대한 절대적 의존에도 불구하고, 예컨대 쎄빈의 교수법 교재에는 강의법이라는 말 자체가 색인이나 목차에 등장하지 않는다. 쎄빈의 책을 통해 초보교사들이 보다 나은 강의자가 되는데 도움을 얻을 수 있으리라 기대했건만 이런 내용은 실질적으로 전혀 다루어지지 않았다고 해도 과언이 아니다.

1995년에 출간된 다이니슨과 그로쓰의 책도 450페이지 중 겨우 1페이지도 못되는 지면을 강의법에 할애하고 있으며, 그들은 일반적인 '교사의 언급'을 강의법과는 구분시켜 이것과 함께 짧은 강의를 다른 기법과 혼합하여 사용해야 한다고 주장하고 있다. 그들은 강의법에 대해 부정적 태도를 견지하고 있으며, 때문에 이들의 교재를 통해 강의를 잘하는 법에 대해 배우기는 거의 어렵다. 물론 그들도 강의, 암기, 교과서 활동이 중등학교 역사수업을 지배하고 있다는 데는 동의하고 있다.

'중등사회과 교수법'이라는 교재를 쓴 저자들은 이상의 저자들과는 다른 태도를 보여주고 있다. 그들은 다음과 같이 질문한다.

"강의법- 해야 하나? 하지 말아야 하나? 견해가 엇갈린다. 그러나 일정의 수준을 유지한다는 전제하에서 반드시 해야만 한다. 사실, 강의법은 오늘날의 다른 어떤 기법보다 특정 수업 목표를 달성하는데 효과적이다"

이들은 또 강의법의 장단점, 그리고 강의법을 준비하고 실시해야 할 때 알아야 할 점 24가지를 제시하고 있는데, 이것만으로 훌륭한 강사를 훈련시킬 수 있다고 하기는 어렵다고 생각된다.

마토렐라의 사회과 교수법 교재에도 '강의'라고 하는 용어는 색인이나 목차에 등장하지 않는다. '남북전쟁의 원인'이라는 수업 사례가 하나 소개되고 있는데, 강의법이 사용되고 있는 것으로 보인다. 물론 일반적 교수전략으로서의 강의법은 경시되고 있다.

22. 명료함

수년전 한 시간 수업을 마치고 책상에 놓여있는 노트 한권을 발견했다. 그날 강의 내용이 적힌 마지막 장을 펼쳐 들고 읽어보았다. 말이 전혀 안 되는 것이다. 여기 저기 적인 내용이 내가 가르친 내용이라는 것을 확실히 말해주고 있었는데, 노트는 설명이 덜된 아이디어들, 뒤죽박죽된 개념들, 애매한 사례들, 서로 연결이 되지 않는 내용들, 의미 없는 문장들로 가득 차 있었다.

노트를 학생에게 돌려주며, 적혀진 내용을 잘 이해할 수 없다고 하니 그 학생이 "선생님이 하신 말씀을 그대로 받아 적은 거예요"라고 한다.

교사의 마음속에서는 명확하고 잘 연결된 생각들도 입에서 나와 학생의 사고틀 속으로 전달되어 마지막으로 그들의 노트나 기억 속에 도착했을 때는 완전히 뒤죽박죽이 되어 버리는 경우를 우리는 종종 발견한다.

여기 명료한 강의를 위해 몇 가지 제안하고자 한다.

1. 학생들의 귀를 통해 여러분의 강의를 들으라. 대부분의 학생들은 우리만큼 알지 못한다. 그들이 학생인 이유가 그것이다. 우리에게 익숙한 용어도 그들에게는 새로운 것일 수 있다. 그들에게 평소 익숙했던 용어가 우리의 강의에서는 특별한 의미를 지닐 수도 있다. 한 교사는 최근 '양심의 자유'라는 용어를 사용하여 헌법에서 보장하는 언론, 출판, 종교의 자유에 대해 말한 적이 있다. 이후 양심이라는 단어가

학생들에게 여러 가지 의미로 전해졌다는 것을 알았다. 그에게 있어서 양심의 자유는 깊고 심오한 신념체계를 의미한 것이었던 반면 학생들에게 있어서는 사소한 문제에 대해 가벼운 마음으로 선택할 수 있는 그런 것들이었다.

2. 강의의 도입부분에서 강의의 내용이 어떻게 연결되는지를 알게 하라. 교사들은 학생들에게 오늘 배울 내용이 어제 배운 내용과 어떻게 연결되는지를 별로 말해주지 않는 경향이 있다. 전체 강의 내용의 구조는 교사 자신에게는 이해가 되는 내용들이다. 교사의 마음속에는 모든 주제들과 개념들이 연결되어 있다. 그러나 학생들은 그런 교사의 마음을 읽을 수 없다. 교사가 명확하게 설명해주지 않는 한 엘리야 러브조이의 죽음에 관한 오늘의 강의가 어제 행한 눈물의 오솔길과 또 지난주의 일리노이로부터의 몰몬 교도 축출과 어떻게 연결되는지를 알 길이 없다.
3. 학생들에게 오늘 강의의 기본 틀을 설명해 주어라. 나는 행동목표를 좋아한다. 수업이 시작되기 전 칠판에 서너 개쯤을 적어 놓는다. 학생들은 이를 받아 적으며, 각각의 목표별로 이후 설명을 받아 적기 위해 빈 칸을 남겨 놓는다. 수업이 끝났을 때, 학생들은 내가 각각의 수업목표에 대해 가르쳤는지 여부를 알 수 있게 된다. 그리고 학생들은 각자가 "정부의 합법 행위에 의한 손실의 개념을 정의하고 예를 들 수 있다"라고 목표에서 말한 대로 할 수 있는지를 확인할 수 있을 것이고 중간시험도 같은 질문을 하게 될 것이다.

윌슨 윌머는 미리 칠판에 강의내용의 개요를 적어 놓는다. 강의 처음 몇분 동안 학생들은 이를 노트에 받아 옮긴다. 강의노트를 복사해서 나누어주기도 한다. 또 강의가 시작하기 전 학생들에게 그 내용을 읽어보게 하고 한다(학생들이 읽는 동안에는 강의하지 않는다).

생각해볼 문제

1. 학생들은 어떤 교사로부터 많은 것을 배우는가? 효율적인 강의의 가장 중요한 두가지 특징을 말해 보자.

2. 강의를 대중 연설에 비유할 수 있는 이유는? 강의를 통해 학생들에게 설득하고자 하는 바는?

3. 최고의 교사들로 뽑힌 사람들의 공통된 특징은?

4. 교사의 목소리, 제스처, 표정, 몸짓 등을 이용한 감정 표현이 중요한 이유는 무엇인가?

5. 명료한 강의를 위한 방법을 열거해 보자.

역자 약력

김 영 석(金映錫)

- 한국교원대학교 일반사회교육과 졸업
- 한국교원대학교 사회과교육전공(교육학 석사)
- 한국교원대학교 사회과교육전공(교육학 박사)
- 미국 조지아대학교 사회과학교육전공(Ph.D. in Education)
- 現: 경상대학교 사회교육과 교수

이 광 성(李光成)

- 서울대학교 사범대학 사회교육학과 졸업
- 서울대학교대학원 사회과교육전공(교육학 석사)
- 서울대학교대학원 사회과교육전공(교육학 박사, Ph.D.)
- 現: 광주교육대학교 사회교육과 교수

사회과교육의 고전 읽기

2022년 3월 2일 초판 인쇄
2022년 3월 5일 초판 발행

역 자 김영석 · 이광성
발행자 오동석

발행처 강현출판사
주 소 서울 중랑구 숙선옹주로3길 40 제1호
전 화 010.5712.9630
등 록 2007년 5월 21일(제307-2007-29호)
E-mail oods1205@hanmail.net

♧ 잘못된 책은 교환해 드립니다.　　정가 19,000원

ISBN 978-89-94320-79-3 93370